坂本 亮太
末柄 豊
村井 祐樹 編

高雄山神護寺文書集成

思文閣出版

題字　高雄山神護寺貫主　谷内弘照

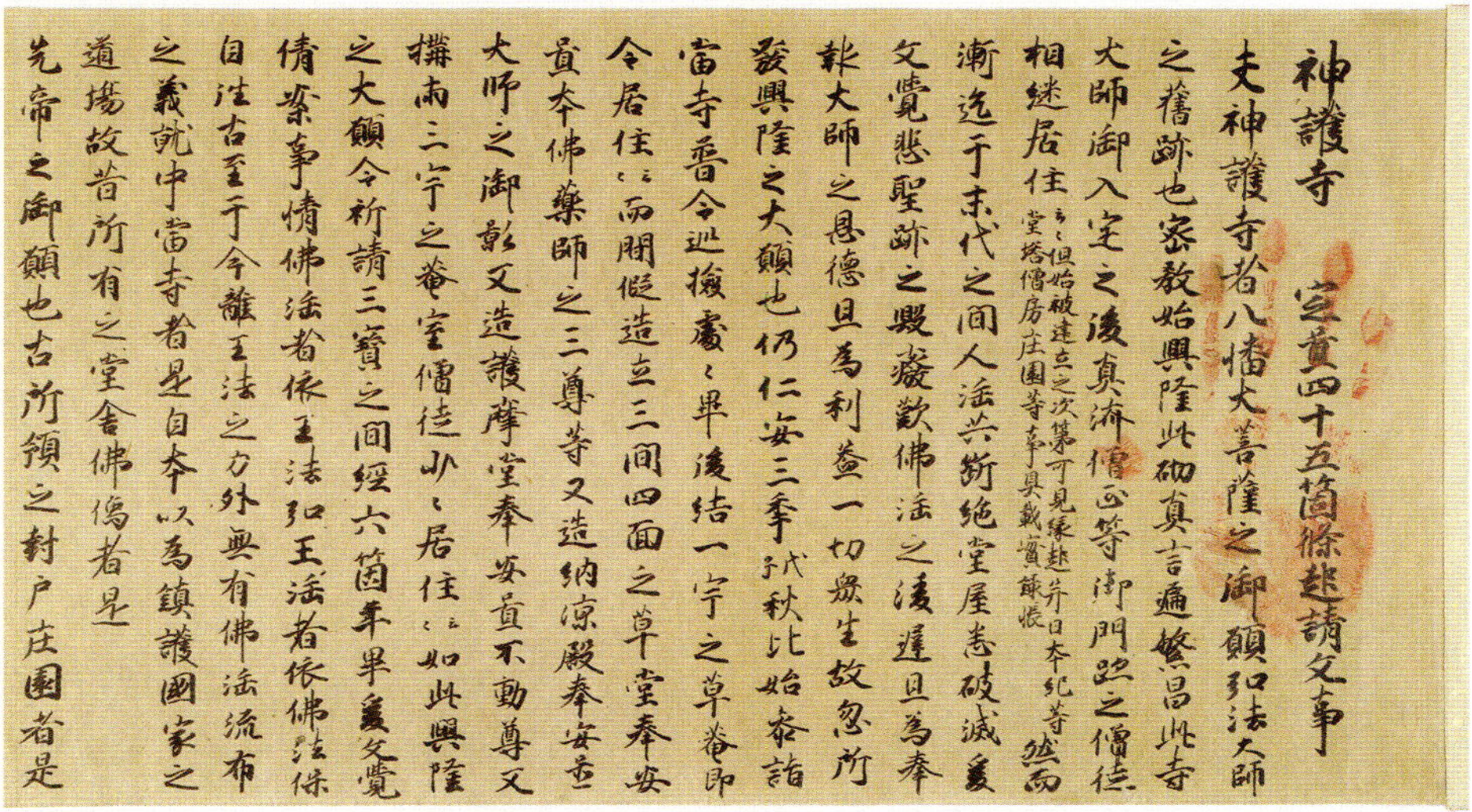

神護寺　　定置四十五箇條起請文事
夫神護寺者八幡大菩薩之御願弘法大師
之舊跡也密教始興隆此砌真言遍繁昌此寺
大師御入定之後真済僧正等御門跡之僧徒
相継居住云々 但始破壊之次第可見縁起并日本紀等 堂塔僧房庄園等事具載資財帳 然而
漸迄于末代之間人法共断絶堂屋悉破滅爰
文覚悲聖跡之毀廢歎佛法之陵遅且為奉
報大師之恩徳且為利益一切衆生故忽所
發興隆之大願也仍仁安三年戊子秋比始参詣
當寺晋今迎擁處々畢後結一宇之草菴即
令居住云々而間假造立三間四面之草堂奉安
置本佛薬師之三尊等又造納涼殿奉安置
大師之御影又造護摩堂奉安置不動尊又
構南三宇之菴室僧徒少々居住云々如此興隆
之大願令祈請三寶之間經六箇年畢爰文覚
倩案事情佛法者依王法弘王法者依佛法保
自往古至于今離王法之外無有佛法流布
之義就中當寺者是自本以為鎮護國家之
道場故昔所有之堂舎佛像者是
先帝之御願也古所領之封戸庄園者是

27　文覚四十五箇条起請文（巻首）

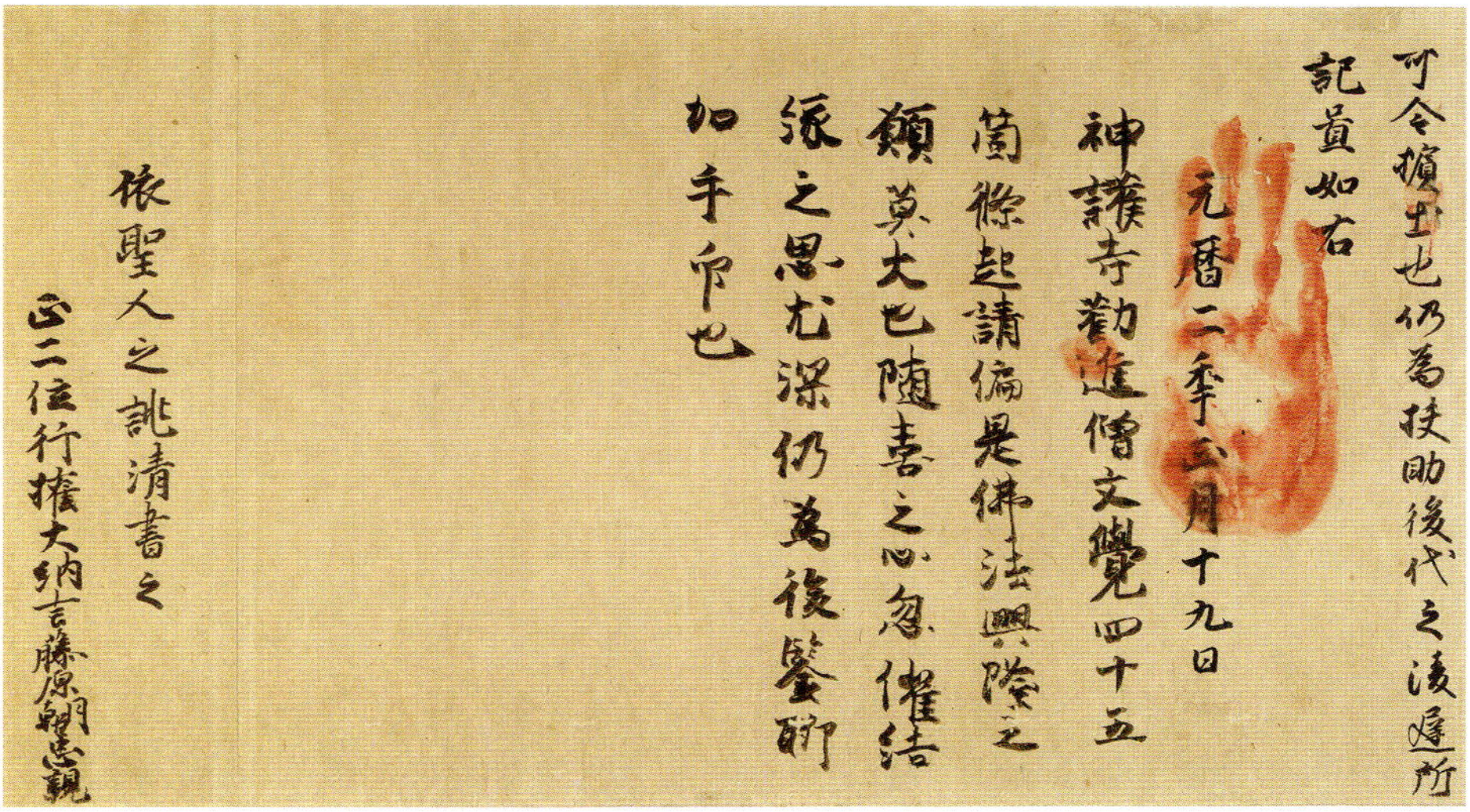

可令擁護也仍為扶助後代之陵遅所
記置如右
元暦二年正月十九日
神護寺勧進僧文覚四十五
箇條起請偏是佛法興隆之
願莫大也随喜之心忽催結
縁之思尤深仍為後鑒聊
加手印也
依聖人之誂清書之
正二位行権大納言藤原朝臣忠親

27　文覚四十五箇条起請文（巻尾）

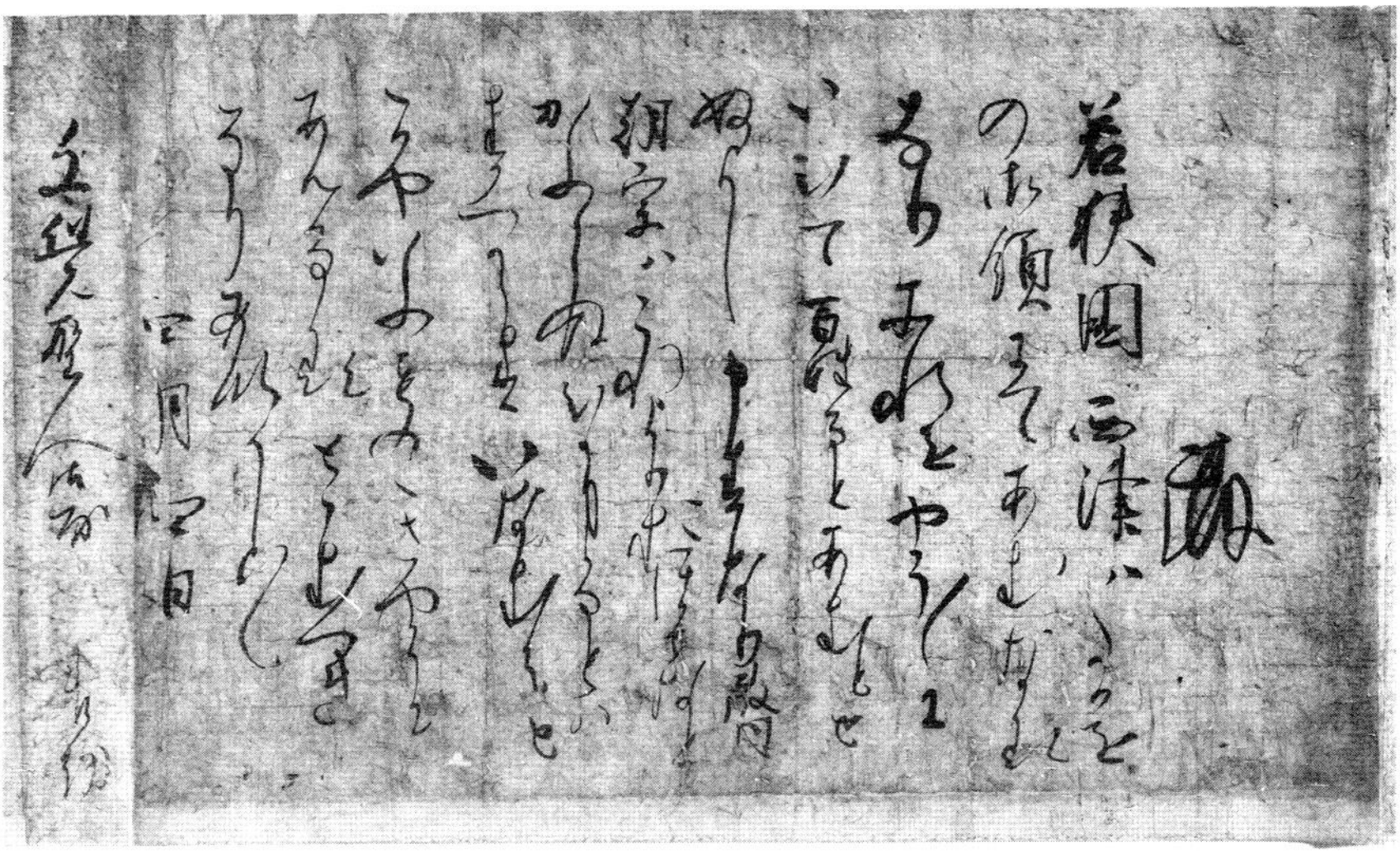

19　源頼朝書状

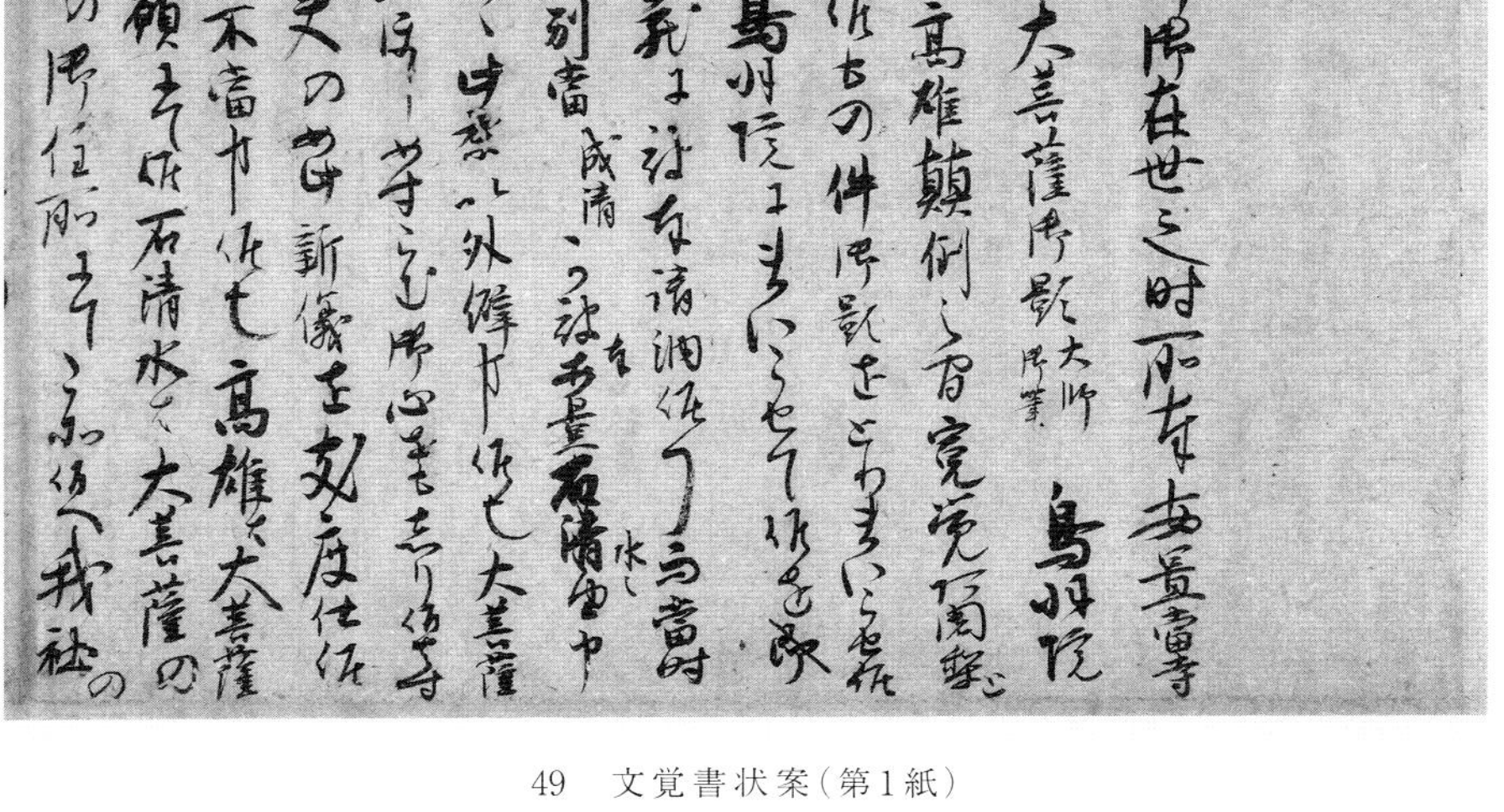

49　文覚書状案（第1紙）

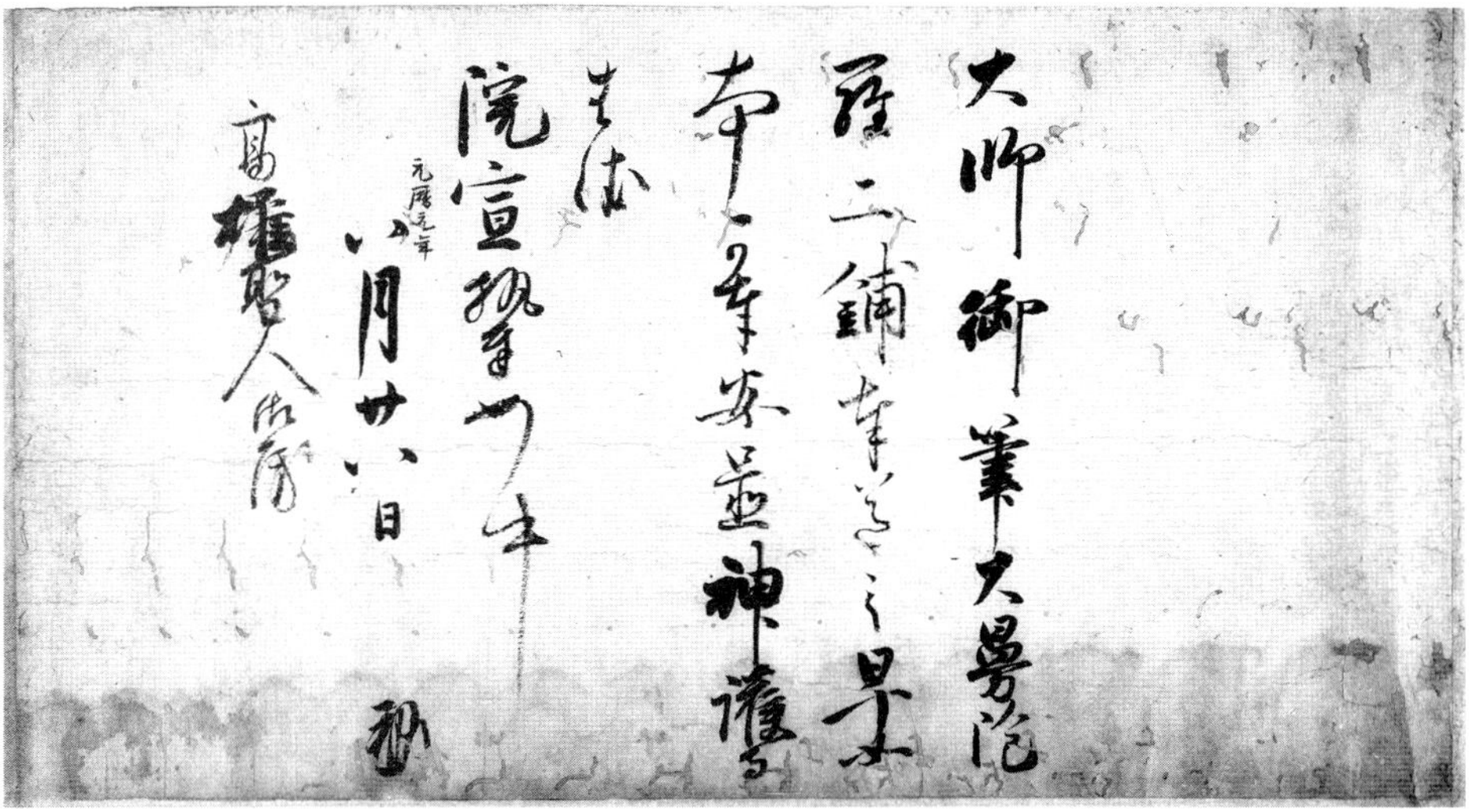

25　後白河法皇院宣

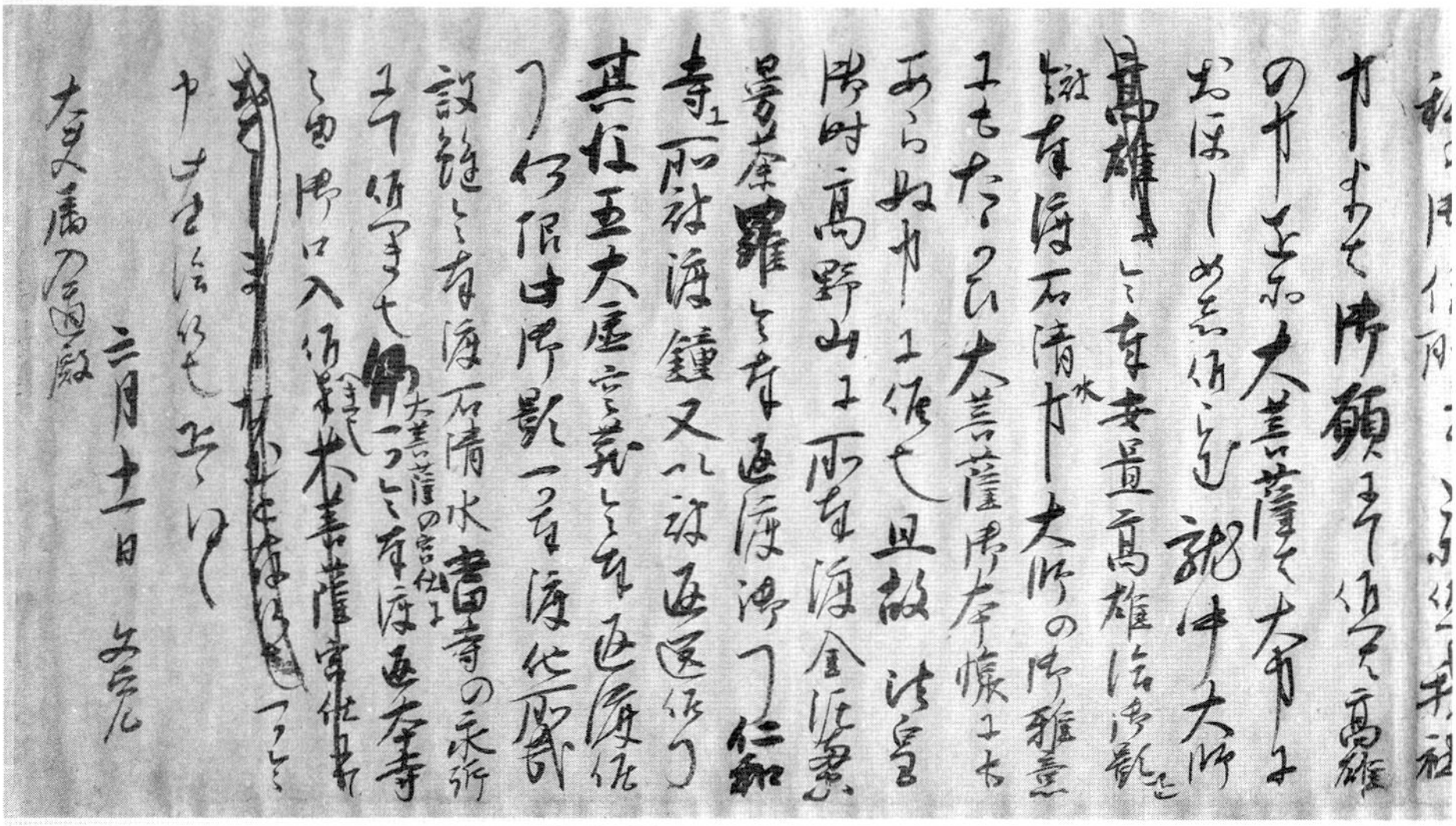

49　文覚書状案（第2紙）

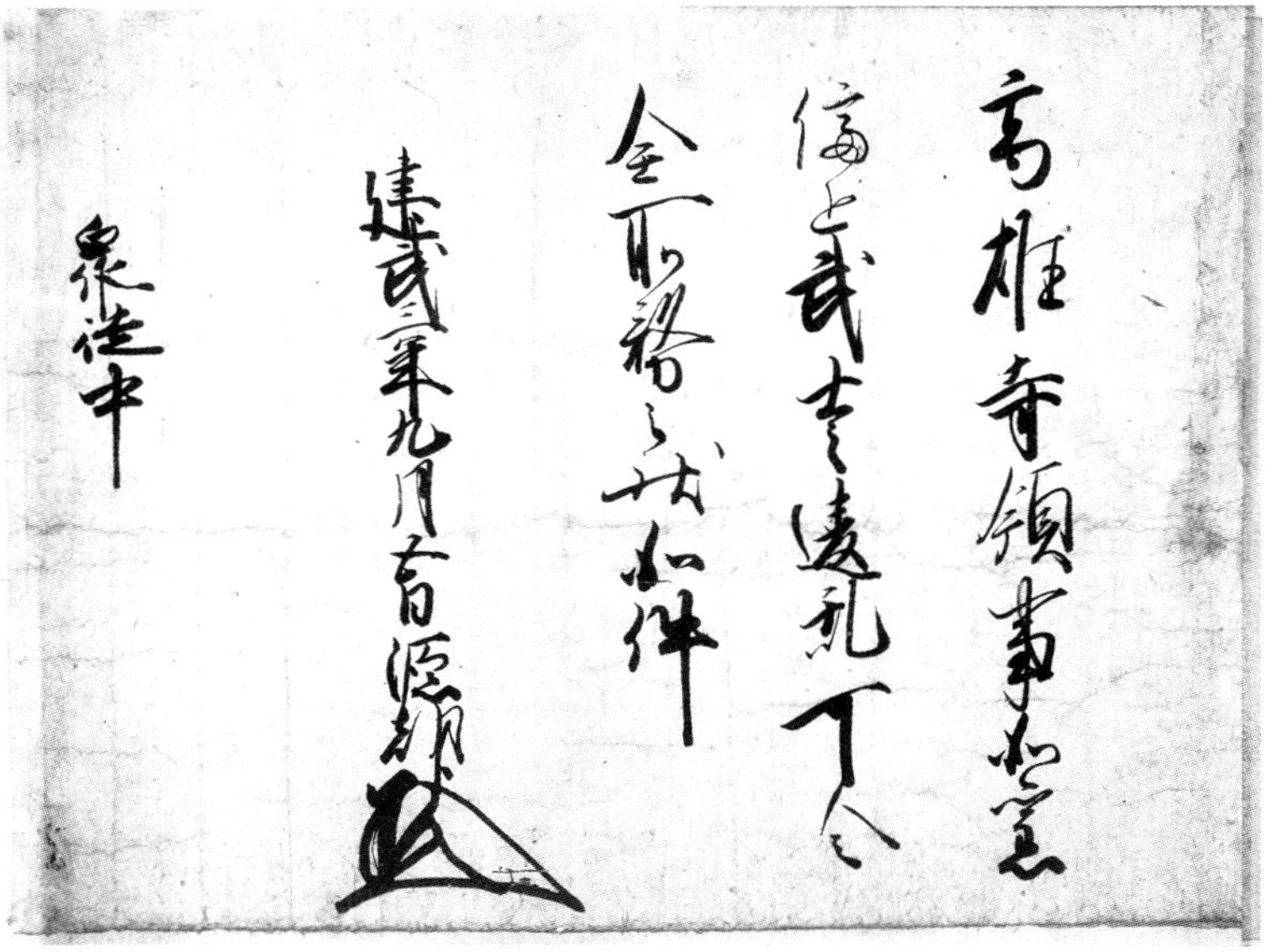

330　足利尊氏御判御教書

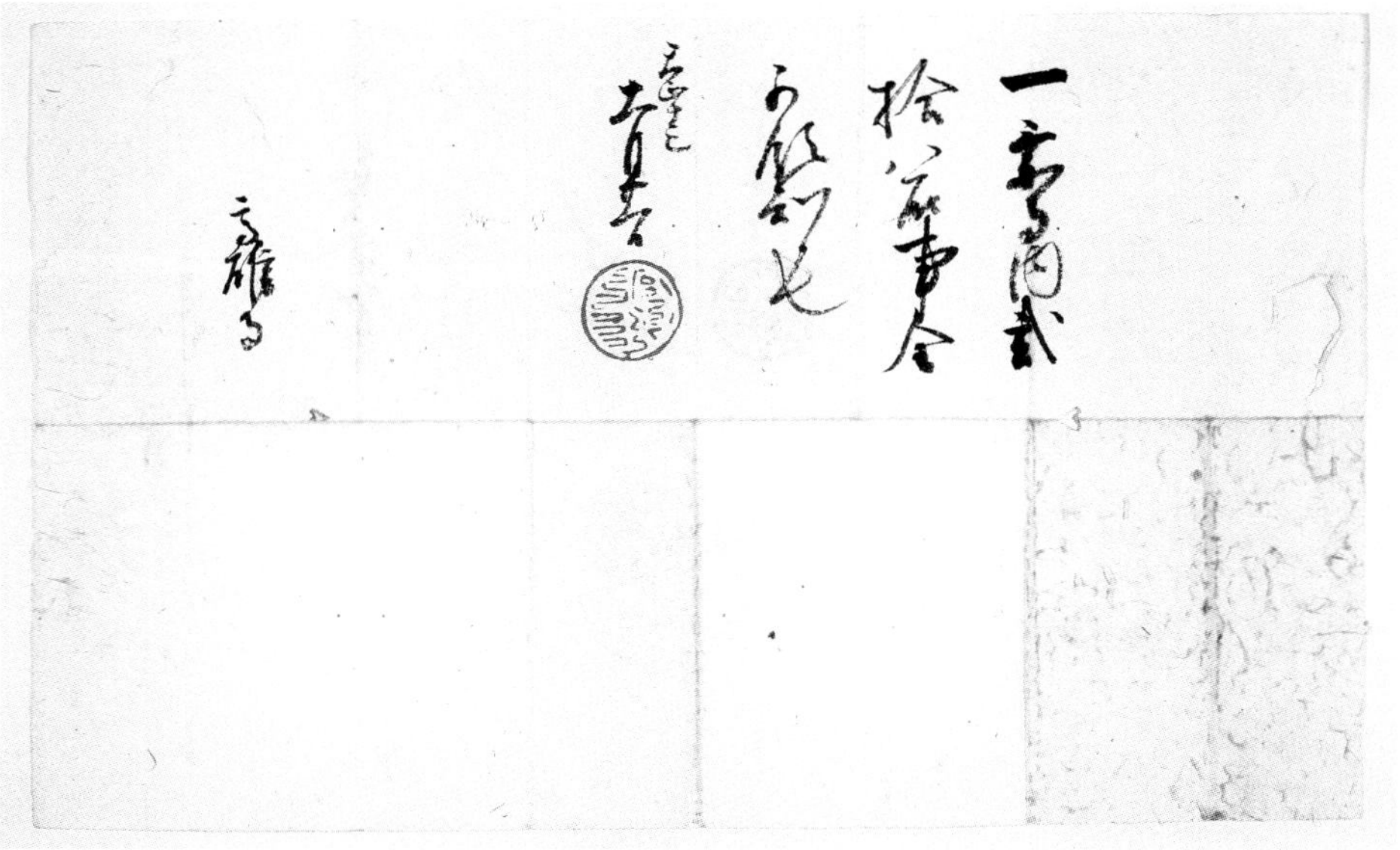

485　羽柴秀吉朱印状

序 ――刊行によせて――

高雄山神護寺は、京都市の北西に位置し、紅葉の名所として知られるが、その歴史は古い。天応元年（七八一）和氣清麻呂公が桓武天皇に神願寺の建立を願い出て許され、河内に伽藍を建てた。しかしこの地は新寺に適さず、清麻呂の子の真綱らが和氣氏の氏寺であった高雄山寺を河内の神願寺と合併し、天長元年（八二四）、「神護国祚真言寺」と改めたのが神護寺の始まりである。

これより先の延暦二一年（八〇二）高雄山寺で最澄が法華会を修し、弘仁三年（八一二）には唐から帰国した空海が金剛界灌頂、胎蔵灌頂を最澄らに授けている。神護寺の所蔵するもっとも古い文書が、灌頂の記録を書き記した空海直筆の「灌頂暦名」である。空海は一四年間この寺に住持し、真言宗立教の基礎を築かれた。

平安末期の久安年間（一一四五～一一五一）の二度の大火で諸堂を焼失、荒廃することになるが、文覚上人が源頼朝や後白河法皇の厚い庇護を受け再興した。荒廃した時期に持ち出されていた寺宝も、後の文覚上人等の努力により神護寺にいくつか返還されている。文覚上人の復興から南北朝にかけて、神護寺は隆盛期を迎え、その頃の文書が多数現存するのも神護寺文書の特徴であり、貴重な資料となっている。

応仁の乱では再び兵火を受け大師堂を残して消失してしまった。元和九年（一六二三）、龍厳上人のときに所司代板倉勝重が奉行となって、楼門、金堂（現在の毘沙門堂）、五大堂、鐘楼を再建。明治維新の廃仏毀釈により再び荒廃するも、昭和一〇年（一九三五）には山口玄洞翁の寄進により、金堂、多宝塔などが新築され、今日の美観を整えた。

数度の荒廃の中にあって神護寺の文書類も多数消滅および流出したとみられるが、明治期以降、数度にわたってその調査が行われている。中でも特筆すべきは、昭和十五〜六年（一九四〇〜一）に京都大学国史研究室刊の『史林』に田井啓吾氏の「神護寺文書に就いて」が掲載され神護寺所蔵の二七四通の文書が活字化されたことで、後の古代・中世史研究を裨益するところ大であった。しかしながら、それ以降には主だった出版はなく、今日に至っており、学会からも神護寺史料の集成、刊行が嘱望されていた。

この度、神護寺文書研究会（坂本亮太氏・末柄豊氏・村井祐樹氏）により刊行されることとなった『高雄山神護寺文書集成』には、「灌頂暦名」を筆頭に、他所に収蔵されていた文書も含めて四九六通、また、記録編として『神護寺略記』等も収載され、待ちに待った一冊となった。長期にわたる調査研究の成果がまさにここに結実した感がある。

今回の出版を契機に、未だ世に出ていない神護寺の資料が、今後発見されるのではないかという可能性も大きく膨らんできたように思えて、喜ばしい限りである。

文書の調査研究に携わってこられた先生方と、この本を出版するにあたってご協力戴いたすべての方々に感謝を申し上げたい。

平成二十九年正月吉日

高雄山神護寺貫主　谷内弘照

目次

細目次

灌頂暦名

文書篇

二二一　尊弁書状　○巻十三 …… 220
二二二　仁和寺宮令旨　○思文閣古書資料目録一四〇 …… 220
二二三　播磨国福井庄検田目録（前欠）　○水野忠幹旧蔵文書 …… 221
二二四　播磨国福井庄作田目録注進状（前欠）　○輯古帖六 …… 223
二二五　左衛門尉某奉書案　○巻十三 …… 223
二二六　後深草上皇院宣　○巻十三 …… 224
二二七　西園寺実兼御教書　○巻十三 …… 224
二二八　神護寺御使書下案　○水野忠幹旧蔵文書 …… 225
二二九　寺家内検使道明等連署充行状案　○水野忠幹旧蔵文書 …… 225
二三〇　播磨国福井庄年貢注進状（前欠）　○水野忠幹旧蔵文書 …… 226
二三一　播磨国福井庄名頭言上状案　○水野忠幹旧蔵文書 …… 227
二三二　播磨国福井庄内検目録（後欠）　○輯古帖三 …… 228
二三三　関東下知状案　○巻十三 …… 229
二三四　播磨国福井庄東保年貢未進米算用状（後欠）　○輯古帖八 …… 229
二三五　播磨国福井庄年貢注進状（前欠）　○輯古帖八 …… 230
二三六　播磨国福井庄東保名主笠宗真幷僧朝円言上状案　○水野忠幹旧蔵文書 …… 231
二三七　伏見上皇院宣　○保阪潤治氏旧蔵文書 …… 232
二三八　安藤蓮聖請文　○尊経閣古文書纂 …… 232
二三九　了俊書状　○日下氏所蔵文書 …… 233

二四〇　仁和寺宮令旨案　○古文書纂一……233
二四一　後二条天皇綸旨　○巻十三……234
二四二　某書状　○影写本十……234
二四三　後宇多上皇施入状……234
二四四　六波羅御教書　○尊経閣古文書纂……235
二四五　六波羅御教書　○巻十三……235
二四六　後宇多法皇諷誦文　○巻十三……235
二四七　後宇多法皇諷誦文　○巻十三……236
二四八　後宇多法皇灌頂暦名施入状……236
二四九　神護寺別当御教書　○巻十三……236
二五〇　播磨国宿院村公文代注進状案（後欠）　○巻十三……237
二五一　年預集会催促状　○広島大学文学部所蔵神護寺文書……237
二五二　播磨国福井庄宿院村地頭代澄心重陳状　○巻十三……238
二五三　若狭国西津庄所当収納帳　○水野忠幹旧蔵文書……241
二五四　神護寺別当禅助補任状　○国会図書館所蔵田券……242
二五五　紀伊国河上庄上村雑掌良兼請文　○宮内庁書陵部所蔵青蓮院文書……242
二五六　紀伊国河上庄上村雑掌定憲請文　○思文閣古書資料目録二〇二……243
二五七　神護寺別当禅助挙状案　○宮内庁書陵部所蔵青蓮院文書……243
二五八　神護寺別当禅助書状案　○東京大学史料編纂所所蔵文書……244

二五九　高倉経躬奉書　○林家旧蔵古筆手鑑　244
二六〇　行忍年貢請文　○国会図書館所蔵田券　244
二六一　禅隆奉書　○古文書纂五　245
二六二　禅隆奉書　○尊経閣古文書纂　245
二六三　禅隆書状　○尊経閣古文書纂　245
二六四　禅隆書状（本紙欠）　○尊経閣古文書纂　246
二六五　長禅書状　○古文書集七　246
二六六　禅隆奉書　○尊経閣古文書纂　246
二六七　太政官牒　○巻二十　247
二六八　興禅書状　○巻十三　249
二六九　興禅書状　○巻十三　249
二七〇　某書状追而書　○巻十三　250
二七一　後醍醐天皇綸旨　○巻十四　250
二七二　後醍醐天皇綸旨　○巻十四　251
二七三　後醍醐天皇綸旨案　○弘文荘古書販売目録日本の古文書　251
二七四　仁和寺宮令旨　○巻十四　252
二七五　某書状　○東京大学文学部所蔵長福寺文書一　252
二七六　神護寺三綱大法師等解　○巻十四　253
二七七　後醍醐天皇綸旨　○巻十四　254

二九七　仁和寺宮令旨　○巻十四……266
二九八　後醍醐天皇綸旨写　○東山御文庫所蔵文書……267
二九九　神護寺金堂長日供養法結番交名　○巻十五……267
三〇〇　性然書状幷禅隆勘返状　○巻十四……268
三〇一　仁和寺宮令旨　○巻十四……268
三〇二　某書状追而書　○巻十四……268
三〇三　某書状追而書（宿紙）　○巻十四……269
三〇四　某書状　○巻十四……269
三〇五　紀久岑書状（宿紙）　○国会図書館所蔵高山寺古文書……269
三〇六　某請文（裏紙欠）　○宮内庁書陵部所蔵青蓮院文書……270
三〇七　丹波国焼森郷羅漢供料覚書　○影写本十……270
三〇八　某裁許状（後欠）　○東京大学文学部所蔵長福寺文書四……270
三〇九　某裁許状（裏紙欠）　○東京大学文学部所蔵長福寺文書四……272
三一〇　某書状　○大覚寺所蔵諸尊法紙背文書……272
三一一　現住根本宿老等注文　○大覚寺所蔵諸尊法紙背文書……273
三一二　某書状（後欠）　○大覚寺所蔵諸尊法紙背文書……274
三一三　某書状（前欠）　○大覚寺所蔵諸尊法紙背文書……274
三一四　某書状　○大覚寺所蔵諸尊法紙背文書……274
三一五　紀伊国桛田庄地頭尼敬仏訴状案（折紙・後欠）　○大覚寺所蔵諸尊法紙背文書……274

三一六　某国上中嶋里等坪付注文（前後欠）　○影写本十……275
三一七　某書状（裏紙欠）　○東京大学文学部所蔵長福寺文書四……284
三一八　紀伊国河上庄預所方雑掌職請文　○巻十六……284
三一九　後醍醐天皇綸旨（宿紙）　○巻十六……285
三二〇　後醍醐天皇綸旨（宿紙）　○巻十六……286
三二一　後醍醐天皇綸旨　○巻十六……286
三二二　後醍醐天皇綸旨（宿紙）　○巻十六……287
三二三　新田義貞書下　○思文閣古書資料目録一二〇……287
三二四　後醍醐天皇綸旨（宿紙）　○巻十六……287
三二五　後醍醐天皇綸旨　○巻十六……288
三二六　後醍醐天皇綸旨（宿紙）　○巻十六……288
三二七　足利直義御判御教書　○巻十六……288
三二八　光厳上皇院宣（切紙）　○巻十六……289
三二九　足利尊氏御判御教書（小切紙）　○巻十六……289
三三〇　足利尊氏御判御教書　○巻十六……290
三三一　足利尊氏御判御教書　○巻十六……290
三三二　丹波国守護仁木頼章施行状　○尊経閣古文書纂……290
三三三　二階堂成藤巻数請取状　○巻十六……291
三三四　足利尊氏寄進状　○尊経閣古文書纂……291

四三〇　丹波国小守護代小笠原正元請取状　○思文閣古書資料目録二〇一別……342
四三一　足利義満御判御教書　○巻十九……342
四三二　某貞盛打渡状　○尊経閣古文書纂……342
四三三　性海・窮慶連署仏具寄進状　○宮内庁書陵部所蔵青蓮院文書……343
四三四　丹波国上縄野村算用状　○碓井小三郎氏所蔵文書……343
四三五　丹波国八代村散用状（後欠）　○中野荘次氏所蔵文書……349
四三六　某庄代官衛門尉請文（前欠）　○広島大学文学部所蔵神護寺文書……350
四三七　丹波国吉富庄年貢算用状　○東京大学史料編纂所所蔵文書……350
四三八　丹波国吉富庄某郷算用状（前欠）　○東京大学史料編纂所所蔵文書……353
四三九　丹波国上縄野村年貢算用状　○碓井小三郎氏所蔵文書……364
四四〇　丹波国八代村現未進注進状　○碓井小三郎氏所蔵文書……369
四四一　丹波国八代村算用状　○東京大学史料編纂所所蔵文書……372
四四二　播磨国福井庄西保年貢未進注進状案　○水野忠幹旧蔵文書……377
四四三　丹波国八代村算用状　○東京大学史料編纂所所蔵文書……377
四四四　丹波国熊田村算用状　○東京大学史料編纂所所蔵文書……382
四四五　足利義持下知状　○巻十九……387
四四六　丹波国志万郷寺家一色方年貢算用状　○碓井小三郎氏所蔵文書……388
四四七　丹波国吉富庄某郷算用状（前欠）　○東京大学史料編纂所所蔵文書……391
四四八　丹波国八代村年貢算用状　○碓井小三郎氏所蔵文書……394

四四九　足利義持下知状　◯巻十九 …… 398
四五〇　丹波国鳥羽村預所方算用状（後欠）　◯東京大学史料編纂所所蔵文書 …… 399
四五一　丹波国守護細川満元遵行状　◯巻十九 …… 400
四五二　丹波国守護代細川頼益遵行状　◯巻十九 …… 401
四五三　丹波国守護代香西常建奉書（折紙）　◯巻十九 …… 401
四五四　神護寺灌頂布施料送状　◯飛見丈繁氏所蔵文書 …… 401
四五五　印成・良澄請文　◯水野忠幹旧蔵文書 …… 402
四五六　室町幕府管領奉書案　◯影写本十 …… 402
四五七　室町幕府神宮方頭人加判奉書　◯双柏文庫文書 …… 403
四五八　足利義教御判御教書　◯巻十九 …… 403
四五九　良盛書状　◯巻十九 …… 404
四六〇　某料足請取状案　◯巻十九 …… 404
四六一　是安兼俊書状　◯巻十九 …… 405
四六二　祐潤置文（前欠）　◯東京大学文学部所蔵長福寺文書六・七 …… 405
四六三　浦上千夜叉丸代玄勝請文　◯広島大学文学部所蔵神護寺文書 …… 407
四六四　結城満藤奉書　◯思文閣古書資料目録一四〇 …… 407
四六五　足利義政御判御教書　◯巻十九 …… 408
四六六　丹波国吉富新庄預所方代官請文　◯水野忠幹旧蔵文書 …… 408
四六七　室町幕府奉行人連署奉書（折紙）　◯岡谷惣助氏所蔵文書 …… 409

四六八　室町幕府奉行人連署奉書（折紙）　○古文書集二　409
四六九　丹波国守護細川勝元奉行人奉書（折紙）　○尊経閣古文書纂　410
四七〇　丹波国守護代内藤元貞打渡状（折紙）　○尊経閣古文書纂　410
四七一　丹波国守護細川政元奉行人奉書（折紙）　○尊経閣古文書纂　410
四七二　丹波国守護細川政元奉行人奉書（折紙）　○尊経閣古文書纂　411
四七三　宇津常悦山林売券　○大東急記念文庫所蔵集古文書　411
四七四　丹波国守護細川澄元奉行人奉書（折紙）　○山科家古文書　412
四七五　丹波国守護細川澄元奉行人奉書（折紙）　○田中慶太郎氏所蔵文書　412
四七六　某政家奉書（折紙）　○青氈文庫所蔵文書　413
四七七　慶真勧進状　413
四七八　細川晴国書状　○山科家古文書　415
四七九　斎藤国富書下（折紙）　○尊経閣古文書纂　415
四八〇　松田守興書下（折紙）　○田中慶太郎氏所蔵文書　415
四八一　三好長慶書状（折紙）　○万葉荘文庫所蔵文書　416
四八二　室町幕府奉行人連署禁制　○長野県立歴史館所蔵文書　416
四八三　正親町天皇綸旨（宿紙）　○文覚寺文書　417
四八四　正親町天皇綸旨案　○晴豊公符案　417
四八五　羽柴秀吉朱印状（折紙）　418
四八六　後陽成天皇綸旨（宿紙）　○文覚寺文書　418

四八七　神護寺衆徒起請文　○成簣堂古文書　419
四八八　豊臣秀吉朱印状（折紙）　420
四八九　前田玄以書状（折紙）　421
四九〇　晋海言上状写　○神護国祚真言寺記録拾遺所収　421
四九一　徳川家康寄附状　422
四九二　晋海他七名寄進状写　○神護国祚真言寺記録拾遺所収　422
四九三　秀教請文　○影写本十　423
四九四　晋海充文案　○影写本十　424
四九五　真覚等連署起請文幷養善等連署起請文　○影写本十　425
四九六　徳川家康朱印状　427

記録篇

一　神護寺略記　431
二　神護寺最略記　○神護国祚真言寺記録拾遺所収　451
三　神護寺交衆任日次第　○奈良国立博物館所蔵　463
四　文治二年伝法灌頂記　○影写本十一　512
五　高雄曼荼羅修覆記　○大覚寺所蔵　524
六　神護寺規模殊勝之条々　○巻二十一　525
七　応永十六年神護寺結縁灌頂記　541

例　言

一、本書は、京都市右京区梅ヶ畑高雄町に所在する高雄山神護寺の所蔵にかかる文書、および旧蔵にかかると思われる文書合わせて四九六点、同寺の所蔵にかかる記録、および同寺の旧蔵にかかると思われる記録合わせて七点を収録し、別に同寺所蔵の空海自筆「灌頂暦名」一点を巻首に配した。旧蔵の史料については、厳密に同寺の旧蔵と認定できるものだけに限っておらず、正確には神護寺関係史料と呼ぶべきものをも収めている。

一、文書・記録ともに、元和元年（一六一五）までのものを収録の対象とした。

一、翻刻は可能な限り原本およびその写真によって行ったが、東京大学史料編纂所架蔵の影写本を用いたもの、既存の翻刻によったものもある。

一、史料の配列は、灌頂暦名・文書篇・記録篇の三部に分かち、文書篇・記録篇は、それぞれ所蔵者毎に分かつことなく、原則として年代順に配列した。無年号の史料については、年代を推定し得るものは該当する位置に収め、不明のものは適宜の位置に収め、必要に応じて按文を付した。そのうえで、配列の順に従い、文書篇・記録篇それぞれにおいて一連の通し番号を付した。

一、神護寺の所蔵にかかる文書・記録については、巻末に「神護寺所蔵文書・記録目録」を掲げ、重要文化財「神護寺文書」二四巻（二三巻一幅）とそれ以外のものに分けて構成を示し、あわせて一紙毎の法量を記した。なお、収録した文書のうち三〇二点、記録のうち五点が神護寺の所蔵にかかるものである。

一、神護寺以外の所蔵にかかる文書・記録については、巻末に「寺外流出文書・記録所蔵者別索引」

を掲げ、所蔵者毎に文書篇・記録篇の番号を示し、適宜底本についても記した。

一、文書の料紙のうち特に注意を要するものは、文書名の下に（宿紙）等と記し、また通常の竪紙以外には（折紙）（切紙）等とその形状を記した。

一、花押・印章は、本文の相当箇所に（花押）（朱印）等と記し、紙背にあるものは（裏花押）、花押を模して書したものは（花押影）とした。なお、神護寺の所蔵にかかる文書に載せる花押については、縮刷して便宜巻末に花押集として掲げ、それを載せる文書篇の番号および人名を傍記した。

一、字体は、原則として常用字体を使用したが、若干の文字については原形を残した。また、変体仮名は原則として現行の仮名に改めたが、片仮名・漢字をもって代用したものもある。

一、原本の用字が必ずしも正当でない場合においても、それらが当時通用し、且つ誤解を招く懼れの無い場合には、そのまま翻刻して傍注を施さなかった。

一、本文には読点（、）および並列点（・）を便宜加えた。

一、抹消文字は、その左傍に〻を付して表し、判読不能の抹消文字は、字数を推算して▨で示した。

一、文字の上に更に文字を重ね書きした箇所については、上に書かれた文字を本文として採り、その左傍に下の文字に相当する数の•を付し、且つ判読し得る限り、×を冠してそれらの文字を傍注した。

一、文字が磨滅・虫損等により判読ができない場合、文字数が明らかなときにはその字数分の□を以てこれを示し、文字数が不明な場合には字数を推測し、相当分の［　］を以てこれを示した。

一、記録篇収載史料にある合点のうち朱で書かれたものについては、⌒によってこれを示した。

一、原本の改行について版面の都合上その体裁を改めた場合は、」を以てこれを示した。

一、原本の紙継目については、』を以てこれを示した。

一、本文以外の部分は、「　」で括り、その位置に従って（端裏書）（奥書）等と傍注した。なお、神護寺の所蔵にかかる文書の端裏書の一部については、現状では確認が困難なため、田井啓吾氏の翻刻によった。

一、編者の記入にかかる傍注について、原本の文字を置き換えるべきものは〔　〕、参考または説明のためのものは（　）を以て括った。

一、必要に応じて按文を付し、文頭に○を加えて本文と区別した。

一、上部欄外に、本文中特記される事項その他を標出した。

一、本書は東京大学史料編纂所一般共同研究「和歌山県北部地域所在中世史料の調査・研究――高野山麓（伊都郡・那賀郡・有田郡）を中心に――」（二〇一四年度、代表坂本亮太）、同「和歌山県北部地域所在中世史料の調査・研究――高野山関係史料を中心に――」（二〇一五年度、代表同前）の成果を含んでいる。また刊行に際しては、平成二八年度日本学術振興会科学研究費補助金（研究成果公開促進費・学術図書・課題番号16HP5084）の交付を受けている。

一、本書の刊行にあたって、高雄山神護寺貫首谷内弘照師は種々格別の便宜を与えられた。特に記して甚深の謝意を表する。

二〇一七年二月

神護寺文書研究会
坂本　亮太
末柄　豊
村井　祐樹

灌頂暦名

弘仁三年十一月十五日於高雄山」寺受金剛界灌頂人人暦名

釈最澄因　播磨大椽和気真綱

金宝大学大允和気仲世喜　美濃種人宝

弘仁三年十二月十四日於高雄山寺受」胎蔵灌頂人人暦名

都合一百四十五人之中太僧廿二人　沙弥卅七人 近事卌一人　童子卌五人

太僧衆数廿二人

一僧最澄興福寺 宝幢　二僧賢栄元興寺 大白明

四泰法般若　五忠栄不空成就

三泰範元興寺 般若　六長栄蓮華 観音

七証得西大寺 宝幢　八平智東大寺 降三世

九円澄大安寺 観音　十延豊元興寺 降三世

十一円璟元興寺 虚空　十二願澄東大寺 六足尊

十三叡勝大安寺 般若　十四霊龍東大寺 宝生

十五康遠不動尊　十六康安般若

十七光仁興福寺 般若　十八光定般若

十九恵讃大安寺 無量寿　廿光忠山階寺 六足尊

廿一恵暁興福寺 虚空蔵　廿二恵徳無量寿

沙弥衆数卌七〈八〉人

▨▨

善信 飛驒幷 虚空蔵

教隆 不動尊

安円 金 隆三世

真忠 生念処

薬珍 文殊

勝行 大日

楽見 小 宝生 叡院 已上十七人

慧命 普賢

真永 般若

願恵 証得師従人 般若

栄春 不空蔵

法信 文殊　止 智福 文殊

戒仁 如意輪

近士衆数卌一人

民部少輔高階真人 空蔵

大神朝臣広野 大日

神徳 甲比人 金剛発生

喜妙 宝生

明仁 摩尼仏頂

円信 大日

忠円 大日

真哲 文殊

教報 空蔵

義仲 観音

智照 二人和尚院 不動尊

福勝 泰範師従人 金降三世

千光 無量寿

法貴 転輪金剛

仁哲 了 多羅

広忍 無垢逝

成三 無量寿

麻田吉門 大吉祥

円成 観音

覚琳 空蔵

高勝 無量

願孝 文殊

泰忠 六足尊

永智 小 普賢

好堅 観音

貞聡 美濃院 般若

勝詮 金降三世

興春 金剛持

最延 六足尊

平仁 虚空無辺

徳善 降三世

」

勝忍降三
福満 大日如来
円継 一髻尊
智鏡 般若
三哲 六足尊
真成 忍辱波羅
〻真承〻 不空〻
広吉 戒波羅蜜
順孝 金剛拳
摠多 ▨▨▨▨ 無量寿
〻秋成〻
童子等数卌五人
広継 施波羅蜜
善財 観音
摠持 千手菩薩
手満 般若
小浄 金剛蔵王菩薩
氏次 戒波羅

▨▨ 安法迦羅▨▨
安豊 金剛拳
▨大成 般若
▨円通 大不空
不寿妙 禅波羅蜜
孫継 六足尊
長敏 不空
法行 慧波羅蜜
石継 降三世
西満 施波羅
吉満 降三世
秋野 大日如来
香継 降三世
茅満 金剛拳
福丸 無量寿

吉貞 降三
〻不金剛 般若
貞孝 空蔵
不新学 降三世
〻寿▨ 不
益勝 一髻尊
聞覚 戒波羅蜜
善栄 空蔵
戒足 大日如来
末茂 馬頭
智興 ▨▨▨▨ 空蔵
民長 ▨▨▨▨ 施波羅
船長 馬頭
黒丸 無量寿
弟男 仏眼

▨▨ 秋成 孔雀明王
▨▨▨▨ 浄貞 空蔵
紀哲 六足
浄人 空蔵 〻不出〻
喜満 寂流
加是丸 戒波羅蜜
氏継 金剛針
貴福 無量寿
善慧 馬頭
浄主 一髻尊 ▨▨▨
行信 ▨大吉▨祥
明信 大白明
春長 般若
東満 十一面
真主 観音
諸公 無垢施
〻浄〻成
福次 一髻尊
兄人

浄丸寂□留
寅丸普賢
長子陀羅菩薩
船継卌降三世
国継観音
勝丸空蔵
継長降三世
茅丸空蔵
占丸戒波羅蜜
継丸文殊
秋継丸馬頭
弟丸力波羅蜜
吉人阿弥陀

高雄山門

音声人
物部貞主文殊
美種無量寿
大戸浄勝般若

安丸馬頭
麻呂〻髻金剛利
継成降三世
福主無量寿
廿□□丸
雄成降三世
稲倉空蔵
養子丸六足
津倉丸六足尊
塞守観音
墨丸金剛拳
秋丸普賢
徹弟丸隆三世
秦真吉隆三世
高安内守耶輸陀羅
秦方継般若

十師丸寂留
〻種継
安良文殊
正月般若
貞道陀羅尊
黒丸□□宝生
麻主慧波羅
□□
弓弦丸六足
越継威徳
自他丸無量寿
木戸丸隆三世

被丸〻盤若
長丸観世音
家長焼香□□
千智降三世
河内丸観世菩薩
〻氏長
縄手丸戒波羅蜜
吉継空蔵
安丸無量寿
秋継降三世

澄心虚空蔵　　呉通丸戒波羅蜜
河内水丸不空成就仏　　阿刀安道大日如来
河内望人文殊　　（百）五木部竹林白手観音
祝部全魚金剛鏁　　高向阿太子広大不空
国俊河丸般若
核継伽羅　　貞主無量寿　　真黒般若
鯛丸除蓋障　　佐明忍波羅蜜
合壱佰玖拾人
弘仁四年
灌頂衆　金剛界　三月六日高雄山寺
合
僧五
泰範師護　　円澄師受
長栄師牙　　光定師宝波
康教師薩埵
沙弥十二
真叡師薩埵　　真者師薩埵
天海、金剛波羅　　栄春、音幢

教行、除蓋　　平仁虚

願福、牙　　真元、王

聴宗、　　聴教拳

信福、蔵　　戒善、鎖

安摠師成就

泰福阿閦

（裏書）

「拾枚也、但一枚者一行也、広
一寸許也、（花押）」

○本文書、継目裏毎の中央に「奉封」とあり、上下に左の花押がある。

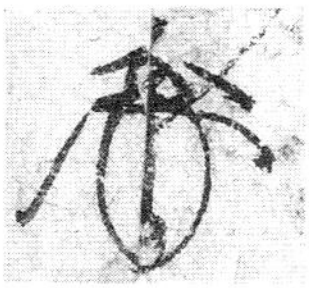

文書篇

一　紀伊国神野真国杣山材木日記　〇水野忠幹旧蔵文書

（端裏書）「下材木注文」

注進　神野真国杣山造下材木日記事

紀伊神野真国庄

合

七月二日下神野山下材木

御門柱四本　　　　　　　榶敷四枚

中門板敷板廿三枚　　　　七月廿七日下檜大榑二百寸

同度樋二支　　　　　　　八月廿三日四五榑幷七十支

九月廿三日八九寸廿支　　同廿六日垂木卅支

十月一日八九寸四十五支　七八寸八十支　裏板廿枚

已上、肆佰玖拾捌支、

右、注進如件、

天養元年十月七日　杣行事紀朝臣真国

二　紀伊国神野真国杣山材木日記　〇早稲田大学附属図書館所蔵文書

（端裏書）「天養記年　材木注進解」

注進　神野真国杣山造下材木日記事

紀伊神野真国庄

合

七月二日下神野山下材木

御門具足

柱四本　糖敷四枚

中門板敷板廿三枚

七月廿七日下

榑二百寸　樋二口

八月廿三日下

四五木幷榑七十支

八九寸廿支　同廿六日垂木卅支

九月廿三日下

八九寸四十五支　七八寸八十支

十月一日下

重板廿枚

已上、肆佰玖拾捌支、

右、注進如件、

天養元年十月十一日　紀朝臣真国

三　紀伊国賀天婆木津曳出材木目録　○水野忠幹旧蔵文書

注進　賀天婆木津曳出御材木目録事

合

戸板八十枚　　正目榑七十三寸　冠木百支

三寸半板五十六枚　榑十五寸　鼠走卅六支

裏板四十一枚　　七八寸木十六支　保立板七枚

四五寸木七支　　御宿所料借給板廿枚　榑十一支

正目木三支

右御材木、任現在員、注進如件、

天養元年十月十二日　　御庄山守真上安時在判

定使牛賀吉定在判

杣行事散位紀朝臣〔イ真国〕在判

已上、四百五十一支、又借給板・榑・正目、已上卅四支、

○本文書、ほぼ同文の写一通あるも省略する。

四　鳥羽上皇院宣　○巻九

熊野詣
神野真国庄

来月御熊野詣可」候也、神野真国庄雑」事注文遣之、無懈怠」可被下知候、近来或」致疎略、或成

緩怠、尤」以不便、慥可令致沙汰」給者、依　御気色、執啓」如件、

（久安三年）
正月廿五日　民部卿（藤原）顕頼奉

謹上　（藤原成通）侍従中納言殿

五　熊野詣上道下向雑事注文　○巻九

以此注文、可用送文、可取進行事」、主典代返抄之、

（モト端裏書）
「神野真国庄　（藤原成通）侍従中納言」

紀伊神野真国庄

御熊野詣雑事

神野真国庄

由笠

御上道二月十五日由笠御宿料

菓子十五合　御菜十合上五合　味煎一升

酒五升　酢二升　味曾一升

土器八十口大卅　塩五升　油六合

折敷十枚　炭十籠　打松十把

薪五十束　続松百把人夫可持、　大豆五升

人夫一人

『若二月廿九日歟、御上道之時、可相尋行事主典代之、』○朱筆

近津湯

御下向三月四日近津湯御宿

菓子十二合上三合　御菜七合上三合　未煎六合

酒二升　　　酢一升　　　味噌一升
塩二升　　　土器五十大廿　油三合
折敷三枚　　炭三籠　　　薪廿束
続松七十把　打松七把　　秣三束日高
大豆一升五合同　菖百五十把同
伝馬十疋三月六日可進日高之、
久安三年正月　日

六　紀伊国神野庄住人解　○巻九

（異筆）
「件柱押留事実者、可免下之、
別当法橋（花押）」

紀伊神野庄
仁和寺領住人
御願寺門柱五
本を抑留す

一院御領神野御庄住人等解　申請　裁事
請殊任道理、被糺給、新御願寺門柱伍本、依仁和」寺御室（覚法法親王）仰、留召子細状、

神野庄猿河村

右、神野内猿河村者、当御庄牓示之刻、依公験理、」依在庁申状、依前司詞、依古老議、沙汰切

無毛原

畢、而」御室・御高野間、依其仰、御室御領無毛原住人」出来、件柱五本抑留、尤無所拠事也、御庄即是」一院御領也、柱又新御願柱也、以非道犯御威、」遂何益之有哉、是定非御室御下知、住人等虚」誕歟、望請、早停止無所拠之狼藉、無左右糺返」給柱五本、欲不闕彼門御材木、仍言上如件、謹」以解、

紀伊神野庄仁和寺宮外題を成す

久安三年五月廿八日　住人等上

七　鳥羽上皇院宣　○巻九

「（モト端裏書）　立券之文ハ、在備後君許也、

仁和寺宮御返事（外題）幷顕（甲斐）大進書　」

神野庄申文、令」献仁和寺宮（覚法法親王）御之」処、成外題、所令」進給也、仍遣之、」又令申給之旨」候之故、被相副」彼御返事候者、」依　御気色、言上」如件、

（久安三年）六月十日　甲斐守顕遠（藤原）上

進上　侍従中納言殿（藤原成通）

八　熊野詣上道雑事注文　○巻九

（端裏書）「紀伊国神野真文書等也、但立券□□、在智秀許、□有白緒□、」依□侍従中納言殿（藤原成通）、神野真国庄」

於供御之菜者、殊美麗可調進之、

御熊野詣御上道雑事紀伊国

神野真国庄

御菜十合供御五合　　酒五升

酢二升　　味曾一升

土器八十口大卅口　　塩五升

油六合　　　　折敷十枚
炭十古　　　　松明百把可持夫、
打松十把　　　薪五十束
大豆一斗　　　人夫一人

湯浅宿
件雑事、二月廿八日、持参湯浅御宿、渡行事、」庁官可取進返抄之、
久安四年二月五日

九　熊野詣還向雑事注文　○巻九

（モト端裏書）
「神乃真国侍従中納言（藤原成通）家領」
御熊野詣御還向雑事
紀伊神野真国庄
神乃真国所課
御菜十合上三合　　　酒二升
酢一升　　　味曾一升
塩三升　　　土器廿口大小
油三合　　　折敷三枚
炭三籠　　　薪廿束
続松七十把　　　打松七把
秣三束三月三日可進滝尻、　　　大豆一升五合同可進之、

石田宿

莒百五十把同可進之、　伝馬十疋三月十一日可進上野御宿、
件雑事、三月十日、持参石田御宿、渡行事、」庁官可取進返抄之、
久安四年二月五日

一〇　聖隆書状（裏紙欠）　○思文閣古書資料目録二〇二

紀伊猿川郷

絵図等返上候、
侍従中納言（藤原成通）書状様、御覧」候了、件猿川六ケ御□□」其一に候、件庄為丹生高野社領、」年久罷成了、大略於不知子細」令申給事歟、委細旨、令参給」時可被　仰由候者也、只うちある」所なとにて候者、尤御会尺可候、」是ハ往古神領年久罷成了、」仍輒難進止事候也、可令察給」候、寄於事左右被　仰事には全不」候、可令察給此由得御心、可令伝」啓給候、謹言、
二月八日　僧聖隆奉

一一　鳥羽法皇院宣　○巻九

紀伊神野真国庄

（モト包紙カウハ書）
「院庁下文二通、絵図等、正文」進記録所了、未被返之、
紀伊国
神野真国御庄文国役停止事、并熊野訴申等事、顕遠奉行」

神野真国御庄、為　」院御領、不可充御使」雑事之由、遣仰国司」之許了、為御不審、」言上如件、
正月廿一日　左少弁顕遠（藤原）奉

進上　侍従大納言（藤原成通）殿
（後筆）「久寿二年也、公家毎月勅使雑事也、」

一二　高階泰経書状（裏紙欠）　○巻九

文覚悪事を成すか

文覚事、即言上、又」上洛して、悪事や仕覧、」諸国にハ、任心可罷行之由」を被仰下、何事候哉
と」仰候、伊豆守護許を、」可被免候歟、恐々謹言、
（治承二年カ）五月七日　泰経（高階）

一三　藤原泰通寄進状　○巻九

紀伊神野真国庄を高雄薬師に寄進す

為祈禱、有申付侍従僧正事、」然者、彼一期之後、可知行之、
紀伊国神野真国庄者、為相伝之」家領、帯調度之文書、知行年久、」而依有心中之所願、以件庄、所奉施」高尾薬師如来也、是非他、偏為」奉訪　故高倉仙院御菩提」也、但雖有　八条院御領之号、指無」備進之年貢、只為令無後代之牢籠、」当初有令寄進事者也、随又以領家之」職、令譲寄之者、向後更不可有」濫妨之状如件、
寿永元年七月八日
左近権中将藤原朝臣（泰通）（花押）

一四　紀伊国神野真国庄関係文書包紙　○巻九

「文(ウハ書)三通、在資良(安倍)許、令書写也、
紀伊国神野真国庄有絵図
院庁下文二通、庁宣、留守符等、各二通、神人久安元年□□虚中文有之、抑於∘本公験、前司書状、
人々消息、凡雑注文、御熊野詣所課注文、諸書状等者、(×在絵図等)給領主智秀了、」

一五　後白河法皇院宣　○巻九

文覚高雄に帰住すべし

於今者、早可令住高」雄給之由、所被仰下也、早」可令存其旨給之状如件、
十二月十二日(寿永元年カ)　右近中将(藤原光能)（花押）
文学〔覚〕房

一六　源頼朝寄進状　○巻一

丹波宇津庄

寄進　神護寺領事
在丹波国宇都庄壱処者、
右、件庄者、相伝之所領也、而殊」為興隆仏法、限永代、所寄進」彼寺領也、田畠地利幷万雑公事、」併以充伝法料畢、然者更不可」有他妨、仍寄進如件、
寿永三年四月八日
前右兵衛佐源朝臣(頼朝)（花押）

一七　源頼朝書状　○巻一

（モト裏紙ウハ書カ）「文覚聖人御房　（源）頼朝」

此庄者、相伝之所候、而」日来平家知行之間、」人領多以押入候云々、」頼朝か（ママ）之時、又其定候

ハ、、」平家之僻事を可直之」儀にハ不候歟、人の歎（×然者）」も不便候、只如本、々庄」許ヲ、高雄ニハ

御沙汰候」へき也、人之煩を不顧して、」そのま、にてハ、え候ましきニ」候と也、

四月八日（×一）　頼朝

（後筆）「寿永三年」

平家の僻事を直す

一八　源頼朝書状　○巻一

（端裏書）「灌頂用途事　（源頼朝）右大将家御書」

灌頂用途、可沙汰進之」由、雖下知政所候、悉以不」足之間、于今遅々、然而粗」沙汰出、令進

之由、令申候、」謹言、

二月廿四日

恵眼御房

（モト裏紙カ）「恵眼御房　頼朝」

一九　源頼朝書状　○巻一

若狭西津庄

(端裏書)「かまくら□(之カ)御ふミ　若狭西津」

(源頼朝)
(花押)

若狭国西津ハ、たかを」の御領にてあむなる」なり、それをやう〳〵に」いひて、百姓なとあむとせ」ぬよし申すなり、藤内」朝宗(比企)ハ、これよりおほせなと」かふらぬ、ひか事なとハ」すへからす、いなむしと」かやいふもの、、さやうに」あんなる、と、むへき」なり、あなかしく〳〵、

四月四日

○本文書、継目裏に花押が半分ある。

二〇　大江広元書状　○国立歴史民俗博物館所蔵文書

紀伊神野真国庄

九郎御曹司義経

神野真国事、委令申上候了、」御定候ハ、故侍従僧正御房一」期之間、愛染王供宰相中将(藤原泰通)寄」たりけれハ、一期すきなん後者、」なんてう宮の御沙汰のあるへき」そと御気色候也、丹生野八郎」光春か狼藉いたす事ハ、九郎御」曹司ニ申て召上へき事申上候へハ、」尤さあるへく候と、御気色候也、」恐々謹言、

五月十八日　左衛門少尉大江(広元)（花押）

(後筆)「元暦元年」

文覚御房

二一　後白河院庁下文　○巻九

丹波吉富庄
源頼朝

院庁下　丹波国吉富庄官等
　可早以当庄為神護寺領事
右、件庄内、於宇都郷者、依為源氏旧領、前兵衛」佐頼朝（源）朝臣申請、所奉寄彼寺也、至于新庄
者、有」別御願、同所被施入也者、以件郷幷庄、可為神護寺」領之状、所仰如件、庄官等宜承知、
勿違失、故下、
　元暦元年五月十九日
別当大納言兼皇后宮大夫藤原朝臣（実房）（花押）
権大納言藤原朝臣（忠親）（花押）
民部卿藤原朝臣（成範）（花押）
権中納言兼左衛門督藤原朝臣（実家）（花押）
参議修理大夫藤原朝臣（親長）（花押）
参議左大弁兼近江権守藤原朝臣（兼光）（花押）
大蔵卿高階朝臣（泰経）（花押）
右京大夫藤原朝臣（季能）（花押）
従三位平朝臣（親宗）（花押）
左近衛権中将兼加賀権介源朝臣
修理左宮城使左中弁兼皇后宮亮藤原朝臣（光雅）（花押）
造東大寺長官右中弁藤原朝臣（行隆）（花押）

主典代織部正兼皇后宮大属大江朝臣（花押）
判官代勘解由次官兼皇后宮権大進藤原朝臣（花押）
木工頭平朝臣（花押）
右衛門権佐藤原朝臣（定長）（花押）
左衛門権佐兼皇后宮大進藤原朝臣（親雅）（花押）
右少弁平朝臣（基親）
」

式部権少輔藤原朝臣
権右中弁藤原朝臣（光長）（花押）
○本文書、継目裏に、主典代織部正兼皇后宮大属大江朝臣の花押がある。

二二　平親宗書状　○巻九

神護寺実録

神護寺実録□」御覧候了、此文書□」行幸幷庄園□」委令申上了、
曼荼羅、于今遅引、返々」驚思給、毎日令責国司」候也、可令存此旨給□状」如件、
（元暦元年）六月十五日　（平親宗）（花押）
（文覚）聖人御房

二三　源頼朝下文　○巻一

（源頼朝）（花押）

紀伊神野真国庄

下　紀伊国神野真国庄
可令早如旧、為宰相中将（藤原泰通）家領、進退」領掌事
右、件庄者、彼家相伝私領也、而頃年」天下不静之間、字丹生屋八郎光治、」寄事於左右、無指証拠、令押妨云々、」縦有由緒者、可令経　院奏之処、」恣致濫妨之旨、有其聞、就中件光治、」非指奉公勲功者、暗施私威之条、次第」所行、甚以不当也、其上件庄、被寄進」高雄山畢、早停止濫妨、如本可令」領掌之状如件、以下、

元暦元年六月　日

二四　平親宗書状　○巻九

大曼荼羅

去比付下向鎌倉之」便脚、令献書状了、」而件使、於路頭不献」書状歟、返々不審候、今度」不遂見参、返々遺恨候、」大曼荼羅去月奉迎」御所了、近日已被書」写了、随令申給、定被」奉渡候歟、重御上洛之時、」可有御沙汰歟、如何、重御下向、』何比可候哉、於事令」芳心給之由、伝承候、件条」于今不悦申、恐恨不少」者也、他事期後信之状」如件、

(元暦元年)八月廿二日　(平親宗)(花押)

(文覚)聖人御房

二五　後白河法皇院宣　○巻九

空海筆の曼荼羅

(端裏書)「右大弁宰相奉」

(空海)大師御筆大曼陀」羅一鋪、奉送之、早如」本可奉安置神護寺」者、依

院宣、執達如件、

(後筆)「元暦元年」八月廿八日　(平親宗)(花押)

高雄(×尾)・聖人(文覚)御房

二六　梶原景時書状　○巻九

未申承候之処、如此事令申候之条、」憚思給候、極恐候〳〵、抑宗先生宗資申候人ハ、年来相知」候之上、内々縁候て、申事の候を、未入見」参之由、申候天、付友景て申候也、任道」理可御沙汰給候、先施面目候歟、

備中足守郷

備中国足守郷を御知行之由、承之候、」其内に相伝の所領田畠を、別結解ニ」可申請候也、任文書之理、可御沙汰」給候、若僻事候はんニハ、無相違」可沙汰進候也、恐々謹言、

十月十八日（元暦元年カ）　刑部丞平三（梶原景時）（花押）

進上　高尾聖人御房（文覚）政所

二七　文覚四十五箇条起請文

神護寺　定置四十五箇条起請文事

仁安三年秋文覚初めて神護寺に詣づ

夫神護寺者、八幡大菩薩之御願、弘法大師（空海）」之旧跡也、密教始興隆此砌、真言遍繁昌、此寺」大師御入定之後、真済僧正等御門跡之僧徒」相継居住、云々、但始被建立之次第、可見縁起并日本紀等、堂塔僧房庄園等事、具載実録帳、然而」漸迄于末代之間、人法共断絶、堂屋悉破滅、爰」文覚悲聖跡之毀廃、歎仏法之凌遅、且為奉」報大師之恩徳、且為利益一切衆生、故忽所」発興隆之大願也、仍仁安三年戊子秋比、始参詣」当寺、普令巡検処々畢、後結一字之草菴、即」令居住云々、而間仮造立三間四面之草堂、奉安」置本仏薬師之三尊等、又造納涼殿奉安置」大師之御影、又造護摩堂奉安置不動尊、又」構両三宇之庵室、

僧徒少々居住云々、如此興隆」之大願令祈請三宝之間、経六箇年畢、爰文覚」倩案事情、仏法者依王法弘、王法者依仏法保、」自往古至于今、離王法之力外、無有仏法流布」之義、就中当寺者、是自本以為鎮護国家之」道場故、昔所有之堂舎仏像者、是先帝之御願也、古所領之封戸・庄園者、是」国主之寄進也、然則今更以私力不能興隆、」須以事由令奏達於

承安三年夏文覚後白河法皇に強訴す

吾君也、仍承安三年癸巳夏比、参上法住寺御」所、為当寺興隆之依怙、可被寄進庄園之由」令奏達之処、更以無御裁許、而猶強依訴申、」早可罷出御所中之由、被仰下事度々也、」雖然自不蒙御裁許之外、縦使雖尽一生、不」可退出之由、猶所令申上也、其故者、今所訴」申興隆仏法之大願、是非自身之稀望、又」非為名聞利養、近者助支王法、慰万民之」愁歎、遠者利益一切衆生、令度生死之苦海」之故也、是則菩提之大願也、雖尽未来際不」可退失也、如此令申上不退出之処、以北面之」衆幷力者法師等、種々令碐礫之後、捕搦預」賜検非違使信房(惟宗)畢、其間被下

検非違使惟宗信房に捕らえらる

院宣偁、自今以後、不可参入御所中者、可令」免除云々、文覚申云、今所訴申者、是無上菩提」之大願也、此故種々雖蒙難堪之御勘当、更」以無一念之退心、縦雖尽身命、不可退菩薩」之行、更以非背王法之也、然則若被免除之」時者、猶令参上、可訴申大願之由也、雖及』死罪・配流、於此願者、世々生々不可退転云々、而間於」信房之許経七箇日之後、被預渡右京権大夫」源朝臣頼政

源頼政に預けらる

伊豆に配流さる

畢、仍遂配流伊豆国、彼使者頼政」朝臣之郎等源省也、始自被預信房之日以後、」令下向彼国之間、三十箇日断食也、至三十一」日之時、内心依祈請仏天之大願、即食物助」身命、而間或時加打縛、或時繫杻械、如此種々」苦悩、不異罪人之値獄卒、雖然興隆仏法之」願、片時無退転、弥

流罪を免ぜられ帰京す

寿永元年再び後白河法皇に強訴す裁許あり

寿永二年桛田庄・神野真国庄を寄進さる

寿永三年源頼朝丹波宇都郷を寄進す

丹波吉富庄を寄進さる吉富庄は源義朝の旧領

奉祈
聖朝安穏一念無怨心、是又為無上菩提、存」難行苦行之故也、以前次第具載別記、遂下着彼国畢、下着」之後、尋入深山之中、苅掃荊棘、構一宇之」草庵、所令居住也、即発誓云、不被免
院勘之外、一期之間、不可出山内云々、居住之間、」一向所令勤修
太上法皇御宝寿長遠之祈禱也、是又為」興隆当寺、利益一切衆生之故也、配流之後、」至于第六年漸被免流罪、遂還住本寺、其」間時々院参云々、還住之後至第五年寿永元年十一」月廿一日蓮華王院
御幸之時、進参御堂之」内陣、先年蒙流罪之時如令申上、為当寺』興隆、可被寄進庄園之旨、令訴申之処、即」可有御裁許之由、被仰下畢、於是文覚流」涙成悦罷出畢、次年寿永二年十月十八日、被寄」進紀伊国桛田庄畢、又宰相中将泰通（藤原）卿為」奉資
高倉院御菩提、令寄進同国神野真国庄」畢、次年寿永三年前兵衛佐源朝臣頼朝、以丹波国」宇都郷令寄進当寺伝法料畢、同年五月」十九日
太上法皇以吉富庄一円令寄進当寺御」畢、彼吉富庄内宇都郷者、故左馬頭源朝臣」義朝之私領也、而平治元年之比、彼義朝朝臣」謀叛之後、依為没官之処、成平家之所領畢、」其後故大納言成親（藤原）卿伝領之間、副加神吉・」八代・熊田・志摩・刑部等郷、為一円之庄号所」令寄進
院御願法華堂也、然而彼頼朝朝臣依親父之」罪過、雖被処流罪、治承年中之比平家謀叛」之尅、
奉為　朝家依致忠信、至于寿永年中、」被免配流、蒙抽賞之日、依為相伝之私領、以《ヒ》」以彼宇都郷所令寄進当寺也、但於所副加』之郷々者、雖為一円之庄、非相伝之領故、除之」者也、然而文覚以此由令申上

備中足守庄を寄進さる

若狭西津庄を寄進さる

空海自筆の両界曼荼羅を寄進さる

播磨福井庄を寄進さる

法皇之処、改彼法華堂之領、惣以所残之」郷々、成一円之領、所令寄進当寺御也、又」院御領備中国足守庄、故散位安倍資良」以私得分、依令寄進当寺之護摩堂、

法皇聞食此旨、副加御年貢一円令寄進」御畢、但所被副加御年貢者、文覚別御恩」也、而文覚所令寄進薬師如来也、又若狭国」西津勝載使之得分、資良以令寄進故、如本」被成定当寺御領畢、

同年元暦元年八月廿八日

太上法皇、以大師御自筆金泥両界曼荼羅、」所令奉送渡当寺之御也、次年以前所被」付曼荼羅之播磨国福井庄、如本令寄進」御畢、但件曼荼羅者、昔大師御在世之時、所被」安置当寺之根本曼荼羅也、是則

（淳和天皇）天長皇帝之御願也、然而当寺破滅之比、奉」移渡仁和寺、其後展転、所奉移蓮華王」院之宝蔵也、

於是

太上法皇以寿永年中之比、令奉送渡高野」山御畢、即彼尅以件福井庄所令寄進曼』荼羅御也、然文覚興隆当寺、擬令複〔復〕旧儀」之日、以彼曼荼羅、如本可被安置本寺之由、」頻依令訴申、即御使遣於彼山、所令奉迎」渡当寺之御也、雖然不被付彼福井庄者也、」仍文覚以彼庄如本可被付曼荼羅之由、重令」訴申之処、

法皇有御承諾、所令寄進御也、件庄々事等、具載庁御下文并」領家寄文或別日記等、是併以

太上法皇之御恩徳、漸所令遂興隆之大願」也、然而末代之僧徒等、恐任浅劣愚昧之心、張行」非法、破滅仏法、空失

法皇之鴻恩、違背文覚之本懐者歟、為禁」止彼破滅之因縁、記四十五箇条之誡、所令申」請

後白河法皇御手印

寺僧一味同心すべし

太上法皇之御手印也、仍寺僧等以此置文、」為末代之明鏡、各慎誡自身、或互加教訓、可」令仏法寿命継未来際也、条々之状具烈如」左、

一、寺僧等可一味同心事

右、大師御遺誡文云、

于時弘仁之年季冬之月、語諸金剛弟子』等、夫剃頭着染之類、我大師薄伽梵子呼僧」伽、々々梵名翻云一味和合等、意云上下無諍論、」長幼有次第、如乳水之無別、護持仏法如鴻」鷹之有序、利済群生、若能悟解已即名」是仏弟子、若違斯義、即名魔党、仏弟子即」是我弟子、々々々即是仏弟子、魔党則非吾」弟子、我弟子則非魔弟子、非我及仏弟子者、」所謂旃陀羅悪人、仏法国家之大賊、々々則現世」無自他之利、後生即入無間之獄、無間重罪之」人、諸仏大慈所不能覆蔭、菩薩大悲所不能」救護、何況諸天善神誰人存念、宜汝等二」三子等熟顧出家之本意、誰尋入道之」源由、長兄以寛仁調衆、幼弟以恭順問道、」不得謂賤貴、一鉢単衣除煩擾、三時上堂」観本尊、三昧五相入観、早証大悉地、受五濁」之澆風、勤三覚之雅訓、酬四恩之広徳、興三」宝之妙道、此吾願也、自外之訓誡、一如顕密二」教、莫違越、若故違越者、五大忿怒・十大金剛、」依法検極善心長者等、依内外法律治擯而已、」以一知十、不煩多言、

然則寺僧等各慎守此旨、若寺役仏事之』勤、若修学二道之営、或沙弥小児之誡、或末」寺庄園之政、都世間出世善悪二事之沙汰、」満山一味同心、評定理非畢、可政行也、或付自」付他、大小諸事普互令触告、不可令有不審」也、若背此旨、普不令触寺僧、独令行諸事、或」縦雖令触多分之衆徒、不承引之事、独張」政、於如此之輩者、速可令擯出寺内矣、

貴賤を選ぶべからず

一、不可簡貴賤事

右、末代悪世之僧徒、偏貪着名聞利養、故不」顧仏法之道理、不用大師之教訓、或以種姓高」貴之人定主、或以衣食豊饒之輩仰上、是背」僧侶之法、永可令禁制也、早学釈尊之遺」風、任大師之教誡、以智行為上首、以戒﨟可」為次第矣、

善悪勝劣を乱すべからず

一、簡察善悪勝劣、不可令雑乱事

右、不弁善悪勝劣、妄政〔改〕諸事、是則仏法」陵遅之基、国土損亡之源也、故世間出世」共能可令分別也、一者上下之礼不可令乱、」二者師弟之儀不可令失、三者利智精進」之人、懈怠愚昧之輩、可令簡択、四者上」根勇鋭之人、怯弱下劣之類、可令分別、』五者浄信持戒之人、破戒不信之者、可有」差也、六者高貴有徳之人、鄙賤醜陋之」党不可同也、七者正直憲法之人、偏頗矯」餝之徒可令察也、八者良賢英哲之人、」放埒不当之族可撰定也、九者清廉貞」潔之人、放逸無慙之侶、尤可異也、十者積」功運労之人、嫉妬違背之伴、不可等也、於」如此徳失、能究察審簡択、於有徳之人者、」可令尊敬也、於無徳之人者、可令憐愍也、」或又有徳人不可有驕慢也、過失之人可」勧励自心也、夫賞功治過者、善法自興也、」勧悪沈善者、非法不止也、此故不可令雑乱」善悪矣、

寺務執行人恣に張行すべからず

一、寺務執行人不触寺僧、公私諸事恣不可張行事

右、若寺中、若庄園、世間出世大小諸事、普令」触住僧、可致沙汰也、若不触寺僧、恣行偏頗・」矯餝之政者、大衆僉議不可用非道之下知、」或放逸・遊戯、令懈怠寺務之時者、僧徒評」定、可驚誡矣、

住僧寺務執行人を軽弄すべからず

一、住僧等不可軽哢寺務執行人事』

右、於政行諸事者、寺僧等皆可随執行」之人沙汰也、於不用有道理之事輩者、」早可令処罪科矣、

寺務執行人追従賄賂をすべからず

一、寺務執行人等不可用追従・賄賂事

右、或寺僧之中、或庄官百姓等、有邪佞」之稀望、於致追従・賄賂者、返可処罪科、」更不可用矣、

器量の者を供僧三綱に任ずべし

一、撰定器量可令補任三綱・供僧等事

右、正直憲法、無邪佞之心、敬重住僧、憐愍」諸人、以如此之僧侶可令補三綱也、縦雖具才」芸、於帯不善之心者、不可任彼職、於堂舎供」僧者、以知法精進之人、可令補也、縦雖知法」之僧、於具諂曲心之輩可除之矣、

妄りに治罰を行うべからず

一、不問実否、不糺軽重、妄不可行治罰事

右、於軽過之人不可加重罰、於無実之人不」可処罪科也、早問定実否、糺勘軽重、随咎」可行治罰矣、

王法に背く輩に同意すべからず

一、不可同意背王法之輩事

右、於当寺者、王法栄時者共令興王法、衰時」者共可滅也、更不可用背王法之臣下等之」帰依也、若於不順王法忽諸朝威之輩者、雖』為年来之檀那・親父・骨肉、永可令違背也、縦」使雖被破滅当寺、更以不可同意矣、

大事訴訟の時は僧徒を率いて公家に訴うべし

一、有大事訴訟之時、僧徒引率可令奏　公家事

右、末代大事訴訟出来時者、大衆陣参、可驚」天聴也、若不蒙裁許之時者、乍立陣庭可」尽一生也、縦使不還本寺雖及死亡、更以私」威企合戦、不可決勝負也、或又追従臣下不」可致賄賂矣、

堂塔を修造すべし

一、可令修造堂塔事

右、於堂塔破損者、可令　奏達事由於」公家也、或寺僧等各合力、常加修造、更不」可令破壊堂舎等矣、

恒例の仏事を行うべし

一、恒例仏事等事

右、法華会・御影供・二季彼岸等、或自」公家所被定置仏事之外、不可行講演等」之小仏事矣、

住僧私に堂塔を造立すべからず

一、住僧中輒不可造立堂塔事

右、自往古所建立之堂塔修造之外、私輒不」可建立堂舎等、但信心檀越等於有宿願者、」満山評定可随宜矣、

僧徒聚落に常住すべからず

一、僧徒不可常往聚落事

右、非寺大事之外、任私心不可住聚落也、』但自身有大事之時、普令触知寺僧、随許」否可令進退矣、

修学に励むべし

一、可勤営修学事

右、於修学之勤者、可任大師御記文之旨也、」但忘自宗、好顕学、立名僧、望説法、於如此」事等、永可令禁断矣、

旧例を改むべからず

一、不可改旧例事

右、堂塔仏像等、自昔所被定置之事等、更」以不可令改易、若背此旨、於改旧例政新」儀之輩者、永可令擯出矣、

住僧を蔑如すべからず

一、以私威不可蔑如住僧事

右、若帝王之孫、若有徳之人、或権門之族、或」武勇之輩、恃自威勢、陵蔑住僧、於如此之」輩者、永不可令居住矣、

諍論いたすべからず

一、不可致諍論事

右、若有僻者、或致罵詈、或加打縛之時者、」彼所被打罵人等、如不軽菩薩速逃去、可」訴申事由於諸僧也、於逃退人者、如菩薩」可令帰敬也、於打罵輩者、処於外道、早」可令追却山門矣、

根本住僧新住僧侶を軽んずべからず

一、不可軽棄根本住僧事

右、自幼少之時居住当寺、於積功運労之』住僧等、至耆年衰邁之時、依不叶当時之」所用、不可令沈没也、或始令来住僧等、我身」称具才能伎芸、不可陵蔑根本住僧、或有」根本之住僧、不可軽哢新住之僧侶矣、

当寺の威を借り田園資財を押し取るべからず

一、借当寺威、不可押取他人田園・資財等事

右、当寺住僧等、借寺家之威、巧無道之謀、」不可掠取他人之所領・資財等、若背此旨陵」蔑他人、掠取他財、於如此○輩者、早可令追却」山門矣、

在家人と同住すべからず

一、不可同坐在家人事

右、濁世之在家人等、不敬三宝、蔑如僧侶」者也、是尤仏法陵遅之因縁也、兼又殖作」三途之業因也、仍寺僧等不可交烈世俗」之末座也、但為寺家之沙汰、或為有縁之」檀那等、於交住在家之時者、守法律之旨、」随宜可進退矣、

他処の僧徒と交座すべからず

一、不可交坐他処僧徒事

右、不召仕　公家之外、不可交坐他処之僧徒、」夫末代之僧侶等不守律儀之法、偏住名聞」勝他

之心、仍令交坐他処之僧徒、即不異」列世俗、定有致諍論之事等歟、故尤可」禁制矣、』

強縁を用うべからず

一、不可用強縁事

右、於寺内・庄園等、若補官職、若任供僧、或」裁訴訟、或行治罰、於如此之事、付公私之」強縁、於令触申寺僧等者、大衆同心令」禁断、一向不可用矣、

寺大事以外は武装すべからず

一、非寺大事之外、任私心不可帯刀杖・甲冑等事

右、不蒙大衆許之外、若寺中若他処、恣不可」持兵仗・弓箭等矣、

寺内の住僧隔別の心あるべからず

一、不可帯院々坊々別執事

右、当寺住僧等於満山成一房之思、互令触」大小諸事、不可有隔別之心矣、

寺中において殺害すべからず

一、於寺中不可致殺害事

右、縦使雖有犯重過之輩、於寺内不可令」及死罪矣、

他処の悪徒に同意すべからず

一、不可同意他処之悪徒事

右、当寺住僧等、若他寺之大衆、若謀叛之」悪党、或強窃二盗等、若付公私之諸事、致闘」諍決勝負、於如此凶類、更以不可同意、若於」背此旨之輩者、永可令擯出矣、

他処の弟子を処分すべからず

一、当寺住僧、他処之弟子等輙不可処分事

右、聖教幷資財・田園等、輙任私心、更不可」令処分住他処之弟子幷在家人等也、』但於有由緒所領等者、可除之矣、

所帯を恣に弟子に譲与すべからず

一、堂舎供僧等所帯恣不可譲与弟子等事

右、依寺務執行之人幷住僧之評定、簡定」器量可令補任矣、

酒宴すべからず

一、不可酒宴事

右、当寺住僧等、不簡在家出家、交坐於衆中、」不可令酒宴、若於当寺衆中、有令飲酒事」時者、可用各器矣、

房舎を売買すべからず

一、不可買房舎事

右、寺中房舎互不可買売矣、

房舎を他処に渡すべからず

一、寺中房舎不可破渡他処事

右、雖為私房舎、更以不可破渡他所矣、

房舎を切破るべからず

一、不可切破房舎事

右、有罪科之寺僧、令追却山門之時、不可」切破住房、依大衆之評定、可令住余僧矣、

寺中において興宴すべからず

一、於寺中不可興宴事

右、於寺内房中等、調琴・吹笛・歌舞・踊躍・」誦物・遊戯、如此之事、永可禁断矣、

美服を着すべからず

一、不可着美服事

右、若召仕　公家之時、若勤仕寺役之外、更」以不可著美服矣、』

寺内に女人を泊めるべからず

一、於寺内不可令夜宿女人事

右、有参詣之志女人等、早旦登山、入堂礼」仏之後、即日可下向大門之外矣、

大門内に魚鳥五辛を入るべからず

一、大門之内不可持入魚鳥并五辛等之類事

右、件物等、永可令禁断矣、

寺中にて耕作すべからず

一、寺中不可耕作後園事

右、五穀等之類・菜料等物、不可蒔殖矣、

寺中において博奕を禁ず

一、於寺中可禁断博奕等事

右、囲碁・双六・将基〔棋〕・蹴鞠等、永可制止矣、

牛馬鳥類を飼うべからず

一、不可飼牛馬鳥類事

右、於寺中可令禁断矣、

高声にて読経すべからず

一、任心高声不可読経事

右、蒙免除之持経者之外、高声不可読」経矣、

世間者を寺中に住まわすべからず

一、不可令住世間者事

右、帯妻子僧徒不可常住寺中矣、

寺中に呪師猿楽田楽を入るべからず

一、寺中不可入呪師・猿楽・田楽等事

右、仏法修学之砌、如此之類無益矣、

預所職は根本住僧を補任すべし

一、当寺根本庄等以住僧可令補預所職事

右、有経文云、一切俗家不得受用三宝・財』物・田園、不得駈使三宝・奴婢・牛畜、若受用」駈使者、破滅仏法、破滅仏法故国家滅亡云々、」然則在家人等妄不可預伽藍事也、恐末」代之世俗、犯用財物、破損伽藍歟、縦使雖不」犯用而触事有失、必殖泥梨之因、云々、已上聖徳太子之」四節之文意、仍於常住寺僧之中、簡定器量、可令」補任也、但領家寄進之剋、於有約束之庄」者、可除之矣、

私心に任せて庄務を改行すべからず

一、諸庄園領家・地主等、任私心恣不可改行庄務事

右、於当寺令寄進庄園之剋、彼領家并寺」僧一味評定、可定置諸事也、更以於後代」定置事、不

可令相違也、若領家地主等」背此旨、懈怠寺役、損亡庄園、改行非法」之時者、寺僧等加制止、
可致憲法之沙汰也、」或又寺僧以非法、妄不可改定領家・地主」等、自余事等可依先約幷道理也、
末代」所寄進之庄園等、皆可依此例矣、
以前四十五箇条之起請、大略以如此、為」末代之規模、護持仏法故、所令申請
法皇之御手印也、寺僧等各守此旨、』永不可違失、若於背此旨之輩者、内」鎮守八幡大菩薩幷金
剛天等、早令」加治罰、外満山之僧侶同心簡択、速可《ヒ》」可令擯出也、仍為扶助後代之陵遅、所」
記置如右、

元暦二年正月十九日

後白河法皇宸筆

神護寺勧進僧文覚四十五」箇条起請、偏是仏法興隆之」願莫大也、随喜之心忽催、結」縁之
思尤深、仍為後鑑聊」加手印也、』

依聖人（文覚）之誂清書之、

正二位行権大納言藤原朝臣忠親

○本文書、巻首書出と巻末日付に朱手印が各一顆ある。

二八　紀伊国桛田庄坪付注進状（前欠）　○影写本十一

□　□　□　真久
□　□　□十歩　重久
中　一々□□　□□反大（扌大）〔損、下同〕　貞光

一々同　□□又不小　恒正

中　一々平池尻　〔作、下同〕乍一反半　恒吉 □

下　一々同　乍一反廿歩内 新六十歩 扌半　安則

下　一々小田垣内　乍半新也、扌卅歩　近□

下　一々同　乍大扌半　西久□

下　一々同　乍一反扌六十歩　則久

下　一々同　乍一反扌六十歩　重久

下　一々同　乍四反　三昧田

下　一々同　乍一反百歩扌小　香楽

下　一々平池尻　乍半　恒正

□　一々同、　乍一反半扌六十歩　恒包

下　一々同、　乍一反扌半　宗近

上一反 中一反　一々同　乍二反　貞光

中　一々同　乍大扌六十歩　友安

中　一々同　乍三百歩　近包

上二反 中二反　一々同　乍四反扌半　恒正

下　一々垣内　乍一反小扌六十歩　香楽

下　一々前野　乍三反小扌二反　恒正

下〻　一々同　乍〻一反半才〻半　則安〻

下〻　一々同　乍〻一反六十歩才〻六十歩　恒正〻

下〻　一々同　乍〻三百歩　末重〻

下〻　一々同　乍〻一反半才〻小　恒吉〻

下〻　一々同　乍〻三百歩　真久〻

下〻　一々同　乍〻大才〻小　宗近〻

下〻　一々同　乍〻大　近包〻

□　一々同　乍〻小内新六十歩　久永〻

下〻　一々同　乍〻一反新也、　行楽〻

下〻　一々同　乍〻小新也、　真久〻

下〻　一々同　乍〻三反内新〻一反　才〻一反十歩　近包〻

下〻　一々同　乍〻二反七十歩　安得〻

中〻　一々宮谷尻　乍〻三百歩才〻小　近包〻

中〻　一々同　乍〻三反内新卌歩〻　才一反　近延〻

下〻　一々前野　乍〻一反三百歩　定使田　行楽〻

中〻　一々宮谷尻　乍〻一反新也、　近包〻

下〻　一々同　乍〻一反小内新六十歩　才大　真久〻

下〻　一々前野　乍〻二百七十歩才大　末吉

下＼　一々同　作＼三百歩扌小　久次
下＼　一々同　作＼大扌＼六十歩　近延
下＼　一々同　作＼二反小扌＼一反半　末吉
下＼　一々同　作＼二反半扌＼一反小　近包
中＼　一々宮谷　作＼小　久元
上＼一反　中＼一反　一々湯屋前　作＼二反　恒正
下＼　一々同東北　作＼二反百五十歩扌小　恒正
下＼　一々同　作＼一反大新＼也、　恒正
下＼　一々同　作＼一反新＼也、　行楽
下＼　一々同　作＼二反百卅歩扌＼一反大　依国
下＼　一々同　作＼六十歩扌＼卅歩　友重
下＼　一々同　作＼三百卅歩扌＼大　則安
下＼　一々同　作＼一反大扌＼大　真久
下＼　一々同　作＼半扌＼六十歩　恒吉
下＼　一々同　作＼一反二百卅歩扌＼大　清久
中＼　一々友国池尻　作＼一反　貞久
中＼一反半損半＼　下＼一反半　一々同　作＼三反扌＼一反　近包
』
下＼　一々同　作＼小扌＼卅歩　恒吉

下〵　一ヶ同　乍〵四十歩　末重〵
下〵　一ヶ同　乍〵百歩　依国〵
下〵　一ヶ同　乍〵三百歩　定使田 行楽〵
下〵　一ヶ尻江田　乍〵大扌六十歩　宗近〵
上〵　一ヶ同　乍〵一反六十歩　恒正〵
上〵　一ヶ同　乍〵半　友安〵
上〵一反 下〵三百廿歩　一ヶ同　乍〵一反三百廿歩　久元〵
下〵　一ヶ堂前迫　乍〵大扌小　恒吉〵
下〵　一ヶ同　乍〵一反半扌大　久成〵
下〵　一ヶ同　乍〵一反六十歩扌小　近包〵
下〵　一ヶ同　乍〵三百歩扌半　友安〵
下〵　一ヶ同　乍〵一反扌六十歩　太郎坊〵
上〵　一ヶ同　乍〵一反六十歩　秋武〵
下〵　一ヶ同　乍〵半扌六十歩　久成〵
下〵　一ヶ同　乍〵一反半　三昧田〵
中〵一反 下〵一反六十歩　一ヶ同　乍〵二反六十歩扌小　則安〵
中〵　一ヶ同　乍〵大　定使田 行楽〵
下〵　一ヶ同　乍〵廿歩　末吉〵

下 一々同 乍大扌六十歩 有恒
上 一々同 乍一反 友次
中 一々小江門 乍一反内新大 友安
中 一々同 乍一反扌小 依国
中 一々同 乍一反扌小 則安
中 一々同 乍二反扌大 近包
中 一々同 乍二反小扌一反 友安
中 一々岸下 乍小 宗弘□
下 一々同 乍小扌六十歩 依国
下 一々同倉垣内 乍半新扌也、 友安
下 一々同 乍小扌也、 正近
下 一々垣内 乍一反二百八十歩扌一反小 友重
下 一々 乍百五十歩扌七十歩 能楽
上半下大 一々 乍一反六十歩扌六十歩 安則
下 一々 乍二百九十歩扌半 能楽
下 一々恒久北 乍一反扌大 正近
下 一々同 乍六十歩新也、 友安
上 一々二王池内 乍二百七十歩 重久

上ヽ一反損半
中ヽ一反損半　一々同　乍ヽ五反扌ヽ二反小　友ヽ重
下ヽ三反損一反小

下　一々無量寿院　乍ヽ半　寺ヽ敷地

下　一々大池尻　乍ヽ二反小扌ヽ也、　真ヽ久

下ヽ　一々国覓氏谷　乍ヽ一反小扌ヽ大　円ヽ智

下ヽ　一々同　乍ヽ小　安ヽ延

下ヽ　一々小池上迫　乍ヽ小扌ヽ六十歩　久ヽ永

下ヽ　一々一橋　乍ヽ大扌ヽ小　友ヽ重

下ヽ　一々野千池尻　乍ヽ小新ヽ也、扌ヽ六十歩　宗ヽ依

下ヽ　一々同　乍ヽ一反六十歩内新ヽ小扌ヽ半　今ヽ武

下ヽ　一々同　乍ヽ二反扌ヽ一反　行ヽ成

下ヽ　一々同　乍ヽ一反扌ヽ六十歩　今ヽ武

下ヽ　一々同　乍ヽ一反三百廿歩扌ヽ小　安ヽ延

下ヽ　一々同　乍ヽ二反卌歩扌ヽ一反　経ヽ楽

下ヽ　一々同　乍ヽ半扌ヽ六十歩　今ヽ武

下ヽ　一々同　乍ヽ百六十歩扌ヽ九十歩又ヽ不一反　末ヽ里

下ヽ　一々同　乍ヽ一反大扌ヽ半又ヽ不三反半　今ヽ武

下ヽ　一々寺山　乍ヽ三百卌歩扌ヽ小　得ヽ善

下　一々同　乍半扌六十歩　証阿

上一反
中一反損半　一々同前　乍三反扌半　今武
下一反

上　一々池田　乍一反六十歩　久仁

上　一々同　乍一反六十歩扌小　得善

中　一々西迫　乍一反大扌六十歩　□今武

下　一々佐野迫尻　乍二反扌也、　安延

下　一々同　乍三反二百九十歩扌一反七十歩　行成

下　一々同　乍小扌六十歩　近包

下　一々中乃　乍一反六十歩扌六十歩（小〻〻〻）　有恒

下　一々同　乍三百五十歩扌半　有時

下　一々同　乍二反扌一反　依国

下　一々同　乍二反百卌歩扌一反　東久延

下　一々同　乍一反三百卌歩扌半　清時

下　一々同　乍一反卅歩扌九十歩　重久

下　一々恒松門　乍大扌也、　東久延

中三百歩扌小
下大　一々同　乍一反半扌半　重久

中　一々垣内　乍一反扌半　久元

下 一々母行力垣内 乍一反小 扌小 近包

下 一々次西 乍三百歩 扌六十歩 恒包

下 一々同南 乍半 扌九十歩 延時

下 一々同 乍半 扌九十歩 友安

下 一々即門 乍一反三百歩 扌半 恒包

下 一々同 乍半 扌六十歩 友安

下 一々同 乍一反九十歩 扌小 貞則

下 一々稲古谷東 乍二反 扌一反 友安

下 一々同 乍三百五十歩 扌半 正道

下 一々同 乍一反二百歩 依安

下 一々同 乍一反 扌也、 依国

下 一々同 乍一反卅歩 扌九十歩 恒正

下 一々同 乍一反 扌小 依国

下 一々同 乍二百歩 扌六十歩 依国

下 一々同 乍三反 扌一反 正道

下 一々同 乍三反半 扌一反半 有恒

上二反 損小
中二反六十歩 一々淵本 乍四反六十歩 扌一反 有恒

上半
中二百七十歩　一々同　乍一反九十歩扌九十歩　正近
下　一々同　乍卅歩新也、扌廿歩　恒正
」
中　一々同　乍小扌也、又川成六十歩　東久延
上　一々同　乍二百廿歩扌廿歩　久元
中　一々同　乍大扌卅歩　則久
下　一々大人跡　乍一反百卅歩扌小　貞末
下　一々同　乍一反九十歩扌小　重房
下　一々岸門　乍一反二百歩扌半又不二反半　東久延
下　一々同　乍一反扌小　宗久
下　一々同　乍一反扌六十歩　則久
下　一々同　乍二百七十歩扌六十歩　有恒
下　一々同　乍一反百五十歩扌小　貞末
下　一々同　乍半扌卅歩　友安
下　一々同　乍五反小扌一反小　久成
下　一々同　乍三百卅歩扌六十歩　正近
下　一々武久坪　乍一丁内不二反　乍八反扌四反三百歩　末松
下　一々同西　乍三百歩扌卅歩　友重
下　一々同　乍一反扌大　有恒

下〻　一々同　乍〻一反六十歩扌〻小　公〻文田
下〻　一々同北　乍〻二反大扌〻三百歩　東〻久延
下〻　一々同　乍〻二百九十歩扌〻六十歩　有〻恒
下〻　一々同　乍〻二反小扌〻大　貞〻則
下〻　一々同　乍〻三百歩扌〻六十歩　恒〻吉
下〻　一々同　乍〻一反扌〻小　末〻重
下〻　一々同　乍〻一反扌〻小　清〻時
同南不二反内　年〻一反　荒〻一反
下〻　一々同　乍〻半扌〻六十歩　友〻安
下〻　一々同新藤〻助坪　一丁内　乍〻九段扌〻四反半　不〻一反　有〻恒
下〻　一々同近光坪　一〻丁扌〻四反小　依〻安
下〻　一々同南　乍〻一反扌〻半　依〻国
下〻　一々次東　乍〻一反扌〻半　恒〻正
下〻　一々次東南　乍〻一反扌〻大　正〻近
下〻　一々同　乍〻卅歩新〻扌〻也、　有〻恒
下〻　一々同　乍〻一反小扌〻小　近〻元
不〻一反大
下〻　一々　乍〻一反半扌〻大　今〻武

下 一々荒符 乍二反小才半 近包

下 一々同 乍一反卅歩才半 貞久

下 一々同南 乍一反才小 今武

下 一々三角田 乍一反二百五十歩 今武

下 一々同北 乍二反大才三百歩 近包

下 一々簾竹坪 乍一丁才五反 友重

下 一々郡司坪 乍一丁才一反 浄得

下 一々末吉坪 乍一丁才三反小 末吉

下 一々同東 乍一反才小 常得

下 一々同 乍一反小才小 久次

中一反才小 下大 一々同北 乍一反大才半 有時

下 一々中乃 乍半新也、 行楽

下 一々同、 乍一反半新也、又不三反 近包

下 一々同 乍一反才小 東久延

中一反才半 下八反 一々九段田 乍九段才五反半 今武

下 一々武成坪 乍一丁才五反 恒正

中二反 下八反 一々紺介坪 乍一丁才四反半 末里

下 一々尾古坪 乍一丁才四反大 今武

下＼　一〻八段田　乍＼八段扌＼三反　重近＼
下＼　一〻紺介東＼　乍二反百歩扌＼半　宗依＼
下＼　一〻垣副　乍＼一反半扌＼一反　今武＼
下＼　一〻　乍＼一反扌＼大　真久＼
下＼　一〻池尻　乍＼小新＼　行成＼
下＼　一〻同、　乍小扌＼卅歩　貞久＼
」
下＼　一〻同、　乍＼一反三百歩扌＼大又＼不大　今武＼
中＼一反　下＼三反三百歩　一〻北四反田　乍＼四反三百歩扌＼也、　重房＼
中＼二反　下＼二反廿歩　一〻　乍＼四反廿歩　友国＼
一〻国覓氏乃　不＼二反大

川南

中＼　一〻　乍＼小　時友＼
中＼　一〻　乍＼五十歩新＼也、　太郎房＼
中＼　一〻道東　乍＼一丁二反　御正作＼
中＼　一〻道西　乍＼一丁二反半　同＼

川北

中＼　一〻向賢　不＼二反　末重＼

下乀　一々同　年乀六十歩才乀也、　末乀重
下乀　一々同　年乀六十歩　久乀成
上乀　一々同迫　年乀半才乀卅歩　恒乀延
上乀　一々同　年乀九十歩才乀卅歩　久乀永
上乀一反才小　下乀一反小　一々同　年乀二反小才乀一反　武乀元
上乀　一々同　年乀一反才乀六十歩　則乀久
上乀　一々同　年乀一反小才乀六十歩　貞乀光
中乀二反才小　下乀五反　一々同下　年乀七反才乀二反大　近乀包
下乀　一々瀬山小松鼻年乀小才乀六十歩　清乀時
下乀　一々同山　年乀半才乀六十歩　行乀楽
下乀　一々同山　年乀小才乀卅歩　恒乀延
下乀　一々名荷谷　年乀一反二百五十歩才一反六十歩　久乀永
下乀　一々同　年乀一反才乀大　宗乀□
下乀　一々隠谷　年乀半才乀小　貞乀近
」

静川

下乀　一々前畑　年乀二百九十歩才乀六十歩　友乀国
中乀　一々同　年乀二百歩才廿歩又乀不小　近乀恒
上乀　一々同　年乀三反才小又乀川成半　友乀国

上　一々同　作半才卌歩　又川成半　恒包
上　一々同　作一反六十歩才六十歩　友国
上　一々大松垣　作四反才大　貞則
上　一々次下　作三反小才小　延久
上　一々次下　作一反半才小　国貞
上　一々同　作一反　壬珍
上　一々同　作半　又川成小　近恒
下　一々村松東　作一反　友永
下　一々同　作半才小　又川成一反　行楽楽〻
中　一々同　作五十五歩　又川成大　貞清
上　一々ケチ遅　作小　又川成小　下司
上　一々同南　作小　又川成一反大　上野公
一々川成小　延久
上　一々和田　作一反半才小　貞清
上　一々同　作五反才一反　下司
上　一々同　作小才卌歩　末久
上　一々同　作二反小才小　□延久
上　一々次南　作小才廿歩　末久

上　一々次東　乍二反六十歩扌小　末久
上　一々同南　乍三反二百卅歩扌半　時友
下　一々同　乍一反扌　友国
中　一々同　乍一反半扌六十歩　近恒
中　一々同山際　乍一反小扌卅歩　氏永」
中　一々　乍小扌卅歩　智覚
中　一々川辺　乍一反卅歩扌九十歩又川成一反　氏永
中　一々湯屋谷口　乍三百五十歩扌六十歩　恒包
中　一々同　乍一反扌卅歩　近恒
上　一々秋谷　乍三反半扌半　末久
上　一々　乍廿歩　助正
上　一々同　乍大　御正作
上　一々同　乍一反小扌小　氏永
上　一々同　乍小　氏永
上　一々次下　乍三反百六十歩　上野公
上　一々次西　乍一反扌六十歩又川成半　延久
上　一々次西　乍一反六十歩扌六十歩　助正
上　一々同下　乍一反九十歩扌半　貞則

上 一々同川際 乍半扌九十歩又川成一反半 末久
下 一々中川原 乍小扌廿歩 近恒
下 一々同下 乍四反小扌小 下司
上 一々江那下分 乍小 御正作
上 一々同下 乍二反扌六十歩 智覚
上 一々同下 乍一反扌六十歩又川成半 宗次
上三百歩 下六十歩 一々同下 乍一反扌卅歩 助正
上 一々下分 乍一反二百九十四歩 久松
上 一々中島 乍半扌六十歩又不一反 太郎房
上 一々同 乍一反大扌六十歩又川成小 助正
上 一々同 乍小 智覚
上 一々同 乍大扌六十歩 宗次
上 一々塚 乍六十歩 末友
上 一々牓示本 乍一反三百五十歩 安得
上 一々江川合 乍一反大扌六十歩 助正
下 一々簗北正 乍一反小 友国 」
下 一々同、 乍六十歩 国貞
上 一々井開 乍小 行楽

上　一々同、　乍二反六十歩　才六十歩　貞正
上　一々西牓示本　乍一反六十歩　才六十歩　下司
下　一々同、　乍一反五十歩　才六十歩　末延
下　一々簗西外　乍一反三百歩　才六十歩　智覚
下　一々同、　乍一反二百十歩　才半　久清
下　一々同　乍九十歩　才卅歩　末友
下　一々簗南　乍三反二百七十歩　才一反　金楽
下　一々同、　乍一反百卅歩　才半　宗弘
下　一々同　乍一反小　才六十歩　久清
下　一々同　乍二百九十歩　才小　貞正
下　一々同　乍一反二百八十歩　才半　助正
下　一々同　乍一反半　才小　国貞
下　一々　乍一反半　才三百歩　金楽
下　一々同　乍大　才百五十歩　智覚
下　一々同　乍一反小　才六十歩　貞正
下　一々簗西　乍大　才六十歩　末友
下　一々同　乍三百歩　才小　金楽
下　一々同　乍大　才小　貞正

下 一々 作小扌六十歩 行楽
下 一々昌蒲谷 作五反小扌一反 末友
下 一々築西 作一反小扌小 貞正
下 一々同 作二反半扌半 金楽
下 一々同 作百歩扌卅歩 智覚
下 一々同 作小 又荒一反 行楽
下 一々同 作二反扌一反 末友
下 一々同 作三百歩扌小 金楽
下 一々同 作一反小扌小又不大 貞正
下 一々同 作一反扌小 智覚
下 一々尾埼 作一反扌半又不半 有久
中 一々垣尻 作二反小扌半 末久
中 一々同 作一反六十歩扌小 助正
中 一々同 作一反卅歩扌九十歩 国貞
中 一々同 作一反半扌大 末久
中 一々同 作一反小扌半 末友
下 一々同 作大扌六十歩 末包
中 一々同 作一反三百歩扌六十歩 末久

中 一〻同 乍一反扌半 氏永
上 一〻末久垣 乍二反大扌半 末久
上 一〻同 乍五反半扌一反半 末久
上 一〻同 乍一反六十歩扌六十歩 国貞
上 一〻同 乍二反六十歩扌半 末久
上 一〻垣内 乍三反三百歩扌大 国貞
上 一〻同 乍一反扌卅歩 近恒
上 一〻同 乍四反扌大 国貞
下 一〻同 乍一反 極楽寺敷地
下 一〻同山際 乍四反扌半 国貞
上三百歩 下六十歩 一〻同 乍一反 国貞
中 一〻垣内 乍二反小扌三百歩又不小 末久
下 一〻荒井内 乍一反扌六十歩 近恒
下 一〻同 乍一反大扌小 国貞
下 一〻同 乍百十歩扌卅歩 延久
下 一〻同 乍一反扌小 末包
下 一〻同 乍一反百卌歩扌大 宗次
下 一〻同 乍二反半 御正作

下ヽ　一々垣内　乍ヽ三百卌歩扌ヽ半　末ヽ包

下ヽ　一々同　乍ヽ一反半扌ヽ一反　宗ヽ次

下ヽ　一々　乍ヽ二反六十歩扌ヽ一反　下ヽ司　』

下ヽ　一々同　乍ヽ二反内新ヽ作一反扌ヽ三百歩新ヽ分九十歩　有ヽ久

下ヽ　一々垣内　乍ヽ二反百六十歩扌ヽ二反小　究ヽ竟

下ヽ　一々尾埼　乍ヽ一反半扌ヽ一反又ヽ不半　氏ヽ永

下ヽ　一々次東　乍ヽ一反扌ヽ大　国ヽ貞

下ヽ　一々同　乍ヽ一反小扌ヽ三百歩　究ヽ竟

下ヽ　一々　乍ヽ三反小扌ヽ二反六十歩　究ヽ竟

下ヽ　一々同　乍ヽ二反六十歩内新ヽ六十歩　扌ヽ一反半　有ヽ久

下ヽ　一々垣内　乍ヽ二反半内新ヽ大　扌ヽ二反六十歩　末ヽ友

下ヽ　一々同　乍ヽ二反百六十歩内新ヽ作大扌ヽ二反　益ヽ方

下ヽ　一々大谷　乍ヽ十歩　又不八反内荒ヽ五反　末ヽ久

下ヽ　一々同　乍ヽ百七十歩扌ヽ六十歩　智ヽ覚

下ヽ　一々同　乍ヽ一反内新ヽ半　扌ヽ三百歩　末ヽ友

下ヽ　一々同　乍□一反六十歩内新ヽ小　扌ヽ六十歩　有ヽ久

右、注進如件、

文治元年九月　日

二九　隆憲奉書（裏紙欠）　○巻九

御入壇事、四月下旬・」五月上旬之間、可候之由、」内々其沙汰候也、只今」一切不可及御披露、一定」日次、自此可注遣之由、」所候也、恐々謹言、

（文治二年カ）二月十四日　隆憲

三〇　後鳥羽天皇宣旨　○早稲田大学附属図書館所蔵文書

神護寺と石清水八幡宮との相論

紀伊野上庄

同神野真国庄

応令不知実名高雄寺住僧字浄覚房弁申」子細、石清水八幡宮寺所司等訴申、且永停止自由」濫妨、且任所犯実、処罪科浄覚房幷下手人等事、

副下濫行人交名幷被殺害刃傷神人等交名各壱通、

右、得彼宮寺所司等去月廿八日解状偁、謹検案内、当宮寺」御領紀伊国野上庄者、往古根本神領也、延久年中勅免以降、」一百余歳之間、敢以無脱漏矣、爰同国神野真国庄、為高雄」文覚上人沙汰之剋、弟子僧浄学（覚）房恣振威勢、忽巧新儀、」令押領野上庄内佐佐小河村之間、或」殺害刃傷神人、或」焼払数宇民宅、狼戻之甚、何事如之哉、望請天恩、且永」令停止佐佐小河新儀・濫妨、且又件浄覚房幷下手輩、」任所犯実、被処罪科者、将仰神威厳重、弥祈宝祚」延長者、右少弁藤原朝臣親経伝宣、権中納言藤原」朝臣実家宣、奉　勅、宜令彼浄覚房弁申件子細者、

文治二年四月廿五日左大史小槻宿禰（広房）（花押）奉

三一　紀伊国神野真国庄問注文書等目録　○和歌山県立博物館所蔵文書

（端裏書）「神野真国問住〔注〕
　文書等目録」

宣旨正文三通

宣旨請文案二通

神野真国庁御下文案一通

院宣陳状案一通

問注日八幡方ヨリ取出宣旨案一通

在庁注文案一通

史長者上人御房御文御返事一通副弁返事一通、

　　已上十一通

文治二年十月廿三日　　　　　　　（花押）

（異筆）「廿四日請取了、　　（草名）」

三二　後白河法皇院宣　○巻十

（モト端裏書）「文治四年七月廿四日」

神護寺領八ケ所

役夫工米免除

摂津国寺田
若狭国西津庄
丹波国吉富庄
播磨国福井庄
備中国葦守庄
紀伊国笠田庄
　川上庄
　　神野真国庄

右八ケ所、役夫工被免除」了者、
院宣如此、悉之以状、
　文治四年七月廿四日　右中弁（藤原基親）（花押）
高尾聖人（文覚）御房

三三　後白河法皇院宣　○巻十

賀茂別雷社司等解」状遣之、任両度　宣旨、」可停止其妨之由、可被下知也、」共不可有新議歟者、
依」院宣、執達如件、
　七月十七日（文治五年カ）　宮内大輔（藤原家実）（花押）
高尾聖人（文覚）房

三四　後白河法皇神護寺御幸記（後欠）　○巻二

（端裏書）「後白川法皇当寺御幸記　上覚上人御自筆」

（端裏書）「高雄御幸事」

正月十六日、当寺御幸、

二月也、

御共人々、　別可注、

御儲

供御御寺沙汰、

殿上饗智月房、　吉富新庄并川上庄預所役、

北面饗覚文房、　福井庄預所役、

者力饗乗智房、　吉富本庄預所役、

雑人料破子七百合、　足守庄・西津庄所課」五百合、并御寺沙汰二百合、

文覚御堂の庭を掃く

御幸午時、直御堂参詣、上人文覚取箒掃」御堂之庭、法皇含咲御覧、連入礼堂、」着御座、暫時相具上人并兵衛介某丁、」入御堂内陳、（陣、以下同）御帳カキアケテ、令拝本仏御、」内陳役人、性円・道海・定信・永真・行俊・定喜・」定円也、拝礼之後、法皇自火打テ、灯炉」令燃付御、兵衛介某甲賜火燃付、以此火、為」常灯、為伝未来際、付不断香、并納涼殿」灯炉燃付、当日本堂長日供養法、所」被始行也、諸堂参拝之後、於御所」供御ナル、申時、還御、次日女房参詣、

三五　播磨国司庁宣　○思文閣古書資料目録二四九・二五〇合併

庁宣　留守所

可早以福田・櫨谷両保為文覚聖人所知事

右、件保等、為彼聖人所知、免除所当」可停止雑事之状、所宣如件、以宣、

建久元年五月十六日

右近衛権中将兼大介藤原朝臣（実明）（花押）

三六　太政官牒　○巻二十

（モト端裏書）「阿闍梨　官符　建久元年」

太政官牒神護寺

阿闍梨五口

応置阿闍梨伍口事

右、太政官今日下治部省符偁、」正三位行権中納言藤原朝臣」兼光宣、奉　勅、件阿闍梨伍口、」

宜置彼寺者、省宜承知、依宣行之者、」寺宜承知、牒到准状、故牒、

建久元年六月廿六日　修理左官城判官正五位下行左大史小槻宿禰（広房）（花押）牒

従四位上行権右中弁平（自署）「朝臣」（棟範）

○本文書、太政官印三顆を捺す。

三七　神護寺解　○巻二十

（モト端裏書）「始被置阿闍梨之放解文官案」

阿闍梨五口

神護寺

請被殊蒙　天恩、賜官符、当寺定置伝法灌頂阿闍梨伍口状、

伝灯大法師位行顕臈年　東大寺　真言宗

伝灯大法師位成弁臈年　東大寺　真言宗

伝灯大法師位寛昭臈年　東大寺　真言宗

伝灯大法師位性憲臈年　東大寺　真言宗

伝灯大法師位長運臈年　東大寺　真言宗

右、去六月廿六日　宣旨偁、当寺定置伝法灌頂」阿闍梨伍口、永令勤仕　御願、敢莫偏党者、而撰」於宗徒、求于学者、件等人、受学両部大法、練行」諸尊瑜伽、尤足為阿闍梨位矣、加之、或年臈漸至、」或衆挙是得、望請　天恩、早任　宣旨、件伍口、」被授与阿闍梨位、永使勤　御願、久奉祈」宝祚、令勤状、謹請　処分、

建久元年十一月廿五日　沙門「道法」（自署）

三八　太政官牒　○巻二十

（モト端裏書）
「阿闍梨任補　官符」

阿闍梨五口

太政官牒神護寺

応補阿闍梨伍口事

伝灯大法師位行顕臈年　東大寺　真言宗

伝灯大法師位成弁﨟年　東大寺　真言宗
伝灯大法師位寛昭﨟年　東大寺　真言宗
伝灯大法師位性憲﨟年　東大寺　真言宗
伝灯大法師位長運﨟年　東大寺　真言宗

右、得沙門道法親王去月廿五日奏状偁、去六月廿六日宣旨偁、当」寺定置伝法灌頂阿闍梨伍口、永令勤仕御願、敢莫偏党者、」而撰於宗徒、求于学者、件等人、受学両部大法、練行諸尊瑜伽、」尤足為阿闍梨位矣、加之、或年﨟漸至、或衆挙是得、望請天恩、」早任宣旨、件伍口、被授与阿闍梨位、永使勤御願、久奉祈宝祚」者、正三位行権中納言兼右兵衛督藤原朝臣兼光宣、奉勅、」依請者、寺宜承知、依宣行之、牒到准状、故牒、

建久元年十二月廿五日　修理左宮城判官正五位下行左大史小槻宿禰（広房）（花押）牒

防鴨河使右少弁正五位下兼行左衛門権佐藤原（家実）（花押）

○本文書、太政官印三顆を捺す。

三九　太政官牒　○巻二十

（モト端裏書）
「阿闍梨　官符　建久二年」

太政官牒神護寺
　応置阿闍梨壱口事
　　阿闍梨一口
右、太政官今日下治部省符偁、」正三位行権中納言兼右衛門督」藤原朝臣隆房宣、奉　勅、」件阿

闍梨壱口、宜令置彼寺」者、省宜承知、依宣行之者、寺宜」承知、牒到准状、故牒、
建久二年三月十六日　修理左宮城判官正五位下行左大史小槻宿禰（広房）（花押）牒
右少弁正五位下藤原「朝臣（自署）（資実）」
○本文書、太政官印三顆を捺す。

四〇　太政官牒　○巻二十

（モト端裏書）「阿闍梨任補官符」
太政官牒神護寺
応補阿闍梨事
伝灯大法師位性我年﨟　東大寺　真言宗
阿闍梨一口
右、得彼寺去月廿五日奏状偁、今月十六日宣旨偁、当寺」定置伝法灌頂阿闍梨一口、永令勤仕御願、莫偏党者、」而撰於衆徒、求于学者、件人、受学両部大法、練行諸尊」瑜伽、尤足為阿闍梨位矣、望請天恩、早任宣旨、以件性我、」被授与阿闍梨位、永使勤御願、久奉祈宝祚者、正三位」行権中納言藤原朝臣泰通宣、奉　勅、依請者、寺宜承知、」依宣行之、牒到准状、故牒、
建久二年四月卅日　正六位上行右少史中原朝臣（俊兼）（花押）牒
右少弁正五位下藤原「朝臣（自署）（資実）」
○本文書、太政官印三顆を捺す。

四一　文覚書状案（裏紙欠）　○巻二

桂供御人
丹波吉富庄
庄内は鵜飼停止
川関は国領

桂供御人等解状、畏以給預候了、」抑吉富庄、自　後白河院、令寄進神護寺」御之時、為御菩提、於庄内鵜飼者可令停止」之由、蒙仰候て、令制止鵜飼候也、川関ハ国領に候、仍不能制止候、供御人等、寄於（ママ）事於左右、猥令訴申」候歟、任　後白川院御定旨、庄内飼」場許ハ、令加制止候也、其外」国中飼場、文覚か不能」進止候也、且可有御遏迹候也、以」此趣、可令奏達給候、恐惶謹言、

五月一日　　文覚

四二　文覚書状案　○巻二

橘判官
播磨大田庄
播磨福井庄

橘判官殿ハ、君の御いとをしみの」人にておはしまし候へハ、あにおと」と、も、おやともたのみまいらせて」候に、あにか妻をまきとりて候へハ、」おやをまく定そと、ゐなかせかいにも」申候しニ、君のおんいとおしみ」おはしまさん人ハ、よもさはおは」しまさしと、おもひ候しかとも、」たゝいまは、一定さ候けりとおほへ」候なり、播磨国大田御庄と申候ハ、」君の御領に候、高雄御庄ニ福井庄も」君の御領には候はすや、大田御庄の内」池の候ハ、福井御庄の田をやしない」て、四百余歳ニなりて候を、件の」池をほして、わつかに田四五丁」つくらんとて、福井庄の田百七十余丁」干損候ハ、これハ橘判官（定康）殿御道理ニ」て候か、御庄薗をしろしめさん」する人の御訴には候はすや、」一日路をも人の御領の中をも』ほりかけて、水をとる事ハ、つね

のな」らひに候、わつかに田四五丁をつくらん」とて、福井庄の田百七十余丁をうし」なはれて、
高雄をもつくり候まし」きは、これハよき事に候か、
あにか妻を　まきとりけるも　こと」わりや　福井の水を　ぬすむ」とおもへハ
このよし、御所ニ申上てたひ」おはしませ、貴殿ハいえの子にてお」はしませは、申上てたひお
はしま」しなんと(×つ)おもひ候て、申候に候、
六月十八日　　文覚
馬権頭殿

四三　橘定康書状　○巻二

原池相論
播磨福井庄同
大田庄

昨日御返事、今朝拝見候」者也、抑件原池相論事、度々」自両御庄福井大田解状進候了、而」共為
御領之上、子細暗難察」候之間、今年又件池内、先日」訴申之外、又此中堤を被切壊」由、又大
田より其訴候、又自福井」同申上候、如此之間、其恐不少候」故、所詮両庄官等令参上、被決」
左右候者、宜候之由、令申候之処、」此仰之趣、凡恐惶不少候、早」企参上可申披候之処、此間
所労」候之間、且捧愚札、尚以恐思給』候事也、
兼又古川溝事者、依先度」仰、不堀通、当御庄内、尚十余」町を置て堀止候之由、承及」候者也、
実両庄、　君御領候者、自今」以後者、百姓等訴訟候とん、更不可」致沙汰候、毎事今明之間、
故企」参上、可申承候、恐々謹言、
六月十九日　左衛門尉定康(橘)

謹上　文覚御房

「（奥書、異筆）「　」消息　到来六月十九日　福井庄」

四四　丹波国吉富新庄刑部郷実検田取帳（後欠）　○吉田文書

丹波吉富新庄

神護寺御領吉富新御庄刑部郷建久二年実検田取帳事

合見作田肆拾伍町肆段拾代者、

井尻里捌段貳拾代

廿八坪　卅代　光友

同東圭　卅代　光友

廿九坪　三段卅代　損二反　光友

卅坪　一反　成末

卅一坪　一反卅代　是恒

同南圭　一反　是恒

薦口里壱町貳段肆拾五代

四五　九条兼実御教書　○巻十

明旦可被参大炊□□（御門）」殿之由、殿下（九条兼実）御気色候也、」仍執達如件、

（建久四年）四月十一日　右大弁宗頼（葉室）□

文覚上人御房

四六　葉室宗頼書状　○巻十

播磨福井庄大江庄は興福寺領

福井庄解事、大江」嶋、為興福寺領之由、」先日示給歟、仍申」事由、付右大弁、被」尋仰別当僧正許」之処、彼申状等、如此」之上、何様可候哉、謹言、

十月廿一日　（葉室）宗頼上

文覚上人御房

四七　某書状追而書　○巻十

播磨福井庄

先日令申者、寺領三ケ庄」与彼福井庄相論事也、」而此条、如解状者、別事」也、逐申、

四八　仁和寺宮令旨　○巻十

阿闍梨事、聊有可」被仰事、明日明後日間、」可被参之由、所候也、仍」執達如件、

十一月廿六日　任尊奉

恵眼房

四九　文覚書状案

空海筆の八幡大菩薩御影

御影を石清水八幡に安置す

両会曼荼羅及び鐘を神護寺に返納す

（空海）大師御在世之時、所奉安置当寺」八幡大菩薩御影、大師御筆、鳥羽院」御時、高雄顛倒之間、寛覚阿闍梨と」申候もの、件御影をとりまいらせ候」て、鳥羽院にまいらせて候を、即」宝蔵に被奉請納候了、而当時」八幡別当成清可被奉安置石清水之由、（×奉之）申」上云々、此条以外僻事候也、大菩薩」のおほしめすらむ御心をもしり候はす、」凡夫の如此新儀を支度仕候」条、不当事候也、高雄は大菩薩」御願にて候、石清水は大菩薩の」私の御住所にてこそ候へ、我社の』事よりは、御願にて候へは、高雄」の事をそ、大菩薩は大事に」おほしめし候らむ、就中大師」高雄に令奉安置高雄給御影を、」被令奉渡石清水事、大師の御雅意」にもたかひ、大菩薩御本懐にも」あらぬ事に候也、且故 法皇」御時、高雄山に所奉渡金泥両界」曼荼羅令奉返渡御了、仁和」寺に所被渡鐘、又以被返送候了、」其後五大虚空蔵令奉返渡候」了、何限此御影可奉渡他所哉、」設雖令奉渡石清水、当寺の永訴」にて候へき也、大菩薩の宮仕に、（×早）仍可令奉渡返本寺」之由、御口入候者へき也、大菩薩宮仕にて」おはしましなむと存候也可令」申此由給候也、恐々謹言、

六月十一日　文覚

大夫属入道殿

五〇　太政官牒　○巻二十

（モト端裏書）「阿闍梨闕補官符」

太政官牒神護寺

応補阿闍梨成弁闕替事

伝灯大法師位真果（臈年） 東大寺 真言宗

右、得沙門道法親王去正月十四日解状偁、謹考案内、去建久」元年六月廿六日宣旨偁、当寺定置伝法灌頂阿闍梨伍口、永」令勤仕御願、敢莫偏党者、今件真果、受学両部大法、」練行諸尊瑜伽、尤足為阿闍梨位、望請天恩、早以件真果、被」補其闕、永使勤御願、久奉祈宝祚者、従二位行権中納言藤原」朝臣忠経宣、奉 勅、依請者、寺宜承知、依宣行之、牒到准状、故牒、

建久九年八月三日　正六位上行右少史中原朝臣（俊兼）（花押）牒

修理右宮城使従四位上下行右中弁藤原（資実）「朝臣（自署）」

○本文書、太政官印三顆を捺す。

五一　鋳請取状　○国会図書館所蔵長禄文書

請預　高雄御塔鋳料銅事

合銭拾貫文　鋳百料　鋳一銭百文 未進代覆料鋳四十　銅十斤也、

右、所請預如件、

けん久九年八月廿六日　銅細工平為清（花押）

○以下、五三号文書まで一紙に記す。

五二　鋳請取状　○国会図書館所蔵長禄文書

請預　高雄御塔鋳覆単切食并事

合陸石貳斗伍升　代消息紙二百十帖　八両五斗 十帖別三斗

右、所請取如件、

けん久九年八月廿六日　銅細工平為清（花押）

五三　鋂請取状　○国会図書館所蔵長禄文書

請預　高雄御塔九輪銅未進代・同鋂四十覆単切事

合貳石伍斗、代消息紙八十四帖　八両五斗 十帖別三斗

右、件未進銅十斤候也、仍○所鋂四十覆如件、

けん久九年八月廿六日　銅細工平為清（花押）

五四　鋂請取状　○国会図書館所蔵長禄文書

請預　高雄御塔鋂事

合拾参内　十覆料銭一貫文請取、 三八未進、銅十四両代下了、　鋂一覆料六廿

右為覆、所請預如件、

けん久九年十月廿日　銅細工友末（花押）

五五　鋂請取状　○国会図書館所蔵長禄文書

請預　高雄御塔鋂事

合拾鋳者、　覆料銭一貫文

右、所請取如件、

けん久九年十月廿一日　銅細工貞吉（花押）

〇本文書、次号文書と一紙に記す。

五六　鋳請取状　〇国会図書館所蔵長禄文書

請預　高雄御塔鋳事

合十鋳者、

右、未進銅五斤代、為覆所請取如件、

けん久九年十一月五日　銅細工則包（花押）

五七　平政子書状　〇巻一

御文たしかに」うけたまはり候ぬ、」もとさ候ましき」ことならはこそハ、」世中ならひに」候、おとろくへからぬ」ことに候、かやうの事」の候へはこそ、心も」よくもなることに」候へ、いたくおもふ』こと候はぬも、」かへりておそれ」あることに候、」仏道のなれといのる」ことはかりこそ候へ」く候へ、」は、かなけきは」あさからぬことに候、」なくさむへし」ともみえ候はす、」あやうきほとに候、

（正治元年）七月廿五日

五八　高弁書状　○巻二

二月一日御札、同」九日令拝見候了、」御違例、御減気不」候之条、返々歎入候、」御庵室御造営」事、返々為悦候、」令言上候し河内」辺修行候は、、必々」下向仕候テ、御草」庵をも、可令拝候、」御性躰三面、慥八幡」へ申送候テ、上光房』に手渡仕候了、今」月六日上光房に」奉申付候し者」不審之処、蒙仰」候、返々悦入候也、」恐々謹言、

即時　高弁

五九　高弁書状　○巻二

畏以言上、

御小袖一領・御衣、」又御袈裟・帯一、」謹以進上之、」先度賜御札候也、」御報は、慥以令進」上候き、今ハ経」御覧候歟、以此之由、」可令入見参給候へ、」高弁恐々謹言、

九月九日　高弁

上光御房

六〇　宗全書状　○古典籍展観大入札会目録平成六年

ゆめとのみこのよの」ことおもひかけ」一夜のあそひ事たれか」いとはん、

御文書委承候了、柱絵」事なとも不審候ハ、、」明日可罷承候之由存」候也、且其之由、今朝目」

候て令申候了、今日ハ」故法皇御月忌候之間、」只今参上法花堂」候也、明日ハ必々可登山」之由存候、
抑件米事、承候了、件運上米之間事ニ」聊不審事候へハ、明日」見参ニ可申合候也、」其後可有御沙汰候歟、」又御房御上洛事、不審候」つるに、返々悦候了、」今度毎事委細」心閑可申承候也、又一夜」遊戯も、大切候了、」かしく〳〵あちきなき」よの中にて候也、」恐々謹言、

十四日　宗全

（裏紙奥切封ウハ書）
「（墨引）　宗全」

六一　某消息　○古典籍展観大入札会目録平成二十三年

高雄間事、
院宣如此候、昨日御」参候て、被申候け」に候、御返事をハ、御文」にて可被仰之由、申さ」せ給候之間、丑刻到来」候、やかて樋口御宿所へ」夜参候処、御下向候条、此御請文を忩可給候、」今朝御参、祇候可申候、」随到来可進候也、御宿所にて申候、恐々、

七月廿日　（草名）

六二　成弁高弁書状　○巻二

仰之旨委承候了、」愚身如物狂候之間、」今ハ奉被思捨事にてや」候覧と、心細く覚候之処、」蒙如此仰候之条、誠哀」歎難抑候、抑此十楽の文」を見候に、悲涙難禁候、」昔ノ御教訓之音、纔留」

花厳章疏

耳底之様に思候、此中殊」無性躰、耳切法師にてあ」れといふ仰、殊以悦思給候、深」可存其旨候、今度の便」にも、企参詣、可奉拝恩顔』候之処、以夜続日、此義林」房等に、花厳章疏一遍よ」みわたさせ候はんと存候」て、しかけて候之間、今二年」許かくて候は、やと思候也、」御意にもそれをソ、うれしく」思召候覧と存候、相構て」明後年にしはて候はんと、」結解仕て候に候、此世間、」如電光朝露候之上、一身」又流浪相続之間、于今不」果所願候、日夜に憂愁無」極候、定て思召出候覧、御山」騒動之中間にも、いかにも」令成給て候はん時も、東大寺」之辺に住候て、此学文の」果を遂候て、(×はん)御報恩と存」候はんと申候き、此事を遂」候ひなん以後、聖教ヲモ義林房』等に申付候て、御辺にも」給仕し候ひ、又紀洲の山中に」も乞食なんとして候は、や」と思候、先年紀洲山中に居住」仕候て、所願ヲ遂はやと思候シ」も、地頭騒動に依て、罷出候了、」かやうに流浪仕之間、運日累」月て、既ニ卅三才に罷成候了、」自今以後ヲ励候て、早々可」終功候、一宗大疏之内、

探玄記
大疏
演義
刊定記
貞元疏

探玄記廿巻　大疏卅巻新経疏

演義抄四十巻　刊定記卅巻

貞元疏十巻　已上百三十巻之内

これを一遍此義林房等に、よ」ませ候はんと結構して候か、」年来ハ、或ハ倶舎の学文といひ、」或いとまなく候て、未終功候、」探玄記一部ハ、既に功終候了、」又演義抄廿余巻・大疏少々、」料簡了、刊定記・貞元疏等、全』分未懸手候、五教章等ノ別」章ハ、年来相伝仕て候也、」凡師にも同行にも、思様に」随逐しまいらする事不候、」修学二道之果、又難成候へハ、」かやうなる物の、

身ヲモ投てし」ぬるにこそ候めれ、一人にも」目ヲみあはせ、ゑヲモわらひて、」可向事にも候はねハ、たゝふかく」たのもしく思候事ハ、常在霊」山の文に思ヲカケテ、天竺なんと」に向て寿ヲモステハヤトソ思候」へとん、不覚之身難叶候、身命ヲ」思切ラム日ハ、所作ハヲヽク候ひけ」なれとん、不覚人ノ前にハ、し」事もなき様にて罷過候、心う」く候、玄照法師の事ヲ申候に、

恨生不遇聖、幸観遺跡に、

又云、掛想祇薗、背令府而出流」沙、践鉄門而登雪領に、如此事等ヲ見候に、哀に思候、かや」うの先徳等ハ、処ハ大国ニ処シ、』代ハ聖代ニうまれて、仏道修行」も心にまかせたりしかとん、如来の」聖跡に思ヲかけて、身ヲ捨給ケム」事あはれに思候、武者ハ終ヲハ」いしにゝしぬるとかや申候様」に、修学二道の果難成候はゝ、」たゝ釈尊の名号なんと念し、一経」一真言に思ヲかけ候て、流沙葱」嶺とかやにも向てしなはや」なんと思候事のみそ候、一念も」人にましわり候はんとも不存」候、それヲ高家にてかくても候」に候、さハ候へとん、人よりも命も」おしく、人ヨリモ不覚に候へは、」他人ハし候とん、成弁ハえし」けも不候、たゝ万事あはれに」あちきなく候まゝに、つら〳〵」思ゐて候事ヲ申上候許に候、」此学文の事遂候て、生々世々の」思出と存候はん、これヲたにも遂」候ひなは、唯以一大事因縁」故出現於世、所謂開示悟入仏知」見等云々、或又若能如是理性人』見真仏等云々、誠に教法の値遇」ハ、真の在世なれハ、如来滅後の」恨ヲモヤスメ、父母師長の恩徳ヲモ」報したてまつらんと存し候に候、」此十楽文、徹文殊大智之」底、極普賢行願之源、与十」尽句符合、与四弘願

相応、」永納経袋之底、擬頸下之」重宝候了、成弁恐々謹言、

（元久二年）九月十九日　僧成弁上

進上

六三　藤原範朝袖判下文　○巻十

（端裏書）「公家御下文代々」

（貼紙）「をしこうちの中なこん殿」

（藤原範朝）（花押）

丹波吉富庄

下　吉富新庄

補任公文職事

平宗高

右以人、所定補也、但宗高二通」請文状、書載子細畢、雖無異儀、」若背領家御下知者、可令改易」也、早可存其旨之状如件、庄官」等宜承知、更勿違失、以下、

建保二年三月　日

（裏書）「所令寄進寺家也、」

○本文書と、六四号文書の継目裏に花押がある。

六四　藤原範朝家政所下文　○巻十

丹波吉富庄
同野口庄

（藤原範朝）右衛門督家政所下　吉富庄官等

可早令停止、為野口庄検注使、乱入当庄内、欲」押取作田畠等事

右、当庄者、是　院御願寺最勝四天王院之」御領也、又野口庄者、　宣陽門院御領也、縦雖可」有堺論之沙汰、経　奏聞、自　院庁両方御使令」下向、行向地頭、可有入勘之処、彼庄検注使、無左右」乱入当庄内之条、無其謂事也、　後白川院御」時庄号以後、彼庄検田使、不越入当庄内、今度巧無」道、雖令押入、経　奏聞、可随　御定、其間不可承」引之状、所仰如件、庄官宜承知、依件行之、故下、

建保四年九月　日　案主右史生惟宗

令右衛門少志紀（花押）　知家事前大蔵録惟宗（花押）

別当前山城守大江朝臣（花押）

少監物中原（花押）

左衛門少尉中原（花押）

左兵衛少尉大江（花押）

（裏書）「所令寄進寺家也、」

○本文書と、六四号・一一三号文書の継目裏に花押がある。

六五　丹波国吉富庄文書目録　○影写本十

（端裏書）「丹波国吉富庄」

吉富庄
一通　院庁御下文
一通　鎌倉右大将家《(源頼朝)》寄進状幷書状宇都庄
一通　鎌倉二位殿《(北条政子)》重寄進状幷定毫僧正書状
一通　恵眼房阿闍梨許へ被遣右大将家書状
一通　院宣任文覚上人素願可興隆当寺□

六六　仁和寺宮令旨　○巻十

山城中河庄

仁和寺領中河庄、宜付高雄」令領掌給者、依　御室」仰、言上如件、
承久元年五月十一日　法眼（花押）
進上　大僧正《(長厳)》御房

六七　長厳書状　○巻十

山城中河庄

中河庄事、申入　御室御所」候之処、可付高雄之由、御」教書如此、返々悦存候、能々」可被仰含寺僧等候、　御室」御祈、殊可申之由、可令下知給候、」高雄与高野如此鎮候、申」朝家事、申御室御事、目出々々」不可過之候、謹言、
五月十三日《(承久元年)》　法務大僧正（花押）《(長厳)》
高雄院主法印御房

○本文書と同文の正文が国立歴史民俗博物館所蔵田中穣氏旧蔵典籍古文書のうちにあるが、おそらくは写しであろう。

六八　北条義時書状案　○巻十

湯浅宗光子宗元関東に祇候す

（モト端裏書）「大宮大納言殿（西園寺公経）へ令進御文案」

湯浅兵衛尉宗光子息男宗元、」当時祇候関東、驚神人訴訟不堪」不審、所上洛候也、宗光定罷入見参」候歟、不誤之次第、殊可被糺断候、」以云神人、背理非、預御裁許者、」非宗光一人之歎、以之為例、弥狼」藉之基候歟、若又宗光縦難遁」其咎、配流なとに被処候者、於所帯」事者、不可相違候歟、」内々為得御心、」兼以申入此子細候也、義時恐惶謹言、

（承久元年）八月廿三日　（北条義時）右京権大夫

進上　主税頭殿

六九　良勤書状　○巻十

高雄御輿幷駕輿丁」装束等、相具目録、」令奉送候、恐々謹言、

（後筆）「承久二年」三月九日　権律師良勤

謹上　嘉祥寺法印御房

七〇　安倍氏女起請文案　○巻十

備中足守

（端裏書）「安倍氏起請文案　承久三年三（ママ）月廿八日」

このふみゝ候ぬ、あまかゝきたる」ものに候はすまいらせて候ハゝこそ」ハ候はめ、かへす〳〵あさましく候、も」しとして、れせいのさんにとのにても、」すけつくにても、あしもりのゆつり」ふみまいらせて候ハゝ、にほんこくの」かみほとけのにくまれを、けのあな」ことに、かうふり候て、けせこしやういた」つらにて、はて候へし、かつハこのてに」こらんしあはすへく候、あなかしこ〳〵、

せうきう三ねん十月廿八日

あへのうち在判

七一　後高倉上皇院宣　○巻十

応被返付神護寺庄々事

若狭国西津庄

播磨国福井庄

備中国葦守庄

紀伊国河上庄

　　桛田庄

右、件庄々、任　後白河院」庁御下文旨、寺家宜進退、」仏聖以下之用途、更勿致怠」慢者、』

院宣如此、悉之、謹状、

承久四年二月十日　参議（源雅清）（花押）　〇花押裏に「雅清」とある。

浄覚上人草庵

〇本文書、継目裏に花押がある。

七二　神護寺政所下文　〇巻八

（裏紙端書）「西津庄、浄覚上人御下文等、幷建長六年松若丸之所帯状、又親盛状、」

若狭西津庄

神護寺下　若狭国西津庄官百姓等所

補任預所職事

右、件西津庄預所職、任重代相伝之」道理、以平氏女、安部資良孫子盛員入道嫡女也、所令補任」彼職也、庄官百姓等、宜承知、随彼下知、」可致御年貢以下公事沙汰之状如件、

貞応元年十二月　日

大法師（花押）

七三　宗全書状　〇巻三

年首御吉慶、今朝」自是言上候了、

抑御堂供養之間」事、謹承候了、早」可致其沙汰候也、彼岸」中候間、尤可然候、御」仏ハ古仏にて御候へハ、」且被奉安置候事、」更不可苦候歟、且ハ』東大寺御供養遂」吉例候歟、成功人」未尋出候へハ、漸々」功人を可被付候也、」日次注文、同給候了、」以此旨、可申入候也、」是ハ内裏幷院御

方・女院」御方なとの御忌日ハ、」被除候や覧、尤不審」思給候、又日次事者、」以此趣、可伺御気色」候也、恐々謹言、

(貞応二年カ)
正月三日　宗全

七四　宗全書状　○巻三

高雄御供養之間事、」申入候了、即御気色」之趣等、可申之旨、相存候て、」冷泉へ罷向候之処、」空罷帰候了、御登山」一定何日可候哉、明日」なとにて可候者、其次御所へ、」可有御渡候歟(×也)、不然者、」随仰可参上候也、彼」供養、無為ニ被遂行」□□、返々目出事也、且」□御気色候也、委細」□□紙上候、恐々謹言、

(貞応二年カ)
正月六日　宗全

七五　宗全書状　○巻三

十三日、可□□之由、」存候之処、来十五日、」女院御所へ供御を」令調進□候之間、」其間事ニ可見給」事候て、延引候了、」十六日可罷登候也、」且便宜之時者、」其由お御房へも」可令申給候、恐々謹言、

(貞応二年カ)
正月九日　宗

七六　道忠書状　○巻三

腹中聊安堵候事、」付痛所、両三ノ所、加灸候」験歟と存候也、
此所労、腹病者、聊落居」様に候へとん、無力尫弱、逐」日倍増候、弥其澳少罷成」候也、如此
被懸御意候、」哀覚候、良薬一裹」拝領候了、猶々苦痛なと」出来候者、可令服候、
御堂供養、又十七日之儀ニ」付、惣別尤神妙承候、事々」止候了、恐惶謹言、

(貞応二年カ)正月廿四日　道忠

七七　宗全書状　○巻三

唐本孔雀経一部上中下、」慥奉請之、早可令」返納高雄寺給者也、」被出山内事、不輒歟之」由承之処、
恩借返々」本意候、々々々、且此旨、」可令伝給歟、(空海)大師御」旧跡、近隣深運帰依之」思、此春可
被供養之由、』悦思給之処、法皇御事、」不能左右、悲歎不少候、」彼上人当時被住山乎、」何様令
聞給乎、委曲期」面之状如件、

(貞応二年)六月二日　宗全

已講御房

(裏紙奥切封ウハ書)
「(墨引)

佐已講御房　宗全」

七八　神護寺領諸庄文書注文(折紙)　○岡谷惣助氏所蔵文書

横田庄文書等、先日静阿堺相論之時進之候、

僧都御房へ令引合」正文書之内、

合

福井庄　三枚

宇都庄　三枚

神護寺庄　一枚

神野真国庄　三枚

河上庄　二枚

已上、

在僧都御房御消息一紙、

貞応二年十二月二日

（見返奥書）
「全進僧都御房庄々正文等注文幷御消息」

七九　某充行状　〇鎌田武男氏所蔵文書

平岡

充行　平岡田事

合貳町肆段者、

右、件田、神護寺法花堂衆六口源祐・」慶深・隆真・静雲・実清・尊慶等」六人、一口別四反、以彼所当米反別四斗」五升、各供米之内、応立用之由、任」浄覚御房御署判之状、限永代」所充也、行如件兼者国分之時」令補任之輩、守此旨、可令知行」之状、依仰充行如件、

貞応三年正月廿九日（花押）

八〇　宗全書状　○巻三

馬伏沙汰

平岡
愛宕

（端裏捻封ウハ書）
「（墨引）　深勝御房　宗全」

馬伏沙汰ハ切候了、」然者、今日にても可罷登」由、存候之処、上覚御房」御登山日を承候て、」可罷登之由存候て、」尋申候了、いかさ」まにも、二日にて候はすハ、」三日ハ一定可罷登候也、」而人夫五人許」可罷入候に、平岡人夫」被催催（ママ）候て、三日朝、」おたきへ可遣候也、謹言、

（貞応三年カ）
二月二日　宗

八一　行慈書状（本紙欠）　○巻三

未時計、可参入」候、法眼御房、以此旨、」可令申給候也、謹言、

行慈

（奥捻封ウハ書）
「（墨引）　深勝御房　行慈」

八二　高弁書状（裏紙欠）　○巻三

仮染に立出候之」間、御札候けり、」只今還入候テ、拝」御札候、従此罷他」所候テ、ひるつ」けて可入寺之由、」存候之処、此仰候へは、」先只今令参上候也、」可令申此由給候、

明恵

八三　行慈書状（本紙欠）○巻三

明恵房、可被来」由、申て候、夕方」しつかに、法眼御房、」見参に可罷入」候也、

　　行慈

（奥切封ウハ書）
「（墨引）深勝御房　　行慈」

八四　行慈書状（折紙）○巻三

大柑子十果、」進上之、」今日可罷入」法眼御房」見参之由、」令存候処、聊」労事出来て」候間、明日可参」入候也、

　廿五日　行慈

深勝御房

紀伊梓田庄

八五　行慈書状（裏紙欠）○巻三

梓田馬五疋候、皆に」くらにて候、それに候らむ」口付に、草かりもたせて、」可令出」給候也、

明日一定可下向候、」今一度経聴聞した」く候に、弁公御房、今夕」可令出給由、可令伝申」給候也、奉乗馬て、御房」の令出給はんに、相具て」おはしますへし、この」かたひら、勝月房に」可令奉渡給候也、知法」房之料也、」梓田文書之箱、返進之深勝房

紀伊桛田庄

八六　行慈書状（本紙欠）　○巻三

武蔵守返事、」つゝら之はこに」いりて候、とりてたふ」へく候、桛田庄も」散々になりて候、」にをかはの馬とら」れ候事、不可然候也、
（奥捻封ウハ書）
「（墨引）勝月御房　証円」

八七　某家貞書状　○巻十

又にい殿ニけさんに」入候て、まかりくた」り候し事候て、」返々なけ」き入候、」た（○以下行間）ゝしいくさを御このみ、」をそろしくおもひま」いらせ候也、

一日さんし候て、御もてな」し、しゆ〳〵にあつかり」候、又ひきてものまて給候」御事、返々かしこ」まり入候、うけ給候し」よとの事ハ、いなか」よりひけい申候て、」まいらせ候へく候、又こん日ハ」さんし候て、御へいの御ふく」給候へく候とところニ、みやう日、』まかりくたり候あひた、ひま候」ハて、まいらせ候、さためて」御へいのれうに、御ちや」候らん、御わけにして、ちと給候」へく候、はちやにて給候へく候、」あなかしく、

三月廿一日　　家貞（花押）

たかおの御房へ申入候

（裏紙奥切封ウハ書）
「　（墨引）
たかをの御房へ申入候　家貞」

八八　六波羅施行状　○古文書集九

高雄神護寺住僧申、為高野」山僧勝悟押領当国桛田庄事、」関東御教書副解状・具書等、遣之、子細具」状、早任御教書旨、不日可令致其」沙汰之状如件、

（貞応三年カ）五月一日　（北条泰時）武蔵守（花押）

（北条時房）相模守（花押）

紀伊国守護代

八九　某家貞書状　○巻十

なを〳〵自是可申候」ところに、此御文返々」恐悦候、

これより申候へきよし、相存候」ところに御文、よろこひいり」候、如仰ゐ中よりいそき人を進候」へきよし、申て候ところに、ゐ中」別人病死候ほとに、是も人」あまたやませ候て、東西失候て、」乍思ひ不申候、此騒動事に、不取」敢馳上て候、今一両日之程に、人を」まいらせ候て、委細可申候、」猶々ゐ中、」折節耕作之時と申候、とかく」仕候て、于今不申入候事、背本意候、』やかて〳〵可申候、是も参候て、」諸事可申承候之処、此騒動」いまた無落居候ほとに、まいり」えす候、諸事期後信候、恐々謹言、

五月十四日　家貞（花押）

高尾御房中

「（裏紙奥切封ウハ書）（墨引）
高尾御房中　　家貞」

九〇　覚観書状　○巻三

国守護所紀伊静川庄と梓田庄との堺相論

態令申候、国守護所者、可令停止」国中狼籍給御憲法御使也、而静川」与梓田堺相論事、自去年八月比出来、」高尾別当宗全僧都申　宮僧正御房」云、被召合両方証文等、可停止高野僻事」之由、訴申間、於　長者御房、互備官省・宣旨」等証文之処、為高野道理之間、全高尾」申状不叶、

高野山勝訴

其上又自高尾方、経　奏聞、」偏証語一人結構之由、令掠申間、長者御房・」松殿（静尊）法印御房、以寺家陳状、備証文、令　」奏聞御之間、高尾切々雖訴申、為高野」道理之間、近日可有　勅許折節、宗光（湯浅）』罷下関東、此程朝家大沙汰、松殿（師家）禅定」殿下御沙汰にて、被経　奏聞程事を、証語一人」結構之由を掠申候て、賜御下文条、尤宗光」関東をあさむきまいらするとか、難遁者也、」長者御房・法印御房、幷御山之御使にて、近日関東へ」令下向候也、而世間法沙汰切之間、為寺使、」天野神人一両、入置加納候処、無左右」不聞召子細、被搦取候条、無其謂候事歟、」且又関東御下知状云、糺所犯子細、可停止濫妨云々、」未被糺候条、非御憲法沙汰候歟、且縦雖」僻事、

湯浅宗光関東に下向す

紀伊南部庄

為寺家領南部庄地頭職、如此」事、不被触御山、令搦取御条、且内大師」明神々慮難知候、且不似普通儀候、」百千凡人のかたふけ失候はんと仕ハ、」不可説候、大師（空海）仏法ハ、未来まて」万代ニつゝく御事候へハ、隠便沙汰こそ』よく候へ、若梓田へ令打渡給之由、令風」聞候、一定候者、参向仕て、此子細等も」聞たく候へとも、さてのみすき候、宗光」事、必しも御計〔許〕容候へき事も

候はす、」高尾奏状云、桛田庄者、伊都郡内也、静川者、」南賀（那）郡内也、打定四至傍示、両郡堺、国郡見知、」無其隠、又自元高野モ、如此訴申て候、」全指越南賀郡静川庄、不打入伊都郡内桛田、」互申状符合、其上ハ、以何事掠申候哉、尤」道理ハ無隠事ニ候へハ、朝家御沙汰にハ、高」野尤有其謂之由、蒙仰候処、下関東、横」申籠条、豈可然候哉、下向之時ハ、必々可令」参

左衛門殿館候也、恐々謹言、

（貞応三年ヵ）五月十・（×廿）六日　覚観

謹上　守護所殿

九一　北条時房書状　○巻十

（モト端裏書）「足守庄守護使乱入事相模守状」

足守庄申、守護所使」乱入事、下知状謹進覧候、」恐惶謹言、

五月廿七日　相模守時房（北条）上

謹上　人々御中

九二　高倉女御書状（裏紙欠）　○巻十

（モト端裏書）「高倉女御」

御いのりのこと、」よろこひてうけ」給はりさふらひぬ、」このほとは、御」はて見くるしく」さふらへと、」こ□のきぬひとへ」□そてひとかさ」ね、まいらせ候、

九三　某消息　○巻十

ひさしくゆめにも見」す候ぬに、こよひハ」あさ〳〵と、ゆめに見給候」つれは、よにあはれニて、」けさよりなきゐて」候ほとに、」このお」ほん」ふみ、」たゝいま見」候も、」よにあはれに」こそ候へ、」かくせさせたまふ」ことハ」候ぬ、」あとまても、」あはれと」見候たらんと」おほ」へて、」うれしく」こそハ」候へ、」つとめてハ」こそハ、」まいり候」なん」するに候、」又あまはめの、」申せと候そ、」うれしく見』まいらせ」候し」こそと、」申せと候そ、

これふたつ、よろこひて」たまはり候ぬ、なにことよりハ、」むかしのゆかりと、おもひ候こそ、」あはれにおほえ候へ、まことに、」これおはしめて、かやうに」おほせられ、ものおたひ」なとせハこそハ、わらハに」ついせみて、せさせたま」ふとて、おもひ候はめ、又」ひとなとのたふものハ、おほか」たほしくも候はす、おほ」むついせそと、おもひ候ハヽ、」よんとり候はし、かへし』まいらせ候とん、むかし」よりのおほんこゝろさし」そかしと、おもひ候へハ、それか」なつかしさに、なみ」たおこほして、たま」はり候ぬるに候、

（裏紙奥切封）「（墨引）」

九四　真遍書状　○巻四

先日所令言上候折紙」間事、未承御返事」候条、極恐入候也、可然」様、令申入給、分明御」返事、可申預由、存」候也、真遍恐惶謹言、

六月二日　真遍

深勝御房

（裏紙奥切封ウハ書）
「（墨引）
深勝御房　真遍」

九五　行慈書状　○巻三

紀伊桛田庄堺相論

京都において対決を遂ぐ

畏申候、
前々所令申候、神護寺領桛田庄堺」相論之事、依関東御教書幷両守殿（北条時房・同泰時）」御下知之状、令落居候処、高野山住僧」勝悟、相構種々謀計、猶存可致違乱」議、可参向関東支度令結構候也、」当時在京候而湯浅兵衛尉宗光、以此由」言上寺家、於京都、可遂対決之旨、所」令申上候也、彼関東御教書状云、早」糺所犯子細、可令停止彼濫妨也、若」背制法者、可被召進勝悟之身云々、」仍寺家使者幷宗光、召対彼勝悟法師於守殿御前、可被決両方理非候也、」種々証文等、幷寺解相副関東御」教書、前度令進上、所経御一見候也、」対決之時、重可令持進候者也、当時』勝悟法師、所遣紀州守護所許書状」一通、進上之、此状一々不実明白候歟、」不帯一紙証文、任自由構申条、可有」御察事に候歟、令遂対決候者、謀計」顕然可候也、此申状不足言候、云神護寺、」云高野山、同弘法大師（空海）御遺跡也、高野」仏法と申候者、大師御帰朝之時、神護寺」御居住候て、所令弘伝天下給真言教」也、云寺云仏、八幡大菩薩御願也、其上」大師御居住以後、所奉安置仏像・五大」尊等、大師御自作仏像也、幷九幅曼」荼羅金泥、大師御自筆曼荼羅也、」余御遺跡、更以無之、

相論に及ぶべからず

此朝無双曼荼」羅也、勝悟法師申状、号大塔五仏、号」大師仏法之条、有若亡申状也、両寺」同御遺跡也、仏勝劣、不可及相論」者也、仏御知見、道理之外、無他事」候也、以此旨、可令申達守殿給之旨、於」寺僧等、所令申候也、恐々謹言、

（貞応三年カ）六月十六日　行慈

真城御房

九六　某書状　○巻四

平岡屋敷

（端裏ウハ書）「尋勝御房  」

平岡屋敷之内、於智月房」旧跡者、可充賜法橋俊賀」之由、自浄覚御房、所被申候也、」寺家宜令存其旨給候、且」平岡沙汰人大進房真遍之許へ、」以此趣、可令相触給候、」兼又於平岡沙汰者、自去比、被」仰付大進房候了、同可令存其旨」給之由、別当僧都御房所候也、」謹言、

（貞応三年カ）六月廿八日 

尋勝御房

九七　行慈書状　○巻四

紀伊桛田庄

何事候哉、

抑上人（文覚）御房御忌日」料、桛田より白米一石・」能米一石、来十八日に」御寺へ可令沙汰進」由、下知候也、定令運上」候歟、但二石之外、若」米一石候者、住月房」許へ五斗、真乗房に」三斗、大

夫阿闍梨御房」二斗、可分遣候也、』此文は、兼て栫田へ」遣候也、明後日十三日、」常住法師を可
令参」候へは、毎事令申候也、」謹言、
（貞応三年カ）七月十一日　行慈
深勝御房

紀伊栫田庄

九八　行慈書状　○巻四

何事候覧、廿一日御忌日」料米二石、可令沙汰」進之由、栫田庄へ下知」して候へハ、定て令運上」候歟、但此外一石米候者、」住月房五斗・真乗房」三斗・大夫阿闍梨御許へ」二斗、可分遣候也、」北房に候しらはこの」内二合、北谷とかきつけ」候、うらに大事書と」かきて候、栫田夫に』もたせて、付此法師、」可下給候也、さては」不食気不減候間、」起居不輙候、寿限」相待朝暮候也、」雖然存命し候者、」付冷気、九月許」可上洛候也、但今度ハ」上洛して候とも、但」隠者にて、門ふたき」候て、龍蓮房等不可見参候也、」謹言、
（貞応三年カ）七月十二日　行慈
深勝御房　』
（裏紙端裏切封）「（墨引）」

逐申
寺中沙汰口入者、」可停止候、内々」禅師御房、私見参」なんとは、つかま」つるへく候、この書」夜かきて候間、御覧」しにくゝ候はんす覧、

九九　宗全書状（裏紙欠）　○巻四

備中足守庄の麦

合硯十切、悦給候了、」抑来廿一日御忌日之間」事、自是重申候了、」聊不審事候て、且」尋申候了、件状ハ」今夕明旦之間、定」参着候歟、足守麦」無相違運上候覧、」尤神妙候、平等

一〇〇　宗全書状　○里見忠三郎氏旧蔵文書

抑夏衆烈座事ハ、」不可有事候、且去年」も其儀定候了」勿論事候〳〵、」便宜所候ハヽ、尤可」聴聞候歟、」何事も依様可依事と覚候」とん、僧前一具令」沙汰進候、恐々謹言、

（貞応三年カ）七月廿日　宗

深勝御房

一〇一　宗全書状　○巻四

（端裏切封ウハ書）「（墨引）　宗全」

播磨福井庄の麦

此御立文、可被止候也、」深山中、白麻極」難得候歟、京中」猶以」尽御」事等候也、委承候了、福井麦事」、常住人々、とりての事」お申候也、又廿一日御忌日事、」可相計候、今日為方」違、罷行事候へハ、其次」法橋円乗房等ニも、可申合」候也、実壬月仏聖等」事、無足候はん事、」極大事候歟、恐々謹言、

乃刻　宗全

一〇二　宗全書状　○巻四

(端裏切封ウハ書)「(墨引)

深勝御房　　宗全」

今日可登山之由、存候之」程、皇后宮御祈之間」事、沙汰候とて、俄指合」候て、延引候了、為御」不審、申候也、恐々謹言、

(貞応二年)後七月六日　宗全

一〇三　宗全書状　○巻四

明日人夫、夕可罷入」事等候に、不指合折」節候者、伏(カ)人催集、」此おたきの房へ、如法」早旦給候哉、地引料」にて候へハ、鋤等可令持候」也、兼又此房ニ、木柴」十丈許結候はんと」存候に、さも候ぬへくハ」御沙汰候哉、但五丈ハ」黒木、今五丈柴木にて(×の)」も候なん、関所にて候へハ、』或貴人御方違のためニ、」可有入御之由、承候間、」人夫ハ如此結構候也、木柴ハ、」今月下旬比なとにて」候なん、毎事不無骨」様ニ、可有御計候也、」明日ハ人数殊大切」候也、恐々謹言、

(貞応二年)壬七月十七(×六)日　宗全

(裏紙奥切封ウハ書)「(墨引)

深勝御房　　宗全」

播磨福井庄
備中足守庄
紀伊桛田庄

当国飢饉

一〇四　行慈書状　〇巻四

何事候らむ、来八月下旬之比、」可上洛之由、令存候也、福井・足守」より早米運上して候者、少々」可令儲給候也、桛田に得田十二」丁とそ申て候しかとも、其後旱魃」数日候しかは、それも減して」候らむと存候、上光房関東」下向糧料に運上五石、残」にて、此間塔材木運上」すへく候、時料候はんを、」それより被告仰候はんを」相待候て、上洛之議をは」可存候、当国飢饉之躰、」存命之類は、すくハぬと』みえ候、関東下向之間事」等、定て上光房被申候」歟、謹言、

（貞応二年）後七月廿二日　行慈

深勝御房

（裏紙奥切封ウハ書）「（墨引）

深勝御房　　行慈」

一〇五　行慈書状追而書　〇巻四

（端裏切封）「（墨引）」

紀伊桛田早米

逐申

桛田早米十石、」今月晦日比に、」かちに、、わたのへ」まてはこはせて、」可運上候也、兼」て可進使者候也、」此米は、よも懈怠」候はしと存候也、

一〇六　宗全書状追而書　○巻四

逐申候、
世上無為之由、聞候へは、」神妙候、炎旱事、国土之」歎、不可申尽候、不便に」見給候、高雄事、」当時向後をたしき」様に候はん事、返々」所庶幾候也、上光房」被上洛候はん、神妙候、」御上候之後、委可申候也、」此御便申候こと、能々」可計口入候、度々仰も」様々歎之由、相存候也、

一〇七　行慈書状　○巻五

供僧注文進之、粗如此注て」候へとも、僧都御房申て、」相共に可令計沙汰給候也、」物忩之間、草案令進候、」清書可候也、其上に御」計候へし、別当分供僧、」成就院分供僧等、不入」候、御寺に住しつきたる」人ハ、一人もなくて、他所」供僧等、被入候事、無」其詮候、房舎躰、荒廃」之時に、かはりたる事』不候、当時供僧之依怙」にて、たれも住しつへし」ともみえ候はす、其上に」当年番匠作料未下、」宝塔造営候へし、此供料も、」纔半分下行にてそ」候はんすらむ、此由を、」僧都御房に、申させ」給へく候、今両三日候て、」上光房上洛候はんすれ」は、毎事可申候也、

（貞応二年カ）八月三日　行慈

深勝御房　』

逐申

成就院書状者、」加御一見、かみひねり」に、ひねりところゆいて、」つかはさるへく候也、

一〇八　行慈書状　○巻五

桙田宿直人

桙田検注

取帳

桙田宿直人のほり候」便に申候、米十石、便船」にさしてまいらせ候、内」一石、義演房之許へ可遣」候、五斗住月房、五斗助房《真乗房》、」五斗宰相阿闍梨、五斗《余》車力、」此外七《不足歟》石、仏性灯油に」可被配分候歟、今月」中旬之比、桙田検注す」へく候、円法房可被」下向之由、可被《触申》候、いとま」十ケ日歟、龍蓮房』散々事等しちら」されて候、取帳をた」に(×て)も、御寺へも不被進」して、庄にすてをか」れて候へハ、とかく申」にもをよはぬ事とも」に候、万事をすて、、」検注せらるへく候也、」十一日にこれをたちて、」上光房可被上洛候、」毎事其時可申候也、」謹言、

(貞応三年カ)
八月五日　行慈』

(裏紙端裏切封)
「(墨引)」

逐申

中風之気、弥増候、」付冷気九月可加」療治之由存候、若」得減候者、十月許」可上洛候也、」禅師御房御返事、」付上光房、可令進候」也、

一〇九　性禅《全宗》書状(裏紙欠)　○巻五

(端裏ウハ書)
「三位阿闍梨御房　性禅」

一日龍蓮房来臨事候き、」其時付諸公事、被申候」次第なと、返々浅猿」覚候、毎事」其躰

ハ、」一分の」慈悲の」心、まねかたありての」□事候、」其心」はなれ候てハ、」何事お」いかに」沙汰し候とても、大師（空海）・大菩薩・」故上人（文覚）御房・」上覚御房」御意ニハ、皆可違事罷成候歟と覚候、」返々」心うく」かなしく候也、

昨日両度御札御返事、」今朝申候了、

抑供僧等事ハ、今度」上光房上洛之時、被定」候了、自是所注進折帋」旨、大躰不違候、其中」少々事等そ、被注進」候也、又被略事も候也、」兼又平岡田之間事は、」寺僧以下夏衆等、令歎申」候しかは、今年許は、先」とかくの子細候はてこそハ」候はめと存候之処、一日」龍蓮房并今度上光房、

平岡田

一一〇　宗全書状　○巻五

事、不可然存候也、」彼経営ハ、此庄運上」物候はすとん、さすかに」不可闕如」候歟之由、」存候也、」足守庄の、」かやうに聞候に付ても、」今一日も御寺事、よく〳〵」したゝめたくこそ存候へ、」各領家分とて」候とても、」いかさまにも〳〵、」御寺へ」運上」すへく候」はん」程の」米おハ、』運上」しての」上事候歟、」如此事等、」且可令」察給候、」構〳〵」心おはけまし、」人おも」すゝめて、」此御寺事、沙汰しつめて、」諸事」落居」して、」おたしくて」候はやと、」日々夜々に、」被念願」候也、」謹言、

（貞応二年カ）
九月八日　宗全

松茸如員数給候了、」返々為悦候〳〵、」今年他所にも、一切ニ」不生之由、承候也、平」岡より

山城平岡

備中足守庄
播磨福井早米
宝塔柱絵

ハ不思議候」〳〵、最少分、」一両度や覧候しと」覚候也、
抑足守庄之間事、」或人出所望之由、」承候間、驚入候也、』仍女院御所申入候了、」兼又法橋か書
状」不給候也、被取落」候歟、尤不審候、又福井」早米、運上候なる、百」石中五十石、仁和寺
へ」可遣之由、法橋申て候し」事候間、紀州の仰」無左右事にてハ候へ」とん、宝塔柱絵近日よ書候はん事、
き」程ニ罷成候へハ、九十月の」寺用ニ充候て、其余分」候者、柱絵の用途成候」はんと存候之処、
先」仁和寺へ被遣候はん

一一一　行慈書状　○巻五

備中足守庄播磨福井庄

（モト裏紙奥切封ウハ書）
「（墨引）
深勝御房　　行慈」
足守米にても、福井米」にても、運上して候は、、」さして米七石いるへき」事候に、かし給へく
候、」替米、樋口法橋沙汰」に、可返進候也、此米は、」私申請にて候はす、寺用」お指大事候によ
りて、」令借用候へき也、定珍」法師は参着して候にや、」御返事申候き、これは」依急要、もしや
候とて、申」に候也、謹言、
（貞応二年カ）
九月廿九日　　行慈
深勝御房

一一二　宗全書状　○巻五

御寺之間事、猶」三位律師、委被申」候也（×へは）、
其後連日可罷登之由、」存候之処、近日指事等」候之間、于今不参候、然而」絵書候はん程に、相
構」可罷登候也、禅師御房」見参も久せす候、」又大納言殿の御許へも、」いまた不参候へは（×候也）、」返々
存外懈怠と」覚候也、此間可参候へハ、」止候了、恐々謹言、
（貞応三年カ）九月晦日　　宗全』
（裏紙奥切封ウハ書）「（墨引）
深勝御房　　宗全」

一一三　丹波国有頭新庄領家政所下文　○巻十

（付紙）「ふかさわのほういん」（花押）

丹波宇都新庄

下　丹波国有頭新庄内刑部郷

定補　公文職事

右兵衛少尉平宗重

右人、補任彼職、宜遵行御年」貢已下万雑公事之、所仰如件」者、郷宜承知、依件用之、故下、

貞応三年九月　日

（裏書）「所令寄進寺家也、」

○本文書と六四号文書の継目裏に花押がある。

一一四　行慈書状　○巻五

行慈院勘を蒙る

御ふみ慥加一見候了、」上野法橋之許へ委細に申て」候ふみを、こひて御らむす」へく候、故上人（文覚）御房、為高雄、」度々流罪せられさせ給候」しかとも、御本願にて候へは、」くるしみともおほしめし候は」さりき、行慈も院勘をかふ」り候しも、なけきとも不存候き、」皆以所存の旨にて候き、」海中度々暴風難に」相候し時、三宝諸天御加護」候らむと存候しかは、一度も」さはきをとろく心候はさりき、」高雄事も、まことの心もなく』て、すれはせらると存て、沙汰」せられ候は、即時に魔滅し」候なんす、相構て、心永心広」て、大師（空海）を念しまいらせ」させ給へく候、大師御計」お仰て、人にくゑふまれ、」にくみいとはれさせ給て、」おはしますへく候、返々」物の作料事、僧都御房へ」申候、わさと使をたて候」て、僧都御房へは申候、供僧の」注文、便宜に付て給て」んそと申候也、法橋許へ」申て候文、委細に候、別々に」はわつらはしく候、こひて」御らむすへく候也、

十月二日（貞応二年カ）　行慈

深勝御房

一一五　性円書状　○巻五

材木運上事、忩て」左右可被仰候也、

山城平岡

禅師御房御文、まいらせ候、」ひらをかに七石候けむ」米、義演房之許、四石、」つかはさるへく

明恵房材木運送のため和泉まで船を借りんとす
海人船を修理せず

候、一石は、」藤並尼公・明恵房御許」進候也、三石は、藤並」大郎進、皆御山斗に、」一石に一斗増て候也、」林月房五斗、皆材木」用途料替米にて』候也、材木は、皆津に」出て候を、和泉国まて」船をかり候を、えかりえ」候はす、去年兵乱以後、」海人等船を修理せす」候間、船の皆うせて候也、」当年日もみしかく候へハ、」明春造営や候へき、」御計によりて、いそかれ」候者、小船あまたにて、」忩て可運上候也、謹言、

（貞応二年カ）十月六日　性円

深勝御房　』

逐申

宝塔造畢、春比尤」可然候、存其旨、可令致」沙汰候也、毎事」上光房にて申候也、且」近々上洛すへく候へハ、」見参に可申承候也、

一一六　行慈書状　○巻六

文覚伊豆に配流さる
佐渡配流対馬配流後鎮西にて逝去

禅師御房御返事、進上之、

抑当寺ニ各奉公之由、称する人々おはします」なるは、何様奉公は各被申候やらむ、不」分明存候へは、申に候、故上人（文覚）御房は、いのち」をすて、身をすてさせ給て、後白川　」法皇にまいりて、高雄興隆事、申させ給候」しにも、始終たかはす、道理をとをさむとて、」伊豆国配流候キ、さて其道理とをり候しる」しにハ、東寺・高雄之礎かくされ候にき、其後」佐土（渡）国配流、次対馬国配流、終於鎮西」御逝去、三世諸仏修行儀式、皆以如此候也、而」度々御共をし、鎮西配流之

たひは、法師原逃返」候間、御房達御輿をかき、馬口付して、草をかり」荷をもちて、於鎮西者、朝に遠山に入て薪を、」夕ニハもちつれて、各かへらせ給をハ、みるもの」皆随喜し候けり、如此上人御房、大師宮仕」無上菩提のために、身命をすてさせ給に、同」捨身命、随逐しまいらせ候しこそ、清浄の功」労にては候へ、雖然以此功労、所望をなす』へきにはあらねとも、奉公をたてむにとり」ての事に候、人の奉公を賞せんにとりてハ、」此旨をこそ存すへき事にて候へ、別当〳〵」に追従して供僧所望、奉公は高福法師」か居住して候し准にてこそ候はめ、」上人御房のおほしめして候し御意趣」を、のへ候なり、如此事を申候へハ、僧都御房」も不請なりけなる御返事候、行慈も」仏天のおほしめさん事をあふきまいらせ、」為一切衆生、身命をすて候てこそ、日向国に」も配流の罪過にあたり候にしか、上人御房」御本懐之趣をは、身命をいくたひすて」候とも、不可有退転候也、委細之状事、永く」申にをよはす候、禅師御房御返事、別」して申へきよし存候て、御返事まいらす」と申て候へとも、御房へ如此申候、同事に候、」当山に可然て御居住候、於于今者、」於当山、御をこなひ候て、御身をすて」はて、、大師に現世後生をまかせ」まいらせて、おはしますへきよし」を、申させ給へく候也、謹言、

日向配流に相当する罪過

（貞応二年カ）
十月十二日　行慈

深勝御房

一一七　宗全書状　○巻六

明日十五日、可登山之由、存候」也、中一日可逗留候也、御」山近日無物候哉、御経営も」無心覚

候也、随御計、可」支度候歟、謹言、
（貞応二年カ）十月十四日　宗全
深勝御房

一一八　行慈書状　○巻六

紀伊在田河にて筏を下す

何事候らむ、塔材木は、皆とりて、在田」河のはたへ曳出て候、今明筏下」沙汰し候なり、兵衛尉住京之間、た、」一人にて、す、めひしりか、門ことに」す、めあるくかことく、沙汰し

同神野庄川上庄梓田庄

候也、」昔は神野庄・川上庄御寺沙汰人」候て、合期候き、当時は梓田庄一所」はかりにて、前度五十人の曳夫」入（×出）て候、やかて四五日（×人）やすめ候て、」をしかへして九十余人、杣山に入」候て、ひかせ候へは、梓田庄の百姓（×夫も）」なけき候、在田郡杣夫、初度に」杣作夫五十余人入て候、前度の」曳夫四十余人、梓田曳夫に相具」て候、今度綱折夫と申事ハ、」梓田夫は、えし候はねは、前達に』十五人相具て候、度々に在田の」夫も、百余人入て候、す、めひし」りか、門を

同阿弓川庄

かそへ候て、す、む」るかことく沙汰して、わつかに、」如此沙汰して候也、阿弓川庄」には、

同石垣庄

家楽寺と申寺庄にて候へハ、」家楽寺材木とり候、石垣庄にハ、」六条殿材木あたりて候、人夫やと」ひ候へきひまも候はぬを、郡内」諸人の下人をやとひ候て、如此」沙汰し候、但杣作夫は、兵衛尉か」さたし入て候き、大事の扉板、」ほをたてなんと申候、材木は、」私にこ、ろさして、六月よりとり」からして、やかて我船に積て、」運上して候へは、それにかろみて、」一これほとにもしいたして候也、人々の」御不審のため、かく委細に申に候、」物のゆくちをし

り候はぬは、有若亡」の事に候也、

(貞応二年カ)十月廿日　　行慈』

逐申

材木を大船に積む

前度食物注文進候し外、今度」曳夫も一日のひ候て、食物送遣」て候、此材木も、大船二艘に」積へきよし申候、猶船一艘相具」て可積候也、仍用途、前度」食物注文之外、又船一艘之」用途、可副候也、他事をかへり」みす、今年宝塔造畢を存て、」如此沙汰し候也、行慈か所労と申候は、右足」中風し候て、えふみたて候はす、」当時も十所はかりやきて候、」惣て廿余所灸して候へとも、いま」たけむをえす候、灸所平愈して」得減候者、来月中旬上洛之議」を存候也、

一一九　行慈書状　○巻六

播磨福井庄

紀伊桛田庄

備中足守庄

糸賀刑部丞上洛便に、」令進愚札候しに、義演房」之許へ、米四石可遣之由、」令申候き、雖然其米沙汰、」当時可被止候、福井米」上洛して候者、福井米お、」可被沙汰遣候也、当時」藤並預所、米六石かりて」候、其米をいそきかへし候」はんと存候也、灸所未平」愈候へとも、わつかにたちゐ」るほとになり候者、十八九日』の間に、これを出立て、可上洛」候也、桛田庄違乱出来」て候、足守も不静きこえ」候、上洛して、旁不審お」ひらくへく候、材木運上」之事は、いかさまにても、」小船にも積候て、今明可」運上候也、年内造作は、」いかにも御計共にて候へし、」材木をハ、いかさまにも、〔忩〕」可運上候也、上洛ちかく」候へは、毎事見参に可申承候」也、

（貞応三年カ）十一月九日　行慈

深勝御房　』

逐申

此材木は、かひ候せは、やす」く候ぬへかりけるを、さや」うのさたしてたふ物も」候はす、これにてとり候も、さた」する物も候はて、昼夜に」当時まても、ひまなく」さたし候て、わつかにさた」し出て候也、此ふみ、」義演房之許へ可遣候、」賢楽法師に給物、」可被下行候、委は、円乗」房之許へ申に候、

一二〇　行慈書状追而書　○巻六

（端裏切封）「（墨引）」

逐申

所労起居輒（ママ）候、」苦痛無申限、雖然」灸治十余ケ候、灸所」いえ候て、得小減候者、」はふ〳〵も、今日廿日」よりうちに出立て、」可罷上候也、

一二一　宗全書状　○巻六

（端裏切封）「（墨引）」

一日見参為悦候、」抑当山寺務之間事ハ、」不似余所之習、以一味」為先、以和合為本、以」慈悲為最、以平等」為宗、現世にハ、致　朝家安」穏祈禱、殊分故　法皇の」御菩提を被奉訪の外ハ、」

紀伊桛田庄備中足守庄

不可有他事候歟之由、存」候之処、連々存外次第」のみ、伝承候へとん、定落」居する様候はん
す覧と、』無沙汰にて罷過候之処、」一日見参次ニ、紀伊国(×州)へ訴」状こそ、遣なれと、令語給」候し
かとん、分明ニ、不思」分候き、而其後粗伝承」候へハ、如是事、為御同心之」由、承候こそ、
事実ニ候は、」返々も存外ニ覚候へ、」見参毎度ニハ、被計仰」候事ハ、不違所存旨之様ニ」承候へハ、
心安のみ(×こそ)存候て、罷」過候之処、諸事前後」相違之条、不隠便事候歟、」就中近日ハ、桛田・足
守」両庄、沙汰出来候へは、」如是事等おこそ、可為」無為(×違)之由、御祈念も候、又』入御心(×意)、御不
審も候、如此」事等お一味(×こそ)同心にも」御沙汰候へきに、かやうの沙汰ハ」次事にて、如修羅道
に」懐闘諍心、あれおはらはむ、」これおはらはんなと云、評定」のみ候条、(×て)返々外聞風ト云、」真
実ト云、猶々驚存候、」又大衆とかや衆徒とかや」の僉(×云)議と聞候事、返々」見苦覚候、所詮如此
の」事、無為ニなため計」はせ給はん事おこそ、」さておはしますす本意とハ」存候に、如風聞之説
者、」頗相違候歟、猶〳〵以外候〳〵、』且又如是事、張発」之仁も、尤承置たく候也、」故　法皇
度々被仰下(×置)」子細等候き(×事等候き)、当時承及」次第ハ、皆以背叡慮」候了、自是致沙汰之旨、若」僻事候者、
何度も」直ニ可令問答給事に候、」其条ハ不然候て、連々」飛脚人のためも不便」候、さ候まゝにハ、
浄覚御房」御心もはたらき候覧と、」此条又以外無其詮次第』と覚候、毎事閑ニ能々」令案給て、
世間道理・出世」本懐ニ不背様ニ、人々」おも可令教訓給候歟、」委細難尽紙上候、謹言、
十一月十四日(貞応三年カ)　宗全
深勝御房

一三二　行慈書状　○巻六

五ケ条衆徒仰、承候了、」尤其調候、一々状、上光房」にて、僧都御房へ申候也、」此五ケ条状、僧都御房可」令進給候也、仍返進之、」供僧注文、同以進之、これ」は案にて候、それにて清書」をして、前後上下次第を」たゝして、かきしたゝめて、」僧都御房へ、可令進給」候也、供僧下文、同進之、」僧都御房へ、可令返進」給候也、委細之状、上光房」に申候也、謹言、』

（貞応三年カ）十一月十五日　行慈

深勝御房御返事

一三三　行慈書状（裏紙欠）○巻六

（端裏ウハ書）「深勝御房　行慈」

不可申候、勝月房船積出候なハ、」塔の造作行事に、可被上洛候也、」相構て当年内、塔造営可畢」候也、

重申

上洛して候とも、十余日そ逗留仕」へく候、帰下候て、今年冬は、田舎に」て療治すへく候、兼ては住山の」時料も候まし、諸人供料仏姓灯油」を、かくへきにはをよはす候、時料」四五十石候つるは、当時も尽候」なんす、愚身之躰も、於于今者、」人の目にみ□候はんも、かたはら」いたく候、籠居し候て、仏を」念しまいらせ候そ、真実の御寺」のため、天下のため、一切衆生

行慈の申事は水に絵を描くがごとし

の」ため、益にな□へく候、大師(空海)も大菩薩も、」さこそ御知見候らめと存て候也、」行慈か申候事は、水に絵かく様なる」事にて候、人もちゐ候はすとても、」故上人(文覚)御房の本懐にあらす候事をハ、

一二四　宗全書状　○巻六

晏淵房返事」、慥給候了、丁寧」御沙汰、返々悦存候、」実一日見参、懸意」覚候、今度ハ、忩々」可罷登候也、又讃州」闍梨供米事、此」由可申候、只今他行」事候へハ、自是可申候也、』勝月房上洛之由、」承候了、不審候つるに、」御房御上洛延引事、」同承候了、恐々謹言、

乃刻　宗全

(裏紙奥切封ウハ書)
「(墨引)　宗全」

一二五　行慈書状　○巻七

勝月房上洛候へは、円乗房」等へ、別にも不申候也、

法橋幷円法房之許へは、」追可申候、当時は、物忩間、」別にも不申候、替米折紙」進之、はからひ沙汰せさせ」給へく候、寺間事等、深勝」房へ申に候、別当之事、」寺僧一味におはします」へく候也、天下不落居、」寺中共に不落居候間、」世間披露、不隠便候也、」毎事なそらへにて候へ」き也、天変悪夢を、』各祈誓しなけきて、」寺僧もおはしますへく候、」供僧注文(×申)は、別当之許」へ、

如此や候へきとこそ申て候へ、」別当に違背して、」行法共のあらためられ候」らむこそ、存外に候へ、」仰給ほとにて候者、重て」これへこそ仰給へき事に」候へ、

（元仁元年カ）十一月卅日　　行慈

上光御房

（裏紙奥切封ウハ書）
「（墨引）

上光御房　　行慈」

一一二六　行慈書状　○巻七

此条子細多々候、御沙汰躰、一々に内外共」に不相応に候、御願寺例と仰候へは、ふつと故（文覚）」上人御房御志にハ、相違し候事に候也、

重申

当寺にハ、故上人御房始て御居住候しにハ、」道勝房・行慈こそ、随遂しまいらせて候」しか、後には専覚房阿闍梨も、来住して」候き、後々にも此両三人之外、上人御房」の御意趣をこゝろえたる人も候はさ」りき、たゝ世間に後白川法皇も御帰」伏候き、故鎌倉大将殿帰信候し間、」たれもをそれしたかひまいらせたる」はかりにてこそ候しか、真実御志」をしりたる人も候はさりき、さ候し」かは、当時故上人御房御本懐はと申」人ハ、一人も候はす、供僧書下、上人御房の」本懐には候はす、高野にも観遍僧正」長者時ハ、択知法徳行供僧等、補任候き、」一紙半銭とりいたす寺僧候はさりき、」禎喜僧正時、国絹両三疋、任被（料カ）等に別

後白河法皇帰伏
源頼朝帰信

寺僧五ヶ条

山城平岡

進」寺にするよし、披露し候き、成賢僧正、」供僧任料銭廿貫とるよし、披露候し、」高野寺僧等、依之棄捨修学業、任」料はかりを経営する条、無其隠候、当」寺供僧補任様、上人御房御本懐に候は」す、前々申候了、惣不相応の事に候也、』

左大臣阿闍梨御房御事、虚言つくりいたして、」女院にもまかせまいらせん事は、僧都御房」御信用の候はんする過にてこそは候はん」すらめ、故上人御房の御大願の意趣に」相違し候者、寺破滅し候」とても、いかゝハし候はん、

寺僧五ケ条訴訟状事、

一、供僧改定事、先度令申候了、此仰状、不散不」審候也、

一、三位律師事、諸事申をこなはれ候はん事、不承」実否候也、但領家支配書状をもちなから、さ」てやむへき事にあらす、付弁僧正、可致其沙汰」云々、彼領家支配之状、非当時居住門弟者、不」可相伝云々、況我身、於非寺僧者、何故可知行」寺領哉、仍為止彼狼藉、令追却寺内、止当寺」口入事、尤可然候歟、

一、大進房真遍事、諸事口入不承及候、設雖」承及候、実否難定候、不及信用事に候、乍」居住寺辺、をしふさねて、寺住僧を乱行」不当のものなりと申条、被停止平岡居」住之条、不及力候歟、

一、供僧補任之状、非勧進上人無書下例云々、」此条御とかめにをよふへからす候、更以供」僧補任之状、書下事不候、寺中経廻之間も、如此」候へきかと、[注]申候き、当時も如此候へきかと、」[注]申はかりに候也、故　法皇、当寺御興隆之」御意趣は、故上人御房本願を、とをさん

と」おほしめす故にてこそ候しか、別当補任」之由、令申上候しときも、寺口入をは、とゝ』め候ましきよしを申上候き、上人御房御いの」ちをすて、御身ニかへて、当寺御興隆候き、」行慈毎度に、同捨身命、配流にをよひ候き、」乍存命、当寺事を、いかてかおもひはなち」候へき、かくや候へきと、申はかりに候也、

一、正達房阿闍梨事、我こそ当寺をハたもち」たれ、他来のものとも、根本住僧とて、供僧」あらそうへき様やあるへきと申由披露、」此条不可然候、子細前々度々申候了、

右条々事内、三位律師、両度領家補任之状」を、御寺へ返進て、御辺に経廻せらるへく」候歟、補任状候とも、当寺に不当人なりと」披露候、追却なんと申候なは、其要不可候也、

一、大進房真遍、自今以後、不可致不当由」を申て、誓状なんとの候へき歟、於検田等口入」者、不承及実説之上ニ、行慈自昔自身に」もみきゝ、他説にもさしたるしるしもな」き事、一度ももちゐる心候はす、又人の申」候事に、理非をきゝわかぬほとの事は候ぬ也、」為衆生、仏宮仕之外、身のため一事も存」旨候はす、賢聖境界・諸天善神、御知見」候らむ、如此申候も、皆大師宮仕と存て」申に候、

一、当時供僧之事、注申状、草案をして、深勝房之」許へ、清書して、僧都御房へ、可被進之由」を申て候に、御承引も不候以前に、無左右、」其まゝに行法はしめられ候らん、寺僧」等、以外の僻事に候也、』

一、左大臣阿闍梨御房御事、寺僧の可然人も居」住候はぬに、さやうニ候はん事、返々悦存候」処、深勝房、此条不受由、定て人の讒言にて」そ候らん、もちゐられす候也、

一、深勝房寺沙汰改定、何罪過にて候やらむ、」正達房隠者の由を申て、供僧そら、猶不可」交由、申候き、其時龍蓮房、時料配分沙汰せ」させ候へは、米一斗お、え不配分候き、不及申」候しに、深勝房に申候処、承伏し候しかハ、」心中に殊悦存候き、其外たれかは、沙汰し」候ものは候へき、寺に居住して、住僧のあ」るやうにみえ候て、たま〱一人候ものを、は」らへられ候てハ、何様なる住僧お、しすゑ」させ給へく候やらむ、此条は、正達房結構に、」御同意にてそ候らむと、推量仕候也、

一、天下もしつまり、当時《寺》も落居し候へかしと、」念々になけき入て候処、検田沙汰、庄々」結解のさきたちて候そらもしらす、足も」とはかりを、まほらへたるやうなる、ま」さなき御沙汰候ものかなと、存候しかハ、」当時検田なくてもや候へきと、申候処」に、はからいさたせよといひてハ、かくいふ」へき事かと仰候し、御はからいのあしく」候はんをハ、いかてか申候はさるへく候、高雄」事おすて候なむと、存候はゝこそ、さも」申さてハ候はめ、

一、庄々運上米、往来たてゝ、供僧にうけさせ』むといふ御沙汰候由、承及候き、其条そ、三位」律師なんとのはからいにてそ候らむ、推」察し候し、我命は、いつまてかいきてあらんす」らむもしらす、さやうニなり候なは、後代にハ、」供僧供料下行する別当候まし、真恵法印」の時、かつさとかや申候ける僧のまねお」は、いかにせんとは、おほしめしけるそ、

御手印二ケ条

一、御手印二ケ条、抄出候条、此定御意」得候者、当寺御沙汰、惣て不可叶候歟、聖徳」太子の十七憲法、よくたり候しかは、よにを」はす候しかは、聖武天皇律令おつくらせ」給候き、如此よのくたり候へハ、人の心もくたり」候へは、不相応になりて、其益候ましけれ」は、聖徳太

子の御憲法よりはしめて、よ」をすくはむためてにて候しかは、よにした」かひて、延喜・天暦・後三条院までも、あら」ためられ候し也、このころ諸寺諸山僧徒、」陣にたちて、沙汰し候なむや、我沙」汰すれはこそ、住僧もあれとおもひかう」に、寺僧殿下の陣にたちて、申せかしと」仰候、不可説に候、別当と申ハ、さやうの事、」沙汰せむためにハ候はすや、

一、いま一ケ条之状、かた〳〵はかりを、かきてたひ（×る）」たる、それほとのわ（事（×事））きまへさるらむと、おほ」しめすか、委細に申すをよはす候、

文覚四十五ケ条

一、寺僧一味ならすは、五大忿怒・十大金剛、』治罰せさせ給へと候、四十五ケ条の初条ニ候」状をハ、御覧候はぬか、又をはりの右状に、」誓状の候も、御覧すへく候、已上条々事等、」難載（×紙）紙筆候、粗はし〳〵を申に候、寺僧」の別当とて、おはしますかいには、住僧の」有若亡ならむをも、いひこしらへて、一向」に住僧一人をも、安堵せさせんとこそ、」おほしめすへけれ、御沙汰のすち、不審」無極候、御沙汰可然候者、一言の口入」にも、不可及由存候て、罷過候へとも、」一々御沙汰、可然とも不被存候也、」両方をたしき躰に候へき由、能々」寺僧中へ申候也、

（元仁元年ヵ）十一月卅日

○以下第一紙の紙背

逐申

三位律師・三位阿闍梨なんと申状につき」て、他寺他山のまねし、別当はものと」りてくはん料そと、おほしめすへからす」候、故上人御房の御本懐をたかへしと、」はけませ給候はんそ、三宝の御加」護候て、二世共にたすからせ給候へき、」天下も寺中も不落居候時、如此」寺中違

備中足守庄

乱ハ、源は僧都御房のひき」いたさせ給たる事に候、足守事、この」よのありやう、なにとすへしとも存」せられす候、いはれんほと、せられんほと、」さたしかなはすは、さてこそはおはし」まし候はめ、但此条々状、御存知の」ために候、つふさの披露候へからす候也、」随自意語にて候、あたらぬ事も候」らむ、

一二七　行慈書状　○巻七

天下落居せず

天下も当寺も未落居候間、いつ」しか寺僧別当不快之由、世間披露、」みくるしく候なんと存候、そらをハ」不知して、足もとをのみ、まほらへたる」様に、天変恠奇も候、寺領も違乱」し候、正達房も、自今以後、つゝしむ」へきよし申され候者、可被宥免候、」大進房、自今以後不当を停止」せんと申候者、同御宥免候へし、」三位律師、領家支配書状、被」返上御寺候者、僧都弟子にて」候者、尋常なる躰にて候へき也、」老子は、日月も地にをちむ事を、」あやうくおもへ、大地もあはけてをち」いらむ事を、ゝそれよと候也、天下落居」をなけき、当寺の違乱をいのりて、内外」わつらいをうちすてさせ給て、各々』まことの心をいたして、行法念誦」して、今度はかりは、如此なためて、」おはしますへきよし、衆徒にふれ」申させ給へく候、委子細、勝月房」可被申候也、謹言、

（元仁元年ヵ）十一月卅日　行慈

深勝御房

（裏紙奥切封ウハ書）
「（墨引）」

深勝御房　　　行慈」

一二八　行慈書状（裏紙欠）　○巻七

（端裏ウハ書）
「御房殿　　行慈」

なして候、それも経衆」はかりにて候へくは、」御心にて候へし、」仁和寺」両人」事、構申」事にて」候、不可説」子細」とも候也、

密乗房二口ハ、かきたかへ」て候と、みえて候、隆詮は、仁和寺にか〻」りたる事も候、本住人々、」むけに無縁に候へと、」人々の申候しかは、さも」候なんと存候き、他故」も候はす、二口にても」候へくは、御計にて候」へし、経任は、不退の」住僧になりゐて候へは、

一二九　行慈書状追而書　○巻七

（端裏ウハ書）
「御房殿」

いとをしかりて、如此法術尽」て、こりぬらむとて候間、」いよ〳〵不当倍増、不及」力候也、

逐申

付蔵円申状、御沙汰候者、」返々も一人として、」当寺にとまるもの候まし、」勝月房に、如此不当」なをり候はん、一度も」不当候者、やかてはらへ」よと、且は約束了候、」さて居住ゆるし

て」候き、如此よするところ」もなし、なをらむと」申候を、いふかひなく、

一三〇　行慈書状　○巻七

空海遺告

御遺告候、暫可」借給候、一度拝見了、」即可返進候也、

行慈

一三一　行慈書状　○巻七

「(墨引)(奥捻封ウハ書)深勝御房　行慈」

播磨福井庄

置文は暫これに」と、め候也、二通」返上也、但福井のハ、」御年貢預所得分」の注文や候と、申候つる」に候也、

一三二　後嵯峨上皇院宣　○林家旧蔵古筆手鑑

丹波細川庄作手

細川御作手訴事、道勝僧正」請文　奏聞之処、破損屋以」別儀可修理者、不日致其沙汰」可申候歟、於狼藉張本者、先加」下知、不従所勘之輩候者、可被進」交名之由、可有御下知之旨、所被」仰下候也、以此趣可令申入給、」仍執達如件、

六月廿二日　勘解由次官経任(中御門)

大蔵卿法印御房

一三三　播磨国福井庄西保田数注進状案　○高山寺所蔵不動法裏文書

福井御庄西保
注進　貞応参年実□
合
田数二百陸町伍段貳□
除伍町卅代
樋守一反
新溝川成二反卌
屋敷二段廿
寺田四丁廿
池上寺一丁四反十
大宅寺五段
蓮花寺一丁
神田
辰社二段　若□
残田二百一丁四段卌代
年荒十一丁一段廿

見作百九十丁三段廿

損田八十六丁三反十

等分〔損、以下同〕ヰ六十四丁七反十町別三段廿代

虫ヰ三丁三反廿　訴ヰ九段十歩

番ヰ四丁五段　番頭ヰ九反

中司ヰ二丁　地頭ヰ二丁七反

下司ヰ一丁　□□ヰ一丁

定使ヰ一丁

樋守田廿歩

名頭ヰ一丁四反

算失五段

禅光ヰ二反四十

得田百四町十五代

除十六丁四反

村々小神田一丁二段

今西宮五段

人給十四丁六段

預所佃三町

下司給三丁

井料一丁一段

定田捌拾柒町陸段拾

官物米参百伍十

右、大略注進如件、

貞応三年十一月

一三四　行慈証円書状　○巻七

今月十日、これをたちて」のほり候也、別当御房」より条々事、いひつかは」して候、寺僧の僻事」にて候歟、両方虚言共」にて候歟、不審無極」事等候、罷上候なは、」可披不審候也、」関東へ、駿河守之許へ」遣候し消息具大輔房、之許書状」と、めらるへく候也、返々』不可遣候也、深勝房」等上洛之由、可令触申」給候也、

（元仁元年カ）十二月七日　行慈

（裏紙奥切封ウハ書）「（墨引）

勝月御房　証円」

一三五　性禅宗全書状　○巻七

柱絵・仏壇師子・龍（×返）花木」造幷外陣材木、皆」木作了候テ、御寺へ運送」仕て候也、今明春、年

も」暖ニ日も長くなり候て、造畢」由相存候、如此御興隆ハ、」値御奉加候て、余人をも」被勧仰候によりてこそ、か」くも成就仕候ぬれ、返々も」目出〳〵候、但指たる当御」用候者、可随御計候、恐惶」謹言、

（元仁元年ヵ）十二月十日　性禅

人々御中

（奥切封ウハ書）「（墨引）

人々御中　　性禅上」

○本文書、次号文書の紙背文書なり。

一三六　宗全書状（裏紙欠）○巻七

播磨福井庄

自是可申之由、存候之処、」悦承候了、福井運上」物事、円法房阿闍梨」被申候しニ、子細ハ承」候き、然而彼阿闍梨、勢州」俄下向之間、毎事不分」明候之間、留守者許へ、」相尋候之処、今明日之間、」可沙汰送之由ハ、返答候」き、送文なとも、未見給候」也、宝塔院用途物」事、皆存知候也、但」足守庄、船もすてに近」付候之由、承候へハ、彼庄以」運上物、可進由、存候也、

備中足守庄

一三七　行慈書状○巻四

（端裏ウハ書）「深勝御房　　行慈」

宰相阿闍梨御許へ、味曾」一斗つかはすへく候、それへ」つかはす味曾を、勝月」房とりかはさ

れ候なり、」味曾桶つかはされ候に」は、味曾一桶に五升」つゝ入て、くたしつかは」さるへく候、大豆いてきて」候へば、大豆運上すへく候」へは、それにての味曾は、」つくられ候なん、御房へ（深勝房へ）も」大豆五斗はまいらするへく候也、

一三八　宗全性禅書状　○巻五

（端裏切封ウハ書）
「（墨引）
進上　人々御中　性禅上」

松茸如員給了、」返々神妙候〳〵、」抑昨日被仰候」八幡結衆事ハ、」此間可罷登候へハ、」見参可奉申合」候也、恐々謹言、

乃刻　宗全

一三九　性禅宗全書状　○巻七

（端裏切封ウハ書）
「（墨引）
進上　人々御中　性禅上」

悦承候了、一昨日」落候也、御祈念」験之至、凡不可申尽」候〳〵、猶々能々」可有御祈念候、兼」又四十二成候女房」祈、同可有御祈念」候、又来四日御事、」返々目出候〳〵、

一四〇　宗全書状（裏紙欠）　○巻七

少々（×少々ハ）可有許容躰、」被申候、又少々ハ、不分明」様候なるあひた、其左右、」未蒙仰之由、頻被歎申」候、如然沙汰候者、可然様ニ、」可被計申候也、」実ニもいかなるとか候」は、も、経年月候ぬれハ、」被免除常事候歟、」能々可被申候也、」就中ニ、今度登山」間、折節なとにも、よに」うらやましけに」被思て候も、不便ニ」思給候間、かく申候也、」恐々謹言、

（元仁二年カ）正月廿六日　宗全

一四一　宗全書状　○香雪斎蔵品展観図録所収文書

（端裏切封）「（墨引）」

円乗房等の上洛、畏」承候了、先悦入候、所」望の成否不審無極」令存候、

御札畏承候了、

抑蒙仰候畑人之事、」即時催て遣候了、雖然」各々入山候了、仍重て」又加催候、一人も不漏」参勤可仕候よし、よく〳〵」申催て候へとん、いたく」近額に申て候へハ、いかゝと」令存候へとん、心はかりは、」皆参仕候へきよし、」相存て候、なを〳〵不参之」奴原もや候はんすらん、」歎入候、恐惶謹言、

宗全

一四二　定円書状　○巻八

関東参向は、一定候歟、相構て」可令下向給候也、御房えくた」らせ給はすは、円法房にて

も」下向可候也、

紀伊桛田庄
同神野真国庄

抑桛田庄事は、証文した〻」められ候き、証悟と申候法師、神野庄」相構謀計、押領候処に、無」其沙汰候故に、桛田をも如此押領候也、」今度神野沙汰の訴訟、可候者（×也）」也、別当御房、後高倉法皇」御時は、申上候事取申上」させ給候き、桛田事申候をハ、」耳にも不聞入して、如此」しなされたる事に候也、」今又如此申候事とも、〻』さのみそ候はむすらむ、雖然さて」可黙止事に候はねは、神野証文、」同可被相具候也、

城入道

証悟は、」城入道に付て、種々不実」を構申候を、不知子細、関東へ」被申候歟、僻事は、大師（空海）の御」雅意に不可叶事に候也、」神野庄昔より一度も、高野（×寺）」寺領になりたる事候はす、」高野領になりて候は、院宣も」官符もならてハいかてか可候、」無一紙証文沙汰や候へき、」万人可還迹事に候也、

藤原成通
紀伊名手庄

一、成通（藤原）大納言、鳥羽　院御領に」申建知行云々、高野は鳥羽」院御時、殊あかめられ候て、其時』こそ名手庄も、被庄号候て、大塔」庄にたちて候へ、高野寺領を、鳥羽」院御領にたてられ候へしや、」子細庁御下文状にみえて候、」神野住人高野山に寄進し候間、」高野より使者を入候て、狼藉」し候間、国司使追出候了、」其後泰通（藤原）大納言領知之尅、」又高野法師押領せんとする時、又」吉野法師、住人か寄文ありと号」して、高野法師追出候了、彼狼藉、」高野・吉野共に停止了、泰通」大納言入道殿、為祈禱用途、」禎喜僧正被預渡、彼僧正」逝去以後、為高倉院御菩提、」奉資助高雄、被寄進、子細』当寺置文状見也、

後白河御手印

当寺寄進ハ、」後白川院御手印候へは、当来」違乱不可有候、高野法師不带」一紙証文して押領、罪過不軽」事に候也、

旧領御手印と申候事は、」彼御手印四至内、皆被付高野」候へくは、非一口論候、彼旧領内、

大和吉野庄
紀伊阿弖川庄
紀伊隅田庄鞆淵庄

皆以」他領也、吉野庄十二郷、其後」又中津川郷押加了、阿弖川庄ハ」家楽寺領、付法勝寺、八幡庄二箇」所（隅田庄・鞆淵庄）・比叡山庄墓つきの庄也、・」伝法院庄二箇所、非旧領故候也、旧領ならは、本寺につくへし、」彼御手印ハ、美福院御時、御」経倉（経蔵）供養時、冷泉中納言朝隆卿、為御使』所被送遣（×遣）高野山也、其時不知」旧（×所）領非旧領也、粉川寺領、」一郷如此也、旧領内高野山知行、」高野政所辺少分也、天野社」領六ケ所許、自昔付たる庄」にて候、然則旧領といひて」神野庄知行、更（×又）以無其謂」者也、如此謀計、無其沙汰、無」罪過故、如此狼藉結構候也、」彼証悟と申候、（法師結構也、）奈良にハ、大和国」をのこりすくなく押領、高野」もさこそあるへけれと、支度」し候由披露、其支度現前」して、如此致狼藉候、高野にハ」自昔悪僧と申名字不候也、」是則高野山表崩相也、尤可被処重罪過者也、』高野山にハ、如此不当輩、連々」罪過にをこなはれ、検校より」始、流罪等過に被処度々也、」寺内追却連々相続、雖然」此法師ほと不当叛逆者は、」未聞及事也、尤罪過に」可被処者也、（行慈於）寺沙汰者、辞退」候了、雖然寺僧等、可令触」申此由、可令触申給候也、」謹言、

（元仁二年カ）二月十四日（午時） 定円

円乗御房

紀伊桛田庄
関東御教書国司下知状

一四三　行慈書状 ○瑞龍寺所蔵文書

桛田庄関東将軍」御教書・両国司下知」状等数通進之候、」それにて目録にて」可被加置候也、」明日可下向池内候也、」法眼御房此由可令」申注候也、」関東者、当時無為」無事由きこえ候」也、謹言、

二月廿五日　行慈

一四四　証円行慈書状　○巻八

経蔵に大日経疏のかき」をかれたるはかりにて、とりかさ」ねて候、一本慥便宜に損すましくして」可給候、」当時若」米借得たる」事候者、」当住」人々にはからひあてらる」へく」候、何事候らむ、寺中絶煙事、」思遣候こそ、なけかしさ」申かきりなく候へ、寺領」たしかなる三ケ所候な」から、住僧殆可及逐電」事、うたてく候、見聞」之条、有若亡に候、法橋」之許へ可相構之由、能々」可被仰候也、土佐守」のをとつれ候はんときは、」いそきてをせらるへく候也、」謹言、

（嘉禄元年カ）四月廿五日　証円

深勝御房

一四五　舜西書状　○巻八

（端裏書）「刑部入道」

天王寺材木

天王寺御材木間事、先度御注文」給候之時、即御庄下遣候了、」仍沙汰者申」状、如此候、此状者、即可申上候之処、湯」山御下向之間、随又依無重訴候、于今」遅々仕候也、且御庄一切不違乱之由、度々」申上候之時に、旁猶予仕候也、此上ハ争」可致自由沙汰候哉、其上度々自上も、」被仰

紀伊湯浅庄

下候へハ、能々下知仕候事也、只寄」事於左右、湯浅庄沙汰人なとの、云津下、」云運上、不合期之間、偽申候歟と思給」候也、此上尚御不審候者、致違乱候はん」御庄民ヲハ、可注預交名候

歟と、御返事」ニハ可令申御候歟、恐々謹言、

六月七日　沙弥舜西上

一四六　某書状　○巻八

天王寺材木
紀伊河上庄

天王寺材木事、相」尋候之処、河上沙汰」人等申状如此、勿論」事候歟、此上子細候者、」随重仰、
可加下知候、恐々謹言、

六月廿一日　（花押）

二位法印御房

一四七　行慈書状（裏紙欠）　○巻八

上光房四日下向にて候は、」此文等、加賀阿闍梨之許へ、」可被付候也、
折紙草案、按察僧都御房」清書して、深勝房之許」可被遣之由、申て候也、」此文をいそきて成就
院」可遣候也、さて清書せ」られて候は、加賀阿闍梨許へ」遣て、上光房之許へ、可」被（×付）付之由、
可触遣候也、上光」房いまた住京候は、妙神（マヽ）候也、

（嘉禄元年カ）八月三日　行慈

一四八　神護寺納涼坊伝法会始行告文　○巻八

神護寺

高弁

被始行納涼坊伝法会事

右、当寺荒廃以後、積多年」星霜、文覚上人興隆時、先堂」塔僧坊造営、未終其功、又中」絶之間、未及仏事法会之沙」汰、爰　後高倉法皇貞応」年中、如本令寄進庄々給」之処、寺家安堵、始被修此会、」但顕密学頭、依無其仁、高弁」為法匠、初可被行之由、有」衆徒之議定、仍愁列座上、」与数輩学徒始之、于時

嘉禄元年九月四日　高弁

（後筆）「明恵上人御筆納涼坊伝法会之事」

一四九　仁和寺宮令旨　○巻八

天王寺材木
紀伊湯浅庄

天王寺材木、少々残杣云々、」件引夫、湯浅庄民之外、」誰人勤之哉、御知行をハ、」雖令辞退申給、於件等」引夫、直可令催沙汰給、」若有対捍之輩者、可令注」進交名給、召上京候、可有」御誡候也者、依　御気色、執達」如件、

九月十四日　法橋実祐奉

上覚御房

一五〇　神護寺供養日時勘文　○巻八

択申可被供養神護寺日時

今月廿七日壬午　時午未

嘉禄二年三月廿三日　陰陽頭安倍朝臣（自署）「泰忠」

一五一　北白河院神護寺供養願文　○巻二十四

敬白

建立檜皮葺三間四面金堂一宇、

同廻廊十五間、

奉安置白檀五尺五寸薬師如来像一軀、

同四尺七寸日光月光菩薩像各一躰、

彩色等身四天王像各一躰、

同十二神将像各一躰、

右堂者、八幡大菩薩御願、古昔」称之神願寺、仍以彼御影像一鋪」本自所奉安置帳内也、

同三間四面五大堂一宇、』

奉安置彩色三尺四寸不動明王像一軀、

五尺二寸降三世明王像一躰、

軍荼利明王像一躰、

三尺五寸大威徳明王像一躰、

五尺三寸金剛夜叉像一躰、

右堂者、

淳和天皇御願也、殊彫刻五大」尊、令衛護一天下矣、
一、同六間二面根本真言堂一宇、
奉安置金銀泥像胎蔵界曼荼羅一鋪、
同金剛界曼荼羅一鋪、
右堂者、
後白河太上法皇御願、相尋旧」跡被遂新造、曼荼羅者以弘(空海)法大師御真筆本所奉新写也、』
一、同一間四面護摩堂一宇、
奉安置等身不動明王像一軀、
一、同一間四面法華三昧堂一宇、
奉安置普賢菩薩像一躰、
一、同多宝塔一基、
奉安置彩色三尺五〔寸脱〕大虚空蔵菩薩像一躰、
同二尺五寸像四躰、
右塔者、
仁明天皇御願也、年代久遠破壊」尤甚、光孝天皇差遣勅使致実検」加修理、朱雀太上皇
臨幸礼仏之」時、修補五方菩薩彩色、造営灯爐」幡盖矣、
一、同九間一面経蔵一宇、』
奉安置唐本一切経、

紺紙金字一切経、

両部曼荼羅、

右曼荼羅者、弘法大師御真筆也、

一、同鐘楼一宇、

一、五間一面納涼坊一宇、

奉安置弘法大師真影一鋪、

一、同中門一宇、

奉安置二天像各一躰、

一、同三間一面平岡八幡宮一宇、

若宮宝殿一宇、

以前堂塔仏経甄録如斯、夫神護」国祚真言寺者、八幡大菩薩霊託』之仁祠、両部曼荼羅秘印之聖跡也、」桓武天皇理世之日、開其濫觴、弘法（空海）」大師帰朝之時、成其流布、寔是日」域最先之仏地、華蔵不二之浄界」者歟、然間灑幹遷兮麋鹿生麑、」梅梁廃兮荊棘為榛（ママ）、龕像有燥湿」陊渤之危、僧徒無坐禅経行之便、爰」曁往年寿永之比、有文覚上人云」者、指点勝境以専適心意、頂戴真」乗以不惜身命、忝守

前朱雀上皇之嚢跡、加華餝之殊功、便」達

後白河法皇之叡聞、賜管領之故地、』遂則定四十余条之起請、早下御手」印、複（復）四百箇廻之基趾、再安両足尊、」但堂舎者悉致新営、仏陀者多修」古像、斯地之為躰、四山之列蓮華也、」瀉胎蔵之

八葉、中台之安菓脣也、」象形状於三鈷、矧亦雲構輪奐之」功、就与祇陀五百之堂閣、風流冠
絶」之美、宛然昆侖十二之楼台、蓋賢」聖之所遊化、神仙之所窟宅也、上人」捨応大寂唱滅以降、
空送三十之」歳華、未展供養之梵席、是以
先皇且感専寺之新成、且聞上人之』宿慮、不耐随喜之思、欲行斎会之」事、而尊儀忽預西刹之迎、
住侶難致」蘭謨之誠、大善不果四廻、于茲弟子」茨岫承沢之昔、潤覃千里、芝砌占」陬之今歯余
五旬、然猶国母伝名専」受孝敬於十善之主、仏子通籍久」薦精勤於三世之尊、継彼遺跡遂」其素
断（ママ）、非弟子者亦誰人乎、因茲嘉」禄閹茂之年、沽洗芳菲之候、敬喔」法務大僧正法印大和尚位道
尊為大阿闍梨」耶、率三十口之禅徒、整秘密壇之」軌範、霜眉雪印之唱、梵唄象馬」竪耳、青緺
紫綬之正、威儀聶龍接』襟、法会之趣大矣、天地盛会時節」和同而已、先擎一伽藍之慧果、奉」
賁大菩薩法楽、始是
皇朝通三之君也、盍思苗裔之盛」昌、後亦宗祧得一之神也、莫忘華」夷之静謐、本覚之月弥添光、
権」化之風旁施徳、兼又代々相続与善」結縁之　聖皇、一々増進因円果満」之深位、就中
後高倉法皇宿昔之善果不空、雖証」入他方之浄刹、平生之素意無爽、宜」照鑑今朝之道儀、速灌
方便智之」水、可廃真実乗之花、檀那上人引』往歳興法之初心、大日究位果当時」讃仏之本願、
満月開眉、殊以景福」奉祝　宸旒、玉図不揺、熊黄鴻赤之」化遠施、斸業益盛、規天矩地之徳
無」疆、又分余薫資于微質、仙洞長生」之算、鎮慣瑶華天人之術方、仏国」順次之望、遂預金蓮
聖衆之引摂、」諸院後掖山岳齢穏、蘭坂竹園藩」屏基堅、大平俊久家久伝醴擬之」宗名、群有司之
職、各持貞確之勁節、」□年有蓄令金如土、万戸不局以滞」□城、重請梵天羅穀之衣、縦払四

宗全

十』□之劫石、露地布金之砌、宜為三千」仏之栖居、夏臈衆比肩宋無忌削」□、彼魏高祖之営清涼山也、後加開」□之新餝、隋太后之修浄土寺也、本」□皇興之旧基、時代雖殊、旨趣相」□者也、凡厥上自四空下及八大□□」□露悉萠善苗、敬白、

嘉禄二年二月廿六日

一五二 行慈書状 ○巻八

（端裏書）「嘉禄二年 □浄□状申入故開田御室□□」

行慈於于今者老屈之上、所労逐日倍増、」相待死期、有朝暮当寺事、一向依令存」大師宮仕幷為一切衆生、如此所令言上候也、

一、当時別当宗全有様、不存大師（空海）御加護、又忘故（文覚）上人本願、兼違背後高倉 法皇御志、此則」天性不弁理非之間、以覚能教訓、存誠諦金言」歟、愚意所及数十度、雖加訓誡、向木石不異、」一放無義語也、

一、於如此者、雖可申改別当職、女院御意、仏法道理、」女人御意うと〳〵しき様に御事候へは、宗全を」そむくる事は、故 法皇御事をわすれまい」らせたるかなんと、おほしめしぬと、しはらく」をそれをなし候也、

一、宗全当時支度不可説也、以当寺、為皇后宮」御願、以当別職（ママ）、可譲与勧修寺住僧左大臣」阿闍梨也、此条女院仰也云々、此則非違背故」上人本願乎、但此事、令言上綾小路宮御所」之処、女院仰不然歟、所承及候也、」』

宗全は女院祇候の人なり

一、性円勝月房・定円浄光房、此等一両輩、自」幼少時、依随逐故上人之気分、殊悲歎当寺」非法、而如此凶類、依私希望、追従別当、此等お」そむけむと存て候、如此事、根源は、別当」追従、我族お賞ほしきまゝに、僻事お結構」し候を、同心故也、宗全ものおほえたるもの」にて候者、かやうの凶党不可出来也、

一、宗全女院祇候人也、宮御方に有緑人也、」おほしめしはなたれす候歟、雖然宮御方」にも、大師宮仕、故　法皇御報恩には、」停止如此非法、当寺仏法御興隆こそ、二世」御願成就御つとめにはなるへく候へ、詮は」又宗全改心候者、当寺住僧、今一人も大切候」者歟、

一、庄々領家中付候事は、高雄住僧とて、』門人一人も相副躰に候はん事、文覚」上人本懐也、又はさか〳〵しく候者、為寺」付内外、聊口入なんとも候は、一両(×方)のさゝ」へともやなると、存候故也、違背寺僧」時は、可被改定候也、不可依領家支配」証文者也、

一、文覚上人、為当寺興隆、棄捨身命、非一度」非二度、世間無其隠者歟、依如此大願」力、興隆当寺仏法、支助東寺朽損、大師」宮仕、誰人不致随喜之思乎、而為当寺住」僧、忘上人本懐事、不異木石歟、如此」異類、於成興盛者、不可有神天冥助、又」大師八幡、何事有御加護哉、磨滅即時」倒者歟、

一、後高倉　法皇、於文覚上人大願、依」御随喜御志深、被返付五ケ所庄々、」当寺仏法複旧儀、而堂舎・仏像者、』大師御遺跡也、経巻・聖教は、文覚」上人安置也、仏法既以如此、僧宝尤」可有御安置、雖為有若亡僧、於」居住、可備三宝也、御憐愍之御志」深御者、各思随分恥、運居住之志歟、」三宝興隆、仏天御随喜、定法爾殊勝」歟、

右如此、東寺仏法事等、皆以大師御遺跡」也、非令言上　御室御所之外者、」更可仰誰人哉、
条々事等、能々」有御計、随議謙、内々御披露」可候也、恐惶謹言、
（嘉禄二年）五月五日　行慈
成就院僧都御房

一五三　行慈書状　○尊経閣古文書纂

（端裏書）「上覚上人行慈」

酒ハいたく無力候ニ、一滴たつて候ハ」よく候、それニよりて食事のなおる」とハ、一切不覚候、

前日申請候、文粋本二巻、未返上候、」昨今借書等した丶め候、未沙汰了候也、御」不審〱、
行宴所持御仏書等少々　御所〔持脱カ〕候ハ、御用了候」之時、参川ニ可沙汰給候也、
抑年来所持御筆進覧之、釈摩訶衍論第二巻外題
又石山内供自筆北斗祭文一通、同以進覧之、」これらは護と思給て年来持候也、惣而ハ如此」物のさも候なと、一切不好求ものにて、凡」不持候也、御護ニ令用給はん、何事候哉、」必々思食出て可令念仏給候者也、
不食之条、凡無術候也、此定ニ火急ニ候は丶、」無程候歟、不及左右候、恐々謹言、
六日　行慈

一五四　行慈充行状　○巻八

（端裏書）
「若狭西津」
（行慈）
（花押）

若狭西津庄

二条女房病悩至極之間、」毎事忘却、追注也、
若狭西津庄事、
度々子々孫々、可相伝由、」成与下文了、別当」僧都御房、同成給了、」而無其罪過改定間、」給田
二十石、其代配給」了、雖然、無其沙汰、」極僻事也、早如本、可」令領知之状如件、
嘉禄二年九月廿八日
大法師行慈（花押）
○本文書、継目裏に花押が半分ある。

一五五　某庄年貢米算用状案（前欠）　○高山寺所蔵 不動法裏文書

残米百貳拾陸石□
運上八十二石一升□
上白米五斗黒米□ 五升□
三十四石内正米卅石□ 六斗船賃□
一斗同船ノ上分料□

紀伊桛田庄

上白米五斗黒米六斗五升□
白米四石内上二、、次二、、合□
九石四斗　九月十□
五石七斗九升六合　八月□別□
一石四斗　九月十一日□一人別二升□
三斗五升　九月十七日御料　藤並殿・右兵衛督殿御前□観法房御沙汰、
四石八斗　九月十七日　〔此〕比皮船ニツミテ運上、
五石　九月廿四日　光智房給也、
三石九斗二升七合　十月六日、杣山三十人造夫食也、一、二一升一合、一人別一斗二升六合役、六ケ日、
一石三斗六升　同杣山造夫・石垣夫十人食也、役六日也、人別一斗二升六合
四斗同ソマ山ノ造夫ノ一日延桛田三十人ノ夫三□
一石　十月十四日　賢楽給　一斗ハ十月廿一日所官上□
三石　二月　按察僧都御房高野詣
上白米五斗黒米延六斗五升九月十二日侍従律師御房御下向
一石三斗　十月廿三日藤並殿御沙汰、
一石　十月　藤並殿御沙汰、
一斗四升ニテ胡广〔麻〕一斗買て脚力ニテ運上、
残四十四石一斗五升四合　〔此〕比内五斗少納言阿闍〔梨〕□御房御熊野詣御粮料□

嘉禄二年十一月廿五日

公文在判

御使在判

一五六　備中国足守庄検注帳（後欠）

○高山寺所蔵不動法裏文書

備中足守庄

足守御庄

注進　嘉禄二年作田畠［　　］

合田佰参拾伍丁拾五［　　］

除田三十一丁三反卅五□

吉備津宮御領六丁［　　］

御庄仏神田一丁［　　］

井料田五反

人給田二十四丁二反［　　］

定田百二丁六反卅代

当年不作田三丁六反［　　］

揖田五十五丁八反［　　］

得田四十三丁一反十五代

四斗五升代三十七丁三［　　］

一五七　神護寺宿老寺僧等置文案 ○仁和寺文書

神護寺

可被定置条々事

一、不常住寺僧、不可帯供僧等職事、

丹波吉富庄

一、吉富両庄所当米幷雑年貢等、雖一物」不可有他用、一向可被寺納事、

一、不帯故上覚聖人房御下文外、新給物等」可被停止事、

一、無満山寺僧之評定、無左右不可補任供僧」等職事、

一、被召来納、不可被募寺用等事、

一、称寺領一園〔円〕不輸拝領之由、不済御年○〔貢歟、〕」之輩、無其謂也、且付于冥顕、有其恐事、

一、寺領損亡年者、相副寺家使、不被実検」以前、不可減公物事、

一、依庄々損亡、諸堂供料被減之年者、随」彼得不、領家預所得分幷諸給物、可有」増減、於供米者、各雖有未下、諸給物等不○〔被〕」減之、彼此相准、可有平均沙汰事、

以前八箇条事、寺僧等守此状、可有沙」汰之由、評定畢、若於背此旨者、一味同心」可被訴訟、仍為後代、根本宿老寺僧等、各」加判之状如件、

嘉禄三年五月　日

大法師聖観在判　　大法師真弁在判

大法師良憲　　大法師信禅在判

大法師行円在判　大法師賢果在判
大法師寛禅在判　大法師隆詮在判
栂尾北坊明願房
大法師聖範在判　大法師行誉在判
大法師実遍在判　大法師蔵円在判
大法師寛玄　大法師浄誓在判
栂尾方便智院空蓮房
大法師定真在判　慈尊院
大法師栄然在判
大法師寛祐在判　大法師実円
大法師真宗在判　大法師性円在判
権律師隆弁在判　権律師光経

一五八　関東下知状　○巻十一

丹波上林庄

可早停止守護所使入部、丹波国」上林庄事

右、任度々下知状、停止彼使入部、」謀反殺害輩出来之時者、為庄家之」沙汰、可召渡守護所之状、依鎌倉殿仰、」下知如件、

寛喜元年四月十日

(北条泰時)
武蔵守平（花押）

(同時房)
相模守平（花押）

一五九　北白河院神護寺講堂供養願文　○巻二十二

敬白

檜皮葺堂舎

建立檜皮葺二階三間四面堂舎一宇

右堂宇者、文覚上人円寂以後、満寺之」中止住之侶、為果彼素願、各凝其精」勤、専課梓匠、所終華構也、

奉安置皆金色丈六大日如来像一軀、

光中彫刻一尺六寸化仏卅七尊、

半丈六金剛薩埵像一軀、

不動明王

彩色同不動明王像一軀、

右仏像者、過去上人平常之日、雖仮」斧斤之力、未彰金色之姿、今遂毘首之」功、忽整開眼之儀、斯三尊者、所奉瀉東』寺講堂本尊也、慣弘法(空海)大師彫刻之」昔像、竭運慶法印巧匠之新誠、東」寺者、国家鎮護、仏法紹隆之道場也、世漸」及澆季、寺若有頽危者、規模真容」堙滅何為、仍造立両本、令安置当山上」人宿念為　朝廷静謐、衆生済度也、

唐本一切経

奉模写唐本一切経、

右経典者、先考入道権中納言藤原卿(持明院基家)、」頃年之比、奉納斯寺、今致開題、資彼」勝因矣、

以前慧業大概如斯、側聞、理智不二之」門、有寂光土、浄満如来化現之地也、」功利第一之宮、

有善法堂、牟尼世尊」講説之庭也、甘露深密之義、争測端』倪、上天荘厳之勢、誰得較量、爰神
護」国祚真言寺者、
八幡霊神草創之洪基也、環廻及四百」載、六代明王管領之霊跡也、徽名彼十」二州、遠則弘法大
師達　宸聴、以置三綱、」近亦文覚上人相地宜、以複〔復〕一寺、高雄山」之当中台焉、百仞之峰蓮尽
黛、清瀧」川之受下流矣、千片之浪花洗塵、寔是」真言灌頂之奥区、清浄結跏之坤位者」歟、弟
子守
後高倉先皇之叡襟、遂大伽藍希代之」供養、雖知成善開発之因、猶喜願念」純熟之義、何況風彩
謝誉母于
天子之国、雲心楽性主于地仙之陬、安嘉』門院之並帷帳也、瓊蕚・露腹両法親王之」下藩邸也、
白華風芳倩憶弟子之嘉運、」豈非仏天之冥助哉、方今星紀定星之」暦曜宿吉曜之朝、重聞一堂之
終柱礎」便、就三密以賁壇場、薜衲不外求近臨、」自梅尾坐禅之洞龍、轅無暫滞如詣于」鷲頭説法
之筵、善哉幸遇大聖之再」誕、新啓壮麗之仁祠、於戯夏臈四五之」侶、接襟唄讃唱和、尭臣十六
之卿在座」環佩鏗鏘、嘉禄二年春三月、答禅院」之遺旨、以早行当守斎会之事、寛喜」元年冬十
月、感講堂之新成、以再整」懇地、鄭重之礼、機縁甚厚感涙潸然、」昔順聖皇后之画仏眉也、安
置金剛』薩埵於敬愛寺之畔、今弟子庸質之」帰仏像也、礼拝金剛薩埵於神護寺」之中彼一致也、
此一致也、先捧小善根」之上分奉増大菩薩之霊威、早以内」証外用之力、宜垂済生利物之憐、兼
又」延暦・天長・承和之山陵、寛平・天慶・保元」之聖皇、各被牽欽仰之本縁、悉令証」菩提之
妙果、就中

後高倉法皇者、斯寺随喜之主也、十地究」哀之値、莫愆過去、覚上人者、往時慇勤」之侶也、五相成身之義、何隔殊分白善、」奉祝紫禁宝祚増長、比聖暦於重」華之俗断(カ)、嗣恢弘、伝神器於万葉之」風、弟子姚墟之雲、広覆尭門之花常、」鮮禅風移厄七遍加持之葉辺、龍算』満月凝観九品託生之蓮、遂蒴因五芝」八桂之洞中、永伴椿寿雁池鶴洲之」浪上、久約河清博陸台府、風雲其感」群僚庶尹竹柏其貞重、請金剛秘密」修習之梵宮也、棟甍不傾而伝三会色、」欲聖衆加護之精舎也、鐘磬無断而」成万行蒙仏威力令法久住、乃至大」鉄国之表裏、恒砂界之縁辺、潤一味」雨洗、六情塵稽首和南敬白、

寛喜元年十月　日

一六〇　太政官牒　〇巻二十

(モト端裏書)
「傍示官符」

太政官牒高雄山神護寺

応遣官使、加巡検、糾旧跡、且堺四至、打牓示、且禁遏」樵採漁猟、当寺領事

四至　東限長谷二子磐滝尾堺幷中河　南限赤坂東峰菖蒲谷幷素光寺北峰
西限木与志於渡瀬木谷昇路云志天谷、　北限小野堺磐坂峰横路

右、太政官今日下山城国符偁、得彼寺所司等去月廿九日解」状偁、謹検旧貫、当寺者、初則八幡大菩薩垂霊託、以安置御」本尊薬師如来、伽藍開闢之濫觴也、後亦高祖師弘法帰本朝、」以流布御将来真言密教、瑜伽伝来之根本也、其後淳和・仁明」建御願、光孝・朱雀加修理、後白河・後高倉両代、忝憐荒廃、欲」致興隆、因茲被尋旧儀、寄進寺領、加之国母仙院、早遂講堂

建」立之御願、被展供養之斎莚、遥顧曩跡、倩見当時、鎮護王城」第一道場者歟、是則出自文覚上人之素意、幷挑遍照金剛之」余輝、自爾以降、堂塔複(復)礎石、山川限寺領之間、東限長谷二子」磐滝尾堺幷中河、南限赤坂東峰菖蒲谷幷素光寺北峰、」西限木与志於渡瀬大谷昇路、云志天谷、北限小野堺磐坂』峰横路也、而近来樵採漁猟之輩、率多勢、致濫行、飡霞臥」雲、侶加制禁、不叙用、悲哉大師(空海)結界之地、忽為猟者樵夫之場、」哀哉仏法流布之世、猶成住持三宝之妨、住侶進退惟谷之間、」相触子細於六波羅之処、差遣武士二人、安東藤内・石坂次郎、召対」素光寺沙汰人進士蔵人、不知実名、寺家使相共踏山堺、尋旧跡、」任道理裁断畢、而近日亦嵯峨樵夫等、引率数輩、相語素光寺」新地頭、乱入寺領、所企無道之沙汰也、仏法之紹隆、僧侶之止住、斯」時猶不安堵、後代宜垂鑑察、不堪地忍、所仰天憐也、蓋乃任衆」徒之愁訴、啓此等之子細而已、望請官裁、早被下宣旨・官符、且」停当時狼藉、且断向後窂籠者、仰伽藍之尊崇、奉祈淳朴之」乂安者、正二位行権中納言藤原朝臣頼資宣、奉　勅、依請、」遣官使、堺四至、定牓示、禁遏樵採漁猟者、国宜承知、依宣行之」者、寺宜承知、牒到准状、故牒、

寛喜二年閏正月十日　修理東大寺大仏長官正五位上行左大史兼紀伊守小槻宿禰(季継)（花押）牒

正五位上行右少弁藤原「朝臣」(自署)(光俊)

○本文書、太政官印四顆を捺す。

一六一　覚寛書状　○巻十一

(モト端裏書)「大蔵卿法印状案　仁和寺」

牓示使の事
六波羅に遣わす

牓示御使事、明旦」必可沙汰進候、兼不承」候之間、其仁被遣六波」羅候了、存外候、只今」遣召候也、恐々謹言、

（寛喜二年）後正月十三日　覚寛

一六二　覚真藤原長房書状　○巻十一

神護寺牓示の事

（モト端裏書）「海住山御返事」

高雄山牓示事、寺僧」等申状給候了、可申沙汰之由、」申遣蔵人左佐（藤原信盛）許候也、」為主殿寮之沙汰、極安事」候歟、此上寺僧、又不可致」自由之沙汰候、可待御沙汰」候也、恐々謹言、

（寛喜二年カ）二月三日　覚真

一六三　藤原信盛書状　○巻十一

神護寺堺の事

神護寺堺事、雖任申」状副供御人重陳状、如此候、申入」候之処、可進覧之由、被」仰下候、所詮重被遣」官使、召出両方古老之」輩、可被尋決子細之由、」令申候、以其趣、可申」沙汰候歟、内々為存知、言」上候、無左右、抜棄牓』示之条、可被行罪科」候、堺紀定之後、可有」沙汰之様、先日承存」候、紀定如此遅引候」者、尚忩可有沙汰候歟、」又可随御計候、此等」子細、若又可被仰合寺」家候哉、以此旨、可令披」露給、信盛頓首謹言、

（寛喜二年カ）四月廿七日　左衛門権佐信盛（藤原）

進上　行任御房

（奥書）「牓示事、左佐供御人可被行罪科事、」

神護寺絵図

一六四　某書状（裏紙欠）　○巻十一

神護寺絵図幷宣下状」一通、昨日自蔵人左佐殿、」罷預候之間、入于別当御房」之見参候、令進上候、可被納」寺庫候也、小野人等狼籍」罪科有無事、以上人（文覚）御房」仰旨、蔵人左佐殿へ、」申上候之処、御返事如此候、」此絵図ハ、すき候しニ」か、せて候し絵図ニて候也、」それに今牓示事、」幷霊心寺事、被注載、

神護寺絵図

一六五　中原章常書状　○巻十一

自　殿下御所、此図美礼」可令写進上之由、被仰下候也、」御近憐ニハ絵師候歟、厚紙」之美礼ニ可候也、又其後指」事不候之間、不参上候、必可」参上候、此図ハ忩召候也、恐々」謹言、

十二月十三日　右衛門少志章常（中原）

謹上　上野法眼御房

播磨福井庄

一六六　関東下知状　○巻十一

（モト端裏書）「福井西保」

下　神護寺領播磨国福井庄西保住人

仰条々

領家久我内大臣家

源頼朝富士巻狩

北条重時同時盛の下知

一、下司・公文両職事

右、預所法橋有全与地頭藤原氏代右兵衛尉頼康、遂対決之」処、如有全申者、地頭補任以後、庄官等、不従領家之所務、経」七箇年之間、申充新給田於庄官等畢、而地頭不帯指証文、只以院」使久永之私計、備証拠之条、胸臆之状也云々、如頼康陳者、領家(源通親)」久我内大臣家御時、院使久永下向之刻、定置地頭得分之上、左衛(源頼朝)」門督家御時、於富士御狩御所、蒙御定之後、雖無証文、卅余年」色々得分無相違、其内於庄官職者、兼帯七箇年之後、自領家」充給新給田之時、可相計之旨、数篇問答之後、庄官等拝領新」給田之間、両方所召仕也云々、不帯証文、以久永之計致沙汰之由、頼康」申状、難信受之処、如有全申状者、不載自余事、訴申下司・公文」給田屋敷許之条、頗雖有疑殆、追東保地頭経光法師之例、」可致沙汰之旨、重時(北条)朝臣并時(同)盛等加下知畢、爰東保先例事」無相違、於経年序者、限本給屋敷、何及子細哉者、早任東保之例、』可令致沙汰焉、

一、地頭名所当未済事

右、彼是申状子細雖多、如両方所進結解之状者、参差之間、難」決実否、号地頭名者、永安名也、而以新田・恒光・武末・有久等、被」懸未進於地頭之条、所貽不審也、若令抑留平民名者、○尤可被」糺返本名歟、将又為永安名内者、不及異儀、所詮早加勘定、可」明済否矣、

一、役夫工米未済事

右、如問注記者、不載其詞之処、如庄官等申状者、各雖有子細、」非新儀之由、所見也、仍且任東保之例、且守旧符、可致沙汰焉、」以前三箇条、大概如斯、此外条々雑事等、雖載巨細之

詞、依」無証拠之状、暗難決理非歟、早任東保之例、同可致沙汰也者、」依鎌倉殿仰、下知如件、

貞永元年九月廿四日

武蔵守平朝臣（北条泰時）（花押）

相模守平朝臣（同時房）（花押）

○本文書、継目裏に花押がある。

一六七　関東下知状案　○巻十三

播磨福井庄

下　神護寺領播磨国福井庄西保住人

仰条々

北条重時同時盛の下知

一、下司公文両職事

追東保地頭経光法師之例、可致沙汰之旨、重時（北条）朝臣并」時（同）盛等、加下知畢、受東保先例事無相違、於経年序者、」限本給屋敷、何及子細哉者、早任東保之例、可致沙汰焉、」自余略之、

貞永元年九月廿四日

武蔵守平朝臣（北条泰時）在御判

相模守平朝臣（同時房）在御判

○本文書は、二三三号・二五〇号文書と一紙に記されており、一六六号文書の抄出ならん。

一六八　六波羅下知状　○巻十一

神護寺領播磨国福井庄西保沙汰人等□□」非法条々

一、下司・公文給田屋敷事

右、対決預所法橋有全与地頭代右兵衛尉頼康、令」進覧申詞記於関東之処、去貞永元年九月廿四日」御下知状云、東保先例事無相違、於経年序者、限本給」屋敷、何及子細乎、早任東保之例、可致沙汰云々、仍任状令」施行之処、雑掌則於本給者、不帯一紙証文、雖令」押領、已経年序之間、今更不及訴訟、而東保下司」公文之屋敷者、自昔于今無違乱令居住者也、又新給」田者、為地頭押領本給之後、重充給庄官等、召仕之間、」云所職、云新給屋敷、領家進退顕然也、就東保之例」者、可被□西保地頭之濫妨之地頭、亦於本給屋敷者、」地頭進退之由、事切畢、至新給田者、任東保之例、引募之」処、何限当保、可押落此給田乎、還迷御下知之了見歟、」所詮召東保地頭経光法師、可被糺真偽也云々、両方如此加」了見、不落居之間、重令言上子細於関東之処、今年四月」十九日御教書云、任両方申請、守東保之例、可致沙汰之由、」去年九月御成敗畢、然則召問東保地頭経光法師、」随彼申状、可被沙汰付云々、任被仰下之旨、相尋経光法師之」処、就彼申状、同預所覚厳法眼、又有申旨、其詞」参差之間、忽依難裁許、猶可令注進言上関東也、可」相待御成敗矣、」

貞永五年九月に関東の裁許あり

一、地頭例損二町七段事

右、如東保預所覚厳法眼申状者、送遣勘料馬壱疋・」菓子等之間、所免除也云々、如地頭経光法師申者、勿論」也云々者、止自由之儀、且依先例、且任東保之例、可致沙汰矣、

一、地頭代損田事

右、如同申状等者、検注使之任意也云々者、可止自由之慕」矣、
一、公文算失、同例損幷下司損田事
右、如同申状等者、為領家預所之進退云々者、可依」検注使之免許矣、』
一、井料田一町一段事
右、如覚厳法眼申者、件田者、勧農之時、百姓幷行事」人等之食料也、為公文代之沙汰、所
徴納也云々、如経光法」師申者、当時者、徴納地頭方、勧農之時、任先例所」下行也、然而非
地頭之依怙、何方仁毛被徴納之条、勿論」也云々者、守東保、可存知矣、
一、虫損事、
右、経光法師不覚悟之由、令申之処、如覚厳法眼」申者、如此之損亡者、令遂行検注之時、
任見損除之、」不然之時者、全不及其沙汰云々者、可依内検使之裁」許矣、
一、今西宮御供田事
右、如経光法師申者、件田地頭一切不相交云々者、」守東保、可止地頭之立用矣、
一、同宮修理田事
右、如覚厳法眼幷経光法師等申者、為宮司光高之沙汰、」任領家下文、定坪所募来也、於西保
者、不知子細云々者、止地頭」自由之儀、可依先例矣、
一、役夫工米事　』
右、如同申状等者、内宮外宮両度分、於東保者、已令究済畢、」至于地頭名永安分者、為地頭
方沙汰人包時之沙汰、所責」進也云々者、早且任東保之例、且守旧符、致究済之沙汰、」可継

返抄矣、

一、永安名田事

右、如覚厳法眼申者、本是為預所名之処、地頭一向」押領之、然而於所当者、所弁進領家方也云々、如経光法師」申者、令弁済所当米於領家方之条、勿論也云々者、早」守東保、任先例可全所当年貢矣、

関東御成敗式目

一、寛喜元年以後地頭名所当未済事

右、訴論立用田之子細、先条事切畢、早於負名」田等者、遂結解、有負累者、任関東御成敗式目、」可致其沙汰矣、

以前拾壱箇条、且任関東去四月十九日御教書之」旨、且就東保地頭所務之例、下知如件、

天福元年九月十七日

掃部助平（北条時盛）（花押）

駿河守平（同重時）（花押）

○本文書、継目裏毎に花押が二箇ある。

一六九　隆弁奉書　○服部玄三旧蔵手鑑

将軍家御教書
北白河女院

神護寺衆徒任令申給之旨、」申出　将軍家御教書」進覧之、自　北白河女院」度々雖有被仰下旨、当寺」事、自往昔難去奉思候、仍」宜将軍家御教書為向後之」亀鏡、尤大切事候歟之由、令」察申候之間、如此申沙汰候了、」此由可有披露衆徒御中之旨、」僧正御房所候也、謹言、』

（後筆）「天福二年」
十一月一日　　権律師隆弁

謹上　執行法眼御房

神護寺起請文
後白河院御手
印
備中足守庄大
嘗会役

一七〇　九条道家御教書　○巻十一

神護寺御起請文、経」内覧候了、後白河院」御手印、尤以厳重、備中」国足守庄大嘗会役、任」貞応沙汰之趣、可停止」譴責之由、被仰下候了、以」此旨、可令漏披露給、」仍執達如件、

（後筆）「嘉禎元年」
十月十六日　左少弁（藤原兼高）（花押）

一七一　九条道家御教書　○巻十一

神護寺領八箇所

丹波国吉富庄
播磨国福井庄
備中国足守庄
若狭国西津庄
寺辺神護寺
紀伊国桛田庄
同国河上庄

大嘗会役

同国神野真国庄

右八箇所、大嘗会役、可被」免除之状如件、

嘉禎元年十月廿六日　左少弁（藤原兼高）（花押）

一七二　神護寺供僧補任状　○大覚寺所蔵諸尊法紙背文書

神護寺

大法師忠□〔真〕

右人、為宝塔□」勤仕御願者□

嘉禎三□

別当権大僧都法印大和□

一七三　太政官牒　○巻二十

（モト端裏書）

「阿闍梨官符　延応元年」

阿闍梨壱口

太政官牒神護寺

応置納涼坊阿闍梨壱口事

右、太政官今日下治部省符偁、得法務僧正」法印大和尚位覚教今月一日奏状偁、謹考一朝之」恒

規、伏案吾宗之故実、依法験、預勧賞者、累代」芳躅、明時之彝範也、爰覚教去四月十五日、

忝被綸言之」際、屢凝丹精之処、暮雲忽陰月蝕不現、即被仰其」賞、此老後慶幸也、外弥仰皇猷

之令然、内亦喜」法力之不空矣、望請天恩、任申請、以三口阿闍梨、被」寄置東寺灌頂院・高野山奥院・神護寺納涼坊等者、」永留仏徳於仏閣、将祈聖化於聖跡者、正二位行中納言」兼侍従藤原朝臣為家宣、奉　勅、依請者、省宜承知、」依宣行之者、寺宜承知、牒到准状、故牒、

延応元年五月九日　修理東大寺大仏長官正五位上行左大史小槻宿禰（季継）（花押）牒

正五位上行右少弁兼右衛門権佐藤原（自署）「朝臣（定頼）」

○本文書、太政官印三顆を捺す。

一七四　仁和寺宮令旨　○巻十一

当山夏衆、可申寄阿闍梨之」由、已為故上人（文覚）之素懐、然而依」無便宜、空馳過了、而今宝」塔院被寄置阿闍梨、以彼」一口、相博金堂、所被補夏衆」一﨟也、各殊励供花練行之」精勤、可奉祈天長地久之」御願之由、可被仰含之旨所」候也、仍執啓如件、

（後筆）「仁治二」
四月廿一日　法眼禎望

謹上　神護寺別当法印御房

一七五　仁和寺宮令旨案　○巻十一

（端裏書）「紀伊国川上庄事　御室御教書案　寛元二一一三」

追申

寺家申状副具書、被」返献之候、

紀伊河上庄

神護寺々僧申、紀伊国河上庄」間事、寺家申状、日来沙汰之」趣無相違候、以此旨可被申」歟之由、御室御気色所」候也、仍執達如件、

正月十九日　　法橋在判

謹上　相模守殿（北条重時）

一七六　関東御教書　○早稲田大学附属図書館所蔵文書

紀伊河上庄

高雄寺僧等申、紀伊国河上」庄間事、申状如此、所詮被尋」申相博之子細於　御室御所、」可令注申給之由所候也、仍」執達如件、

寛元二年十月廿六日　　武蔵守（北条経時）（花押）

謹上　相模守殿（北条重時）

一七七　仁和寺宮令旨　○巻十一

（モト端裏書）
「孔雀経法御勧賞有職内一口、被寄進当寺御教書、寛元三年乙巳　覚宗奉」

今度孔雀経法御勧賞」事、旁有被思食之旨、」両条被申子細了、其内」阿闍梨五口、被奉寄」御本尊也、彼五口阿闍梨、」大師（空海）御遺跡止住輩、各可」応其撰之由、有御心願、」神護寺分一口、早尋』其仁、可吹挙申之由、可」被仰含寺僧歟、殊存」道理、可令計申給之」旨、御気色所候也、」仍執啓如件、

（後筆）「寛元三年乙巳」
三月一日　法橋覚宗奉
謹々上　神護寺別当法印御房

一七八　丹波国吉富新庄内刑部郷検注帳（後欠）　〇国立歴史民俗博物館所蔵文書

（端裏書）「吉富新□刑部郷寛元四年実検田取帳」

丹波吉富庄
刑部郷　寛元四年御検注田取帳事

合

井尻里〵
　廿八坪〵
　　十〵　安宗　五新〵　檜物〵
　廿新〵　安宗　廿新〵　石真〵
同東里巳畠〵、栗跡〵、畠帳付之卅〵、
　廿九ー
　卅新〵　安宗〵　□□五〵　安宗〵
　五新〵　吉安□高
　卅ー　巳畠
　卅一ー

一〵反五　守国〵　廿〵五新〵　守国〵
一〵反十内廿〵五新 本一〵反卅五　安依〵　十〵五　延里〵
蔦口里〵
六〵ー

○本文書の合点は全て朱筆である。

若狭西津庄

一七九　尼念浄譲状　○巻十一

（モト端裏書）
「□浄譲于駿川局正文、行印之母儀也、」

にしつのみさうは、」きのうちのむは、さう」てんのさうにて候お、」たかおのこりやうに、」きせいしてまいらせて候、こ」所のむさのまこ、一のま」こなれはとて、上かく」しやう二ん、あつかり」所のしき、ねん上はうに」給はり候ぬ、それかしに」候にたれは、又一のまこ」にて候へは、するかとの、』つほねに、たひ候ぬ、この」御ふみお、みてらゐ」あけてあつかり所のし」き、たまはり候へ、さて」ねん上はうかさたし」まいらせたらむ、ちやう」のもの、けたいなく」さたしまいらせ給へく候、」あなかしく〳〵、

ほうち二ねんさ月廿八日
（念浄）
（花押）

一八〇　神護寺・高山寺僧等契状案（前欠）　○高山寺文書

下部乱入

（二）□下部等令乱入不可催事

自長谷□□寺之□□（大道カ）者、両寺大□□而一向□□□一瀬畑人等有聊事者、奉行下部等、於平岡止樵木成煩之間、面□□於自今以後停止□□畑人等若有□□□（被カ）仰本所、糺明理非、随罪科可被〇（行）過怠事、

樵夫

一、樵夫□□□出来之時者、両□（寺カ）相互合力、不可見放事、

両寺和合

一、浄覚□□□終焉之期、奉□明恵上人言、於高雄事、不可令見放給之由、再三御契約□□畢、此御詞殊以芳者哉、然者門跡相承、各不可令見放事、

右条々、高雄・栂尾両寺根本宿老寺僧、令寄合恐□□□猶所被記置之、両寺貴賤上下諸人守此旨、猥不可相論、且此状納両寺宝蔵□□守此旨、相互不可違失□（之カ）状如件、

宝治□年五月　日

一八一　西園寺実氏御教書　〇巻十二

（モト端裏書）「冷泉殿御文（西園寺実氏）石見前司奉書」

丹波吉富庄細川庄道相論

吉富庄与細川庄道相論」間、院庁御使事、資俊（安倍）」申状如此候、何比可差遣之」由、可有御下知候哉之旨、可」申之旨候也、以此趣、可令申」給候、恐惶謹言、

（後筆）「建長貳年」
二月廿日　前石見守友景（中原）奉（裏花押）

進上　佐治左衛門殿

丹波吉富庄細川庄堺相論

一八二　六波羅御教書　○巻十二

（モト端裏書）
「六波羅殿状吉富通道使者差文」

丹波国吉富庄与細河」相論堺間、路次煩事、石見（中原友景）」前司奉書如此、早任被仰下之」旨、相副　院庁御使、可被」検見之状如件、

建長二年二月廿日　左近将監（北条長時）（花押）

安富五郎左衛門尉殿

一八三　中原友景書状　○巻十二

（モト端裏書）
「石見前司返状吉富庄与細川庄検見使間事　二月廿二日」

吉富与細川道相論事、」使者来廿六日、被差遣」事、承候了、其由可申」沙汰候、但此事、先日令申」武家候了、然者、賜彼」御返事、可申之旨存知」候、如何、恐々謹言、

（後筆）
「建長貳年」
二月廿二日　前石見守友景（中原）

丹波吉富庄細川庄道相論

一八四　中原友景書状　○巻十二

（モト端裏書）
「冷泉殿（西園寺実氏）　吉富通道被開時庁御使下向遅怠間事」

吉富細川庄道相論」事、院庁御使遅々」之由、被申藤中納言殿（葉室定嗣）」候之処、御返事如此候、」定忿下

向候歟、此由」有御存知、可被申候歟、」恐々謹言、

（後筆）「建長貳年」
二月廿九日　友景（中原）（花押）

祇園社遷宮

一八五　西園寺実氏御教書　○巻十二

（モト端裏書）
「石見前司状　祇園遷宮行事所守護事
細川庄実検事　」

祇園遷宮行事所守」護事、在宮中状等、細川庄」実検御使事、藤中納言（葉室定嗣）」家御奉書、如此候、各」子細被載状候、以此趣、」可申之旨候、此由、可令申」給候、恐惶謹言、

（後筆）「建長貳年」
二月廿七日　前石見守友景（中原）奉　（裏花押）

進上　佐治左衛門（重家）殿

丹波吉富庄細川庄道相論実検使

一八六　中原友景書状　○巻十二

（モト端裏書）
「石見前司　吉富細川事
建二二卅　」

吉富細川道相論」実検御使事、御返」事、先度申進候了、」而藤中納言（葉室定嗣）殿御教」書如此候、以此旨、可令申」沙汰給候、恐々謹言、

（後筆）「建長貳年」
二月廿九日　前石見守友景（中原）（花押）

謹上　安富民部大夫殿

丹波細川庄実検使

一八七　後嵯峨上皇院宣　○巻十二

（モト端裏書）「院宣　吉富通道被開之時庁御使下向遅怠事」

細川庄実検使事、」昨日庁官友国下向」之由、庁申上候、而今武家」使申状等、尤不審候、早可」相尋候、凡庁申状等、前々」不実事等候事候之間、難」治候也、定嗣恐惶謹言、

（後筆）「建長貳年」
二月廿九日　定嗣

（奥裏書）「中御門藤中納言奉書」

丹波細川庄実検使

一八八　後嵯峨上皇院宣追而書　○巻十二

（モト端裏書）「藤中納言　祇園遷宮守護事　細川御使事」

逐言上

細川庄実検御使事、」依為沙汰人、可差遣」召使恒末之由、庁令申候、」然而可相副庁官之由（×之旨）、加」下知候了、重恐惶謹言、

丹波細川庄実検使

一八九　後嵯峨上皇院宣　○巻十二

（モト端裏書）「院宣　吉富通道被開事」

細川庄実検使事、」庁申状如此候、下向」之子細、載状候歟、定嗣」恐惶謹言、

「建長弐年」（後筆）
二月廿九日　定嗣

進上　伊予中将殿

一九〇　安倍資俊書状　○巻十二

丹波細川庄に下向
武家使者丹波吉富庄に居す

庁官知国、昨日下向細川候了、只今」知国子息出来事候之間、相尋候之処、」一定昨日下向候之旨申候、不可有隠候、知国」者、細川路次ノ辺ニ相儲候云々、武家使者」下居吉富庄候之由承候、相互触遣候之間、」如此申候歟、知国乗物不候之旨、申候之間、昨日」沙汰遣候了、又細川御作手逃脱之由」承候之間、如粮料、沙汰遣候了、昨日下向」之条、勿論不及子細候、争可申虚誕候哉、」後不可有隠候、以此旨、可令申上給、資俊」恐々謹言、

「建長弐年」（後筆）
二月廿九日　修理権亮資俊（安倍）奉

一九一　神護寺灌頂院御影供布施物等送状　○大覚寺所蔵諸尊法紙背文書

奉送
神護寺灌頂□
両壇
仏布施二裹□

四色仏供四十

灯明

八大師

四色仏供三十

菓子六十八坏

灯明

捧物

御影御分

綾被物一』

請僧廿口

綾被物廿

執行一人

綾被物一

三綱七人

綾被物七

預六人

白布十二

右、奉送如件、

一九二　尼念浄譲状　○巻十三

（端裏書）「わかさのくににしつの庄のゆつり状」

若狭西津庄

ゆつりわたす、さうてんのりやう、」わかさのくににしつのさうの事、」このところは、ねん上（念浄）か
せんそさう」てんのさうなり、わらはなかめ」わうにたひ候ぬ、た丶しおなしま」こと申候なか
ら、たらうさえもん」ひろさねこそ、おさなくよりおほし」たて丶候へは、ひろさねにたひ候は
ん」すれとん、それはたうしことかけす候へハ、」かめわうとのに、一こかあひた、さほい」なく
たひ候ぬ、かつはかめわうお、」みてらにまいらせ候ぬ、めのわつら」はしく候に、おんはうた
ちの御なかに、」いとおしくおほしめして、おかせ」たまふへく候、さてかめわう一この」のちは、
たらうさえもんひろさね、」さほいなくさうてんし候へく候、』た丶しひろさねかしそんのなかに
一にん、」もしはしたしく候ハんものにても」一にん、みてらのしそうのなお」かけて、さうてん
せさすへく候なり、か」つはみてらのおほせのま丶に、」かやうには、はからひ申候なり、」ねん
上かそはにて候し人、みてら二」あさからす、こ丶ろさしふかくおもひまいらせて、」こまたう

備中足守庄

つくりまいらせて、ひちうの」あしもり・わかさのくににしつお、」ふたところ、きせいしまい
らせおき候ぬ、」ねん上そのまこにて候へは、みてらの」ほうこういたしまいらせて候うゐ、
み」てらさん〳〵二ならせ給候しときも、わすれ」まいらせ候ことん（ママ）候はす、みやつかい」しま
いらせて候しかは、上かくさうにん」の御はうの御くたしふみ、たま（ママ）」まはり候ぬ、かつはふる

き人々、」しろしめして候らん、上かくし」やうにんの御はうは、あしもりおも、」ねん上ニたはへとこそ、御やくそくは候しか、」そのゆへは、ねん上かおと、のゑせうハうと』申して、おんやまに、おさなくより候しか、」さん〳〵ニおんやまのならせたまひて候しあひた、」ゑたゑ候はて、しはらく候はさりし」ことの候しお、御はうたち、申ゆるして」候しと・・の・《(×かはもとのことく)》事ニ候、このにしつ」におき候ては、ねん上かゆつりにまかせて、」さほいなくこさたあるへく候〳〵、」かくは申候とん、むかしよりあておかせ」給たらんみくんしおもけたいし、」みてらおもそむきまいらせ候はん、」こま〳〵と申候とん、ちからなく候、

けんちやう六ねん五月廿七日

あまねん上（花押）

このちやニかきて、たかほのみて」らにおきて、たいすの御なかに、こらむせ」させ給へとて、ちくせんのほけうの御はうへ、」まいらせ候ぬ、これおはそれにおかれ候へく候、」上かくさうにんの御はうの御くた」しふみも、それにおかせ給へく候、　あまねん上

いつみのたらうさえもんとのに　（花押）

○本文書と二二〇号文書は継いであり、継目裏毎に、尼念浄の花押及び二一二号文書との継目裏花押と同一の花押がある。なお、七二号文書の端裏書に依れば、七二号文書及び一五四号文書等と一連をなしていたようである。

一九三　神護寺供僧補任状　○大覚寺所蔵諸尊法紙背文書

阿闍梨忠□〔真カ〕［　　］
右、為金堂供［　　］
御願者、
建長七年［　　］
別当前権僧正［　　］

一九四　某申状（前欠）　○大覚寺所蔵諸尊法紙背文書

「顕然之次第也、其上材木［　　］而去月廿三日当雑掌［　　］可有其咎、若又不見出者［　　］
書状□云国印材木［　　］此上者、旁欲被停止本［　　］
正嘉元年［　　］

一九五　某預状　○大覚寺所蔵諸尊法紙背文書

請預　神護寺［　　］
合
鵝眼五貫貳百［　　］
肆貫文〈各二貫/垸飯〉［　　］
右、依例所請［　　］
正嘉二年三［　　］

備中足守庄
六波羅御教書

一九六　某書状　○巻十二

足守庄地頭又代官末元条々非法」狼藉間事、不遂対決者、難事」行歟、早企参洛、可令遂其節之由、地頭」又代官之許へ、直被成下六波羅殿」御教書候了、此条不可然候之間、為守護」所之沙汰、可令召進之由、可被仰下候歟」之旨、重依令申沙汰候、彼御教書ヲ」被成直候て、守護所へ被仰下候了、且」件御教書案文二通、為御不審進上」候、正文ヲ入見参候天、可下遣候之処、」為収納、代官ヲ忩下遣候つる間、以彼』便宜、令下遣候ハんとて、案文ヲ」入見参候、正文ヲ已下遣候了、内々」御存知此旨候、可有申御沙汰候哉、」恐々謹言、

弘長元年
八月十七日　

大蔵卿阿闍梨御房

（裏紙奥切封ウハ書）
「地頭代代官非法事　弘長元年
足守大蔵卿阿闍梨御房　」

一九七　神護寺灌頂院御影供布施物等送状　○大覚寺所蔵諸尊法紙背文書

奉送
神護寺灌頂院□

一、仏供八十坏
一、菓子六十八坏花足

一、灯明廿四灯

一、仏布施二裹絹裹

一、捧物

御影御分

紙一積上積三　下積二

別当御分

紙一積上積三十　下積二百

請僧廿口

』

少僧都四口

紙各一積上積　下積百

法眼一口

紙一積上積　下積百

律師六口

紙各一積上積十　下積百

已灌頂一口

紙一積上積十　下積百

有職八口

紙各一積上積十　下積百

執行

紙一積上積十五下積百二十□

所司七人

紙各一積上積十下積八十□

預六人

紙各一積上積三下積三十□

右、奉送如件、

弘長元年□

一九八　神護寺灌頂院御影供布施物等送状 ○大覚寺所蔵諸尊法紙背文書

奉送

神護寺灌頂院御□

〔一、〕□仏供八十坏

一、菓子六十八坏花足

一、灯明廿四灯

一、仏布施二裹絹裹

一、捧物

御影御分

紙一積上積三十五帖 下積百二十帖

請僧二十口』

少僧都二口

紙各一積上積二十帖 下積百二十帖

法眼一口

紙一積上積二十帖 下積百二十帖

律師三口

紙各一積上積十五帖 下積百十帖

已灌頂一口

紙一積上積十三帖 下積百帖

疑（ママ）灌頂一口

紙一積上積十三帖 下積百帖

有職七口

紙各一積上積十帖 下積九十帖

非職五口

紙各一積上積十帖 下積九十帖

執行

紙一積上積十五帖 下積百十帖

所司二人
紙各一積上積十帖
下積八十帖
預六人
紙各一積上積三帖
下積三十帖
右、奉送如件、
弘長二年□

一九九　納涼坊長日尊勝陀羅尼結番 ○大覚寺所蔵諸尊法紙背文書

納涼坊
長日尊勝陀羅□
一番　　一
検校僧正
法印定清　権律□
大法院教弁　大法□
二番　　三
法印寛勝　権律□
阿闍梨頼宴　大法□
三番　　五

法印権大僧都祐豪　権律「　」
大法師長然　大法「　」
四番　七
権少僧都玄暁　権律「　」
大法師隆誉　阿闍「　」
五番　九
権少僧都聖宴　権律「　」
大法師猷然　阿闍「　」』
六番　十一
権少僧都承覚　法「　」
阿闍梨覚淳　阿「　」
七番　十□〔三〕
権少僧都俊耀　已「　」
阿闍梨定厳　阿「　」
八番　十□〔五〕
権少僧都教勝　已「　」
大法師禅雲　大「　」
九番　十□〔七〕

権少僧都公意　已□
大法師承弁　大□
十番　十九
法　眼真弁　阿□
阿闍梨究遍　大□
十一番　廿一
権律師行瑜　阿□
大法師円意　大□
十二番　廿□〔三〕
権律師忠真　阿□
阿闍梨信朝　大□』
十三番　廿五
権律師行憲　阿□
阿闍梨定詮　大□
十四番　廿□〔七〕
権律師顕遍　阿□
大法師寛継　大□
十五番　廿□〔九〕

権律師宗真　阿□

阿闍梨光証

右、守結番次第□」状如件、

弘長□

二〇〇　金剛頂発菩提心論所談交名覚書　〇影写本十

所談

金剛頂発菩提心論

九月四日

　　　　　　　　高弁

禎遍　隆詮　幸盛

玄暁　忠禅　行憲

行円　信禅　親助

真弁　隆弁　已上十一人

五日

　　　明恵御房

禎遍　隆詮　幸盛

忠禅　範紹　行円

信禅　親助　行憲

真弁　隆弁　已上十一人

六日　明恵御房

禎遍　隆詮　幸盛

忠禅　範紹　行円

信禅　親助　行憲

真弁　隆弁　已上十一人 』

七日　明恵御房

禎遍　隆詮　幸盛

忠禅　範紹　行円

隆弁　親助　行憲

真弁　信禅　已上十一人

八日

禎遍　隆詮　幸盛

玄暁　忠禅　隆弁

行円　親助　信禅

行憲　真弁　範紹已上十二人

九日

禎遍　隆詮　幸盛

玄暁　行円　親助

信禅　行憲　真弁
隆弁　已上十人

十日
禎遍　隆詮　幸盛
玄暁　行円　親助
信禅　行憲　真弁
隆弁　範紹　已上十一人』

已上、七ヶ日即今日結願也、

二〇一　神護寺住侶請文案　○巻十二

（モト端裏書）
「兵具禁制　院宣之請文案文弘長三年八」

当寺兵具禁制事、」院宣謹以令拝見候畢、」早存此旨、殊可令禁遏」候、若違犯之輩候者、任」被
仰下之旨、可令注進」交名之由、住侶一同、謹」所請如件、
（後筆）
「弘長三年」
八月廿六日　年預成有
法橋賢芳

兵具禁制

二〇二　薬師護摩支度　○大覚寺所蔵諸尊法紙背文書

薬師御修法（護摩ゝゝゝ）一七日箇日支度

五宝　金　銀　瑠璃

五香　沈　白壇　薫陸

五薬　黄精根　天門冬　桂心

五穀　稲穀　大麦　小麦

名香　白壇　丁子

蘇　蜜

壇一面加炉桶　脇机

灯台四本　礼

布一端二丈壇敷料一段 仏供処料二丈　大

閼伽桶一口加納　折

壇供米　御

阿闍梨　承

駆仕　見

浄衣白色

右、依　仰注進如件、

文永二年十月

二〇三　仁和寺宮令旨　○巻十二

山城小野庄丹波細川庄作手訴訟

小野・細河御作手訴」訟事、院宣副庁状・具書等、如此、」何様可候哉之由、所被」仰下也、仍執達如件、

十二月廿七日　法印勝禅

年預御中

二〇四　丹波国小野・細川両庄作手重申状　○巻十二

（モト端裏書）
「御作手重訴状」

山城小野庄
丹波吉富庄

小野細川御作手等重言上

欲早停止吉富庄民自由無道、如元可領知旨被仰下、当御領北」境間事

右、謹考案内、当御領山者、元主殿寮領也、而去寛治年中、以」寮領内、被割進仕所御続松料採所以降、為代々　仙洞御領、」更無有牢籠、而近年彼庄民等、背旧規、恣企押領、及種々悪行之」間、被糺決両方之理非、可有　聖断之由、就言上、数度雖被下　」院宣、一切不拘御制、不憚朝威、悪行弥以倍増、違　勅之咎、難遁」者歟、爰去弘長元年、庄民等注進絵図、備証拠之間、件絵図、立券」御使幷国使等、不加判形、為胸臆注進之間、難被信用之由、言上之処、」重陳状云、官使定堺打牓示、所被作絵図也、此子細、彼絵図、先度」備上覧畢、今更何賜別　宣旨、可被成庁御下文哉云々、取詮、而」今備承安庁御下文、此条疑殆不少、始者官使下向、作絵図、此外無」証文云々、後者備院使下向之庁御下文、前後之間、謀略無疑者歟、承安」御下文、

庄民絵図を注進す

縦雖為実書、御作手等之所存、更無相違、其故者、彼御下文」云、壱処、有頭郷、四至、限東久利尾当下、限南神吉氷室云々、取詮、如状」者、久利尾当下称吉富庄東境歟、全非両方南北之堺、而彼以北、自」湯次谷当下一巡押領之条、謀案之至顕然也、湯次当下、惣不載状中之」上者勿論也、寮領堺者、赤尾橋是也、閣根本之旧境、企新儀之掠」領、奉掠上之条、更非正理者也、又尻頸・高羅両尾山者、久利尾当」下以東也、彼当下、已背先規、掠領之、非正儀之上、件以東為堺外、惣非」対論之限顕然之処、庄民一向押領之、伐払松料木、遂科作、御作手、適入」部之時、及打擲刃傷、且去九月破却之炭釜、有此所、今所進覧之庁御」下文、弥顕庄民等之自科、何無御炳戒哉、又云、脇牓示五箇所、壱所志不谷、」壱所鳥坂、壱所細川御勅旨南堺云々、取詮、件南何所哉、不被載領知」分限、当御領北堺者、播磨瀬・赤尾橋等、無相違之上勿論也、又云、同郷内」旧勅旨田并神吉僧侶等、且触本所領家、且取国司庁宣、立替他所乎」云々、当御領并吉富庄共有頭郷也、当御領者寛治年中建立、已送百」八十余歳星霜、吉富者承安庄号、八十余年以後也、仍任以前建立、無異」論之条炳焉也、将又細川御勅旨南堺云々、此所者、当吉富南堺神吉氷」室以東歟、而限愛宕山四所明神之御在所、御作手等之領知、聊無異論」者也、於北堺者、以前言上播磨瀬・赤尾橋彼両所、更無相違、承安庁符、全」不限湯次当下、庄民等之自由押領、已以露顕、彼御下文、尤為御作手」等之潤色、今進覧自然之運也、所詮可為当御領北堺之由、被仰下之、」於狼藉之輩者、為向後傍輩、任以前注進之交名、被召出之、欲被断罪」矣、仍言上如件、

文永五年十二月　日

丹波宇津庄
丹波細川庄作手訴訟

二〇五　勝禅奉書　〇宮内庁書陵部所蔵青蓮院文書

「（モト端裏書カ）御教書　細川事　修理職杣事」

修理職訴訟事、宇津」庄民等陳状被露〔披〕候了、」細川御作手等訴事、」院宣到来之後、又已経数日」候、忩可被送陳状之由所候也、」仍執達如件、

四月廿九日　法印勝禅

二〇六　賢助重訴状　〇大覚寺所蔵諸尊法紙背文書

法印賢助重言上

早欲任相伝道理、被仰下師□

右、具趣先度　奏覧既畢、□」先度沙汰之時、預御成敗之□」重被召先度問答状之処、猶□」雖然彼遺跡可令申子細□」厳法印得譲之由、覚済令□」無理之□顕然次第也、凡□〔於〕□」不及陳答空送数月畢、□〔而〕□」細之条勿論也、然者任一筆□」家并末寺等可令領掌□」隆之忠、且仰　明恃政道之□

文永六年十月□

丹波細川庄作手

二〇七　某季量書状　〇思文閣古書資料目録一七五

細川御作手等申、当庄内」栗尾山幷高瀬伊津岐谷」高瀬川、神護寺領民等無」謂押領事、申状謹

進上之候、」子細見状候歟、任往古例被返付」細川庄候之様、殊可有申御沙汰候、」以此旨可令申

給、季量恐惶謹言、

六月廿八日　縫殿権助季量上

謹上　肥後前司殿

二〇八　神護寺別当政所下文　○大東急記念文庫所蔵集古文書

（端裏書）
「桛田西庄預所安堵御下文」

前大僧正坊政所下　神護寺領」紀伊国桛田西庄

定補　預所職事

左衛門尉藤原宗能（湯浅）

右人、宜為彼職令庄務者、依」仰下知如件、庄家承知、敢」莫違失、故以補、

文永八年十月　日　公文小監物藤原

大法師（花押）

大法師（花押）

右衛門少尉源（花押）

別当法印（花押）

院司大法師（花押）

法橋

二〇九　神護寺政所下文　○思文閣古書資料目録二〇二

紀伊桛田庄

神護寺政所下　紀伊国桛田西庄」預所職事

左衛門尉藤原宗能（湯浅）

右人、早任　貫首政所御下」文之旨、宜為彼職致庄務、可」令勤仕寺家恒例臨時之公事」課役之状如件、

文永八年十月　日

年預

法印（花押）

阿闍梨（花押）

二一〇　播磨国福井庄東保散用状　○中野荘次氏所蔵文書

（モト端裏書）
「東保散用状文永十年」

播磨福井庄

福井御庄東保

注進　文永十年御年貢米散用事

合

一、目録面四十六石一斗六升三合

除十二石一斗二升一合五勺

畠田分九石四斗四升一合五勺　地頭押領□

丹賀嶋一丁一反廿　分米二石二斗八升

件米、地頭百姓等実検以後、為内検使真蓮□」被取出之間、対捍分云々、

上村地頭代算失一反　所当米四斗　年来押□

残御米卅四石四升一合五勺

領家御分十石二斗一升二合四勺五子　不□

御寺御分廿三石八斗二升九合五子　□』

一、御寺米廿三石八斗二升九合五子

所下

十石五斗　樋分来納七石分

一斗四合内（正米一斗 俵付四分）　万石米

三斗　八幡宮修正米

五升　祖道神上分

五升　今西宮上分

一斗五升　八幡宮上分

七石五斗　壇供餅二百五十枚分

五升　浦上庄使請

八石五斗五升　真蓮房其外五□

已上、廿七石二斗五升四合
過下三石四斗二升四合九勺五子
一、領家御分米十石二斗一升二合四勺五子
所下　』
六斗　御牛衣代在請十一月三日弥石□
三斗　定賢房寺主使者□
二石五斗五升　正珍借物三石内□
三石　守光借物内
已上、六石四斗五升
未下三石七斗六升二合四勺五子内三石四斗□　御寺過□　然者定未下□

右、太略注進如件、
文永十年十二月　日

二一一　播磨国福井庄東保年貢未進注文（後欠）　○水野忠幹旧蔵文書

（端裏書）「保御米散用状　文永十二」
（朱筆、下同）『勘定　建治貳年八月十一日結解畢、』
播磨国福井御庄東保

注進　文永十一年御米納下進未散用事

合

本所当米参〃佰参石玖斗柒升伍合〇于見文永十一年十一月内検目録状者也、

除十一石三升七合五勺　『未進ニ入五十文』

十〃石六斗三升七合五勺　畠田半分地頭押領□

四〃斗　地頭代算失分押領

定〃御米二百九十二石九斗三升七合五勺

所〃済米二百四十二石五斗三升五合

御〃寺御分百六十九石七斗七升四合五勺

領家御分七十二石七斗六升五勺

一、御寺御分百六十九石七斗七升四合五勺

所下米百八十六石二斗七升六合四勺畠下十六石五斗□、以預所御分運上之、』

御庄下米百三十三石五斗九升

二〃斗　御倉付酒直料庄長請

一〃斗五升　八幡宮上分料百姓□□□〔恒光請カ〕

三〃斗　同宮修正米宮預請

五〃升　祖道神上分米神人宗時請

五〃升　今西宮上分米神人同請

四石二斗『請取無之、不審』　平岡八幡宮相撲俗衣布代銭三貫文分

八石　同相撲給米

十七石七斗六升京定十五石加雑用定　兵衛蔵人殿給分在請取、

二十三石六斗八升京定廿石加雑用分　真蓮御方給米在使者、請取□

○本文書、継目裏に花押が二箇ある。

二一二　播磨国福井庄東保米算用状（後欠）　○輯古帖四

（端裏書）
「福井東保散用状　建治元年分」

福井御庄東保

注進　建治元年御米進未散用事

合

御目録面御米三百三十三石四斗三升四合

除米二十石一斗八升五合

二石二斗八升　丹賀嶋出田分

九石四十〔斗カ〕七合　畠田半分地頭押領分

四斗　上村地頭代算失押領分

六斗　八幡宮寄進分

二石四斗　今西宮御供田分在御内検使御注文、

四斗　東崎新堤樋守料在御使状、
一石九斗六升　損亡分捨田分友安　近延　為利　則弘　助弘　円元
二斗三升　守利畠田不作跡
三斗一升　西保并余戸郷押領分

二一三　山城国平岡村実検田目録　○宮内庁書陵部所蔵青蓮院文書

（端裏書）「平岡田目録」

平岡村

注進　建治二年実検田目録事

合見作田陸町参段内

五反半　七斗代長谷堺　分米三石七斗五升

二反　算失　預所一反召使一反

定田五町五反半内

五斗代三丁二反大廿分　分米十六石三斗六升

四斗代二丁二反大卌分　分米九石一斗八合

已上、御年貢弐拾伍石肆斗陸升捌合

交分米二石七斗七升五合　預所得分

右、太略注進如件、

建治二年五月十七日　寺家御使実覚（花押）
執行　覚盛（花押）

二一四　仁和寺宮令旨　○巻十二

但如本願上人状者、必以寺」住者、可令知行云々、然者、定演」僧都、若不住寺者、早以」住寺之門弟、可令相伝給之由、」御室御消息所候也、仍執達」如件、

弘安元年十一月廿五日　法印（花押）

謹上　加賀僧正御房

二一五　仁和寺宮令旨　○巻十二

若狭西津庄

親清申西津庄事、」行広申西保公文職」事、具書等被遣之候、」可被評定申之旨候也、」仍執達如件、

六月廿三日　権少僧都教勝

謹上　大蔵卿阿闍梨御房

二一六　仁和寺宮令旨　○巻十二

播磨福井庄

（端裏書）「御教書行広西保公文職事、重申状被下之、」

西保公文職間事、」行広朝臣重申状」如此、可被加評定歟之由、」内々所候也、恐々謹言、

七月三日　教勝

年預御中

二一七　亀山上皇院宣　○巻十二

役夫工米

神護寺領役夫工米事、」建永離寺領之時、雖有」弁済之例、文治被下免除」院宣之上、承久被返付」寺家之後、又不勤仕云々、」此上早可被免除之由、
御気色候也、仍上啓如件、

弘安八年七月四日　左少弁雅藤（藤原）

謹上　長者僧正御房

二一八　仁和寺宮令旨　○巻十二

播磨福井庄

福井西保、被返付」寺家候也、可令存知給」之旨所候也、仍執達如件、

（後筆）「弘安九年」
二月廿二日　法印教勝

謹上　年預御中

二一九　播磨国福井庄田地注進状（前欠）　○影写本十一

播磨福井庄

十九条五方（坊、下同）□□□

名吉黒寺二反廿□

一、有久名

有真　一丁三反卅五内除溝廿 定田一□□反十五 荒十

十八条五方　　□反十内不卅 作 □又廿 不卅五 作三反卅、々〔損、下同〕 才一反卅

□作　六反作四反四十五内 苅□反　　□才一反 十四 十五□不 四十

十八条六方　十一十三　廿□ノ二反卌不十三　苅二反廿五

国重　三丁二反卅□〔五カ〕

十八条五方　十一十七　十四ノ卅五已不

十八条六方　十一 八日 々々 八日　廿三ノ一反不卅 苅廿

卅一ノ□反卅不四反卅卅 廿 々々 作五反 才四反▨▨十 ▨　十□〔四〕□　十苅

卅二ノ五反 作二反 才一反廿五　十八□〔条〕□方

五ノ四反卌五苅廿五 ▨屋敷二反卌荒十 ○ ▨四反廿々々々 ▨　廿ノ三反卌五不一反 荒五 作二反卌五 才二反廿五

立四反廿五才二反 々

十九条五方　卅二ノ五反作五反才四反卌　十

廿一条四方　六ノ二反廿已塩才

秋弘　一丁□反卅五　一反

十八条五方
廿九ノ二反廿不一反廿作一反ォ卅五
廿九ノ三反廿廿九日不▨一反作二反廿ォ一反卌
十一十二七ノ四反卌五不二反乍二反卌五立二反五
有久即　三丁六反十五
十八条七方
十一十三七ノ三反不一反卅〻乍一反廿苅卌六□巳ォ
□十三十二ノ五反五不卌苅四反卌立十五ォ十
十一十二十五ノ二反廿苅一反卅
十一八日廿一ノ一反ォ一反塩ォ入廿□
卅六ノ六反卅
弥六　三反廿
十八条七方
矢田
新三郎　三反十
十八条七方
与仏房　四反卌五
十八条七方

八ノ二反不卌作一反十ォ卌
十八条六方
十八条七方
苅卌ォ一反廿五〻
十一十三一ノ六反不□反卅乍四反卅内五反卅〻〻〻立十〻〻苅三反廿立一反十〻ォ卅
九ノ八反十苅
十四ノ卅苅
十六ノ三反苅
十八条一方
十一十七日廿ノ三反廿屋不
廿一ノ三反十苅
十一廿一日卅五ノ二反五苅

十一廿八日廿六ノ二反卌苅
三郎太郎　八反
十八条七方
十八条六方
廿ノ三反才一反卅
行近　一丁八反卅
十八条五方　不屋十五
十一廿一日十九ノ一反卌五苅一反卅五ゝ
不一反廿　卅□一反□五作廿五才一□
不二反　廿九日三ノ六反苅二反立二反　作四反内　才一反廿
自是　永縄　二丁三反十五荒卌
十八条五方
不二反　十七ノ五反立二反才一反十　作三反内苅一反　内　又五
十八条六方
十ノ三反十荒卌　不一反十苅二反

十一十三　十二ノ三反苅二反卌五ゝ　立十才五ゝ
十七ノ卅　才十五
十八ノ一反廿才廿五又五
十六ノ四反　三反　不三反□作一反才卌
十九条五方
十九条六方
不二反作二反卌　六ノ四反卌苅一反　立一反□才一反廿イ卅〔得、下同〕
不一反卅　十六ノ二反五作五廿五才十五ゝ
廿ノ一反不作卅□　作十五苅
十一廿一日六ノ一反苅卌　不十
十一廿一日十六ノ十五苅内カリナカ十

」

十一廿一日廿四ノ卅五苅
不一反卅
四ノ五反苅三反
廿
永守　一丁二反十九荒十
十八条五方
不一反卅
廿ノ三反作一反苅一反
已扌
十一廿一日十五ノ五苅
十九条六方
宗久　六反十
十八条五方
不一反十五
廿ノ二反作卅五
扌廿五又五
正近即　五丁三反卅五
十八条五方
十三ノ卅五内苅廿
立十五扌十
十八条七方
十一十日廿五ノ一反不
苅廿
立卅扌廿
卅二ノ一反屋敷

十九条六方
廿九日八ノ五反不一反卅
作三反廿
扌二反卌〻
十八ノ一反廿苅一反立廿
扌十五
十八条六方
十一十二卅三ノ三反不廿
苅二反卅
不一反廿
八ノ四反卌荒十作三反廿内
苅□立二反廿〻
扌一反廿〻
十二ノ四反十屋敷卌
不卌〻一反
苅三反十
十一ノ二反卌不卌
作二反扌一反卌
十一十日
廿四ノ廿五苅
十九ノ九反十常不卌
不四反作五反十立三反十扌二反十
苅二反
十一十日不一反苅十五
廿三ノ一反十九
十一十日卅六ノ八反廿
不一反廿
作七反内
苅二反
立五反扌四反

』

十九条五方
廿九ノ五反　不一反　作四反扌三反十
十三ノ八反　不一反　作七反扌五反廿
廿二条四方
十一十日廿二ノ卅　已塩
十一ノ九反廿　不二反作七反廿扌五反廿
重利　一丁四反廿五荒卅九
廿条四方
十一一日卅二ノ二反内扌一反卅
十一十二四ノ一反十苅卅立卅扌廿五
十一一日八ノ一反卌五　不廿▨五　乍一反廿五扌一反ヽ
十一一日卅五ノ二反内　扌一反五又五
真行　二丁一反卅五
十八条六方
十一十七日廿七ノ廿苅
九ノ一反卌五苅卌五立一反扌卌五卅ヽヽ

十八ノ四反卌　不一反廿苅三反廿　仮屋扌二反
十九条七方
卅ノ十已不　十一十日
十一十日十六ノ一反卌　已塩扌
十条二方」
十九ノ二反十九　已塩扌　荒卅九
廿条五方
十一一日五ノ二反五　不廿五　乍一反卅扌一反十
十二ノ三反　十一十日不廿　乍二反卅扌一反卌
十一十七日十四ノ四反卅　不二反卌　東ヨリ苅二反卅
十九条六方
十七ノ五反廿　十一十七日不一反廿　荒一反十苅四反廿ヽ

十一八日廿八ノ五反内北ヨリ苅一反二反 立四反才二反卅ゝゝゝ

廿条七方

為行　二丁五

十九条六方

十一八日卅六ノ一反十九苅十立一反五 才卅五

十一八日五ノ七反不一反卅 乍五反廿内 苅二反卅 立三反廿 才一反十五

十八ノ二反廿五不一反 河成一反 苅一反廿五

（異筆）「不審」　廿九ノ二反十苅

真安　二丁廿五

十八条六方

十九条六方

廿九日九ノ三反不卅ゝ一反 苅苅一反 立ゝ一反才卅

十一八日卅六ノ一反十五才卌五

十一十七日廿五ノ四反廿ゝ不 才二反卌五 又五

為行即　二丁四反廿五

十九ノ卅苅

十一廿八日四ゞノ三反卌不廿五代 苅三反十五

十一月十日十五ノ一反不廿代 苅卅代荒卅

廿条七方

六ノ四反十一八日不一反卅 乍一反卅 才一反十

廿七ノ卌屋敷廿 廿苅

卅二ノ一反十五苅内 カリヤ才十

十三ノ三反廿不一反 作二反廿苅

廿九日十ノ四反不卌 作三反十内 苅一反卅立一反卌 才一反

十一十七日不一反卅 廿九ノ四反廿苅二反卌 三反ゝゝ

十九条七方

廿条七方
廿九ノ二反（苅）
卅四ノ四反廿五（二 立一反廿五 ミミ 苅二反廿五 ｵ一反卅）
十一十三二ノ三反十（不一反十）（苅二反）
十一十三四ノ五反（苅）（四反卌五 立五已ｵ）
三ノ十（苅）
津田藤五
廿条八方
源七　五反廿五
十九条七方
卅六ノ一反（苅）
四ノ一反卅五（不卌▨）（苅卌五）
十九条七方
友貞　一反
重永　一丁五
十八条六方
十一十七日卅六ノ四反（不廿）（作二反卅 ｵ一反廿）

廿三ノ廿五（苅）
卅三ノ七反卌五（苅内 カリヤｵ□）
廿条八方
三ノ一反十（苅）（屋敷四反卌荒一反十）
廿一条八方
三ノ（屋敷二反 荒卅）
十二ノ一反（苅）
廿条七方
廿三ノ一反卌（苅）
十二ノ一反（苅）
卅四ノ二反（苅十）（立一反卌已ｵ）
十八条七方
』

十一月十七日八ノ二反卌不二反十五ミ苅廿五
源三郎　一丁一反
十八条六方
十八条七方
十一十三四ノ三反不二反十荒十五苅卌
守末　二丁
十九条六方
十一八日十四ノ六反卅不二反卅乍四反▨扌三反卅ミ
廿九ノ四反卌五苅
重次　二丁一反卌
十八条七方
十九条七方
十一八日十二ノ三反十苅二反廿立卌扌卅
廿四ノ三反廿不一反卅作一反卌内苅一反立卌扌卅
十五ノ一反十不廿▨苅卌
廿二ノ五苅

十一月十一日九ノ一反十五不卌乍廿五苅十扌十立十五立十五
卅四ノ二反扌一反廿
三ノ四反苅一反立三反内扌一反卌
八ノ二反不廿五立一反扌卌作一反廿五内苅廿五
廿条七方
十一八日二ノ七反卅五不一反十五乍六反廿五扌四反卌
十八日卅二ノ卌苅十立卅扌廿
十一十二七ノ二反五不廿□乍一反卅五内苅卌代立一反▨扌卅▨五
十一ノ一反卌五扌一反廿
十四ノ四反廿不二反廿作二反扌一反卅
廿条七方
十八ノ一反苅卌代仮屋扌十代
廿三ノ五荒十苅

」

廿条八方
藤三　一反
十九条七方
恒利即　九反卅
十八条六方
十一十三　卅五ノ卅立巳ｵ
十一十三　二ノ三反十苅二反
屋不一反十
十一廿一　十一ノ二反廿苅
屋敷一反十荒廿
貞成　三丁五反卌五
廿条三方
巳塩ｵ
卅四ノ一反廿
巳塩ｵ
八ノ六反十荒一反
廿九日卅五ノ七反卌廿四反卌ｵ二反
三
不三反
十一ノ五反ｵ三反卌
十一十日六ノ卌ヾ五ｵ廿
不廿五
有清　一丁二反卌五

十一八日六ノ四反廿荒卅溝十苅三反卌立卅巳ｵ□十ヾ
卅六ノ一反苅
十一十三卅四ノ十立巳ｵ
十八条七方
三ノ三反十苅一反卅立一反廿巳ｵ
巳塩ｵ
卅三ノ四反卌荒一反
廿条四方
不□二反卌
廿二ノ九反卌作七反苅一反立六反ｵ四反
廿条五方
廿一条五方

十八条六方
十九ノ一反卅五苅
十八条七方
十八条五方
十九条五方
備中房　二反卅
十八条六方
十八条七方
石丸　二丁五反五
十八条五方
廿四ノ二反十五　不卅五　才一反
不卅　一反
十一廿一日十九ノ七反廿ゝ　屋敷卅荒卅　苅六反廿
卅ノ丁　不一反苅五反　才二反卅　立四反
助太郎　一丁一反卅
十八条六方
十一十七日十九ノ二反卅　不廿五　屋敷卅　苅二反五ゝ
卅四ノ二反十　不廿五　作一反卅五　才一反五又十

十一廿一日十二ノ一反苅
十一十二卅ノ四反　不二反廿　乍卅才廿
十一廿一日廿七ノ二反苅一反卅　不廿
廿四ノ一反十　不一反　苅十
□□□廿九日
廿ノ三反　不一反　作二反▨　才一反廿
十一廿一日卅二ノ二反苅
十一廿一日卅五ノ卅苅
十三ノ三反廿立卌已才　不卅作二反卌苅二反卌
十九条五方
十一廿一日不十
廿ノ二反　乍一反卌才一反　廿
十二ノ二反立卌才卅　不卌　作一反十内苅廿
十九条五方
十八条五方

』

▨廿不一反十
廿二日廿九ノ二反苅卌不審
ゝゝゝ　　　　　　ゝゝ
不一反▨
ゝゝゝ
廿ノ二反已苅四十
　　　　　ゝゝ
十六ノ卌苅不審

仏道　一丁四反

十八条六方

不一反　作二反
十一ノ三反才一反廿

苅
十一十日十五ノ一反

已塩才
十一日六ノ三反

十八条六方

不一反卌
十八ノ二反苅十

庄定　六反十

已塩才
十一十日七ノ三反

十八条六方

国沢　一反卅

廿八ノ十屋敷一反廿
苅

薬師丸　二反廿五

十九条五方

十八条六方

廿九日
不一反
一ノ五反
作四反内苅二反廿ゝ
立二反ゝ
才一反卌

不一反
十七ノ二反苅一反

廿二条四方

苅
十一十日十五ノ一反十

廿二条四方

不一反
十一月十七□廿二ノ一反廿荒一反
苅廿

』

十八条六方

弥平次　二反

十八条五方

妙行　九反十

十八条六方

十一一日十七ノ四反　不二反卅ゞ　作二反　ｵ一反卅

廿荒一反

真永即　一丁三反五

十八条五方

十八条六方

十一十七日十九ノ卅五苅　屋敷一反廿五荒十

十一十三　卅ノ卌五苅十　不卅五

十一十七日十七ノ一反十苅

久永　一丁廿五

十八条六方

十一十七日十九ノ一反苅　已不

十一十三　卅ノ一反五

十一十七日十六ノ二反廿五　不一反廿五　・（×四）　荒十　乍一反苅廿　立卅ｵ廿五

廿八ノ二反　不一反十　作四十ｵ廿

廿七日十五ノ二反苅三十　立一反廿ｵ卅

十一一日廿七ノ三反十ｵ二反

十一十七日十三ノ十五苅

十一十二　不一反　十八ノ二反十五　乍一反十五　□　ｵ一反五

十一十七日廿一ノ三反卌五　不三反廿五　荒卅　苅廿

十一十七日十六ノ三反卌　不二反廿　苅廿　ゝ苅廿ゝ

十一十七日廿六ノ一反廿苅廿　屋不一反

十一十三廿一ノ四反廿五苅二反廿　不二反五

十一十七日廿二ノ二反廿五苅

国包　二丁

廿条七方

九ノ十五苅 カリヤ才十

十四ノ一反卅苅歟、不審、

十六日同卅二ノ二反廿五 不卌五ゝ 苅▨廿五 立一反十才卅

卅一ノ一反十 不十 作一反才卅五

十一十三 一ノ一反十▨ 不一反 十已 才

十一十三 三ノ一反 已不

十九条七方

行任　二丁七反卅

十九条六方

十九条七方

廿条七方

十一十三 三ノ一反五苅

三ノ三反十 不廿 作二反卌 苅一反 立一反卅才一反廿

十ノ二反廿 一反廿苅歟、不審、 立一反 才卌

十一八日 卅二ノ卌五 苅廿五 立廿 才十五

廿一条七方

廿一条八方

十一十三 二ノ二反卅内 苅卌代不卌 吉清一反廿不卅 即一反十 苅卅

六ノ二反 不▨代 十 河成一反 作一反卅内立廿□ 苅一反廿五ゝ 已才

十六日 廿五ノ一反五 不廿 作卅五 才廿五

十一八日 卅五ノ一反廿五 不十五 作一反十 才一反

▨ 十ノ二反 不卌五ゝ 作一反十五ゝ 才卌五

十一十三 二ノ五 已不

十一八日 六ノ一反 不▨卅 作廿 才十五

」

不一反廿五
九ノ五反廿五 作四反内立三反 一反 苅一反才二反廿　　不卅苅五 十一ノ二反廿五 作一反三五 才一反ゝ

不廿
十四ノ二反卅五 作二反十五 苅十立二反 卅五代才一反□廿五　　十五ノ十苅

十七ノ五反卌苅 カリヤ三反　　十一十三卅四ノ五反苅

廿一条七方　　十一十三十八ノ十苅

行宗　一丁卌五

廿条七方　　不卅五 四ノ二反卅五 作二反苅廿 立一反卅才一反 廿

十一八日 不十五 廿六ノ一反五 乍卌五 苅ゝ 十一八日　　不□一反 卅一ノ四反 乍三反 才二反廿

廿条八方　　十一八日五ノ三反五 已不

為守　二丁二反卌

十九条七方　　十一八日 不□一反 一ノ六反廿 乍五反卅内 苅四反 立一反卅 才一反

不二反廿
十一ノ六反□作三反卅 才二反卅　　十二ノ一反苅歟、不審、

廿条五方　　十一一日 不一反卌五 十五ノ五反 乍三反十 才二反十

廿条七方　　十一十七日 不廿 十二ノ二反廿苅二反

廿四ノ二反苅歟、不審、

守弘　二反卌

廿条七方　　不十五 廿三ノ一反十苅卌五

」

廿四ノ十苅歟、不審、

十九条七方

為宗　二丁二反卌

十九条七方

十一八日 卅六ノ四反五 不 苅三反廿五 立卅才卌五

十一十三 四ノ一反苅

十一八日 廿五ノ五 不廿 川成一反

十一八日 廿七ノ六反 不□ 作五反 四反卅苅 立廿已才

十一八日 卅六ノ十已不

十一十三 三ノ二反苅廿 不一反卅

十一八日 五ノ二反 不十 川成一反卅五 苅一反 立卌才卅五

吉元　二丁七反卌カリヤ才三反十

廿条四方

十一十二 廿六ノ四反卌五 不二反廿五 乍二反廿 才一反卅

十一十二 廿九ノ十 已才

廿五ノ一反五苅歟、不審、

十四ノ十五 〻〻苅歟、〻〻不審 已不

十一八日 卅五ノ卌苅廿 不廿代

廿条七方

十三ノ一反五苅卌 不十五

廿六ノ卅 不五 苅廿▨ 立廿五已才

十一八日 卅一ノ四反卌五 不廿 苅三反▨ 立一反廿五 才一反▨

廿条八方

廿一条八方

十一十一 廿一ノ四反卅 不卅 屋敷一反荒一反 苅四反廿〻

十一一日 廿八ノ四反卌五 不一反廿五 乍三反廿内 苅二反立一反廿 才卌代

十一十二 卅五ノ二反 苅廿五 立一反廿五 才卌五

』

廿条五方
十一一日四ノ四反卅 不卌ゝ一反 作五反内苅卅 三反卅 立三反ォ二反 ゝ廿

廿一条四方
十一十五ノ一反 已塩ォ

廿二条四方
十一十日八ノ一反卅 已塩ォ

廿一条五方
ゝ十二十二十八ノ二反□(苅カ) 一 カリヤォ二反 ゝゝゝゝゝゝ

十一十二 十九ノ二反 不十 苅一反卌

中六 四反廿

廿一条五方
十一十二日六ノ三反十 不卅五ゝ 作二反卅内 苅卅立二反 ォ一反卅

廿条五方
十一十二十三ノ一反十 不十 作一反苅二十 立卌▨卅 ゝ ォ廿五ゝ

永吉 二丁七反

廿条四方
十一十二九ノ三反苅二反十 屋不卅ゝ一反 ゝ

廿条五方
十一一日五ノ四反十五 不一反十五 川成廿五 作三反 ォ二反卅

十一十二日十三ノ一反卌苅十 不一反卅
九ノ一反廿五内ォ一反五 川成廿五

十一十二十四ノ一反 已不
十一一日七ノ一反廿五 不廿五ゝ 作一反五 ォ一反

」

十一十二十八ノ二反苅
十一十二十八ノ不廿二反乍一反卅廿苅
廿一条四方
十一十日九ノ已塩ォ一反卅
宗元　七反
廿条四方
十一十日廿八ノ五反苅二反立三反二反卌ゝ
新三郎　一丁三反十五
廿条五方
十一十二八ノ不四反四反廿乍廿ォ十五
十一十二十二ノ二反内ォ一反卅
廿一条四方
貞延　五反
廿一条四方
権太　九反卌五
十九条六方
廿九ノ一反十苅

廿一条五方
十一十二日十九ノ不一反卌四反卌乍三反内苅二反立一反ォ卌已ゝ
十一十日十九ノ已塩ォ三反廿五
十一十日八ノ已塩ォ二反
十一十二日五ノ不廿三反五乍二反卅五苅一反立一反卅五ォ一反廿五ゝ
十一十二九ノ不五廿五乍廿ォ十五
十一十二卅五ノ不十一反廿苅一反十
十一十日八ノ已塩ォ一反卌五
廿八ノ五反苅
廿九日四ノ不卅代五反作四反廿苅二反十立二反十ォ一反廿
卅ノ三反五苅

』

十一十七日　十九ノ卅苅十五　不十五
貞縄　一丁八反廿五　才

十八条四方

廿条五方

廿条六方

廿一条四方

久宗　一丁八反十五

廿条七方

十一八日　卅ノ六反苅四反十　不卌　川成一反
立一反已才々卌

廿条八方

十一十三日　二ノ三反卌苅三反卅　不卅

廿一条八方

廿一条七方

藤原次　一反

廿条七方

真房　八反廿

不二反卌苅七反卅　六々

卅三ノ九反廿

十六ノ三反廿五作一反才一反廿　不一反廿五

十一十七日　卅ノ卅　已不

十一十日　廿五ノ五反　已塩才

十五ノ卌五作卅五苅　不十代

十一廿一日

卅五ノ一反十苅

十一廿一日　一ノ一反廿苅

八日　六ノ四反十苅一反　不卅　乍三反卅内
立二反卅
才一反々卌

十一廿一　四ノ卅五　已才

十一十三　十六ノ五　已不

十一八日　卅二ノ一反苅卌　不五十々

』

廿条七方
十一廿一日廿六ノ廿五苅
十一廿一日卅六ノ一反苅
十一廿一日十九ノ一反五苅
十一廿一日卅五ノ五反十五苅四反卌五
不廿□
為貞　九反
十八条六方
宗近　六反十五
十八条五方
十念　二反卌五
十九条六方
国光　五反卌
十九条五方
吉清　七反卌五
廿条七方
十一十三十五ノ二反□苅一反廿
不廿
□立十才五
立一反五
ゝゝゝゝ
廿三ノ十苅歟、不審、

不十
廿五ノ廿五苅□□
十五代
十九条七方
廿一条七方
十八条七方
廿七日
二ノ九反
一反
不卌ヤ敷卅荒五
ゝ
作八反四苅二反
立五反□□□
卅才四反ゝ
不一反卅
十八ノ六反十五苅三反
作四反卅二
卅五
立一反卅五
才一反
不五
廿七ノ二反卌五苅二反卅五
川成五
卅
ゝゝ
十一廿一日
卅四ノ五反卌
不廿五
苅五反
十五
廿五
ゝゝ
不廿
三ノ一反作卅巳才五
ゝゝ
廿二ノ卌五苅
廿四ノ二反廿苅歟、不審、

」

廿一条七方　卅ノ一反廿茢歟、不審、

国末　六反卅

十八条五方　卅三ノ六反卅 不二反廿茢四反十

近延　一反五

廿一条五方　十一十二六ノ一反五内 ゝゝ茢廿 ゝゝ立卅五 才卅五ゝゝ

則時

十八条三方　卅二ノ十五茢

得法

廿八条四方 二ゝ　九ノ一反廿五常不也、

一、永安　十二丁一反十　又散在名八反十五

十八条五方　十一三日十一ノ二反 不廿作一反卅才卌又廿五

不一反作八反卌才五反又一反廿　不一反屋不一反十作五反卅▨

十一三日廿一ノ九反卌 不二反廿 作五反廿　十一三日卅ノ七反卌五 茢卅五 立五反才三反廿五

十一三日卅五ノ七反卌才四反卌　十八条六方

十一三日六ノ一反十不卅已才 作卅　十九条五方

十一一日十三ノ丁乍八反□四反廿 不二反卅ゝ 五反ゝゝゝ　廿二ノ二反常不 一反

十一一日廿五ノ四反卌五乍一反卌五 才一反卅五 不二反卅五ゝゝ　廿九日廿九ノ五反作四反 才二反卅 不廿代ゝゝ

卅三ノ丁不一反卅 作八反廿 才四反卅又廿
十一六日卅三ノ丁不三反 乍七反 又廿 才四反卌

十九条七方

廿条五方
十一一日卅二ノ四反十五不二反廿五 〻〻川成廿 作二反廿五十五 才一反廿五〻〻

廿条六方
十一月一日七ノ二反廿不一反廿 作一反才卅五
十一十日廿五ノ五反苅一反 ▨立四反才二反廿
十一十日一ノ卌不卅 乍十才五
十一三日十四ノ六反不二反作四反 才三反卅
十一一日卅四ノ五反卌内才四反十 〻〻二反卌〻〻

散在田

十九条七方
十一三日三反十五内坂越三郎 不一作一反十 〻〻〻〻〻〻
一反十不十 作一反才卅
二反五苅一反五 立一反才卅

一、新田分

十九条六方
廿九日十一ノ九反廿五不一反廿五 荒廿 作八反才五反卌 苅
三ノ九反卌不一反卌 溝十 又廿 作八反才五反卅
十一一日十六ノ一反廿不卅五 □十 作卅五
廿二ノ二反十一十 苅
十一月一日六ノ三反卅不新八成一反卅 作二反 才一反十
廿一条四方
廿一条五方
十条二方
廿条四方
六ノ五反不作一反 作四反才三反廿

宗国

十一月廿四日一所三反卌塩才　一ノ二反十　一ノ一反塩才

一ノ二反十塩才　一ノ卌　一ノ一反十塩才

貞宗

一ノ一丁十塩才　一ノ卌河成卅塩才

国利　〔六カ〕□反

一ノ一反廿塩才　一ノ一反又一反　一ノ一反十塩才　』

一ノ卅又五塩才　一ノ卅五塩才

末包

一ノ二反廿五塩才

正包

一ノ三反十塩才　一ノ二反卅五塩才

孫中営　末時　末利

一ノ五塩才　一ノ廿塩才　一ノ一反十塩才

末宗

一ノ十五塩才　一ノ一反十　一ノ二反十塩才

一ノ一反卅常不塩才

弥石

一ノ一反塩ｵ　　一ノ一反卅塩ｵ
久末
一ノ四反塩ｵ
一、畠田分　理延房
十八条六方　　六ノ廿已不　　上得 十八条六方
十一廿一日乍十七ノ卌　　源三郎 十八条五方　　十一廿一日不廿 卅二ノ卌乍廿
」
庄定
十一十七日同卅三ノ十五乍　　久永 十八条六方　　十一廿一日不五 廿五ノ廿乍十五
国末
十一十七日十八条六方　　四ノ一反廿已不
薬師丸
十八条六方　　十一廿一廿六ノ一反乍
恒利即 屋不一反卅
十八条七方　　十一廿一二ノ三反乍 ▨不二反卅内 十一廿一 ▨反廿　　三ノ卌乍
重次　　清宗
已不 廿条七方　　十一十三廿ノ一反乍　　廿一条七方
十一十三十九ノ十　　同八方　　五ノ卅乍

乙王丸
十九条六方　十九ノ卅五乍
西仏
十八条六方　卅四ノ十乍　同卅五ノ十ミ乍已不
真行
十八条六方　十一日十七日　廿九ノ三反不一反廿苅一反卅
末国
十八条六方　十一廿一　卅二ノ卅五已不

一、津分
宗国
河ノ一ノ三反廿内廿提不定三反　一ノ十塩才　一ノ二反廿五内ヤ二反定廿五塩才
正包　末包　是安
一ノ三塩才　一ノ一反十塩才　一ノ一反塩才
国成　末利
一ノ一反塩才　一ノ卅塩才　一ノ一反塩才
一ノ十五塩才
立与入道　国貞　国依
一ノ一反卅五塩才　一ノ卅塩才　一ノ廿塩才

』

貞宗　一ノ一反卅塩才　一ノ廿塩才　　為貞　一ノ一反塩才　一ノ卅塩才

国利　一ノ卅塩才　一ノ五塩才　　包貞　一ノ一反卌塩才　　国貞　一ノ卌塩才

末宗　一ノ二反塩才　一ノ二反廿五塩才　一ノ二反塩才

宗元　一ノ卅今国成塩才　一ノ廿大江今方才　塩才

右、注進如件、

弘安十年十月日

二二〇　藤原親盛譲状　○巻十三

若狭西津庄

譲与　若狭国西津庄下地半分事

右、当庄者、親盛重代さうてんの所たい也、」而ふりよのらうろうによりて、訴訟ニ」つかる、処、賀茂のかわらやの民部卿」律師御房の御ひけいとして、沙汰をいた」さるゝ上、有所縁之間、当庄半分、能悪平均ニ」をしわけて、永所譲進也、寺役以下事、於」知行分者、任先例、且致沙汰、

且可令所務給」也、将又実検以後も、随其分限、可被守此譲」状也、但於手継証文者、不貽一紙、譲渡民部」卿律師御房了、向後更不可有他妨之状如件、

正応元年六月廿日　左衛門尉藤原親盛（花押）

（後筆）「親盛自筆也」

○本文書と一九二号文書は継いであり、継目裏に花押がある。又本文書紙背の中央下部に、親盛の花押がある。

二二二　尊弁書状　○巻十三

弓場坊幷後坊供僧」令譲進候、早自当時」申入子細於貫首、可令」拝任給候、恐々謹言、

正応二年八月八日　権少僧都尊弁（花押）

謹上　民部卿律師御房

二二三　仁和寺宮令旨　○思文閣古書資料目録一四〇

神吉村事、被充行」尊弁律師候了、但可」進年貢於寺家之旨」被仰候了、其子細自」別当定被相尋入候由」沙汰候也、恐々謹言、

正月十九日　権少僧都禅隆

○本文書、年記を欠くも、尊弁にかけ、暫くここに収む。

二一三　播磨国福井庄検田目録（前欠）　○水野忠幹旧蔵文書

損田六十一丁四反廿
得田七十六丁九反卅五
尚除田二十三丁五反十五代十八歩
村々小神田七反五代十八歩　祖道神田卌五
井料田八反廿
人給
預所二丁一反　地頭三丁五反
下司二丁一反　公文一丁四反
庄長三反廿五
方々算失
預所九反五　地頭一丁八反卌五
下司七反　公文一丁廿五
預所代三反廿五　地頭代五反卅
公文代二反五　図師田七反
名頭損一丁一反十　番頭損七反
庄長卅五　番損三丁五反

読合損七反
定田五十三丁四反十五〔代脱〕十八歩
一丁五反五　　丹賀嶋田
分米三石二升　　二斗代　　』
五十一丁九反十代十八歩
分米二百七石七斗
幷御米二百十石七斗二升
一、畠田九丁六反十八歩
不作田三丁四反十代十八歩但依未被注木屋村分不入之、
見作田六丁一反卌
分米十四石二斗一升四合
都合御米二百二十四石九斗三升四合
右、作田目録注進如件、
正応三年四月　日　　公文平（花押）
下司
預所代（花押）
○本文書、継目裏に花押が二箇ある。

二二四　播磨国福井庄作田目録注進状（前欠）　○輯古帖六

二斗代一丁五段五代　丹賀嶋
分米三石二斗
幷三十五石七斗六升
一、畠田八丁二段四十代大分
不作三丁七反卌五代十八分
見作畠四町五段五代
分米十石三斗五升七合
都合四十六石一斗一升七合
右、作田目録、注進如件、
正応五年二月十九日　公文平（花押）
下司
預所代僧（花押）
御使代木工助藤原（花押）

二二五　左衛門尉某奉書案　○巻十三

（モト端裏書）
「下知御作手等案」

丹波吉富庄
院宣関東御下知

神護寺領吉富庄訴事、
院宣幷関東御下知以下被遣之、」此事、前々以器量之仁、於武家」可明申之由、度々雖被仰、依
無其」儀、自武家御注進之処、如此被成」御下知了、早可令停止商売之煩、此」上若致路次狼藉、
定有後悔歟」之由、被仰下之状如件、
(永仁二年)八月十日　左衛門尉判
小野細川沙汰人名主等中　』
内々言上
下知状案、為御意得進入」候、同可令披露給、重恐々」謹言、

二二六　後深草上皇院宣　○巻十三

丹波吉富庄山城小野庄丹波細川庄作手相論
関東御教書

(モト端裏書)
「院宣　吉富庄雑掌訴事
永仁二八廿六　」
吉富庄雑掌道性申、」小野・細河御作手等狼籍」由事、任関東御教書、」可加下知之旨、被仰庁候
之」処、(安倍)資郷請文如此、可被」仰遣武家候歟之由、」
御気色所候也、仍言上如件、
八月十八日　大宰権帥経任(中御門)
進上　今出川殿(西園寺実兼)

二二七　西園寺実兼御教書　○巻十三

丹波吉富庄
山城小野庄丹波細川庄作手相論

（モト端裏書）
「西園寺前太政大臣家御消息」

吉富庄雑掌道性申、」小野・細河御作手等狼藉」由事、帥卿（中御門経任）奉書副具書、如此、」子細見状候歟由、前太政大臣殿」可申之旨候也、恐々謹言、

（永仁二年）八月廿三日　前越前守師衡（三善）奉

謹上　刑部少輔殿

二二八　神護寺御使書下案　○水野忠幹旧蔵文書

播磨福井庄

東保元真（貞）名常不作捌段」参拾代事、実検以後年々」不作之間、非公平、早被開発之、」此内耕作一段之外者、随開出、三」ケ年者、可停止御年貢弁」状如件、

永仁三年正月廿五日

寺家御使法橋在判

江兵衛尉殿

○本文書、端裏に花押が二箇ある。

二二九　寺家内検使道明等連署充行状案　○水野忠幹旧蔵文書

播磨福井庄

福井庄東保元貞名常不作事、」年々耕作也、然者、存公平、於江兵衛殿」沙汰、随堪令開発之、可全年貢、」但打開以後三ケ年者、所当米等」不可弁済也、仍寺家内検使所充行」如件、

永仁三年十二月十三日

公文代在判

沙弥道明在判

○本文書、端・奥裏に花押が二箇ある。

二三〇　播磨国福井庄年貢注進状（前欠）　○水野忠幹旧蔵文書

四石九斗三升八合　領家御方検注使被納取分 若宮殿修正米、先例内検使令除二反上下村得田之処、於去年者、無其儀之間、以目六内勤仕之、承仕増徳去八月中下向之時、寺家之御書下ヲ以取納候了、

四斗

二斗一升五合

未下七升五合

一、御庄未進百八石三斗四升四合

除　畠田半分八石七斗四升 地頭押領、自往古除之、

舟賀嶋　四石

庄未進　九十五石六斗四升

三石二斗　名頭四人給分、検注使令勘落之、雖被結入目六称可申子細、面々不弁之、

卅八石六斗四升　正枝即

十九石三斗九升八合六勺　水度村地頭

廿三石五斗六升　宿院村地頭

六石六斗二升 木屋村地頭、於当村者、去年畠田所当幷今新田一向押領分加定、

一石四升　源太郎名
件名、自往古常荒之間、令開発者、於三ケ年者、不可懸」所当公事之由、成置去々年御使幷雑掌充文之処、」
去年御使依被結入目六、申子細、不致其弁、仍申状進上了、

定未進　三石一斗四升五合四勺

右、太略注進之状如件、

永仁四年正月　日　　公文代（花押）

中司（花押）

○本文書、奥裏に花押がある。

二三二　播磨国福井庄名頭言上状案　○水野忠幹旧蔵文書

神護寺御領播磨国福井御庄東保名頭等謹言上

為内検使、左衛門入道道性往古神田並名頭」堪落之、無其謂子細条々、

一、鎮守八幡宮御供田元三御神事、厳重之御願」料田也、被此落之間、年始御祈禱令闕退事　尤可」有御計哉、

一、当御庄領家政所敷一有神社、此即本願聖人」御霊神傾頭者、不空利益、依之上下村各一反貳段、」以料田令勤仕修正以下御神事者也、同落之、

一、名頭者、重役所職也、故募給、勤其役事先例也、」任例令勤仕所役之後、有限給堪落之条、存外次第也、」此為公平歟、存処又与返抄於無地之仁、沽取損田於」減直、凡内検損畜〔時カ〕、立不作法、不得心次第也、早故云両社」神事、云名頭給、可任先例之由、被仰下、仍大概言上」如件、

永仁四年三月　日　名頭等

二一三二　播磨国福井庄内検目録（後欠）○輯古帖三

（端裏書）
「東保内検目六　永仁四年」

福井御庄東保

注進　永仁参年作田内検目録事

合

惣田数貳佰捌拾貳町捌段拾代

入勘免庄二十六町一段卅代

大江嶋庄田十六丁五反卅代

山階庄田九丁六反

応輸田二百五十六町六段卅（加舟賀嶋并新田定）

除仏神田十二丁六段卅

八幡宮田十町卅　今西宮一丁

来迎寺田一反　律堂二反

清善寺五反　知波羅寺三反

東光寺三反　法花寺二反

残田二百四十三丁九反卅

不作田廿八町三反廿

二二三三　関東下知状案　○巻十三

六波羅注進状

一、傍輩（木屋村）上司職事

右、如六波羅注進訴陳状・具書等、雖子細多、所詮如重家申」者、百寿丸、為武家被管〔官〕身、背御制、望補当庄上司職之条、」可有其咎之由、光家雖申之、百寿丸代々為当時々僧〔寺カ〕、非指」御家人、仍光家訴訟、不及沙汰云々、自余略之、

永仁五年十一月五日　奥陸守（大仏宣時）平朝臣在御判

相模守（北条貞時）平朝臣在御判

○本文書は、一六七号・二五〇号文書と一紙に記されている。

二二三四　播磨国福井庄東保年貢未進米算用状（後欠）　○輯古帖八

播磨福井庄

福井御庄東保

注進　永仁六年御年貢未進米散用事

合　百六十九石六斗九升五合

所済米

二斗　御倉付酒直

五升　祖（ママ）道神上分米

五升　今西宮上分米
三斗　八幡宮修正米
壱石壱斗　御壇供米
一斗五升　八幡宮上分米
拾壱石陸斗一升　御仏聖米加雑用定、
捌石　相撲給米
（裏書）「東保散用状永仁二〔七〕年」

二三五　播磨国福井庄年貢注進状（前欠）　○輯古帖八

播磨福井庄

壱石伍斗　新田堤修理料自寺家御下知在之、
壱石柒斗　原池堤修理料幷戸□破損料
壱石参斗参升三合永仁四年分相模給米未進分ヲ当年弁入候了、
四斗　天満樋守源大夫
四斗　天満東寄新樋守四郎二郎
四斗　上村地頭代算失押領分
貳石肆斗　番頭方六反分当年御使被勘落候了、
肆石　卿法眼給米
壱石肆斗　山北修理料、寺家御免依不足下行之、

壱石弐斗　平松西寄樋守用途
一、御庄末進　百参拾参石伍斗二合
除　畠田半分捌石参斗三合
舟賀嶋肆石弐斗捌升
段米陸石七斗九合雖被結入目六、庄家不弁之、
正枝参拾九石七斗六升
御庄未進柒拾肆石四斗五升
右、太略注進如件、
永仁七年三月　日　公文代（花押）
公文代（花押）
中司（花押）

二三六　播磨国福井庄東保名主笠宗真并僧朝円言上状案　〇水野忠幹旧蔵文書

福井東保名主笠宗真幷僧朝円謹言上
欲特蒙内検使幷雑掌可任充文之由」御成敗、常荒開発子細事
副進四通三ケ年無所当之事
右、常荒令開発之後、参箇年之間、不可有」所当、其後成本田、可備公平之由、充文」如此、而被結入目六之条、難堪之次第也、」若爾者、有何勇歟、可開常不哉、早可任充」文之旨由、為蒙

御成敗、粗言上如件、

○本文書、端・奥裏に花押が二箇ずつある。

二三七　伏見上皇院宣　○保阪潤治氏旧蔵文書

紀伊桛田庄河上庄

（端裏書）
「日前宮勅免院宣案」

神護寺領紀伊国桛田・」河上両庄役造日前宮」段米事、為御起請地」上者、勤仕之例不分明歟、」早可免除彼役之由、可令」下知給之旨、被仰下候也、」仍執達如件、

正安二年
十二月廿一日　権中納言俊光（日野）

蔵人少輔殿（平惟輔）

二三八　安藤蓮聖請文　○尊経閣古文書纂

丹波吉富新庄

請申井料渫代分米事

合拾伍斛者、

右、件子細者、丹波国吉富新庄刑部郷」為用水、自周囲五箇庄内、河内村□」有水便、有限為井料渫代、毎年」沙汰進拾五斛米於河内村地頭御方、」所申請水路広参丈陸尺、長拾捌町也、早任」請文之旨、毎年十一月中無懈怠可沙汰」進彼米者也、若有対捍者、雖」□〔及〕止水路、更不可申子細之状如件、

正安三年辛丑七月三日

沙弥蓮聖（花押）

二三九　了俊書状　〇日下氏所蔵文書

御教書副綱所状、謹拝見」仕候了、転任事、以菩提院」僧正御房北斗法修法之功、」就被挙申候、已被　」宣下候了、且其子細前々」申入候之処、　宣下」之条、無御不審之由、被仰下」候き、此上者又可請綱所賀札」候之処、于今不慮之懈怠、殊」歎入候、所詮忩可請賀札候、」先於法花会出仕者、令着」転任之座候之条、何様候乎、」其条尤可然候者、早可故障候也、」老之出仕今更令烈律師」座候事、殊歎存候、猶々」忩近日之間、可請賀札候也、」以此趣可然之様可有申御」沙汰候乎、恐々謹言、

三月九日　了俊

（裏紙奥切封ウハ書）
「（墨引）

大智院僧都御房　了俊」

〇一心坊了俊の示寂（正安四年六月十九日、『神護寺交衆任日次第』）にかけて暫くここに収める。

二四〇　仁和寺宮令旨案　〇古文書纂一

若狭西津庄
小浜地頭代

（端裏書）
「御教書案　西津御事　嘉元三」

神護寺三綱等申、若狭国」小浜地頭代致新儀非法」由事、解状副具書、如此、」子細見状候歟、忩被仰」武家候之様、可令　奏聞」給由、御室御消息所」候也、仍言上如件、

（後筆）
「嘉元三」

五月廿五日　法印禅隆

進上　坊城前中納言(俊定)殿

二四一　後二条天皇綸旨　○巻十三

役夫工米

神護寺領役夫工米事、」任弘安例、早可被免」除之由、

天気所候也、仍執啓」如件、

(附箋)「嘉元三乙巳」

後十二月六日　左中弁仲親(平)

謹上　真光院僧正御房

二四二　某書状　○影写本十

役夫工米

当寺領役夫工米」免除事、　綸旨如此、」可令存知給候所也、」恐々謹言、

(嘉元三年)後十二月十三日 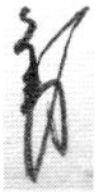

年預御中

二四三　後宇多上皇施入状

八幡大菩薩御躰一鋪

右、多年被納勝光明」院宝蔵、而尋往日之」元由、永所安置神護」寺也、

嘉元四年十二月十日

二四四　六波羅御教書　○尊経閣古文書纂

紀伊河上庄
徳治二年七月
関東御教書

紀伊国河上庄地頭職事、」任去七月一日関東御教書」可被沙汰也、仍執達如件、

徳治二年九月十四日　越後守（大仏貞顕）（花押）

高雄神護寺衆徒御中

二四五　六波羅御教書　○巻十三

播磨福井庄
弘安配符

神護寺領播磨国福井」西保役夫工米事、御室」御教書副雑掌解具書、如此、当保」雖入弘安配符、於　勅免地者、」所有其沙汰也、早可被停」止当時譴責、仍執達如件、

徳治三年二月十六日　越後守（大仏貞顕）（花押）

江田五郎入道殿

伊豆五郎太郎入道殿

二四六　後宇多法皇諷誦文　○巻十三

院

請諷誦事

三宝衆僧御布施、麻布参佰端、

右諷誦、所請如件、

徳治三年三月廿四日　別当正二位行権大納言兼陸奥出羽按察使藤原朝臣（洞院）「実泰」（自署）

二四七　後宇多法皇諷誦文　○巻十三

院

請諷誦事

三宝衆僧御布施、麻布参佰端、

右諷誦、所請如件、

徳治三年三月廿四日　別当正二位行権大納言兼陸奥出羽按察使藤原朝臣（洞院）「実泰」（自署）奉

二四八　後宇多法皇灌頂暦名施入状

空海筆神護寺灌頂記録

施入

弘法大師（空海）御筆一巻当寺灌頂記録

右、去六月十三日、幸鳥羽」勝光明院宝蔵、所撰出」也、依為当寺規模、奉」納神護寺之状

如件、

徳治三年六月廿日　阿闍梨 

二四九　神護寺別当御教書　○巻十三

当寺灌頂阿闍梨事、」院宣如此、以此旨、且可被」相触寺家之由、依別当前」大僧正御房仰、執進如件、

（徳治三年）
六月廿七日　法印禅隆

謹上　年預御中

追申

今月八日　院宣、昨日」到来之、

二五〇　播磨国宿院村公文代注進状案（後欠）　○巻十三

播磨福井庄

注進　宿院村延慶二年御米徴符案

合

一、間人分

下司分一町　分米五斗七升　自余略之、

十月　日

公文代

○本文書は、一六七号・二三三号文書と一紙に記されている。

二五一　年預集会催促状　○広島大学文学部所蔵神護寺文書

奉催　童舞借物為返納評定可有寺庫［　］」御会向事

□□日未日定
一番（弁僧都御代官　大進阿梨　葛忍坊　学春、／賢定、　永禅、　蓮教、）
後日不定
二番（本心坊　禅教、　舜永、　順印、／豪禅、　永林、代　学縁、）
右、於其足段米者、未日定可有寺庫前集□」状候也、
応長元年十二月十八日　年預□

二五二　播磨国福井庄宿院村地頭代澄心重陳状　○巻十三

（モト端裏書）
「澄心重陳状応長二　三　九」
播磨国福井庄東保宿院村地頭代澄心重弁申
為当保雑掌頼祐、巧新儀今案、立廿六箇条篇目、就訴申、」捧一々陳詞曰、失為方余、抜出三箇条、重及謀訴、甚無謂、其上湯浅」八郎宗武、為武家被管〔官、下同〕身、背厳制、望補当保預所職、致地下濫妨、」令煩土民、令張行非法条、為希代珍事上者、速被停止上司職、忽」被処罪科、於頼祐閉口条々者、可任先例旨、預御裁許、至余残」謀訴者、欲被棄置子細事
副進
一通　関東御下知案（貞永元　九廿四／不可相綺雑掌下地由事、）
一通　関東御下知案（永仁五　十一五／傍輩上司事、）
一通　関東御下知案（永仁五　二々／検断地頭一方事、先進畢、）

代々関東御下知

一通　公文徴符案　　下司名事、

右、於当保地頭職者、追吉河左衛門経光法師之例、任代々関東御下知、」敢無新儀沙汰之処、宗武代頼祐、立廿六箇条篇目、就訴申、捧一々陳」詞之刻、如頼祐重状者、三箇条也、於自余段々者、悉閉口之上者、無理之至」顕然也、然則任先例、欲蒙御裁許者也矣、

一、傍輩上司職事

当保者、為神護寺領、往昔以来、雑掌一人管領之地也、而去々年延慶二、」始而被補二人預所播磨房童名百寿丸 湯浅八郎宗武之条、新儀也、非例也、爰宗武者為本』在京人之一分、当奉公之仁也、而背厳制、望補上司職、引率紀州数輩」悪行人等、乱入庄家、張行新儀非法之余、或令放火百姓住宅、或奪取」農中数十疋牛馬、令駈仕京都上下乗馬夫駄、自余悪行者、不遑毛挙、」言語道断次第也、且如永仁五年十一月五日賜木屋村地頭関東御下知」者、百寿丸今者播磨房、為武家被管之身、背御制、望補当庄上司職之」条、可有其咎之旨、光家雖申之、百寿丸代々為当寺々僧、非指御家人、仍」光家訴訟、不及沙汰云々、然則於為御家人者、可有罪科之条勿論也、将又傍例」多之者也、

一、頼祐重状云、於関東申披子細之由、称申之、或所務条々内、雖加自由之」了見、皆以御下知下事也、云々、取詮、此条存外申状也、去永仁年中、雑掌相論」所務之刻、木屋村・宿院村・水度呂村、為一具沙汰之間、関東御注進之」時、於木屋村者、番于訴陳之間、地頭既預条々得理御下知畢、至宿院・」水度呂両村者、依為未尽、御注進被返進、於京都究淵底、重可有」御注進之旨、就被仰出、今番于本訴之上者、云非御下知違背之段、云」申披子細之条、何求証拠於

関東御教書

他所哉、顕然之次第也、就中於関東御教書」已下具書者、本奉行人雅楽入道正観之許在之歟、
早仰彼遺跡、被召」出之、巨細忽可露顕者也矣、

一、同状云、正枝名不寄付雑掌幷下司等、押領下地、抑留年貢課役之条、澄心」承伏云々、此条不足言申状也、承伏何事哉、一切無其儀、如載于先段、当保者、」追梶原平三景時之跡、任吉河左衛門経光法師之例、致本司之所務之」間、一事以上、無新儀沙汰、其上雑掌、不可相綺下地之旨、貞永元年御下知」幷寛喜元年関東御使平左衛門入道盛阿等分文炳焉也、次号下司者誰」仁哉、当村下司者、如公文徴符者、下司分田壱町又次郎左衛門尉高重令相伝歟之」間、当時令勤仕両方所当公事者也、将又庄官名主等本給田者、雑掌』不可相綺下地之上者、不及口入者也、若有余残競望之仁者、尤属地頭方、可」申子細之処、混所務篇目之条、雑掌僻案也、不御沙汰之限歟、於正枝」名年貢之段者、如載于先陳、以憲法之御使、云下地勘否、云年貢進未、被」遂結解之日、可令真偽露顕、全不可有乃貢未進者也、

梶原景時

地頭加徴米

一、同状云、地頭加徴者、守内検得田、取来者先例也、而地頭等、不除内検」損田、充下地責取之条、不便次第也云々、此条又以難及雑掌口入、充取」下地之所見何事哉、胸臆浮言、不御信用之限、任先例、致其沙汰之上者、」一切無土民之煩、若有新儀之時者、可為百姓等訴訟、雑掌口入永可令」停止者哉、

以前条々、披陳如斯、抑於地頭者、京都・関東恒例・臨時御公事、重役」無其隙、所謂南都北京守護・熊野発向・海上警固・流人送迎等、朝夕」奔走、不可勝計者也、預所者、只自身私用之計也、然不退在庄預所播磨房」者、以新儀、令数町田畠耕作、召仕百姓足手牛馬以下、

是非例也、在京」預所湯浅八郎者、不簡東作之期、不嫌西収之時、奪取百姓等農馬数十疋、」乗用京都上下之間、農作之煩、違期之歎、土民之愁欝、職而在斯、」其上御沙汰未断最中、任雅意、奪地頭所務之条、中間狼藉、争無御」炳誡哉、凡神護寺者、公家・武門御祈禱料所歟、然者、令専御願勤」行、令抽練行之忠節、於綺可有穏便之沙汰処、補武家被管宗武於」預所職之間、偏募権威之余、闕取仏性灯油料物、悉用在京奉公」依怙之条、且背仏意、且違人望者歟、是併寺家衰弊之濫觴、土民」侘際之根源也、付彼付此、尤可有誡御沙汰哉、然者、早被処其身於傍輩上」司之罪科、為被停止雑掌無窮奸訴、粗言上如件、

応長二年三月　日

○本文書、継目裏毎に花押がある。

二五三　若狭国西津庄所当収納帳　○水野忠幹旧蔵文書

（端裏書）「正和三年納帳」

若狭西津庄

西津庄正和三年所当納帳事

合

三石三斗九合　秋久弁

六石八斗二升五合　左近三郎弁

貳石壱斗　新藤三弁

五斗五升五合　与一弁

壱石九斗　弥三郎弁
九斗一升　治部弁
貳石壱斗九升五合　次郎太郎平六加定弁
四石六斗一升六合　小在家弁
三石三斗七升二合　福谷名五人弁加定
増田代四斗二升加定
以上、廿五石七斗八升二合
右、注進如件、
正和五年三月　日　承観（花押）

二五四　神護寺別当禅助補任状　○国会図書館所蔵田券

神護寺
法橋上人位覚弁
右人、為上座職、宜使」執行寺務者、
文保元年五月八日
（禅助）別当前大僧正法印大和尚位（花押）

二五五　紀伊国河上庄上村雑掌良兼請文　○宮内庁書陵部所蔵青蓮院文書

紀伊国河上庄請所事、預所方年貢」貳万疋内、於春分壱万疋者、上村分」肆拾壱貫三月中、至秋分壱万疋者、上」村分又肆拾壱貫十月中可究済之、不」違日来、実検以前定、次新田分幷雑物代内、」守目六面、於春分者、任現在六月中令」運上之、至秋分者、十二月中可究済之、如」此被定季節之上者、不依旱水損」亡、不謂庄家済否、可致其沙汰、但大」損亡之時者、臨其期可申子細候、仍」請文如件、

文保元年六月七日　上村雑掌良兼（花押）

二五六　紀伊国河上庄上村雑掌定憲請文　○思文閣古書資料目録二〇二

紀伊国河上庄請所事、預所方年貢」貳万疋内、於春分壱万疋者、下村分伍」拾玖貫三月中、至秋分壱万疋者、下村」分又伍拾玖貫十月中可究済之、不可違」日来、実検以前定次新田分幷雑物代内、守目録」面、於春分者、任現在六月中令運上之、至」秋分者、十二月中可究済之、如此被定季節」上者、不依旱水損亡、不謂庄家済否、可」致其沙汰、大損亡之時者、臨其期可申」子細候、仍請文如件、

文保元年六月七日　下村雑掌定憲（花押）

二五七　神護寺別当禅助挙状案　○宮内庁書陵部所蔵青蓮院文書

（端裏書）「貫首御挙状西津事文保二五廿二」

神護寺領若狭国西津」庄間事、年預申状副寺解等、」如此候、任道理可令申」沙汰給候、恐々謹言、

（文保二年）五月廿一日　前大僧正禅（禅助）、

謹上　権右中弁（堀川光継）殿

二五八　神護寺別当禅助書状案　○東京大学史料編纂所所蔵文書

（端裏書）「貫首御書案西津庄間□可被直院宣之□、」

追申候、

氏人申状具書返上之候、」寺家任申請可被直下」院宣候哉、

若狭西津庄

神護寺領若狭国西津庄」間事、年預申状如此候、子細」見状候歟、此上何様可候」哉、恐々謹言、

五月廿二日　前大僧正禅、

二五九　高倉経躬奉書　○林家旧蔵古筆手鑑

若狭西津庄

持寿丸申、若狭国」西津庄訴陳正文」紛失候間、訴人書進」案文候、無相違者、加一見、可返進之由、可有御」下知之由、被仰下候也、仍上啓」如件、

十二月八日　左少弁経躬（高倉）

謹々上　真光院僧正（禅助）御房

二六〇　行忍年貢請文　○国会図書館所蔵田券

（モト端裏書）「□□庄年貢請文　文保二」

備中足守庄

足守庄当年御年貢」柒拾石京定、半分者年中、」半分者明春三月中可致」其沙汰候、恐々謹言、

九月廿八日　行忍（花押）

二六一　禅隆奉書　○古文書纂五

若狭西津庄

西津庄本解事、」院宣如此候歟、可被返」付候歟、何様可候哉、」是又被遂御沙汰之後、」可被捨事歟之由沙汰」候也、恐々謹言、

(元応元年)後七月廿四日　禅隆

年預御中

二六二　禅隆奉書　○尊経閣古文書纂

若狭西津庄

明真申西津庄事、」院宣副具書、如此、方々」訴訟日来沙汰之次第御」不審候、委細悉之、注進」給之由候也、恐々謹言、

三月廿三日　禅隆

年預御中

二六三　禅隆書状　○尊経閣古文書纂

若狭西津庄

西津庄事、去二月五日」院宣副具書、今日被下之」間、先忩令進之候、如雑掌」申状者、為雑掌解被」出二答状之条、連々令」披露之趣、無相違存」候、能々案文を可令撰」出給候哉、恐々謹言、

四月十四日　禅隆

二六四　禅隆書状（本紙欠）　○尊経閣古文書纂

□此候、可有御意□」麦事、何様可候哉、」随御返事、可被下知□」也、恐々謹言、

六月七日　禅隆

（裏紙奥切封）「（墨引）」

年預御中

若狭西津庄

二六五　長禅書状　○古文書集七

西津庄預所職事、就」被止所務之　院宣、為」寺家重々沙汰候了、」仍御教書副院宣・具書等、令」進之候、

恐々謹言、

九月三日　長禅

大音坊法印御房

若狭西津庄

二六六　禅隆奉書　○尊経閣古文書纂

（端裏書）「御教書　西津庄事」

西津庄事、　綸旨」副具書、如此、子細見状候歟、」何様事候哉、忩可被弁」申之由被仰下候、

恐々」謹言、

十二月五日　禅隆

年預御中

二六七　太政官牒　○巻二十

灌頂小阿闍梨

太政官牒高雄山神護寺

応任徳治三年院宣旨、被請補」灌頂小阿闍梨事

右、得彼寺三綱等去八月日奏状偁、当寺」者和気氏建立、八幡大菩薩主託之庭也、」民部卿清麿朝臣、親稟神宣、奏聞公家、宝」亀年中被下詔書、桓武皇帝、以前詔書、普告」天下、建一伽藍、号之神願寺、天長十年重下」勅、更為定額、得度経業例、已為永格、一則」果大神之大願、二則除国家之災難者、綍存」竹牒、不遑羅縷、高祖弘法大師（空海）、受真綱大夫」寄附以降、択此地、為禅定之所、卜当寺、為護』法之庭、改寺号、名神護国祖真言寺、玉」像比肩、皆似尽巨霊之功、金容結趺、無不仮毘」首之手、朱軒尽閣之構、擘山腹、以開置、広廊」長廡之基、攀雲根、以交峙、碧湾流遠、足」滌煩悩之垢塵、石龕苔深、堪凝禅点之静」慮、春花秋草、自備供養之妙儀、夕梵晨」鐘、暗驚長夜之眠、于誠是仏法相応之福」地、密教最初之霊場也、何者、瑜伽之中、極秘」者、菩薩大士灌頂法門是也、此詣極之夷途、為」入仏之正位、於灌頂、有結縁、有伝法、結縁者、」謂随時競進者、皆授之、伝法者、謂簡人待器、」而方許之、然乃鎮護国家・饒益人物、無如此教、此」教之極秘者、灌頂法門、灌頂之甚深者、結縁之」功能而已、往昔大広智三蔵、以大唐天宝五」載、於宮中始修此会、上自一人、下至庶人、無不被」其化、本朝則大師伝法之初、以弘

仁三年十一月、』於当寺修金剛界会灌頂、以同年十二月、重修」大悲胎蔵灌頂、結縁者一百余人、至今五百」箇歳、会儀遍于天下、徳広之所及也、温其蹤跡、」起自当寺事、已濫觴也、豈可忽諸哉、彼東寺」灌頂者、始於承和之暦、早為不易之例、観音」院灌頂者、邈隔年代、又同本寺、至当山者、」雖為本朝之根本・自家之最初、未被補阿闍」梨、寺僧等、相替勤其職、殆似無条貫、理豈」可然哉、夫欲流之遠者、必深其本源、欲樹之茂」者、必固其根柢、一山之緇徒・満寺之浄侶、抱理而」徒送多年、呑憤未能上奏、於是去徳治年中、忝」促仙蹕、幸預勅賞、因准東寺観音院例、被置」灌頂阿闍梨既訖、院宣之致、載而炳焉、時遷事」変、未在施行、天符又滞、星炭稍積、愁欝之切、寤寐」無聊、方今皇帝陛下、膺九五之運、受三六之徳、」返邇欽伏、仁恩普被、矧又姑射春山、重檀煙霞之気」包、汾陽秋水、再瀉日月之精明、法雲覆九天、清風』扇万古、真諦俗諦、如羽如翼、無偏之世、遇逢之秋也、」窮魚得水、遂東海之性、行鷃託雲、展南溟之翮、」曩日之本懐、非此日而期何日、往年之素意、非此年」而待何年矣、望請鴻恩、被下官符、施行天下、補」灌頂之闍梨、憖勅願之威儀、以弘秘密之源、以知」自宗之貴、増鎮守明神之威光、報高祖大師之」恩徳、上闢聖朝鎮護之基、下立兆民安寧之計、」送五十六億之年、香雲無消、至下生三会之暁、智」水弥洽者、不勝懇疑之至者、正二位行中納言」源朝臣親房宣、奉　勅、依請者、寺宜」承知、依宣行之、牒到准状、故牒、

元応元年十月廿六日　修理東大寺大仏長官正五位上行左大史兼能登介小槻宿禰(千宣)（花押）牒

従四位下行左少弁兼中宮大進藤原(自署)「朝臣」(万里小路藤房)

○本文書、太政官印六顆を捺す。

若狭西津庄

二六八　興禅書状　○巻十三

春徳丸使者入部事、」公文申状、披露候之処、庄家」不可叙用之由、先日被下知候了、」子細同前候、凡如此大事」出来之時者、尤以専使」可申上候之処、付申便宜之」条、不可然之由、厳密可令下知」給之旨、評定候也、恐々謹言、

（後筆）
「元応二」
十一月三日　　興禅』

（端裏切封）
「（墨引）　」

追申

仏聖沙汰寺官下向」事、已下知候了、」彼使者入部事、」以外次第候、㤪被」差下御代官等、可」有鎮御沙汰之由、評定候也、

若狭西津庄

二六九　興禅書状　○巻十三

西津庄泰応等訴」事、訴人其後不出」対候上者、給御挙状、幷」寺家可申沙汰之旨、奉行」弁申候云々、寺解等事、」㤪可令計沙汰給之由、」評定候也、恐々謹言、

（後筆）
「元応二」
十二月十八日　　興禅』

（モト裏紙端裏ウハ書）
「一心坊律師御房　　興禅」

（裏紙端裏切封）
「（墨引）」

追申
春徳丸沙汰事、其後」何様候哉、兼又」当庄課役事、」大旨預所役候、」度々分相積候忩(×歟)」
(×何様可)
可有御沙汰候哉、

二七〇　某書状追而書　○巻十三

(モト端裏切封ウハ書)
「(墨引)
一心房僧都御房　」

追申
当庄預所役全分」無御沙汰之条、無勿躰候、」乍有庄務之号、預」所役闕怠、無其例候、」又壇供事、先年公方」沙汰之時、寺家出挙状、」随分被沙汰之間、於向後」者、可有御沙汰之由、一段候了、可為」何様候哉之由、評定候也、

二七一　後醍醐天皇綸旨　○巻十四

神護寺領役夫工米事
奏聞之処、
若狭国西津庄　播磨国福井庄
紀伊国笠田庄　同国河上庄
同国神野真国　備中国葦守庄

役夫工米

建永弘安配符

右六ケ所、載建永・弘安両度」配符之上、任一同之法、不可被免除之」由、猶早可有御下知之旨、
被仰下」候也、以此旨、可令申沙汰給、仍執達」如件、
（元亨二年）後五月廿六日　右中弁行高上』
（モト裏紙端裏書）「綸旨　神護寺領役夫□事、元亨二　後□　廿六日」
追申
於地下之譴責者、可被停止」候、京済事、差日限、可被」召進請文之由、同被仰下候也、」可得
御意給、

二七二　後醍醐天皇綸旨　○巻十四

（モト端裏書）「綸旨　神護寺領役夫工米免除事」

役夫工米

神護寺領役夫工米」事、任弘安例可被免」除者、
綸旨如此、以此旨、可令」申入仁和寺宮給、仍執達」如件、
（付箋）「元亨二戊」
七月十九日　右中弁行（平）高
謹上　（禅隆）大教院法印御房

二七三　後醍醐天皇綸旨案　○弘文荘古書販売目録日本の古文書

若狭西津庄役夫工米

若狭国西津庄内宮役夫工米事、」造宮所申状副具書、如此、子細見状」候歟、遷宮日数不幾、忩可令

進」済之由、可有御下知之旨、
天気所候也、以此旨可令申」沙汰候給（衍）候（×状）、仍執達如件、
元亨三
三月六日　右中弁行高（平）
大教院（禅隆）法印御房

二七四　仁和寺宮令旨　○巻十四

御忌日講問衆事、」面々子細、無御存知之間、」還似有沙汰之煩、供僧」三人、加評定、可被差
定、」向後可為此儀之由、
御気色候也、恐々謹言、
（後筆）「元亨三」
七月廿九日　禅隆
御僧御中　』
（裏紙端裏切封）「（墨引）」
追申
寺家方役事、維快」状副注文、如此、可令存」知給候也、

二七五　某書状　○東京大学文学部所蔵長福寺文書一

西津庄役田楽録〔禄〕物事、」年貢雖無足候、半分弐貫」五百文、為別忠之儀、御領状」悦入候、庄家立

直候之時、年貢」足出来候歟、最前可有御」立用、又無其期候者、為寺家」沙汰、本利共可令返
納之」由、評定候也、恐々謹言、
(後筆)「元亨三」
八月十四日 
一心房御房

二七六　神護寺三綱大法師等解　○巻十四

(端裏書)「神護寺」

神護寺三綱大法師等謹解

欲早被経御　奏聞、蒙代々　勅免寺領等、諸寺」諸社一同御沙汰落居間、可止当時譴責由、

被下　」綸旨、当寺領役夫工米事

役夫工米

副進

一巻　文治以来迄于元亨二年代々　勅免　綸旨等案

右役夫工米者、文治寺領等、悉蒙　勅免以来、雖逢度々」造宮、未有一度勤仕之例、依之去年七月、重被下免除」綸旨畢、仍備右、而今称被下　宣旨、曾以於無済例之」地等、神部以下致譴責之条、寺領牢籠不便次第也、」但帯代々免証諸寺諸社、悉為一同之勤者、独難背　」勅命、而南北両京、未及遵行歟、所詮天下一同御沙汰」落居之間、毎度帯　勅免、無済例寺領等、可止当時」譴責之由、為被下綸旨、謹以解、

元亨三年八月　日

○本文書、紙背中央に、花押がある。

二七七　後醍醐天皇綸旨　○巻十四

役夫工米

神護寺領役夫工米」事、禅助僧正状副具書、如此、」子細見状候歟、可守傍」例之由、令申之上者、可止」地下譴責之旨、可被下知」由、被仰下之状如件、

(付箋)「元亨三」九月廿一日　右中弁(平行高)（花押）

造宮使殿

二七八　神護寺・高山寺契状案　○高山寺文書

(端裏書)「高山寺事書」

神護寺与高山寺可有存知条々

一、両寺可一味同心事

右、神護寺興隆之濫觴、高山寺草創之由緒、寛喜官符・貞応契状明鏡也、依之惣別之好因縁尤深、然者向後弥任本願上人素意、興行両寺伽藍、専守高祖(空海)大師遺誡、伝持三蜜(密)教法矣、

一、可禁遏下部狼籍(藉、下同)事

右、両寺下部等、或付山木、或於路次、依不慮之喧嘩出来、動挿霍執之所存歟、狼籍之起、不和之源也、所詮於自今以後者、両寺互有相触子細者、不日致厳密沙汰、可行所当罪科、且

彼罪科人若有原免之時者、以両方共同之儀、可有其沙汰矣、

一、両寺下部等、有子細被追放之時、互不相触本所、不可召仕事

右、下部等依有其科、被追放之族、縦雖望申経廻、尤尋由来、触本主可有斟酌歟、依無其儀、猥居住山上山下、恣相巧鳥〔梟〕害鳥〔梟〕悪、此条不快之因縁、濫吹之根源也、於向後者、互可有触沙汰也、山下両方畑人等以同前矣、

以前条々固守此式、不可有違犯之状如件、

元亨三年九月　日　知事印弁（花押）

行舜（花押）

二七九　記録所廻文案　○水野忠幹旧蔵文書

（端裏書）「西津庄廻文案文」

給人令難渋者、殊厳密可有」其沙汰之由、別所被仰下候也、可被存也、

春徳丸奉

仁和寺宮庁（本押紙）忩可有御下知神護寺、若有子細者、忩可被申左右矣、

右、為若狭国西津庄訴陳校合、」来廿五日各可被出対記録所之状、」所廻如件、

元亨三年十一月十九日

○以下紙背

（端書）「御官庁　遣大教院状」

西津庄訴陳状校合事、」記録所廻文、随仰加押紙」候了、廻文案可令注進候、」恐惶謹言、

十一月廿二日　任宗

二八〇　若狭国西津庄壇供請取状　○岡谷惣助氏所蔵文書

（端裏書）「西津庄御壇供請取　元亨四」

若狭西津庄

納　西津庄御壇供事

合十九枚者、

右、且所納如件、

元亨四年正月十四日　所司代（花押）

二八一　若狭国西津庄壇供請取状　○岡谷惣助氏所蔵文書

若狭西津庄

納　西津庄御壇供事

合十一枚者、

右、所納如件、

元亨三年正月廿八日　所司代（花押）

二八二　大覚寺置文案　○巻二十三

（端裏書）「十二ケ条□」

定置　条々事

一、公請事
蜜法伝持為国家鎮護也、大法」秘法有　勅請者、一心無余念、発」鎮国素願、帰祖師誓約、可
励力専」志、但門跡微弱、定難○立朝要、仍以」讃岐国年貢五万疋所充置也、検納」寺庫、○更不用他要、莫擬恩給、若
五ケ年無大法公請者、可」充寺家興隆修造、々二宇寺庫」可納其物、一宇公請料物、一宇修」
造料物、更不可雑乱之、修造料物」若過五年者、可施貧乏修学」者、努々無違越矣、』
一、公請行粧事
不可好花美、不可乱礼制、
前駈二人有職
後騎一人
大童子三人長一人 烈二人
随晴之様、可有人数之加増歟、略儀」又不及注之、
凡先倹約、不可好花美、此上」儀、可随時之、
一、給仕輩事
扈従僧綱事、
寺領内諸院家相承之輩、撰其」器可催之、各有所定置文、不可有転」変儀矣、
俗人不可有恩給事、
以仏僧施入之資、争可擬世俗』妻子、固禁不可恩給也、
凡僧事、

有職前駈勤仕之輩、仰諸院家」相承輩、可被結番之、

児童事、

始《始》終法器之輩、出家以前可致」奉公、不可及十六歳以上、非法」器数輩奉公不可致其費、

下部事、

充賜寺領年貢、不可転変、但」牛童三人外不可召仕、近来」雖有制、牛飼二人之外、向後当」門跡一切可停止之、不可用俊牛」故也、遣手摺〔揚カ〕持外藝時不可過一」人、

一、賞智行誡懈怠事

云練行、云稽古、随事躰可有抽』賞沙汰、有不調有懈怠、殊可被」励誡矣、所詮修練勤学」可依」上之所好、門主殊被励行学両事」者、誰人不従其勧誘乎、

一、別相伝諸院家領、依門主号不可有」転変事

或依不慮之事背時宜、或依愚昧之」質及失錯、如此之類非無其例、依」小過更不可及転変之儀、殊廻慈愍」之賢慮、可被扶一流之牢籠、縦」背御意、雖及一旦勘発、容易不可」被転変相伝院領矣、

一、相伝由緒寺領不可収公事

寄附之地、忘其報酬有収公者、世」俗猶為非拠、況哉仏家持戒之処」乎、

一、昵近輩可撰心操事

不調荒者不可近之、唯依近習善」悪、虚名非無其恐、深可慎之、

一、不可近在俗事

或有養育之寄、或有親昵之好、」在俗家女性宅、更不可有光臨、」或后妃女院若有由緒有参謁者、」不移時刻可退出之、或公家仙洞」遊興昵近之儀、更不可有之、受法修法」等之外、不可交在俗者也、

一、寺恩等不可有転変事

或依時之好意、或依人之毀誉、給」恩之地、軽忽不可有転変、寺領荒」廃之基、不可不慎、真実不忠不義、」非寺僧列者、非此限矣、

一、馬牛不可好飼事

牛馬之類、有代労之要、然而出仕之」料乗用牛二頭、前駈馬二疋、皆立』飼寺外可備要用、其外貧《禽》獣之類、」雖幼少門主弟子、不可養愛之、

一、酒宴一切停止事

結界之内、不可入酒瓶、況宴飲之」企、雖非沙汰限、中古以来非無例」之間、所誡置也、雖未及持戒之輩、」院内固可守其法矣、

一、博器〔奕〕不可入界内事

囲碁雖律条所聴、固可禁之、況」双六・将碁、雖俗人於界内不可」作其戯矣、

一、管絃事

法会之外、又界内不可有此事、」少生忘学業之媒也、高野無此」事云々、欲習知人於寺外可習之、

一、鞠小弓事

門主弟子等幼少之時、中古以来』有先例歟、於当門跡者、更不可有」此事、自幼稚時、稽古之
外不」可有他之故也、
右条々、所定置、後資不可違越、若」雖纖芥有相違事者、護法善神・」金剛蜜迹・五大忿怒明王
等、速可奪」命根、我亦廻冥鑑可照罰矣、
元亨四年六月廿三日
金剛仏子 ―
前大僧正禅― 助

二八三 記録所廻文 ○水野忠幹旧蔵文書

若狭西津庄

春徳丸
明真
神護寺奉
右、西津庄事、来十六日議定、」可有其沙汰、各帯文書正文、」辰剋可被参対記録所之状、」所廻如
件、
正中二年七月十一日

二八四 某書状 ○吉田黙氏所蔵文書

紀伊河上庄

河上庄預所方年貢運上之」時、領家得分送付寺家分」進之条、事旧候了、而去今両年」於領家得

分者、自中途雑掌」押止候条、新儀以外候、御得分運」上候時、領家役御月忌用途、」毎年二結、寺家止置候之条、」又以事旧候之処、去今両年』無足之条、併雑掌之所行候歟、」旁以不可然事候、早二ケ年分」本四貫文相加潤色等、近日可」致其沙汰之由可有御下知候、若」猶申子細令懈怠候者、向後」不可出物年貢返抄之由、其」沙汰候也、恐々謹言、

（後筆）「正中三」
三月廿八日　淳（花押）

安養院御房　淳（花押）」

（裏紙奥切封ウハ書）
「（墨引）
□家□分自寺家

二八五　記録所廻文　○水野忠幹旧蔵文書

記録所

神護寺

春徳丸奉

若狭西津庄

右、西津庄事、来七日議定、可有其」沙汰、帯文書正文、辰剋可被参当」所之状、所廻如件、

嘉暦二年三月四日

二八六　記録所廻文　○輯古帖八

記録所

春徳丸奉
神護寺奉
若狭西津庄
右、西津庄事、来十一日議定、可有其」沙汰、各帯文書正文、可被参当所之状、」所廻如件、
嘉暦二年三月七日

二八七　某書状　○日下氏所蔵文書

若狭西津庄
先日令触申候西津庄」御月忌事、以供僧所役分、」毎年可有御勤仕之由、御領状ニ」候しやらん、
存知不分明候之間、」尋申候、仍評定可治定候之間、」驚申て候、恐々謹言、
嘉暦二
六月十六日　（花押）
一心房御房

二八八　快承書状幷某勘返状　○巻十四

（端裏ウハ書）
「　　　行□」
但承仕なとにて、」年中可被下遣」にて候ハヽ、不及申候、」公事計会之」間、きと勘申
候、」恐入候、」深雪無骨候て、未及披露候、」○以下行間便宜実目出候歟、年中ニ承仕下向も其煩候之
上、近日」方々へ下候間、無人数候、」御計可宜存候、然者」案文を給候て、可令披露
候、」其分ニテ可足存候、
御教書事、已御披露」候哉、只今若州へ便宜候」とて、法橋申候之間、態人を」下候ハんよりも

と存候之上、」年中使方へ付候者、」可宜之由、相存候、相構付」此使者、可返給候哉、恐々」謹言、

元徳元
十二月廿六日　　行望
快承

法身院御房

二八九　若狭国西津庄役請取状

○広島大学文学部所蔵文書

若狭西津庄

請取　金堂明障子引手皮事

合壱枚者、但代銭貳百文也、

右、西津庄役、所請取如件、

嘉暦肆年正月晦日　寺家公文（花押）

二九〇　禅助書状（裏紙欠）

○東京大学文学部所蔵長福寺文書四

（端裏ウハ書）
「　　　禅助」

（異筆）
「畏承了、」

以手役所仰、自廿九日」可始之由思給候、道場」事、実高雄旁可」宜候、故御所御あらまし」粗承置候キ、任御素意」候て、尤於彼地雖可焼候、」且初度候、申山気」中〳〵事煩候ぬと

○禅助は元徳二年二月十二日没するにより、暫くここに収める。

二九一　禅隆書状

○巻十四

尺論抄申、可被渡」進候也、恐々謹言、
(後筆)
「元徳二」
七月廿九日　禅隆
三位法印御房
(裏紙奥ウハ書)
「三位法印御房　禅隆」

丹波熊田村

二九二　紀六恒定田地売券　○国会図書館所蔵長禄文書

(端裏書)
「一段熊田村清水里紀六分買得　元徳二年二月廿二日□□」

売渡名田事
合壱反者、在丹波国熊田村清水里六坪宗恒名内宮籠田
四至　限東高岸　限南千伯　限西類地　限北宗景田
右、件田者、恒定先祖相伝之田地也、然依有直」要用、現米参石本斗定、限永代、高雄恵浄御房」所奉売渡実也、雖可本券相副、依有類」地、恒定之許止置本文書、被裏報之、立新券」文、所奉売渡実也、但下作人職申預宮」所当外、毎年御加地子肆斗本斗定、十月中高雄」御坊可運上仕候、所当幷加地子、雖為少分未」進候仕ハヽ、下作人被召放、他人可被仰付候、一言不」可申子細、可奉被別罪科申行候、仍為後日」亀鏡売文如件、
元徳貳年庚午二月廿二日　紀六恒定(略押)
○本文書、奥裏に花押がある。

若狭西津庄

二九三　若狭国西津庄預所代官職充行状案 ○古文書纂一

（端裏書）
「西津庄預所代官充行状案」

神護寺領若狭国西津庄

充行預所代官職事

右、件代官職者、為多賀平内」左衛門尉殿御口入、所充行」岩松丸也、御年貢以下恒例・」臨時課役等、不可有懈怠、仍庄官・」百姓等宜承知之状如件、

元徳二年卯月廿五日

若狭西津庄

二九四　行秀奉書 ○古文書纂一

当庄御代官職者、依近江多賀」平内左衛門尉殿御口入、岩松丸」被仰付候、可被存知候也、且」百姓等ニ可被相触之由被仰下也、」恐々謹言、

（元徳二年）
卯月廿五日　行秀

西津庄公文殿

山城小野山

二九五　光厳天皇綸旨（宿紙） ○巻十四

小野山供御人等申、一瀬」川原樵夫路次煩事、」（壬生）匡遠重状副具書等、如此、子細」見状候歟、先度被仰候了、」可被止其妨之由、被仰下候也、」仍執進如件、

(元弘二年カ)十月二日　木工権頭清経(藤原)

謹上　中納言僧都御房

二九六　後醍醐天皇綸旨(宿紙)　○巻十四

(モト端裏書)「綸旨」　(付箋)「惣寺領安堵事
元弘三年六月十九日」

高雄神護寺領播磨国」福井庄・備中国足守庄・」丹波国吉富庄・紀伊国」河上庄・同国桛田庄・若狭」国西津庄等事、　奏聞候之」処、止武士甲乙人妨、可全所」務之由、可有御下知之旨、天気所候也、以此旨、可令申入」仁和寺宮(法守親王)給、仍執進如件、

元弘三年六月十九日　左少弁宣明(中御門)

謹上　大教院(禅隆)法印御房

二九七　仁和寺宮令旨　○巻十四

(端裏書)「御教書」

神護寺領等濫妨事、」綸旨如此、止武士甲乙人」妨、可全所務之由、可令下知」寺家給之旨、宮御消息」所候也、恐惶謹言、

(後筆)「元弘」
(元弘三年)六月廿一日　法印禅隆

謹上　別当僧正御房

二九八　後醍醐天皇綸旨写　○東山御文庫所蔵文書

後白河院御手印

当寺事、如後白河」法皇御手印文者、」仁和寺宮可為本所之条、」無所見歟、寺僧等同志、」守条々
規式之旨、宜致」寺家之興隆者、
天気如此、仍執達如件、

元弘三年八月十三日　右兵衛督 判　二条《葉室》前中納言長隆之子息長光也、

神護寺々僧等中

二九九　神護寺金堂長日供養法結番交名　○巻十五

定　神護寺金堂長日供養法結番

一番　法印権大僧都　深増
二番　法印権大僧都　成誉
三番　法印権大僧都　行耀
四番　法　　　　印　承宴
五番　法　　　　印　隆位
六番　権少僧都　　　宣猷

右、守結番、無懈怠可令勤行、」専為　天長地久、御願円満、及家門」栄昌、所定如件、

元弘三年十月八日

従一位行右大臣源朝臣長通（久我）

三〇〇　性然書状幷禅隆勘返状　○巻十四

丹波刑部郷

則付庁候了、　定進請取候歟、

刑部郷年貢役、御」如法経用途三百疋」送進之候、恐々謹言、

八月五日　性然

（禅隆）大教院御房

三〇一　仁和寺宮令旨　○巻十四

紀伊河上庄

神護寺領河上庄間事、」以寺僧申状、触申禅尼、」早令相博返候了、可」令存其旨給之状如件、

八月十六日（花押）

勝宝院僧正御房

三〇二　某書状追而書　○巻十四

（端裏切封）「（墨引）」

私申

亮阿闍梨、参住鳥羽殿」之間、可被申之由、被申遣候、」仍直令申御返事候者也、

三〇三　某書状追而書（宿紙）　○巻十四

追申

当庄彼管〔被官〕輩」事、雖可有尋沙汰、」先所被返付也、殊」厳密可被致沙汰之」由、同被仰下候也、

三〇四　某書状　○巻十四

御筆御記、并」曼荼羅修複事」御記等、申出進候、」可被遣寺家候、」謹言、

十一月四日　』

「（裏紙奥切封ウハ書）（墨引）

教薗院法印御房　」

三〇五　紀久岑書状（宿紙）　○国会図書館所蔵高山寺古文書

紀伊神野真国庄

神野真国事、昨日稠人」今日披申候了、御返事之子細」謹承候了、明日相副書状」以別使可遣仰勝清法印」許候、須招引面前申候」也、然者所依令忩給、只〇以使者可申遣」候也、可申此旨之由所候也、為」御不審、且令言上候也、恐々」謹言、

二月廿日　左衛門尉己〔紀〕久岑（花押）

進上　左宰殿

紀伊河上庄

三〇六　某請文（裏紙欠）　○宮内庁書陵部所蔵青蓮院文書

河上庄下村本下司跡輩申」田畠間事、訴状副田畠注文、如此」候、子細載于状候歟、可為何」様候哉、凡物検以後、年貢」等不令弁済候之間、致厳密」譴責候之処、捧此状候、」如状者、又不便事候歟、彼等」令安堵、致警固候者、可為

丹波焼森郷

三〇七　丹波国焼森郷羅漢供料覚書　○影写本十

（端裏書）
「焼森所当所納故実」

故夏一恵浄房寄進　羅漢供料覚焼森嶋所□米

所納聞書説真性房

一、米三石御納ニハ　口米一斗五升出之、

一斗ニ五合分也、

一、以此口米二人作人ニ酒直ニ各二升給之、」不依所当之増減云々、

一、此口米仮令所納之減分歟云々、

一、藁糠分ニ二人シテ代物百文出之、

一、井料溝修理料、以惣名之引懸、此三石内□」時在之、

三〇八　某裁許状（後欠）　○東京大学文学部所蔵長福寺文書四

丹波宇津庄同神吉村と相論

村境絵図

（端裏書）
「裁許状　奥露原田畠并山野、被付宇津かう管領□□」

宇津永野土民等訴申、神吉村百姓等」率数多人勢、乱入永野庄山、及数日伐取山」木、踏損作毛、狼藉令重畳之上者、本相論之」地、奥露原・岡尻・杉本三ヶ所田畠并山野等、」速被付宇津永野、於張本之輩者、可被処于」重科之由事、庄官状并土民申状等就令披露」候、重々有其沙汰、無私曲可注進之由、兼召置」厳重之起請文、差下寺官二人明行・来聞・了善於」永野庄山、令検知彼地之処、令注申之趣、寄」伐之在所及数十町、所伐山木不知其数、踏損」作稲作畠之条、土民等訴申之趣無相違、宇津・」神吉雑掌并両方百姓等出対之処、神吉」雑掌百姓等一々令承伏云々、此事彼三ヶ所相」論之地、就宇津郷百姓等訴訟、及三問三答之訴」陳并事書等、再往有其沙汰之処、注出宇津」永野与神吉両村境之絵図、以久津谷川之』流可被定其境之由、神吉令申之間、被相尋」宇津庄官・百姓等之処、於彼川以南之山上山下、」既有宇津領之公田山畠等、此条度々帳面分明也、」始被付神吉之条、可為不便之次第之由申之、因斯、」惣衆有口入、縦雖如寺務成敗之時、被裁許之、」始定其境、被付宇津郷管領之地於神吉村之条、」不可然歟云々、付之、任近年所務之例、両方各」致管領、互不可有自由押妨之儀、若令違犯者、」可為罪科之由、令相触之処、裁許以後纔十ケ」日之内、乱入永野庄山、致寄伐之条、言語道断之」次第也、爰如神吉給主申者、為両方立合之山」由雖称之、曾不備支証、凡云炭釜、云田畠、在所」既為永野村管領之条分明也、而越境致濫」吹之条、是併令忽緒下知之故歟、狼藉之段、絶」常篇哉、此上者、罪科無所遁、且依先度有」口入可為何様哉之由、令牒惣衆之処、根本相」論之地、奥露原・岡尻・杉本田畠并山野」等、可被付宇津郷云々、付之、評定衆又無異儀、」為老若一揆之沙汰、彼三ヶ所永被付宇津郷」候、

得其御意、可有御下知之旨、評定所候也、［　　　　］

○本文書、継目裏に花押がある。

三〇九　某裁許状（裏紙欠）　○東京大学文学部所蔵長福寺文書四

法印孝厳与権大僧都尊誉」相論、神護寺領紀伊国河上」庄領家職事、訴陳之趣雖」多端、所詮如
訴状者、禅海法印」以当庄領家職為申替他御」恩、雖寄進相伝文書於　金剛」定院、御室如本被
返下畢、」仍禅海・寛勝二代相伝知行」雖無相違、於寄進文書者依
（裏書）「所令寄進寺家也、」

○本文書、継目裏に花押がある。

三一〇　某書状　○大覚寺所蔵諸尊法紙背文書

□□候ハ、」御免候［　　］」一様申状可有、
何事候哉、［　　］」近日之間［　　］」ひまいと候て［　　］」抑一日筆［　　］」てかしこ如此［　　］」
承候之訖、返々［　　］」はかり過［　　］」この大智房［　　］」不生候之間［　　］」趣候了、［　　］」
口惜［　　］」次□候へく候、［　　］

五月［　　］

大通院御［　　］

三一一　現住根本宿老等注文　○大覚寺所蔵諸尊法紙背文書

現住根本宿老

左衛門督法印（禅海）

中納言僧都（実遍）

侍従僧都（光経）

常陸僧都

常悟房

大夫阿闍梨

現住中臈

播磨律師

安芸律師

美濃律師

参河律師

筑前法橋

少輔已講

三一二　某書状（後欠）　○大覚寺所蔵諸尊法紙背文書

馬入道蓮□」度々宗算□（之）□」由、自寺家□（為）□」蒙仰候き□」来候、所詮此□」
条者、無其□」在所堀川□」寺家御使□」所出向候ハ、□」種々ニ訴訟□」

三一三　某書状（前欠）　○大覚寺所蔵諸尊法紙背文書

「与宗算上洛之□」之次第候、明後□」必々可被糺明□」被決真偽□」雖為一支猶
□」罪科候蓮□」可被召科料□」切候之様ニ可□
八月廿□
謹上　肥前□（御）□

三一四　某書状　○大覚寺所蔵諸尊法紙背文書

此見委細□」申給候旨□」当寺如然□」候也、只今□」追可令申給□」謹言、
八月廿□

三一五　紀伊国桛田庄地頭尼敬仏訴状案（折紙・後欠）　○大覚寺所蔵諸尊法紙背文書

桛田御庄地頭尼敬仏謹言上
欲早蒙御成敗、被停止預所宗算」法橋非分沙汰、被免除地頭」給畠桑代綿事、

件子細者、凡地頭分之給田給畠」被免除年貢所当者、承前之」例始不及子細者也、而宗算於」地頭分之給畠、令宛催桑代」綿之条、甚無其謂之由、去建長」七年秋比敬仏致訴訟之刻、」寺家御下知状云、寺領惣検以後」定可有御計歟云々、爰去年被遂」惣検之後、未及御計之処、宗算」於地頭分之給畠、宛催桑代綿之」間、百姓申子細之処、勧農之比」為質令押取地頭代之牛一頭」畢、非理之上難堪第一者哉、」就中以件綿令切懸領家御方之」条、殊無其謂哉、一庄桑代綿」巨多也、以之可令分進領家之処、」宗算以巨多之綿為預所得分、」於少分之給畠、令切懸領家方

三一六　某国上中嶋里等坪付注文（前後欠）　○影写本十

六坪　十五代　光友
十六坪　一反　重吉
十七坪　廿五代　安則
十八坪　二反廿代　成末
廿九坪　六反卅五代　損二反　村武
卅坪　一反　損廿　是恒
卅二坪　一反　是恒

上中嶋里壱所壱反貳拾代
五坪　一反卌代　損一反　依久
八坪　一反十代　依久

十七坪　二反十五代　損一反　行安
十八坪　二反卅代　助近
廿二坪　三反　損二反十　助近
同南圭　廿五代　武安

桜田里肆拾伍代
一坪　廿代　武安
十四坪　廿五代　行安

下樋里陸町捌段肆拾代
一坪　十代　已損　重吉
二坪　二反卌五代　損一反十　是恒
七坪　十五代　秀行
九坪　卌五代　秀行
十坪　三反　損一反　重吉
十一坪　四反廿代　損三反　則末
十三坪　一反卌五代　損十　助弘
十五坪　二反廿五代　損一反五　則末
十六坪　一反卌代　損卌五　吉安
十七坪　五反廿五代　損三反卌　秀行

十九坪　二反廿代　損一反廿　重吉
廿坪　七反卌代　損一反卅　秀行　』
廿一坪　廿五代　延包
廿二坪　卌五代　損十　成末
廿四坪　四反卌代　損一反　是恒
廿五坪　三反廿代　損一反　是恒
廿六坪　二反五代　損廿　行清
廿八坪　一反十代　光友
廿九坪　九反　損四反廿五　是恒
卅一坪　廿代　是末
卅二坪　五反卌代　損一反十　成久
卅四坪　三反　損五代　成末
卅五坪　一反卅代　友清
卅六坪　二反廿五代　重吉
瓦木里捌町肆拾伍代
一坪　二反五代　国里
二、　町　損一反卅　得万　』
三、　廿五代　助久成末

十丶　卌五代　損廿　是恒
十一丶　九反卌五代　損四反　則末
十二丶　十代　得万
十三丶　二反十代　損一反　依久
十四丶　八反卅五代　損二反　助弘
十五丶　二反卅代　損二反　是恒
十九丶　十代　已損　石友
廿丶　七反卌代　損二反　得万
廿三丶　五反五代　損三反　安則
廿四丶　六反五代　損三反　行安
同西圭　廿五代　助久
廿六丶　一反廿代　損廿　友成
廿七丶　三反十代　損卅　近末
廿九丶　四反卅代　損卌五　重吉」
卅丶　五反卌代　損一反卅　得万
卅三丶　四反卌五代　損二反　秀行
卅四丶　二反五代　損廿五　成末
野依里貳町捌反伍代

一坪　卌五代　是次
二、　一反　已損　是次
四、　廿代　石弘
五、　五代　恒貞
六、　四反十五代　損二反　吉安
七、　五反卅代　損二反　力万
八、　卌五代　是末
十二、　十代　末里
十五、　五代　末里
十七、　卅五代　久吉
十八、　二反卅代　損五代　恒貞」
十九、　一反卌代　吉安
廿、　三反十代　武末
廿二、　卌代　損廿　末里
廿五、　十代　守安
廿八、　卅代　武永
卅、　卌代　末里
卅一、　三反卅代　損一反　是恒

卅二、　十五代　　武永

大谷里肆町伍代

一坪　卌代　損一反　吉安

十二、　二反　　末里

十三、　廿代　　依国

十四、　十五代　損十　末恒

十五、　十代　已損　真正

十六、　二反卌五代　損卌五　時安

廿一、　二反十代　　成末
」

○脱アルカ、

十二、　五反　　得万

十三、　三反卅代　　重吉

十四、　二反廿代　　行吉

十五、　六反　損卅　吉安

十六、　三反卌五代　　依国

廿一、　四反　損二反　重吉

廿二、　二反　　秀行

廿七、　二反　　行吉

廿八、　二反　損卅　行吉

橋爪里壱所弐段拾伍代

一坪　十五代　已損　友成

十二、　三反　損一反廿　究竟

十三、　二反卅　已損　貞元

廿四、　一反卅　損一反　行元

廿六〔五カ〕、　二反廿　損二反　菊万

廿□〔六〕、　□反卌代　損一反　成里

廿七、　卅代　已損　菊万

松本里

卅三、　二反卅五代　損三反廿　延貞

勾金里陸段肆拾代

十一、　十代　貞清

十五、　二反　損十五　近貞

十六、　一反廿代　宗遠

廿一、　一反十代　□〔貞〕清

卅三、　一反卌五代　損五代　貞清

卅四、　五代　友安」

池辺里肆町壱反参拾伍代

廿三、　一反卅代　損一反　恒行

廿四、　五反　末貞

廿五、　九反卅五代　損一反十　恒行

廿六、　卅代　損十五　恒行

廿七、　二反廿五代　損二反　末貞

廿八、　三反十五代　損廿　末貞

卅三、　五反　究竟

卅四、　廿代　友貞

卅五、　五反卌代　損卌　恒行」

卅六、　四反卌代　損卅五　末貞

同西圭　三反　末貞

神前里

十九、　十五代　宗遠

糟垣北陸段弐拾代

一所　十代　恒弘

一、　十代　已損　恒包

一、　卌五代　包延

一所　十代　已損　恒安
一、　廿五代　行里
一、　卌代　行貞
一所　十五代　恒安
一所　十代　恒弘
一、　十五代　行里
一、　十代　恒安
一、　卅代　行里
一、　十代　損五代　貞恒』
一、　卌代　損廿　行末
一、　十五代　行末
一、　十五代　恒包
一、　五代　恒安
一、　十代　貞恒
四至外肆町参段貳拾伍代
大里
廿八、　二反　包延
廿四、　六反廿五代　損卌　行里

朝倉里
三、　一反卌代　損卌　恒行
高岡里
十一、　三反卌代　友包
廿五、　一反廿代　友包
山田里
二、　卅代　成里
十二、　六反卅代　得重
牧田里
五、　三反卅代損二反卌　久吉

三一七　某書状（裏紙欠）　○東京大学文学部所蔵長福寺文書四

御廻文二通加一見」返上之、御沙汰次第」尤神妙候、抑柞田庄事、播磨」中将許へ相尋候之処、」返状如此候、為御」不審令進候也、此」東山造作事、」取乱候て、無奈無隙

紀伊柞田庄

三一八　紀伊国河上庄預所方雑掌職請文　○巻十六

（モト端裏書）
「定仏請文　河上庄預所方年貢事　建武元九月二日」

紀伊河上庄

請申　神護寺御領紀伊国河上庄預所方雑掌職事

一、本田畠年貢貳万疋内、於春分壱万疋者三月中、至」秋分壱万疋者十月中可究済之、不違日来、

（実検以前定、）一、新田分幷雑物代内、守目六面、於春分者任現在」六月中令運上之、至秋分者十二月中可究済之、

一、請申之上者、不依旱水損亡、不謂庄家済否、可致其」沙汰、但天下一同大損亡之時者、臨其期、可申子細矣、

流鏑馬

一、流鏑馬事、守先例、無懈怠可致其沙汰事、

一、充定仏之身、賜雑掌職之上者、不蒙正員之御許」可、縦雖為一名、付別人、不可令契約知行矣、

一、於地下、不可行非法新儀、又曾不可致公平失墜之計矣、

以前条々、令違越請文之旨者、可被改替雑掌職、其時」更付公私、不可申子細、又就大小諸事、不可挿不忠所存、」若令違犯此旨者、日本国中仏神、殊当寺本仏薬師如来幷鎮守」八幡大菩薩御罰ぉ可罷蒙者也、仍請文之状如件、

建武元年九月二日　沙弥定仏（湯浅宗藤）（花押）

三一九　後醍醐天皇綸旨（宿紙）　○巻十六

来廿九日、於東寺」可被行百座仁王」会、御導師廿口、」当寺中可被沙汰進」由、所被仰下候也、

仍執達」如件、
（建武二年）九月廿三日　左少弁藤長（甘露寺）
神護寺々僧等中』

装束鈍色、」五帖袈裟、如定也、

追申

進返事候、如員数、」必可被沙汰進之由、」別被仰由候也、」早粗々各可持」参之由、可被仰也、

三二〇　後醍醐天皇綸旨（宿紙）　○巻十六

明日仁王会御導師」事、重申入候之処、猶被申」子細候之条、太以不可然、已及」御願之違乱、於十口」者、猶早且存別忠、」可令沙汰進之由、重所被仰下也、」仍執進如件、
（建武二年）九月廿八日　辰刻　左少弁藤長（甘露寺）

三二一　後醍醐天皇綸旨　○巻十六

来廿五日、法勝寺一切経供養、」当寺僧侶事、廿口之由、先度」被仰了、然而可為難治者、十口」必可令参懃、於今者、重不可」及再往御沙汰、日数已相迫了、」必可被存知、及御願之違乱之」条、争無斟酌候哉、殊存」公平、可構参之由、別重被」仰下候也、仍執達如件、
（建武二年カ）十一月廿日　右大弁清忠（坊門）
謹上　神護寺々僧等御中

三二二　後醍醐天皇綸旨（宿紙）　○巻十六

（端裏書）
「綸旨御祈禱並警固事　十一廿七到□（来カ）」

当寺宿老寺僧等、殊」可致御祈禱之精誠、」夏衆相催庄官以下、」令参洛、可致警固忠」節之旨、可令下知給者、」天気如此、仍（×悉）言上如件、

（建武二年）
十一月廿七日　左少弁藤長（甘露寺）

進上　神護寺別当僧正御房

○本文書、東洋文庫に同文の写しがある。

三二三　新田義貞書下　○思文閣古書資料目録一二〇

（封紙ウハ書）
「神護寺衆徒御中　義貞」

為　天下泰平・当家」安全、可致抽懇祈之」状如件、

建武三年三月六日　左中将（新田義貞）（花押）

神護寺衆徒御中

○本文書の封紙は神護寺所蔵である。

三二四　後醍醐天皇綸旨（宿紙）　○巻十六

丹波国吉富新庄預」所職、如元可被知行」者、

天気如此、仍執進如件、
延元々年五月廿四日　左中弁（中御門宣明）（花押）
神護寺々僧中

三二五　後醍醐天皇綸旨　○巻十六

尊氏丹波路より襲来

尊氏（足利）以下凶徒、自丹波路」可襲来之由、有其聞、赤坂」越警固事、厳密可致」其沙汰者、
天気如此、悉之以状、
五月廿五日（延元元年）　右少弁（岡崎範国）（花押）
神護寺衆徒中

三二六　後醍醐天皇綸旨（宿紙）○巻十六

丹波桐野河内郷・弓削庄

丹波国桐野河内郷幷」弓削庄等、為御祈禱料所、」可被知行者、
天気如此、仍執進如件、
延元々年六月二日　右少弁（岡崎範国）（花押）
神護寺々僧中

三二七　足利直義御判御教書　○巻十六

新田義貞延暦寺に逃籠る

新田義貞已下凶徒等事、逃籠山門之」間、可加誅伐之由、被成　院宣之処、」当寺令与力義貞等、

構城墎之」由、有其聞、早可轍却彼城、若」尚不承引者、可被処罪科、然早」不廻時尅、馳参御方、可致軍忠」之状如件、

建武三年六月十日（花押）（足利直義）

高尾寺衆徒中

三二八　光厳上皇院宣（切紙）　○巻十六

被
院宣偁、当寺者、」弘法大師（空海）経始之仁祠、文学〔覚〕」上人再興之聖跡也、久専」顕密之仏法、未携弓劔之」武略歟、而今偏随散卒之逆」悪、似招自宗之破滅、暴濫之」至、魔障之甚也、是併起自」一類之張行、定非満寺之』結構歟、自今以後、早退」城墎之塁構、宜禱　朝家」之太平者、
院宣如此、仍執達如件、

（建武三年）八月廿一日　参議資明（柳原）

神護寺住侶御中』

追申
寺領以下事、不可違　」先朝之裁報、重可有」当代之崇敬之由、其」沙汰候也、

三二九　足利尊氏御判御教書（小切紙）　○巻十六

大覚寺宮（性円）当寺御登山云々、於奉捕彼宮者、」先帝（後醍醐天皇）勅裁之寺領事、不可有相違之状」如件、

建武三年八月廿五日（花押）（足利尊氏）

神護寺衆徒御中

三三〇　足利尊氏御判御教書　○巻十六

（端裏書）「将軍家御教書」

高雄寺領事、如旧」停止武士之違乱、可令」全所務之状如件、

建武三年九月五日　源朝臣（足利尊氏）（花押）

衆徒中

三三一　足利尊氏御判御教書　○巻十六

祈禱事、被致精誠云々、尤以」神妙候、天下静謐・家門繁昌、」可抽丹誠之状如件、

建武三年九月十二日（足利尊氏）（花押）

神護寺々僧御中

三三二　丹波国守護仁木頼章施行状　○尊経閣古文書纂

丹波吉富本新庄

高雄神護寺領丹波国吉」富本新両庄事、任将軍家」御教書之旨、可被全所務之」状如件、

建武三年十月七日　伊賀守（仁木頼章）（花押）

神護寺衆徒御中

三三三　二階堂成藤巻数請取状　○巻十六

天下静謐・国家安全」御祈禱、薬師供等懃行」注文一紙、入見参畢、」依仰執進如件、
建武五年六月廿一日　前参河守（二階堂成藤）（花押）
神護寺衆徒中

三三四　足利尊氏寄進状　○尊経閣古文書纂

丹波吉富新庄
奉寄　高雄山神護寺
丹波国吉富新庄内鳥羽村刑部」郷事
右、所寄附之状如件、
建武五年閏七月四日　源朝臣（足利尊氏）（花押）

三三五　丹波国焼森嶋教園院領目録　○影写本十

丹波吉富庄刑部郷
刑部郷焼森嶋参町田数支配目録
教園院領知分
合玖段参拾代内壱段陸斗代
分米玖石貳斗
貳段卌代内壱段六斗代　分米貳石四斗　二郎太郎　○この行に裏書①あり。

廿貳代半　　分米四斗五升　随観
拾五代　　分米三斗　　孫太郎
壱段廿代　　分米壱石四斗　六郎
壱段拾代　　分米壱石貳斗　定心後家　○この行に裏書②あり。
廿貳代半　　分米四斗五升　後藤太
壱段卌五代　　分米壱石玖斗　三郎
壱段五代　　分米壱石壱斗　十郎
一、此支配之外、向後荒野開之由出来之時者、任本」支配之旨、追可有配分者也、
右、所支配于教園院方之田数目録如件、』
建武五年八月廿一日
裏書①「此貳段四十代内石代壱段卌代、寺家羅漢講料田也、」
裏書②「此壱段拾代定心後家之作、寺家羅漢講料田也、」
○本文書と次号文書の継目裏に花押がある。

三三六　丹波国焼森嶋彦三郎入道余流等領目録　○影写本十

丹波吉富庄刑部郷

刑部郷焼森嶋参町田数支配目録
彦三郎入道余流幷悲阿弥陀仏領知分
合玖段参拾七代半内壱段拾七代半 陸斗代

分米玖石貳斗壹升

貳段廿五代　　分米貳石五斗　　二郎

壹段陸斗代　　分米陸斗　　円勝

壹段廿代　　分米壹石貳斗　　五郎

壹段拾代　　分米壹石貳斗　　観顕

廿五代　　分米五斗　　与藤二

壹段廿五代貳代半六斗代　　分米壹石四斗八升　　道心

壹段廿七代半内十五代六斗代　　分米壹石四斗三升　　彦三郎

五代　　分米壹斗　　九郎

一、此支配之外、向後荒野開之田出来之時、任本支配之旨、可有配分之者也、

右、所支配于彦三郎入道余流幷悲阿弥陀仏方之田数目録如件、

建武五年八月廿一日

三三七　室町幕府引付頭人奉書　○巻十六

丹波吉富本新庄

神護寺雑掌尊隆申、丹波国吉富本新両庄、軍勢濫妨事、重訴状具書如此、先度被施行之処、無沙汰云々、所詮当庄者、寺家一円之条、御下知以下炳焉也、然者任彼状等、不日退濫妨輩、沙汰付雑掌於庄家、分明可被注申之状、依仰執達如件、

暦応二年八月四日　　沙弥（二階堂行朝）（花押）

仁木伊賀守（頼章）殿

池上寺

三三八　恵鎮書状　○来迎寺文書

先立内々令啓候、池上寺之辺」池内年貢御免事、可為何様哉、」凡当寺荒廃之時、自貴寺御興行」之間、諸仏事・勤行以下、併御興」隆之処、此一事相残候、同御寄」進候者、於身可為生涯之芳恩候、」得御意、面々御談合候者、所仰候、」恐々敬白、

（後筆）「暦応三」

二月十八日　恵鎮

観智坊御房

池上寺

三三九　恵鎮書状　○来迎寺文書

池上寺之僧等歎申、平岡」例講料米御免許事、無相違」候之条、恐悦之至、恩恵更」難謝候、此趣志可仰池上寺僧」等候、千万猶可参謝候、恐々」敬白、

（後筆）「暦応三」

三月十三日　恵鎮

三四〇　足利直義御判御教書　○巻十六

天下泰平・国家安全」祈禱事、於八幡御」影御前、本地供幷」最勝王経転読、於」五○大尊御前、各々供」可被始行之状如件、

暦応四年二月廿一日（花押）（足利直義）

神護寺々僧中

三四一　足利直義下知状案

紀伊桛田庄

畠山国清

源頼朝の佳躅を追う

高雄神護寺雑掌性舜申紀伊国桛田庄」東西領家職事

（端裏書）「武家□書　暦応四年九、十一、」

右庄者、任　後白河院庁御下文寺家管領之」上、浄覚上人当寺住持之時、承久四年二月十日重」申給　後高倉院々宣以降、無改動之条、代々」勅裁炳焉之間、元弘三年六月十九日、所預安堵　」綸旨也、当御代亦帯　院宣并武家御教書」領知之処、畠山安房左近大夫将監国清、無故濫」妨無謂之旨、性舜訴申之間、為糺明、去年暦応三」八月四日尋下之上、同九月十四日、仰貴志二郎左衛門」入道浄宗成召文訖、如浄宗執進国清同十月廿日」請文者、差進代官可明申之由、雖載之不参之間、」擬有其沙汰之刻、就大和田合戦事、被閣当」国相論畢、国清当参之間、去八月九日以両奉行』人性遵（安威資脩）光尚（大野）使者遣奉書之処、于今無音、無理之」所致也、当寺追（源頼朝）右大将家之佳躅、当御代尊」崇異他、　公家之裁判依違之時、尚以所仰」武道之肩聶也、守護人之濫妨、争無炳誡哉」之由、雑掌所申叵忽慢歟、然則於当庄者、」停止国清之濫妨、宜令寺家之領掌、次国清」之濫妨之科事、所被付寺社之修理也、仍下知如件、

暦応四年九月十一日

源朝臣（足利直義）在判

○以下紙背
如御使見候、只今」寄人来臨事候」間、不及判形候、」恐入候、
御札畏拝見仕候畢、」守護殿在京候間、事由」申入候ハて、差替代官」入部可為難儀候之間、
内々」伺申候とて、忩々可入代官」候、更不可有等閑之儀候、」御年貢段、於今者所残』候ハしと
覚候、御代官」被入部候て、可被尋食」候歟、近日愚身下向仕」候以前、以使者諸事可」申入候、
恐惶謹言、
十月廿八日　行正
「□　行正」

三四二　足利直義下知状　○巻十六

丹波吉富庄

領家職は後白河法皇地頭職は源頼朝の寄進

神護寺領丹波国吉富庄内志万郷幷神吉上」村等事
右、安養院法印尊仲、当郷等、称相伝領掌、同国」御家人雀部新左衛門入道致濫妨之由、及直
訴、為飯尾〔修〕条理」進入道宏昭奉行、成問状畢、而当寺領一具沙汰、先立信重奉〔三須〕」行之間、所令与
奪也、爰如寺家雑掌尊隆状者、件両所、往昔以来、」為寺領知行、于今無子細之処、安養院法印
雑掌覚信、構無窮」謀計、申付奉書於地下輩、致乱入狼藉之上者、不日被召返彼奉書、」可被停
止濫妨云々、就之召決両方於引付座之刻、文覚上人弟子浄覚」上人時、先師覚厳法眼有忠、可
子孫相伝之旨、被成充文、五代知行、」無違乱之由、覚信雖申之、於吉富庄者、領家職　後白河
法皇御」寄附、地頭職者、関東右幕下寄進之上、一円為承久没収之地、重」関東寄進之条、嘉禄
元年六月日下文分明也、随而就寺領、有触』申子細者、可有尋成敗之旨、天福二年十月廿九日、

被成同御教書畢、」尊仲法印、被放当寺寺僧、成寺家敵対、号有当寺管領浄覚」上人充文、争可掠領寺領哉之旨、尊隆所申、旁以有其謂歟者、」停止尊仲法印濫妨、寺家領掌不可有相違、次濫妨咎事、」可被付寺社修理也、仍下知如件、

康永二年十月廿二日

左兵衛督源朝臣（足利直義）（花押）

三四三　大高重成書状　○巻十七

以寺家雑掌被申候之旨、」委細承候了、

抑令参御方、致御祈禱、」并可抽忠節之由事、神妙」御事候歟、其上者、寺領等」悉可申出安堵御下文候、且」殊忠候時者、可申沙汰」別賞候、委曲申雑掌候了、」恐々謹言、

八月廿一日　重成（大高）（花押）

貴志次郎左衛門入道殿』

（裏紙奥切封ウハ書）
「（墨引）

貴志次郎左衛門入道殿　重成」

三四四　足利直義願文写　○東山御文庫所蔵文書

夫高尾山神護寺者、起従　八幡大菩薩之」神願、既為和気清麻呂之開基、爾降弘仁」往昔　弘法（空海）大師闡密宗、文治曩時文学（覚）」上人再興廃跡、可謂神明感応之霊地・仏」法久住之仁祠矣、就中当

家特有因、累」代専奉帰敬、是以施入阿含経内一軸、為」常住持経、此経典者、権者真蹟之由、或」人口伝之故也、加之、図征夷将軍（足利尊氏）并予（同直義）」影像、以安置之、為結良縁於此場、令知」信心於来葉也、伏冀伽藍不動遙及龍」華之三会、法水無窮、普潤蜻洲之諸州、現当所」願悉皆円成、于時

康永乙酉年孟夏二十三日記之、

従三位行左兵衛督兼相模守源朝臣直義○

（花押影）

于時○（元）亀二年三月四日、以自筆写之畢、

三四五　神護寺結縁灌頂僧名書付（折紙）　○飛見丈繁氏所蔵文書

神護寺結縁灌頂僧名

法　印守弁

法印権大僧都深守

法　印隆叡

奝済

法印権大僧都宣猷

権大僧都　弁暁乞戒

権少僧都　栄兼

信遍

権律師　宣俊
経賢散花
大法師　承雅少阿闍梨
俊意
已上、持金剛衆
大法師　良尊
兼瑜
守我反
承賢反
良叡
弁忠
宣恵
俊叡
已上、讃衆
康永四年十月十五日
上卿
権中納言公陰卿歟、可存之、
宰相
行高
権右中弁

雖被　宣下□忝、

三四六　足利直義御判御教書　○巻十七

丹波吉富本新庄

高雄神護寺領丹波国吉富本新」両庄事、守護人（山名時氏）寄綷於左右、或充課」臨時公事、或譴責細々所役云々、甚以不」可然、於向後者、固可停止之、若違犯者、」為処罪科、可令注申子細之状如件、

貞和元年十月廿九日　左兵衛督（足利直義）（花押）

寺僧中

三四七　室町幕府引付頭人奉書　○巻十七

若狭西津庄役夫工米

神護寺雑掌慶舜申、若狭国」西津庄役夫工米事、申状副具書如此、」子細見状、早為代々　勅免地、不弁彼役之」由、文治以来公検（験）等分明上者、不日可被停止」大使等譴責之状、依仰執達如件、

貞和元年十二月五日　武蔵守（高師直）（花押）

大高伊予権守（重成）殿

三四八　丹波国守護代小林国範請文　○岡谷惣助氏所蔵文書

（端裏書）「国範請文　守護人執進之、」

丹波船島同刑部郷

神護寺雑掌尊隆申、丹波国船嶋地頭志村」平六入道、於同国刑部郷内土々井三郎丸名幷」恒守名以下田地、致苅田狼藉之由事、去年」十二月三日御奉書、同廿三日到来、謹拝見仕了、」抑任被

仰下候之旨、相触志村平六入道寂意」候之処、企参洛可明申之由、捧請文候、仍」寂意請文一通進上之、此条偽申候者、可」罷蒙　八幡大菩薩御罰候、以此旨可有御」披露候、恐惶謹言、

貞和二年二月七日　源国範（小林）（花押）

進上　成田大進公御房

三四九　足利直義下知状　○尊経閣古文書纂

紀伊桛田庄

高雄神護寺雑掌尊隆申紀伊国桛田」庄事

右、当庄為寺領之条、代々公験之謂、暦応四年」九月十一日下知状載而炳焉也、爰高野惣執行」寂道押妨之由就訴申、度々雖加催促無音之」間、仰田代又二郎入道了賢・勝田孫太郎入道静昭、重」触遣畢、而如了賢・静昭去月十三日・同廿日請文者、」可参決之由、雖相触不及是非請文云云、各載起請詞、者、」当寺領事、有触申子細者、可有尋成敗之由、天福二年」十月廿九日関東御教書分明也、仍対安養院法印冥仲、為」雅楽民（三須信重）夫（部）大夫入道々信今者死去奉行、再往有其沙汰、康永二年」十月廿二日成敗畢、此上不及異儀、然則於当庄者停止寂道」妨、寺家知行不可有相違之状、下知如件、

関東御教書

貞和二年十二月十七日

左兵衛督源朝臣（足利直義）（花押）

三五〇　藤井恒貞田地売渡状　○広島大学文学部所蔵神護寺文書

（端裏書）「与三男売券」

売渡　私田壱所事

合壱段者、四至宇西宇野久氏名三坪与三作

右、件田者、藤井恒貞先祖相伝之私領也、」而依有要用、現米貳石五斗延定高雄」慈尊院御坊仁奉売渡者也、但於本」券文者、依有地類、藤井恒貞許仁」残置之、於加地子者、四斗本斗定、毎年無」解怠可致沙汰候、寺家御年貢幷」加地子雖為少分、無懈怠者、下作人」可被召放候、不可申一言子細候也、若請」出者、十年以後以本物可返給候也、」以他人秘計請出者、曾不可致綺用」者也、仍為後日、証文之状如件、

貞和三年丁亥十二月十二日　口入人鏡福（略押）

恒貞（略押）

三五一　足利直義御判御教書　○巻十七

天下静謐祈禱事、於」当寺、大般若経二十部、三七ケ」日之間、可被転読之状如件、

貞和三年十二月廿六日　（足利）直義（花押）

神護寺々僧中

三五二　足利直義御判御教書　○巻十七

天下静謐祈禱事、」殊可被致精誠之状」如件、

貞和三年十二月廿七日 （足利直義）（花押）

神護寺衆徒中

三五三　足利直義御判御教書　○巻十七

天下静謐祈禱」事、殊為致懇祈、」大般若経三部、於」当寺可令転読之状」如件、

貞和四年六月一日 （足利直義）（花押）

神護寺々僧中

三五四　慈尊院俊然寄進状　○狩野亨吉氏蒐集文書四

奉寄進　神護寺理趣三昧料田事

合貳段者、在所等見本券面、

右、貞和三年八月十六日者、先師」僧正栄海唱滅之日也、限未来際、以」此小田加地子為其料足、迎毎年之」忌日、啒請僧侶十口、欲被行理趣」三昧矣、仍寄進状如件、

貞和四年八月三日　権少僧都俊然（花押）

三五五　大乗経印板奉納状　○巻十七

奉納　神護寺

五部大乗経印板付各具経等

凡一千五百七十三枚

右印版、以呵吽之発願・檀那之」助成、彫刻功畢、爰依聖跡異」他、永所奉安置神護寺也、願」花文不萎兮、伝仏語於慈氏」之春、実益無尽而、及利生於」世友之秋、修治之勝計、相続之」法式、委細在別紙、守以勿廃絶矣、」仍所奉寄進如件、

貞和五年十二月　日　比丘呵吽（花押）

施主正琳（花押）

三五六　足利尊氏御判御教書　○巻十七

凶徒対治祈禱事、」近日殊可被致精誠之状」如件、

観応元年七月廿八日（足利尊氏）（花押）

神護寺衆徒中

三五七　神護寺・高山寺境界契状　○高山寺文書

（端裏書）「和談」

和談

神護寺与高山寺堺事

右堺者、以机谷為北堺、其谷之末流出押河、以彼河為高山寺西北堺之条、分明也、爰件谷河源自両方流出之間、至彼在所其堺似難定、依之下部等動致相論之間、以両寺和談之儀、以東流為

治定之堺、神護寺之東際、高山寺之西際、所打定牓示也、

但於小骨坂以東者、以槇尾山東谷、号槇尾谷、為堺之条、古今所無相論也、

南限槇尾山北尾半、以小骨坂牓示為堺、其西北可下押河、

北限小野堺峰、

如此令治定之間、於彼要所、両寺寺僧・年預・知事会合、悉打定牓示畢、自今以後敢不可相濫之、若当寺下部等有違越事者、如先年契約不日触承之、致厳密沙汰、任法式可処罪科者也、仍為永代亀鏡和談之状如件、

観応元年九月十一日　知事了玄（花押）

知事尊忠（花押）

三五八　足利義詮御判御教書　○巻十七

凶徒対治祈禱事、」殊可被致精誠之」状如件、

観応元年十二月二日（足利義詮）（花押）

神護寺衆徒中

三五九　足利直義御判御教書　○巻十七

天下泰平・武運」長久祈禱事、」可致精誠之状如件、

観応元年十二月十四日（足利直義）（花押）

高尾神護寺々僧中

三六〇　後村上天皇綸旨（宿紙）　○巻十七

当寺領并
先朝御寄附地等安堵」事、天下静謐之時、可」有其沙汰者、
天気如此、悉之以状、
正平五年十二月十七日　左京権大夫（大福寺正雄）（花押）
神護寺々僧等中

三六一　後村上天皇綸旨（宿紙）　○文覚寺文書

御祈禱事、近日殊」可致精誠、
天気如此、悉之以状、
正平五年十二月十七日　左京権大夫（大福寺正雄）（花押）
神護寺々僧御中

三六二　赤松義則書状　○集古筆翰二

歳末巻数一枝」賜候了、祈禱事、被」懸御意候条、恐悦候、恐々」謹言、
十二月廿七日　左近将監義則（赤松）（花押）

○本文書、充所を欠く。

○以下紙背
一、備中号御料所代官望事停止奉書　文明三正文

一、備中足守庄半済奉書案文　停止　正文ハ守護付候了、　応仁元

以上二通十二月廿六日

一、以前安宗・尾尻被返付時奉書四通、此内ニ納之、

飯尾加賀守申沙汰、相判同名大和守、

御寄進二通之内、寺家一通、同守護一通、

守護方遵行・同内藤遵行・打渡等」新本両郡代折紙五通、

文明八年六月十九日納之、

新庄刑部郷尾尻分安宗名・宇津郷内平与□済□」御寄進□

三六三　足利義詮御判御教書　○武家手鑑

丹波吉富本新庄

高雄神護寺領丹波国」吉富本新両庄事、内藤」孫次郎・波々伯〔部脱〕源次郎等押領云々、」甚濫吹也、早止彼妨可沙汰付」雑掌之状如件、

観応二年四月十六日　（花押）

（仁木頼章）
兵部大輔殿

三六四　足利義詮御判御教書　○巻十七

（封紙ウハ書）
「（後筆）「草野保公文職定光乱妨事」
仁木兵部大輔殿　義詮　神護寺八十三」
（足利義詮）（花押）

丹波吉富本新庄

高雄神護寺領丹波国吉富」本新両庄事、寺解具書遣之、」子細見状、往代之寺領、由緒異他、」而内藤孫三郎定光、号草野保」公文職、致濫妨云々、甚無謂、於理非者、」追可糾決、至下地者、如元沙汰付寺」家、可被全本知行之状如件、

観応二年八月十三日

（頼章）仁木兵部大輔殿

三六五　足利直義御判御教書（小切紙）　○巻十七

祈禱事、殊可致」精誠之状如件、

観応二年八月十九日（足利直義）（花押）

神護寺衆徒中

三六六　後村上天皇綸旨（宿紙）　○大覚寺文書

紀伊国桛田庄、止軍勢」・甲乙人妨、可全」知行者、

天気如此、悉之以状、

正平六年八月廿七日　（御子左為忠）右兵衛督（花押）

神護寺々僧等中

三六七　宮将軍令旨　○巻十七

御祈禱事、殊可令致」精誠者、宮将軍令旨如此、」悉之、以状、

正平六年十一月十一日　右少将(徳大寺実胤カ)（花押）

神護寺々僧等中

三六八　宮将軍令旨写　○色々証文

播磨福井庄

神護寺領当国福井庄」領家職事、任被定下」法、可令沙汰居寺家雑掌」於地下者、宮将軍令旨」

如此、悉之、以状、

正平六年十二月十三日　右少将(徳大寺実胤カ)（花押影）

播磨国守護殿

三六九　後村上天皇綸旨（宿紙）　○巻十七

当寺御祈禱事、」聞食了、猶殊可抽精誠」者、

天気如此、仍執達如件、

正平六年十二月十五日　左中将(中院具忠)（花押）

神護寺々僧中

○本文書、吉田黙氏所蔵文書に同文の写しがある。

三七〇　足利義詮御判御教書　○巻十七

天下静謐祈禱事、」近日殊可致精誠之状」如件、
正平七年閏二月十八日　（足利義詮）（花押）
神護寺衆徒中

三七一　足利義詮御判御教書（小切紙）　○巻十七

天下安隠〔穏〕祈禱事、可致」精誠之状如件、
観応三年閏二月廿九日　（足利義詮）（花押）
神護寺衆徒中

○本文書の裏打紙の余白に「自江州拝領御教書」とある。

三七二　室町幕府御所奉行巻数請取状　○山科家古文書

天下静謐御祈禱」巻数任目録入見参」候畢、仍執達如件、
観応三年五月十三日　沙弥（粟飯原清胤）（花押）
神護寺衆徒御中　御返事

三七三　高倉某書状（小切紙）○巻十七

（端裏書）
「高倉大納言返報　寺家御祈綸旨事
観応三七十二到」

不審之処、悦奉候了、」抑世上之事、実不可説々々々、」言語道断事候歟、又」御祈禱事、委令伺申、」綸旨申成之候、諸事」令申此使者候、恐々謹言、

七月九日 

三七四　後村上天皇綸旨（小切紙）○巻十七

御祈禱事、致忠懃之」由、被聞食了、尤以神妙、」近日殊猶可抽精誠者、
天気如此、仍執達如件、

（観応三年カ）
七月九日　（葉室光資）右少弁（花押）

神護寺衆徒等中

三七五　光厳上皇院宣○巻十七

当寺御影堂御」作御本尊孔雀」明王本様料、明日」可被奉渡之由、被仰下之」状如件、

二月廿七日　（柳原資明）按察使（花押）

神護寺々僧中

三七六　某書状　○巻十七

昨日被仰候孔雀明王」像、為拝見、仏師尭円令」登山候、可得御意候、於」御本尊者、何様即可
被」渡進之由候也、恐々謹言、

二月廿八日 

助僧都御房

（端裏切封）「（墨引）　　』
（後筆）「光明寺」　　」

追申
昨日御教書、聊大様」候歟之間、奉行人書改」之候、以前状可被返進之」由、同所候也、

三七七　某書状　○巻十七

御本尊事、今日被」造立候、可被返渡候、定日」未被仰下候、但古像も」可被修複（復）之様、其沙汰
候、」然者定聊経日数候歟、」有御伺、重可被仰候、御祈」事、可被成　綸旨之由、被」仰下候、忩
可有申御沙汰旨、』其沙汰候也、恐々謹言、

二月廿九日 

三七八　足利義詮御判御教書　○巻十八

「神護寺衆徒御中（封紙ウハ書）　義詮」
天下静謐御祈禱」事、転読大般若、近日」殊可被凝懇念之状如件、
文和二年三月二日（花押）（足利義詮）
神護寺衆徒御中

三七九　室町幕府引付頭人奉書 ○思文閣古書資料目録一二五

丹波吉富本新庄

高雄山神護寺雑掌快存申、」丹波国吉富本新両庄郷々事、」重訴状如此、就註進状候沙汰了、於凶徒」与同住民等者、宜処所当之罪科、」至下地者、往代之寺領不可依違、早」守本知行、沙汰付雑掌、可全寺用、」更不可遅引之状、依仰執達如件、
文和二年四月廿九日　散位（花押）（大高重成）
当国守護（仁木頼章）

三八〇　成円譲状 ○岡谷惣助氏所蔵文書

播磨福井庄

譲与播磨福井庄東上村預所職之事
右、福井庄東保上村於半分者、子息」五郎兵衛尉泰永所譲与也、有限」寺家御公事者、無忩懈（ママ）可令勤仕者也、」向後更不可有異儀候也、仍為後日」譲状如件、
文和貳年五月廿日　成円（花押）

三八一　足利義詮御判御教書　○巻十八

天下静謐御祈禱事、」今明殊可被凝懇府（ママ）之」状如件、

文和二年六月七日　（花押）（足利義詮）

神護寺衆徒御中

三八二　室町幕府奉行人巻数請取状（小切紙）　○巻十八

天下静謐御祈禱巻数、」入見参候了、仍執達如件、

文和二年七月六日　沙弥（鞍智時満）（花押）

神護寺衆徒御中

○本文書の裏打紙の余白に、「自濃州巻数御返事、奉行クラチノ入道」とある。

三八三　足利義詮御判御教書（小切紙）　○巻十八

天下静謐御祈禱、近日」殊可致懇丹之状如件、

文和二年七月八日　（花押）（足利義詮）

高雄神護寺衆徒中

三八四　足利尊氏御判御教書　○巻十八

祈禱事、可致」精誠之状如件、
文和二年十月七日（花押）（足利尊氏）
神護寺衆徒中

三八五　室町幕府奉行人巻数請取状　○巻十八

歳末御祈禱」巻数、入見参候了、」仍執達如件、
文和二年十二月廿八日　前肥後守（花押）
神護寺衆徒御中

三八六　室町幕府奉行人巻数請取状　○巻十八

御祈禱巻数一枝、」令入見参候畢、仍」執達如件、
文和二年十二月廿九日　伊賀守（小田知春）（花押）
神護寺衆徒御中
御返事

三八七　某書状　○東京大学文学部所蔵長福寺文書四・七

紀伊桛田庄
此所労近日無憑之躰候、就其」桛田庄事、既及廿余年」令違乱候、如当時者、落居」又無其期候歟、然者被」付置後坊供僧一口、被資」遺跡牢籠候者、夢後之」芳志不可如之候、但千万之」一桛田庄領家得分一口』供僧分ニ可立直事候者、」可被召返後坊供僧候、」委細面拝之時令申」候、得其

御意、可然之」様、申御沙汰候者、殊」本望候、恐々謹言、

（後筆）「文和三」
四月廿日　

本性坊御房

（後筆）「依柿田左右、後坊供僧可返進由事」　本性坊御坊　

三八八　室町幕府引付頭人奉書　○古文書集一

丹波吉富本新庄

高雄山神護寺領丹波国吉富新庄」雑掌申下司職事、訴状副具書如此、」波々伯部源二・海老名七郎太郎等」濫妨云々、不日退彼輩可被沙汰」付于雑掌、有子細者、可被注申之」状、依仰執達如件、

文和三年八月十一日　沙弥（石橋和義）（花押）

（仁木頼章）左京大夫殿

三八九　足利義詮御判御教書　○巻十八

足利義詮中国下向

天下静謐祈禱事、」中国下向之間、可被致」精誠之状如件、

文和三年九月廿六日（足利義詮）（花押）

神護寺衆徒御中

三九〇　後村上天皇綸旨（小切紙）　○巻十八

後村上天皇河内臨幸

依河州　臨幸、取分」御祈禱事、御巻数」三枝披露之処、殊以」目出候、弥可被致精誠之」由、被
仰下候也、恐々」謹言、

（後筆）「正平九」
十一月十一日　修理大夫（花押）

三九一　後光厳天皇綸旨（宿紙）○巻十八

御巻数執進候了、」目出候之由、其沙汰候也、」恐々謹言、

（後筆）「文和四」
正月十四日　右大弁俊冬（坊城）

三九二　後村上天皇綸旨（小切紙）○巻十八

御祈禱事、御巻数」披露之処、殊以神」妙、弥可被致精誠之由、」被仰下候也、恐々謹言、

（後筆）「正平十」
正月廿九日　修理大夫（花押）

神護寺々僧御中

』

追申

満寺御祈禱事、」御巻数則披露之」処、慇懃之沙汰、尤」神妙之由、同所候也、」此趣可被伝仰候
哉、

三九三　後村上天皇綸旨（小切紙）○巻十八

御巻数執進候了、」殊目出候之由、其沙汰」候也、恐々謹言、

（後筆）「正平十」
二月五日　景郷

神護寺々僧御中

三九四　足利尊氏御判御教書　○巻十八

（モト端裏書）「将軍家御教書　奉行小田伊賀守（知春）」

天下静謐御祈禱事、」近日殊可致精誠之状」如件、

文和四年二月十二日（足利尊氏）（花押）

神護寺衆徒中

（封紙ウハ書）「たかを

神護寺衆徒中　尊氏」

三九五　室町幕府奉行人巻数請取状（小切紙）　○巻十八

天下静謐御祈禱」巻数、令入見参候了、」仍執達如件、

文和四年三月四日　沙弥（鞍智時満）（花押）

高尾神護寺衆徒御中

三九六　与田大和守巻数請取状（小切紙）　○巻十八

御祈禱巻数一枝、」令入見参候畢、殊」以目出度候、仍執」達如件、

正平十年卯月八日　大和守（与田）（花押）

高尾衆徒中

三九七　後村上天皇綸旨（小切紙）　○巻十八

天下静謐御祈禱」事、近日殊可令致」精誠者、

天気如此、悉之以状、

正平十年四月九日　右中弁（葉室光資）（花押）

神護寺々僧中

三九八　山名時氏書下　○巻十八

祈禱巻数、賜候了、」殊可被致精誠之」如件、

正平十年卯月十五日　左京大夫（山名時氏）（花押）

高雄寺衆徒御中

御返事

三九九　後光厳天皇綸旨（宿紙）　○巻十八

五壇護摩御巻数、」執達了、神妙」由、被仰下之状如件、

四月七日　右兵衛佐嗣房（万里小路）

四〇〇　某書状　○巻十九

紀伊河上庄

河上庄本下司末孫野尻」四郎実広、捧此申状候、可為」何様候哉、凡此事、先々」度々雖（×令）令執申候、不被裁許、而」送星霜候之間、未進等、近年」重畳候、如当時者、目録面、大略」有名無実事候歟、可然之様、」可有申御沙汰候哉、恐惶謹言、

四月十二日　

進上之候

四〇一　細川清氏書状（裏紙欠）　○巻十九

祈禱巻数一枝、」給候了、弥被致精誠」候者、公私目出度候、恐々」謹言、

卯月十四日　清氏（細川）（花押）

四〇二　小林重長書状　○巻十九

御札委細承候了、」兼又大服茶給」事、悦存候、寺家」よりくハんすゆ給候、」悦入候、諸事」可申承候、恐々謹言、

七月六日　重長（小林）（花押）

（裏紙奥切封ウハ書）
「（墨引）

小林巻数返事　重長」

四〇三　細川頼之書状　○巻十九

歳末巻数、給候了、」御祈念之至、為悦候、」恐々謹言、

十二月廿七日　（細川）頼之（花押）

神護寺々僧御中

四〇四　細川頼之書状　○某氏旧蔵文書

歳末巻数、給候了、」御祈念之至、悦入候、」恐々謹言、

十二月廿七日　（細川）頼之（花押）

神護寺々僧御中

四〇五　赤橋登子書状　○巻十九

御くわむしゆ、まいり候ぬ、」けさむに入て候、返々」めてたく候、猶々も、」御いのり、たのもしく候と、」いらへ事にて候、

四〇六　某奉書追而書　○巻十九

追仰

御巻数等、執進了、

四〇七　楠木正儀遵行状　〇尊経閣古文書纂

□□領□□」津庄可被止料所之儀」由事、綸旨如此、早任被仰」下之旨、可被沙汰付寺家雑掌」於下地之状如件、

正平十三年十月十九日　河内守（楠木正儀）（花押）

河野辺駿河守殿

四〇八　室町幕府引付頭人奉書　〇尊経閣古文書纂

美作井原郷

高雄神護寺雑掌宗珍申、美作」国井原郷地頭職事、申状具書如此、」軍勢等濫妨云々、早止彼妨、可被沙汰付」雑掌之状、依仰執達如件、

永和二年十一月十四日　陸奥守（細川業氏）（花押）

山名修理権大夫（義理）殿

四〇九　足利義詮御判御教書　〇尊経閣古文書纂

（封紙ウハ書）
「左衛門佐入道殿　義詮」

若狭西津庄

高雄山神護寺雑掌行秀申、」若狭国西津庄事、申状如此、加藤」次郎左衛門尉致自由押領云々、為事」実者甚不穏便、不日可沙汰付下地」於雑掌、有子細者、任実正載起請之」詞、可注申之状

如件、

康安元年十一月廿日（花押）（足利義詮）

（石橋和義）左衛門佐入道殿

四一〇　丹波国守護仁木義尹遵行状　○山科家古文書

丹波吉富新庄

高雄山神護寺雑掌行秀申、」丹波国吉富新庄惣追補使職幷」同庄刑部郷公文職事、去年十一月廿日」御教書遣之、為往古寺領之処、称雀部」新左衛門入道跡、有濫妨人云々、早任被仰下之」旨、不日退違乱輩、可沙汰付下地於雑掌、」若不叙用者、載起請之詞、可注進之状」如件、

康安二年正月十八日（花押）（仁木義尹）

守護代

四一一　丹波国守護仁木義尹請文　○巻十九

（封紙ウハ書）「進上　御奉行所　　兵部大輔義尹」

丹波吉富新庄

丹波国吉富新庄惣追捕使職」幷刑部郷公文職事、高雄神護寺」雑掌、帯去年十一月廿日御教書、歎申之、」支状謹進覧之候、以此旨可有御披」露候、恐惶謹言、

康安二年九月十日　兵部大輔義尹（仁木）（花押）

進上　御奉行所

四一二　桃井直常書状（小切紙）　○巻十八

祈禱巻数一枝、給候了、」精誠之至、殊更目出候、」恐々謹言、

卯月八日　（桃井）直常（花押）

四一三　常仁奉書　○尊経閣古文書纂

丹波吉富本新庄

吉富本新両庄人夫以下果〔課〕役事、」御状之趣令披露候之分、先立も」更々不覚悟候上者、於向後者堅可」有禁制之由、可申之旨候也、恐々」謹言、

貞治二
四月廿八日　常仁（花押）

寺家政所殿

四一四　武家申詞幷後光厳天皇勅答写　○東山御文庫所蔵文書

当御代御執奏　貞治四年閏九月九日　朱ニテカク也、

御使
二階堂中務少輔行元

奉行
斎藤々内右衛門入道玄観

使者申詞

丹波吉富新庄内池上大日寺

一、高雄神護寺申寺領丹波国吉富新庄」内池上大日寺々僧等向背事、

一、同寺内平等心王院事、

両条、於当○〔寺〕者、任先規於武家有其沙汰之」上者、可被閣　聖断之由、可申入西園寺家矣、

西園寺家に申入る

コレモ朱ニテカク、

勅答

神護寺申平等心王院幷丹波国吉富」新庄内池上大日寺事、可被閣　聖断之由、」被聞食之旨、

可仰武家矣、

四一五　室町幕府引付頭人奉書　〇尊経閣古文書纂

美作井原郷

神護寺雑掌尋賀申、美作国」井原郷河内右近大夫知行跡地頭職事、訴状具書」如此、早退濫妨人等、任御寄進状、被仰付」雑掌於当所、可被執進請取之状、依仰」執達如件、

貞治五年五月十八日　　沙弥（今川範国）（花押）

山名弾正少弼（時義）殿

四一六　丹波国吉富庄鳥羽村永和二年得分米算用状（後欠）　〇源喜堂古文書目録二

丹波吉富庄鳥羽村

（端裏書）「鳥羽村預所渡方

永和二年散用状　了観奉之、」

勘定　永和三年三月十二日

注進　鳥羽村　永和二年御得分米散用状

合

一、交分米　拾玖石六斗九升二合　河成四段十分
　　　　　　除壱石七斗二升五合　三斗四升四合交分

一、加徴米　拾六石四斗五升二合　河成四段十分
　　　　　　除二斗五升二合

一、出田米　壱石六斗

一、塵米　三石玖斗三升八合四勺
　　　　　玖拾八石四斗六升分

一、御佃米　拾石

一、御正作増分　参石柒斗六升

四一七　神護寺灌頂小阿闍梨登用次第　○水木直箭氏旧蔵文書

神護寺灌頂小阿闍梨幷登用次第元応二年被始置之、

元応二年庚申　胎蔵界

　良済　　元応二年十二月一日　宣下、

　　　　　元亨元年九月十七日　僧事、以小灌頂労任権律師、

大阿闍梨前大僧正□助于時東寺一長者、当寺別当、

元亨元年辛酉　金剛界

醍醐親恵　　元亨元年十一月十一日　宣下、

同二年十二月廿九日　僧事、以小灌頂労任権律師、

同二年壬戌　胎蔵界

教誉

元亨二年十二月十二日　宣下、

同四年九月二日　僧事、以小灌頂労任権律師、

同三年癸亥　金剛界

重瑜

元亨三年十一月十四日　宣下、

正中二年九月卅日　僧事、以小灌頂労任権律師、

同四年甲子（改元正中元十二月九日）　胎蔵界

専耀　元徳二年正月十四日　僧事、以小灌頂労任権少僧都、

正中二年乙丑　金剛界　』

永淳　嘉暦元年十二月廿一日　僧事、以小灌頂労任権律師、

嘉暦元年丙寅　胎蔵界

良然　嘉暦二年十一月廿九日　僧事、以小灌頂労任権律師、

同二年丁卯　金剛界

教賀

嘉暦二年三月卅日　僧事、

同三年十二月十七日　僧事、以小灌頂労任権律師、

同三年戊辰　胎蔵界

尊我
嘉暦二年九月廿一日　僧事、
同四年正月十四日　僧事、以小灌頂労任権律師、
元徳元年己巳　金剛界
経祐
嘉暦三年正月十四日　僧事、
元弘三年十一月十七日　宣下、以小灌頂労任権律師、
同二年庚午　胎蔵界』
信遍
嘉暦四年正月十四日　僧事、
元弘四年正月十四日　僧事、以小灌頂労任権少僧都、
元弘元年辛未　金剛界
永誉
元徳二年五月廿二日　僧事、但元弘三年十一月十五日被行入之、依寺訴延引、
建武元年九月四日　僧事、以小灌頂労任権律師、
同二年壬申　胎蔵界
永秀
元弘三年十一月十四日　宣下、但元弘三年十一月十四日被行入之、依寺訴延引、
建武元年五月　僧事、以小灌頂労任権律師、
同三年癸酉　金剛界
永喜
元弘三年十一月十七日　宣下、
建武二年八月卅日　僧事、以小灌頂労任権律師、

改元建武元
同四年甲戌　胎蔵界
良増　建武元年九月四日　僧事、但延引、建武二年閏十月十五日被行之、
大阿闍梨小野僧正弘真于時一長者、
有臨幸被行之、胎界ハ乙年也、臨幸之初、尤可為甲年とて、依　勅定明年、建武二年分、以相博之儀、」被行金界畢、
建武二年乙亥　金剛界　』
為□□□分被行胎蔵界了、
貞然　建武二年潤十月　日　宣下、但延引、同年十二月廿日被行入之、
同五年七月十九日　宣下、以小灌頂労任権律師、
大阿闍梨法印権大僧都深増
同三年丙子　胎蔵界
隆経
大阿闍梨僧正栄海
同四年丁丑　金剛界
有誉　建武四年十一月十三日　宣下、
大阿闍梨法印権大僧都深増
暦応元戊寅　胎蔵界自当年依寺訴闕了、
同二年己卯　金剛界同闕了、
同三年庚辰　胎蔵界同闕了、

但今年十二月廿四日、為武家沙汰、去々年分被行入胎界也、」宇津宮遠江入道為御代官登山、小アサ
リ為廻役観智房」懃仕、綱所等不充行、』

同四年

康永元

同二年

同三年

同四年　改元貞和元年

永雅　金剛界　康永四年十月十五日被行、去暦応二年分」武家依執申入、有　勅許被宣下了、

大阿闍梨慈尊院学海

同年十一月十五日当年分被行之、

弁忠　金剛界

大阿闍梨　慈尊院学海

同　貞和二年丙戌　胎蔵界

承賢

大阿闍梨慈尊院僧正学海

同　貞和三年丁亥　金剛界

俊叡　依吉野楠木合戦被延引了、』

同四年戊子　胎蔵界

深憲

永和四年戊午四月十日　去年分被行入了、金剛界

于時律師卅八

大阿闍梨全海大慈院僧正七十四

四一八　播磨国福井庄上村一方地頭領家下地中分状　○岡谷惣助氏所蔵文書

(端裏書)「東保上村一方地頭職中分坪付　康暦元五九」

福井庄上村一方地頭与領家中分下地事

合

一、永安間人名半分

領家方

国元十八条四方十一坪四反十代

永安廿条五方廿二《ウハカハシ》ノ五反五代

十九条六方十三《キスヲチ》ノ二反

友松廿二条五方十七《ワタリ》ノ二反廿代

同六方六《アラキ》ノ一反西依

友松九条一方十三《東依》ノ三反

同士与九　十二ノ三反

守包廿条四方十九《西田井》ノ二反

永安廿条五方卅《ナカレ田》ノ二反

友松廿二条五方廿一《ヌカツカ》ノ四反

同ノ廿五代《アラキ》十八歩北依

廿一条五方廿五ノ一反卅五代

廿一条五方卅六《南依》ノ卌代
廿二条《三所合》五方《ワタリ》十八《西依》ノ卌五代
廿一条六方蓑寺ノ西十九ノ卌代東依

已上、参町参段卅代

地頭方
廿一《友松》条六方十六《アウコ田》坪三反廿代
同《友松》五ノ《ウナテ》二反
廿条《友松》六方《やフ田》五ノ二反
廿二条五方《モチ田》卅ノ四反
廿二条六方アラキ六ノ一反東依
廿一条《友松》六方十一ノ《ウツロ木ノ前》一反卅五代
九条《友松》一方十《東依》八ノ二反
廿一条《永安》五方五ノ《コモフチ》一反

已上、参町参段卅五代

一、行宗名半分

領家方
十九条六方十二《コモフチ》坪廿代十八歩
同五方　卅二ノ二反

九条《友松》一方十八《西依》ノ二反
廿条《助末》四方廿七ノ廿五代
廿一《友松》条六方四《ウナテ》ノ二反
同十ノ八《友松ホリ町》反卌五代
十条《石丸》二方廿二ノ二反
九条《友松》一方十三《西依》ノ三反
同ノ廿代十八歩南依
廿一条五方　廿六ノ卌《北依》代
廿二条《ワタリ》五方十八《三所合》ノ《東依》卌五代
廿一条《蓑寺ノ西》六方十九ノ《西依》卌代
廿一条六方十五《大君ノソハ》ノ二反五代
同四方七ノ二反廿代十八歩

同五方　廿六《小山ノ辰巳》ノ一反　　廿二条六方七ノ二《ハシリヲリ》反十五代
廿一条五方十三《マカリ田》ノ仁（ママ）卌五代　　廿一条六《石カハナ》方卅六《北依》ノ一反
　已上、壱町弐段十代
　地頭方　　廿条六方十一《知波羅寺前》ノ二反卅代
十九条六方十《キスヲチ》二坪廿代十八歩　　廿一条四方七《ハナカツホ》ノ一反《東依》廿五代十八歩
同　五方卅《横田》五ノ二反　　同五方卅四《小山ノ根》ノ二反五代
廿一条六方十一《ウツロ木ノ前》ノ一反十代　　同四方卅《石カハナ》六ノ一反《南依》
同　六方三ノ一《ツクリ石》反十五代
　已上、壱町弐段十代
一、末恒友安名半分
　領家方
十八条四方十二三坪一反《西依》廿五代　　同ノ卌代ヤ不畠
同　十五ノ三《東依》反五代　　同ノ一反
同　十六ノ一反《南依》　　同六方十二ノ一反《東依》
廿一条四方一《マメ田》ノ一反《東依》　　同十三《カマハラ》ノ二反《南依》
ハツ、ケ松ノ未申東依
同二三ノ二反　　廿二条五方八ノ一反十五代』
　已上、壱町肆段参拾伍代
地頭方

十八条四方十二三坪一反廿五代 東依　同ノ卌代 屋不畠
同　十五ノ三反五代 西依　同ノ一反
同　十六ノ一反 北依　同六方十二ノ一反 西依
廿一条四方一ノ一反 マメ田 西依　同十三ノ二反 カマハラ 北依
廿一条四方二三ノ二反 ハツ、ケ松ノ未申 西依　廿二条五方八ノ一反十五代

已上、壱町肆段卅五代

一、貞守名半分

領家方

九条二方　七坪　三反 東依

地頭方

九条二方　七坪　三反 西依

右、太概如斯、此外於漏坪畠田并畠不作荒野者、」随尋出而可令中分、更以不可有違失矣、

康暦元年己未五月八日

寺家公文所頼詮（花押）

寺家公文所快祐（花押）

地頭沙弥宗禅（花押）

○本文書、継目裏毎に宗禅・快祐・頼詮の花押がある。

四一九　播磨国福井庄東保上村年貢注進状（後欠）　○影写本十

（端裏書）
「□東方所務□（注）文案□」

注進

播磨福井庄

福井庄東保上村安東□

合

一、物田数　四丁六反内　〔但二反新田加分　亡名分〕

分米九石

□十九石九斗六升　交分米　〔惣政所方ヨリ請取、〕

已上、三十八石九斗六升在之、此内

一、十四石五斗一升三合　亡名ノ流米、惣政所へ納之、

但ニエ得田加定在之、

一、一石九升二合　同新田分　流米惣政所へ納之、

一、八斗一升　〔宇野方アト四分三ノ分、今ハ平賀殿へ納之、四分一ハミコハタ方へ納之、〕

一、石（ママ）　地下定使給分

一、一斗八升　〔福井惣社ウツキノ宮〕　八幡宮上分米　色々分

已上、十七石五斗九升五合

残米廿一石三斗六升五合

代廿一貫三百六十五文石別一貫文充、
一、御公事銭納分事
一、三貫文　名方御公事銭
一、七百文　畠□地子分
「所済(断簡)以上、卅八石一斗六升三合」

四二〇　丹波国守護山名氏清遵行状　○研優社平成廿六年秋期古書目録

丹波吉富新庄

高尾神護寺雑掌申、」丹波国吉富新庄内惣追」補使職以下事、御教書」如此、早可沙汰居雑掌於」下地之状如件、

永徳元年十一月廿八日　前陸奥守(山名氏清)（花押）

小林左近将監殿

四二一　丹波国小守護代某宗心打渡状　○尊経閣古文書纂

丹波吉富新庄

高雄神護寺雑掌申、丹波国」吉富新庄内惣追補使職事、」任被仰下之旨、沙汰付彼雑掌」於下地候了、仍渡状如件、

永徳元年十二月八日　宗心(庁鼻和カ)（花押）

四二二　神護寺公文所用途借状案（前欠）　○水野忠幹旧蔵文書

借請　用途事
　　合柒貫文者、
右用途者、為寺用所下料足作替分、所」借請也、毎月貫別加五十文利分、慥可被」返弁、若有延引者、来秋以九月分供料」内、本利悉任山下之和市、自寺庫直可」有返納候也、更以不可有無沙汰、仍借書如件、
　　至徳元年十二月三日　　公文所判
年預御判
同
同

借請　用途事
　　合伍貫文者、
右用途者、為寺用所下料、所借請也、毎月」貫別加五十文利潤、慥可被返弁、若」有延引者、来秋以九月之借料内、本利悉」任山下之和市、自寺庫直可有返納」候也、更以不可有無沙汰之儀、仍借書如件、
　　至徳二年五月十三日　　公文所判
年預御判
同
々々
』

同

丹波刑部郷

借請　用途事

合伍貫文者、

右用途者、為放生会料足、所借請也、毎月」貫別加五十文利分、来秋以刑部郷年貢」内、本利慥

可令返納也、為厳重料足上者」更不可有無沙汰儀、仍借書如件、

至徳貳年八月十五日　　公文所判

年預御判

同

同

丹波刑部郷

借請　用途事

合拾五貫文者、

右用途者、為栂尾道者借物返弁料足、」所借用也、毎月貫別加五十文利分、本利」慥可被返納之、

以刑部郷年貢内、為其足可」返納也、更不可有無沙汰儀、仍借書如件、

至徳貳年九月三日　　公文所判

年預御判

同

同
□□

四二三　神護寺公文所用途借状案　○輯古帖三

丹波刑部郷

借請　用途事

　合拾貫文者、

右用途者、為奉行方会尺料足、所」借請也、毎月貫別加五十文利分、来」秋以刑部郷年貢内可令返納也、本利」悉任時和市、可被返弁、更不可有依」違之儀、仍借書如件、

　至徳三年卯月十七日　　公文所判

年預御判

同

同

四二四　神護寺公文所用途借状案　○輯古帖三

借請　用途事

　合肆拾貫文者、

右用途者、為放生会料足作替分、所」借請也、毎月貫別加五十文利分、」慥可令返弁之、若令延引者、以九月分」借料内、本利悉任山下之和市、自寺庫」直可有返納也、更以不可有依違儀、仍」借書如件、

至徳三年六月十一日　公文所判

年預御判

同

同

四二五　丹波国守護山名氏清遵行状　○池上院文書

丹波吉富新庄内池上大日寺

丹波国吉富新庄内池上」大日寺、池内田畠等事、」任安堵御下知状之旨、可打」渡下地於高雄神護寺」雑掌之状如件、

明徳二年六月廿六日　前陸奥守(山名氏清)（花押）

少林上野介殿

四二六　足利義満寄進状　○巻十九

丹波吉富新庄

高雄神護寺領丹波国吉富」新庄内、鳥羽村刑部郷預所職」事、早且任建武五年御寄進」状、且為宝篋院殿(足利義詮)御菩提料所、」所寄附之状如件、

応永四年九月三日

入道准三宮前太政大臣(足利義満)（花押）

四二七　弁海書状　○国会図書館所蔵田券

此置文、附法四人各」令所持候、可得其意候、
槇尾事、故浄印上人」置文幷僧都之渡状」進之候、依目所労不能」判形候之間、弁海為」後日証人
加判形」進之候、可得御意可」有御披露候、恐々謹言、
（後筆）「応永五」
潤四月五日　弁海（花押）
法身院御房

四二八　足利義満御判御教書　○巻十九

凶徒対治〔退〕祈禱事、」近日殊可致精誠之状」如件、
応永六年十一月十九日（足利義満）（花押）
神護寺衆徒中

四二九　室町幕府奉行人中沢氏綱書状　○東京大学史料編纂所所蔵文書

山城押河谷山

山城国押河谷山事、高雄」領之段、更不存知候、旧冬於」八幡御陣大夫史就申之、」安堵書上候了、
可得御意候、」恐々謹言、
応永七
二月廿三日　（中沢）氏綱（花押）
○本文書、充所を欠く。

四三〇　丹波国小守護代小笠原正元請取状　〇思文閣古書資料目録二〇一別

丹波吉富本庄

請取　高雄神護寺領丹波国吉富」本庄分神宝料之事

合弐拾貫文者、

右、於当寺領者、神宝反銭先規」更無其沙汰候云々、仍一献分之」料足請取候所如件、

応永七年六月十四日　（小笠原）正元（花押）

四三一　足利義満御判御教書　〇巻十九

丹波吉富本新庄

高雄神護寺領丹波国吉富」本新両庄事

右、任証文等幷当知行之旨、寺家」領掌不可有相違之状如件、

応永八年三月八日

入道准三宮前太政大臣（足利義満）（花押）

四三二　某貞盛打渡状　〇尊経閣古文書纂

丹波吉富本庄

高雄神護寺領丹波国吉富」本庄内神吉村与太秦広隆寺」領山城国巨勢幡山端相論事、」任御教書幷御遵行旨、三子塚」一谷」一曲以下所渡申神護寺」雑掌如件、

応永八年八月一日　貞盛（花押）

四三三　性海・窮慶連署仏具寄進状　○宮内庁書陵部所蔵青蓮院文書

奉寄進　高雄山神護寺大師(空海)御影堂仏具事
合四面者、阿伽器・花曼・火舎・瓶等四面分皆具、鈴三杵・金剛盤・灑水塗香器・輪羯磨有台橛、以上、
右仏具者、任先師招提寺窮源和尚之命旨、」永奉寄附于当山御影堂者也、聖霊所願者、」偏以香花
供養之善縁、遂顕満月円明之」霊性也、高祖大師自微雲管若察於心腑焉、」先師和尚三会出定之
値遇何疑矣、仍地蔵院・」光音院・久米寺僧衆等、守彼遺言、所奉寄此道具如件、
応永八年十一月九日　窮慶（花押）
性海（花押）

四三四　丹波国上縄野村算用状　○碓井小三郎氏所蔵文書

(端裏書)「上縄野村散用状
応永八年辛巳分」
勘定応永十年癸未九月四日○この行朱筆、
丹波上縄野村
注進　上縄野村　応永八年辛巳御米散用事
合定田貳拾玖町肆段貳拾伍代内
伍斗代　壱町貳段貳拾代　分米陸石貳斗
肆斗伍升代拾壱町参段肆拾代　分米伍拾壱石貳斗壱升

参〃斗伍升代　弐〃町陸段　分〃米玖石壱斗
参〃斗代　陸〃町陸段伍代　分〃米拾玖石捌斗参升
参〃斗代　柒〃町陸段拾代　分〃米弐拾弐石捌斗陸升

幷御米佰〃玖石弐斗内

除

参〃斗　御壇供米　弐〃斗御忌日米　加〃増分
柒〃石柒斗参升　例〃免

已上捌〃石弐斗参升

定御米佰〃石玖斗柒升内　』

所済
柒〃斗柒升陸合　八月十一日
肆〃斗捌升伍合　八月十一日
壱〃石伍斗捌升弐合　八月廿八日
玖〃斗陸升　八月廿八日
参〃斗弐升　九月七日
玖〃斗陸升　九月七日
弐〃石伍斗陸升弐合　九月廿三日
壱〃石陸斗弐合　十月七日

陸斗肆升肆合　十月八日
貳石貳〔斗脱〕肆升肆合　十月十三日
貳石捌斗玖升壱合　十月十七日
貳石貳斗肆升参合　十月廿九日
参石参斗伍升陸合　十月廿九日
壱石貳斗柒升参合　十一月二日
伍斗参升壱合　十一月二日
貳石肆斗柒升陸合　十一月五日
貳石玖斗壱升参合　十一月九日
肆升柒合　十一月廿九日』

已上、寺庫納貳拾捌石壱斗壱升七合○以下六行朱筆、
参石参斗参升四合損免五石内　御給主方除之、
貳石肆斗肆升五合　上御使万力下国給分
幷参拾参石捌斗玖升陸合
当年未進陸拾陸石柒升四合
都合未進貳仟参拾捌石肆斗貳勺』

○裏書①
「当寺未進
此内延慶・元亨度々損田・河成・無地・弓削境以新田、被召於本田口米、委細注進等、寺家御方進

入之、

　　已上、拾参石参斗参升柒合

又康永四年七月洪水損田、分米陸斗壱升五合、貞和二年十月注進之、
又観応元年小窪井溝敷闕損田弐拾代、分米壱斗壱升弐合伍勺、
又文和四年三月五日注進河成田代、本田参段参拾□□□□壱段、分米壱石玖斗壱升伍合、
又大般若田御寄進田、分米肆斗伍升、
又貞治七年注進田代損田弐段弐拾伍代、分米壱石参升伍合、
又此損田等内応安七年注進立帰田代陸段伍代拾捌歩内、本田肆段肆拾代拾捌歩新田壱段」弐拾伍代、
分米弐石伍斗伍升柒合伍勺、定米加之、
又同時注進当損田河成等、玖段拾代拾捌歩内、本田伍段卅伍代十捌歩、新田参段廿伍代、分米参石肆
斗陸升弐合加除之、
又永和弐年注進立帰田代伍段参拾代内、本田壱段参拾代、新田肆段伍代、分米壱石柒斗肆升伍合加定
米之、
又同時注進当損田壱段内本田卌代 新田拾代、分米肆斗壱升加除之、
又性善・西信注進新田弐段、分米伍斗内、定御米加之、
又近年百姓等連々雖歎申、未無御免除河成不作分弐丁余有之、仍御年貢不弁之、
又明徳元年立申河成分陸斗参升、注進状寺家御方有之、
又小窪井溝代拾代□〔七カ〕升玖合
又壱斗捌合溝代五代廿七歩　河成十代九歩分、御検使宗林房　応永四年

又六升二合四勺脇田井溝代、本田五代新田九歩
○裏書②
「貮斗捌升貮合　康暦二年百姓等立申河成分、
又下司名内河成立申分有之、」
一、同村未進仟玖百柒拾陸石玖斗陸升九合二勺
所済
参〻斗玖升肆合　九月廿二日
参〻斗貮升　十月七日
参〻斗貮升壱合　十月九日
参〻斗貮升肆合　十月十一日
貮〻斗壱升肆合　十月廿七日
陸〻斗捌升　十月廿七日
陸〻斗捌升　十月廿七日
貮〻斗玖升壱合　十月卅日
肆〻斗捌升壱合　十一月二日
貮〻斗玖升壱合　十一月四日
参〻斗捌升捌合　十一月五日
貮〻斗玖升壱合　十一月十二日
壱〻斗玖升肆合　十一月廿九日

貳斗壱升肆合　十二月二日
壱斗玖升肆合　十二月八日
柒斗貳升陸合　十二月廿日
已上、寺庫納陸石参升四合○この行朱筆、』

一、同村御地子散用事
合定畠玖町伍段分地子肆石柒斗伍升内
所済
壱斗壱升壱合　十一月二日
壱斗壱升壱合　十一月九日
参斗捌升捌合　十一月九日
貳斗壱升玖合　十二月六日
捌升貳合　十二月十八日
已上、寺庫納壱石肆斗五升九合○以下三行朱筆、
当年未進参石貳斗九升一合
都合未進佰参拾陸石肆斗□升二合八勺』
同御地子未進佰参拾参石壱斗陸□〔升〕一合八勺
『未済』○朱筆

応永十年九月四日勘定畢、〇以下四行朱筆、

納所代快詮（花押）

寺家公文所定紹（花押）

寺家公文所禅快（花押）

右、所大概注進如件、

応永十年九月四日　　公文代上

〇本文書、継目裏毎に禅快・定紹・快詮の朱筆の花押あり。なお、合点は全て朱筆である。

四三五　丹波国八代村散用状（後欠）〇中野荘次氏所蔵文書

（モト端裏書）
「八代村散用状応永八年辛巳分」

勘定応永十年癸未九月十七日

丹波八代村

注進　八代村応永八年辛巳御米散用事

合　定田貳拾肆町玖段参拾伍代内

肆斗伍升代　　貳町分米　玖石

参斗伍升代　　玖町壱段貳拾伍代分米　　参拾貳石貳升伍合

参斗代　　肆町壱段貳拾代分米　　拾貳石肆斗貳升

参斗代　　玖町陸段肆拾代分米　　貳拾玖石肆升

抃御米　捌拾貳石肆斗捌升伍合内

除

肆斗　御壇供米　貳斗貳升　御忌日米

○本文書の合点は全て朱筆である。

四三六　某庄代官衛門尉請文（前欠）

○広島大学文学部所蔵神護寺文書

廿代　西窪　卌代　玉井

卅代　同　一反　木原

一反　ヨコ枕　一反　十坪

卌代　木原　廿五代　由里寺下

卌代　小河ハタ

以上、九段五代

都合壱町九反卅五代内　除　一反卅五　熊原井料田　一反五　算失

定田壱町二反卅五代

右、此条偽申、存私曲者、御本仏薬師如来」并鎮守八幡大菩薩御罰ぉ可罷蒙候、」仍起請文状如件、

応永十三年三月十八日　御代官衛門尉（花押）

四三七　丹波国吉富庄年貢算用状

○東京大学史料編纂所所蔵文書

丹波吉富庄

（端裏ウハ書）「刑部郷預所方散用状　応永十二年乙酉分」

勘定　応永十三年丙戌九月二日○この行朱筆、

注進　刑部郷御得分惣庄方御米散用事

合応永十二年乙酉分

除

惣田数百玖町八段廿代内　本卅四町七段七代半 新七十五町八段十二代半

廿九町一反卅代内　本十二丁二反廿五代 新十八丁九反五　三郎丸直進分

残田捌拾丁陸段四十代　本廿参町七反卅二代半 新五十六丁九反七代半

已上、分米百拾玖石玖升柒合交分反米 同塵等

又加

今新田参町　交分反米四石一斗一升本米井料遣之、

并百貳拾参石貳斗柒合

除

卅五石五斗参升　三郎丸等本年貢

定残御米　捌拾七石六斗七升貳合

尚除

九斗　御忌日米』

一斗七升二合　御壇供交分
二斗五升　二位家御忌日米
四石二斗五合　廿丁方交分三丁一反卅五代分
二斗　下樋宮蓮花会一昼夜分　』
一斗　同宮ワサハワヲ御供米
一斗　同宮池祭時御供米
一斗　同宮火太木時御供米
四斗　元亨河成分
一石一斗　国堺押領等交分
二斗三升三合　池祭時楽頭給之、
五升　正月ニ催祝給
九升五合　本溝敷卅五交分
三斗四升　又太郎介両付御免二反廿五新交分

　已上、捌石貳斗肆升柒合

残定米柒拾玖石肆斗四升

已上、寺庫納伍拾柒石肆斗四升壹合七勺四才　加交分定　〇以下七行朱筆、

　壹石柒斗貳升三合　同三合米

参石柒斗柒升八合　惣庄寺庫三合米

壱石陸斗玖升六合　平岡三合米
貳石肆斗壱升六合　一宮祭礼精進屋」并流鏑馬以下色々庄立用
伍斗参升　平岡流鏑馬之時役人等色々方
貳斗　□政所垣修理食物納

○本文書、継目裏毎に、賢清・定紹・経勝の朱筆の花押三箇あり。なお、合点は全て朱筆である。

四三八　丹波国吉富庄某郷算用状（前欠）

○東京大学史料編纂所所蔵文書

陸石参斗参升貳合　十一月□
貳斗貳升陸合　十一月□
貳石捌斗肆升伍合　十一月十□
伍斗捌升貳合　十一月十日
参斗捌升捌合　十一月十一日
壱斗柒升柒合　十一月十□
伍斗貳升肆合　十一月□
伍斗陸升参合　十一月十四日
参斗捌升捌合　十一月十五日
貳斗捌升貳合　十一月十□
貳斗壱升参合　十一月□

〃参斗肆升　十一月十七日
〃陸斗壱升柒合　十一月十七日
〃壱斗伍升伍合　十一月十八日
〃柒升参合　十一月十□
〃壱斗柒升伍合　十一月廿日
〃陸斗柒升玖合　十一月廿一日
〃肆斗柒升肆合　十一月廿一日
〃肆斗肆升陸合　十一月廿□
〃陸斗貳升捌合　十一月廿一日
〃陸斗伍合　十一月廿二日
〃壱斗肆升陸合　十一月廿二日
〃陸斗肆升玖合　十一月廿□
〃肆斗陸合　十一月廿二日
〃伍斗玖合　十一月廿二日
〃貳斗玖升壱合　十一月廿三□
〃壱斗参升陸合　十一月廿五□
捌升捌合　十一月廿五日
〃貳斗玖升壱合　十一月廿九日

伍斗玖升玖合　十一月卅日

壱石壱斗伍升壱合　十二月一日

伍斗肆合　十二月二日

柒升玖合　十二月四日

壱斗柒升伍合　十二月七日

已上、寺庫納肆拾柒石捌斗捌合□（○以下六行朱筆、）

柒石参斗肆升参合四勺（井溝□任御下知□）

陸石捌斗陸升六合六勺（損亡御免□御給主同□）

并陸拾貳石壱升八合

当年未進陸拾陸石玖斗九升二合

都合未進参仟伍百玖拾四石四斗八升一合□』

一、同郷未進参仟伍百卅壱石七斗一升九合六勺

所済

陸斗肆升壱合　十月五日

陸斗柒升玖合　十月十六日

参斗貳升壱合　十月十七日

参斗肆升　十月十九日

（この部分に後掲附紙①を貼る。）

貳〻斗玖升壱合　十月廿三日
貳〻斗玖升壱合　十月廿七日
参〻斗肆升　十月廿八日
貳〻斗壱升肆合　十一月四日
参斗貳升捌合　十一月十二日
貳〻斗壱升参合　十一月十三日」
壱〻斗壱升陸合　十一月十四日
壱〻斗玖升捌合　十一月十五日
肆〻斗柒升壱合　十二月二日
已上、寺庫納肆石貳〻斗参升（〇この行朱筆、）
一、神殿新溝御検知元亭〔享〕河成立帰幷新田等御米散用□
合定田貳〻町玖段卅伍代内
肆〻斗伍升代　伍〻段肆拾伍代　分米貳〻石肆斗□□
参〻斗代　貳〻町参段卌代　分米柒〻石壱斗肆升
幷御米玖〻石柒斗玖升伍合
除」
壱〻石壱斗玖升　例〻免

定御米捌〵石陸斗伍合内

所済

壱〵石伍斗柒升参合　十一月一日

参〵斗捌升捌合　十一月四日

貳〵石参斗壱合　十一月八日

已上、寺庫納肆石貳斗陸升貳合〇以下三行朱筆、

当年未進肆石参斗四升三合

都合未進捌拾七石六斗九升八合七勺、

この部分に後掲附紙②を貼る。

一、同郷未進『未済』〇朱筆

捌〵拾参石三斗五升五合七勺　』

一、同郷康安元年幷貞治六両度注進田代御米散用□

合定田壱〵町伍段参拾伍代拾捌歩内

肆〵斗伍升代　肆〵段拾捌歩　分米壱〵石捌斗貳升貳合□□

参〵斗代　壱〵町壱段卅伍代　分米参〵石伍斗壱升

幷御米伍〵石参斗参升貳合伍勺内

所済

参〵斗捌升捌合　十月十九日

壱〵石玖斗玖升捌合　十月廿八日

已上、寺庫納貳石参斗八升六合〇以下三行朱筆、

当年未進貳石玖斗四升六合五勺

都合未進柒拾捌石貳斗九升五合五勺

『』この部分に後掲附紙③を貼る。

一、同郷未進『未済』〇朱筆

柒拾五石三斗四升九合

一、同郷内　奥露原田代　御米散用事

合参斗代　参町参段　分米玖石玖斗内

除

壱石陸斗伍升　例免

定御米捌石貳斗伍升内

所済

壱石伍斗玖升貳合　　十一月六日

壱石参斗　　十一月六日

已上、寺庫納貳石捌斗玖升貳合〇以下四行朱筆、

当年未進五石参斗五升八合内

陸斗陸升六合六勺損亡御免□

』

都合未進佰陸拾四石貳升七勺

一、同郷未進百五十九石三斗二升九合　『未済』〇朱筆

一、同郷御地子散用事

合定畠肆拾貳町肆段拾代分地子貳拾壱石貳□

所済

柒斗貳升伍合　十月廿七日

壱斗柒合　十月廿八日

壱斗伍升柒合　十一月八日

壱石参斗壱升　十一月九日

肆石壱斗貳升　十一月九日

壱斗伍升壱合　十一月九日

壱斗肆升貳合　十一月十二日　』

柒升肆合　十一月十四日

壱斗柒合　十一月十五日

貳升玖合　十一月十五日

貳升玖合　十一月十七日

陸斗壱升　十一月廿一日
柒升柒合　十一月廿五日
玖升参合　十二月一日
壱斗玖升肆合　十二月三日
陸升肆合　十二月六日
参升伍合　十二月七日
柒升六合　潤六月三日
已上、寺庫納捌石肆斗四升三合〇以下三行朱筆、
当年未進拾貳石柒斗玖升七合
都合未進五百伍拾石壱斗六升七合□□
一、同郷御地子未進五百参拾七石五斗六升七合二勺　』
所済
貳升参合　応永十二 六月十一日
貳升玖合　六月廿日
伍升貳合　六月廿一日
貳升玖合　六月廿一日
壱升柒合　六月廿二日
壱斗壱升柒合　七月六日

伍〵升柒合　　七月十日
伍〵升捌合　　八月十四日
柒〵升陸合　　十一月四日
以上寺庫納参斗参升壱合〈○以下二行朱筆、〉
又壱斗柒升九合先納所納之、』

一、神殿幷新溝下御検知元亭〔享〕河成立帰御地子散用事
合得畠壱〵町伍段貳拾伍代分地子柒〵斗柒升伍合
所済
参〵斗肆升柒合『寺庫納』〈○朱筆〉　　十一月十日
当年未進肆斗貳升八合〈○以下二行朱筆、〉
都合未進拾柒石四斗四升五合

一、同郷未進拾〵七石壱升七合

一、同奥露原御地子散用事
合壱〵町参段内　　常〵不作参〵段
定畠壱〵町　　分地子伍〵斗』
所済

参〻斗伍升　　十一月六日
捌〻升柒合　　十一月十二日
已上、寺庫納肆斗参升七合〇以下三行朱筆、
当年未進陸升三合
都合未進参石五斗七升四合
一、同御地子未進三〻石五斗一升一合
応永十三年九月四日　勘定之畢、〇以下四行朱筆、
納所代　賢清（花押）
寺家公文所　定紹（花押）
寺家公文所　経勝（花押）

右、所大概注進如件、
応永十三年九月　日　公文代

〇本文書、継目裏毎に、賢清・定紹・経勝の朱筆の花押三箇あり。なお、合点は全て朱筆である。

附紙①
「当年未進
此内除延慶・元亨度々損田・河成・無地水便・絶溝代等、
除弐拾捌石壱斗壱升柒合伍勺、貞和二年委細注」進定、但此内新殿幷新溝下御検知之間、少々立帰
有云々、
一、康安元幷貞和六年立帰有之、仍御年貢別進上歟、

一、貞和二年注進以後年々闕損分幷文和二年闕損河成、先々」委細注進伍石七斗八升、
一、延文元・二洪水闕損河成参段内、本田壱段卅伍代、新田壱段拾」伍代、分米壱石玖升、但此内損田等立帰壱段卅代内、本田卅代、」新田壱段分米六斗定米加之、
一、朝日寺御寄進田壱段、分米肆斗伍升、
一、八幡宮神田、文和四年六月洪水損田廿代、分米壱斗八升、
一、延文四年ヨリ下司名立申河成、参段廿代内、壱段卅代、貞治三」年ヨリ立帰間、定米注進加之、猶残壱段卌代、分米柒斗玖升伍合、
一、貞治六年委細注進寺家進上、当損田幷水便絶等参反卌伍代」内、本田二反十五代、新田一反卅代、分米壱石四斗参升伍合、
一、下縄野出作分幷加畑谷不作分内、康暦元年ヨリ御年貢備進」分壱石肆升肆合、猶不作分米陸石捌斗参升伍合、
一、応安四年五月洪水当河成、分米参石肆斗六升六合三勺五才、先立委」細注進寺家進入之、
一、応安七年注進損田等、分米二石一升五合、先立委細注進寺家進入云々、
一、永和四年注進、立帰二反十歩内、本田一反卅伍代拾捌歩、新田拾伍代、」分米八斗六升二合五勺、先立子細同前、
一、同永和四年注進損田河成、二反卅伍代拾捌歩内、本田貳反貳拾」伍代、分米壱石壱斗貳升五合、新田拾代拾捌歩、分米二升二合伍勺、
已上壱石壱斗八升七合五勺、先立子細同前、
一、参石壱斗　康暦元年河成注進、寺家雖無御免不弁分有云々、」参石伍斗伍升参合参勺、至徳元・二両

年立申河成闕損分、

一、肆斗五升、明徳元年御舎利講田河成分、

一、近年百姓等幷下司方立申河成有云々、

一、応永参年新溝○下代五代分四升

附紙②
「当年未進

」

延慶・元亨度々損畠、御検知新田、下地・○河成・溝代等除八石一斗参升」二合五勺、延文四年委細注進寺家進入云々、

田代水便絶、得畠分地子、捌斗壱升除、猶除柒石参斗二升」二合五勺、年々洪水等闕損・河成、先ニ入立云々、委細注進伍斗、

都合柒石捌斗貳升伍合伍勺、

一、延文元八月・同二八月洪水損畠壱段廿代分地子柒升、

下司名立申河成畠四反十代、同東北御坊畠一反廿伍代不作由申、

同公文名畠壱反廿代、貞治六年委細注進時、田成畠幷損畠」等六反卅代、彼下地等地子不弁之、

一、応永三年新溝代、畠五代分地子四合除、

一、近年下司立申不作幷上高瀬大智院殿御分壱町除皆不作、此分」地子不弁云々、

附紙③
「当年未進

」

此内延文元八月・同二年八月洪水闕損・河成新田貳反拾代分米伍斗伍升、

此内延文四年ヨリ立帰分米貳斗、又損田河成分米参斗伍升、

四三九　丹波国上縄野村年貢算用状

○碓井小三郎氏所蔵文書

丹波上縄野村

勘定応永十三年丙戌九月四日〇この行朱筆、
注進上縄野村　応永十二年乙酉御米散用事
合定田弐拾玖町肆段弐拾伍代内
伍斗代　壱町弐段弐拾代　分米陸石弐斗
肆斗伍升代　拾壱町参段卌代　分米伍拾壱石弐斗壱升
参斗伍升代　弐町陸段　分米玖石壱斗
参斗代　陸町陸段伍代　分米拾玖石捌斗参升
参斗代　柒町陸段拾代　分米弐拾弐石捌斗陸升
并御米佰玖石弐斗内

除

参斗　御壇供米　弐斗御忌日米　加増分
柒石柒斗参升　例免
已上、捌石弐斗参升内
定御米　佰石玖斗柒升内

所済

参斗壱合　八月廿日
陸斗弐合　九月七日
壱石捌斗陸合　九月十四日

壱石捌斗陸合　九月廿五日
貳石壱斗柒合　十月五日
参斗壱合　十月十日
参石壱升　十月十四日
壱石伍斗伍升伍合　十月廿二日
壱石玖斗貳升参合　十月廿八日
貳石肆斗貳升柒合　十一月五日
玖斗陸升陸合　十一月七日
参斗肆升　十一月八日
壱石伍斗伍升陸合　十一月十日
貳斗玖升壱合　十一月十四日
陸斗柒升玖合　十一月十四日
肆斗捌升伍合　十一月十五日
参斗捌升捌合　十一月十五日
貳斗玖升壱合　十一月十八日
貳斗壱升参合　十一月十八日
貳斗玖升壱合　十一月十九日
貳斗玖升壱合　十一月十九日

壱石壱升玖合　　十一月廿日
伍斗玖升弐合　　十一月廿九日
弐斗肆升参合　　十一月廿九日
弐斗玖升壱合　　十二月二八日』
已上、寺庫納弐拾参石玖斗四升八合（○以下六行朱筆、）
壱石陸斗柒升　　井溝人切米御給主方除之、
伍石参斗三升三合四勺　損亡御免成　子細同前、
幷参拾石玖斗五升壱合四勺
当年未進柒拾石壱升八合六勺
都合未進弐千弐百玖拾八石四斗」九升七合五勺』

一、同村未進弐千弐百弐拾八石四斗七升八合九勺
『未済』（○朱筆）
○この部分に、裏書あるも、四三三号文書の裏書と同文に付き略す。
一、同村御地子散用事
合定畠玖町伍段　分地子肆石柒斗伍升内
所済
壱斗伍升壱合　　十一月卅日

壱〵斗貳升六合　応永十二閏六月三日

壱〵斗四升六合　八月十四日

已上、寺庫納肆斗貳升三合○以下三行朱筆、

当年未進肆石参斗貳升七合

都合未進佰伍拾石玖斗六升二合八勺』

一、同村未進佰〵四十六石六斗三升五合八勺

所済

伍升貳合　応永十二五月廿五日

壱〵斗壱升参合　六月五日

壱〵升貳合　六月廿二日

伍〵升貳合　六月廿二日

壱〵斗肆升伍合　十一月卅日

以上、寺庫納壱斗壱升三合○以下六行朱筆、

又貳斗六升一合先納所方

応永十三年九月四日　勘定畢、』

納所代賢清（花押）

寺家公文所定紹（花押）

寺家公文所禅快（花押）

右、所大概注進如件、

応永十三年九月日　　公文代上

○本文書、継目裏毎に禅快・定紹・快詮の朱筆の花押あり。なお、合点は全て朱筆である。

四四〇　丹波国八代村現未進注進状　○碓井小三郎氏所蔵文書

（端裏書）「八代村徴符」

丹波八代村

注進　八代村応永十二年現未進徴符事

合

ウルシ谷
名主中　肆斗陸升伍合　　弥八　肆斗
次郎　捌斗壱升柒合　　五郎次郎　捌斗
八郎　壱石陸斗参升柒合五勺　　右近　壱石貳斗
太郎四郎　貳石参斗五升八合四勺　　彦八　陸斗参升壱合三□
彦五郎　陸斗壱升九合　　七郎　肆斗内一斗十月六日
正阿ミ分　五升二合

以上、

中村分
中
源太　捌斗　　又六　壱石四斗六升三合内二斗二升十一月四残五□
中
行記　捌升　　道同　貳石壱斗八合七勺

右近次郎　五升二合　　与三　伍斗五升四合
源六　壱斗壱升　　四郎　壱石壱斗七升
彦五郎　壱石肆斗
以上、
西
西村マコ次郎　肆斗七升　　中五郎　伍斗陸升五合
源七　貳斗伍升　　与八　貳石四斗参升」
六郎二郎　壱石壱斗貳升四合　　彦五郎　柒斗貳升三合七勺
道妙　参斗八升　　次郎三郎　壱石陸斗八升
一郎　肆斗五升　　左近次郎　捌斗三升十月十五
三ノ□分宍□貳斗貳升三合」
以上、

同村荒不作分未進事
合
漆谷衛門　一石三斗五升二合八勺又五斗九合道万分　　弥八　二斗一升一合
右近　玖斗一升二勺　　八郎　四斗五升八合五勺
太郎　五斗六升六合五勺　　次郎　三升六合

正一分　三升六合
彦八　八斗五升四合五勺
以上、
中村
与三　玖斗六升二合
弥三郎　一斗八升
中法五郎分八斗七合
右近二郎　二斗五升二合
藤六　六斗七升六合
孫五郎　四升二合三勺
向坊分　三升六合
得分　二升九合
以上、
西村
源七　六斗二升
一郎　一斗八合
右馬　一斗八升
藤九郎　一斗八合
九郎一郎　二斗四升一合
左近二郎　三升五合

アコ女分　四斗二合三勺
弥六　一石四斗一升六合三勺
道同　三斗六升七合三勺
彦五郎　三升六合
七郎　三斗九升六合
源太　五斗七合
四郎　二斗一升六合
式部　一斗九升五合
道妙　二斗二升八合五勺
次郎三郎　三升九合
与八　三斗二升四合
彦五郎　五斗一升三勺
八郎　二斗八升二合
六郎二郎　三斗六升
」

以上、

サ王
与次分　二斗八合　　源六　三斗六升

源七　三斗二升四合　　道阿ミ　五斗四升　』

アス分　一斗四升四合

以上、

右、所太概注進如件、

応永十三年十一月　日　　公文代奉

四四一　丹波国八代村算用状　○東京大学史料編纂所所蔵文書

（端裏ウハ書）
「□〔八〕代村　散用状応永十三年分」

勘定　応永十四年卯月二日○この行朱筆、

□進　八代村応永十三年丙戌御米散用事

合　定田貳拾肆町玖段参拾伍代内

肆斗伍升代　貳町分米　玖石

参斗伍升代　玖町壱反貳拾伍代分米参拾貳石貳升伍合

参斗代　肆町壱反貳拾代分米拾貳石肆斗貳升

□
参斗代　玖町陸反肆拾代分米貳拾玖石肆升

幷御米捌拾貳石肆斗捌升伍合内

除

肆斗　御壇供米　貳斗貳升　御忌日米

陸石玖斗壱升　例免反別　伍升新田分

已上、柒石伍斗参升

定御米　柒拾肆石玖斗伍升伍合内

運上

壱石伍斗伍合　八月廿九日　」

捌斗捌升参合　九月八日

壱石貳斗肆合　九月十日

壱石伍斗肆合　九月十三日

壱石貳斗肆合　九月十八日

壱石貳斗肆合　九月廿六日

壱石伍斗肆合　十月二日

壱石伍斗伍合　十月六日

壱石貳斗肆合　十月十四日

陸斗貳合　十月十七日

参石貳斗玖升玖合　十月廿日

捌斗柒升参合　十月廿二日

肆斗伍升貳合　十月廿四日
壱石壱斗陸升肆合　十月廿五日
壱石肆斗伍升伍合　十月廿五日
貳石参斗陸升柒合　十月廿八日
貳石柒斗貳升玖合　十月廿九日
貳石　十月廿九日
参斗肆升　十月廿九日
捌斗伍合　十月卅日
参斗捌升捌合　十一月二日
貳石　十一月二日
□肆斗参升柒合　十一月三日
捌斗貳升伍合　十一月四日
玖斗捌升　十一月五日
壱石壱斗陸升肆合　十一月十五日
肆斗壱升壱合　十一月廿日
貳斗壱升陸合　十一月廿二日
貳斗参升伍合　十一月廿四日
貳斗肆合　十二月一日

壱斗肆升陸合　十二月二日

参斗壱升壱合　十二月五日

以上、寺庫納参十五石壱斗壱升九合○以下三行朱筆、

当年未進参十玖石八斗参升六合

都合未進肆百玖十参石壱斗」肆升七合三才

「(附紙)当年未進内

二石三斗九升三合　元亭〔亨〕河成

三斗六升八合　貞和元年河成

一石七斗一升四合　応安七年河成

二斗四升七合三勺　本不作分

一斗三升一合三勺　道善分不作

以上、五石五升三合六勺」

一、未進肆百伍拾肆石参斗参升壱合三才

運上

捌斗陸合　十月十五日

貳斗壱升肆合　十一月四日

以上、寺庫納壱石貳升○この行朱筆、

一、同村御地子散用事
合定畠　玖町捌反拾代
分御地子　肆石玖斗壱升内
運上
肆斗貳升貳合　十一月六日
捌升貳合　十一月廿日
陸升壱合　十一月廿二日
柒升壱合　十二月七日
以上、寺庫納陸斗参升六合〇以下三行朱筆、
当年未進肆石貳斗柒升四合
都合未進参十四石捌斗壱升貳合
同御地子未進参拾石五斗参升八合　』
未済〇以下五行朱筆、
応永十四年卯月二日勘定了、
納所代賢清
寺家勘定使所司懐詮（花押）
寺家勘定使夏一祐芸（花押）

右、太概注進如件、

応永十四年卯月二日　高義（花押）

○本文書、継目裏毎に、祐芸・懐詮の朱筆の花押二箇あり。なお、合点は全て朱筆である。

四四二　播磨国福井庄西保年貢未進注進状案　○水野忠幹旧蔵文書

（端裏書）「善蔵注文」

福井庄西保年々未進事

合

三十七石二斗　応永十二年　みしん

三十三石　応永十三年　みしん

都合柒拾石貳斗二ケ年分

同銭方

合参百文　二ケ年分みしん分

右、大概注進如件、

応永十二年六月八日　善蔵

四四三　丹波国八代村算用状　○東京大学史料編纂所所蔵文書

（端裏ウハ書）「八代村散用状　応永十五年分」

勘定応永十六年二月〇この行朱筆、

注進　八代村応永十五年戊子御米散用事

　合定田貳拾肆町玖段参拾伍代内

肆斗伍升代　貳町分米　玖石

参斗伍升代　玖町壱段貳拾伍代分米参拾貳石貳升

参斗代　肆町壱段貳拾代分米拾貳石肆斗貳升

参斗代　玖町陸段肆拾代分米貳拾玖石肆升

　并御米捌拾貳石肆斗捌升伍合内

　　除

肆斗　御壇供米貳斗貳升　御忌日米

陸石玖斗壱升　例免段別伍升新田分

　已上、　柒石伍斗参升

定御米　柒拾肆石玖斗伍升伍合内

　運上

伍斗貳升陸合　九月六日

壱石壱斗貳升陸合　九月十二日

壱石壱斗伍升参合　九月廿一日

壱石壱斗肆升壱合　九月廿六日

壱石壱斗捌升　十月四日
壱石壱斗貳升玖合　十月八日
壱石壱斗玖升肆合　十月十六日
壱石貳斗参合　十月廿二日
壱石壱斗参升玖合　十月廿二日
壱石壱斗捌合　十月廿九日
参斗　十月廿九日
壱石貳斗柒升玖合　十月廿九日
捌斗　十月廿九日
壱石陸斗肆升玖合　十一月二日
肆斗　十一月二日
壱石柒斗肆升陸合　十一月二日
貳石壱斗肆升肆合　十一月一日
壱石貳斗玖升玖合　十一月三日
壱石陸斗肆升玖合　十一月四日
壱石貳斗陸升壱合　十一月四日
陸斗柒升玖合　十一月四日
壱石柒斗肆升陸合　十一月八日

壱石壱斗捌升肆合　十一月九日
玖斗貳升柒合　十一月十三日　」
壱石参斗　十一月十四日
肆斗捌升　十一月十六日
貳斗肆升伍合　十一月十六日
壱石貳斗玖合　十一月十六日
壱石参斗陸升陸合　十一月十八日
参斗捌升捌合　十一月廿三日
捌斗　十一月廿四日
貳斗　十一月廿八日

已上、寺庫納参拾参石玖斗六升七□〔合〕〇以下三行朱筆、
当年未進肆拾石玖斗玖升四合三勺
都合未進伍百七十一石三斗四升八合」三勺三才
〇附紙「当年未進内
貳石参斗玖升参合　元亨河成
参斗陸升捌合　貞和元年河成
壱石柒斗壱升肆合　応安七年河成
貳斗肆升陸合参勺　本不作

参斗参升壱合参勺　　　　道善分不作

已上、伍石伍升参合陸勺

伍百三十石三斗五升二合二才〇この行朱筆、』

一、未進肆百九十参石壱斗四升三才

一、同村御地子散用事

合定畠　　玖町捌段拾代

分御地子　肆石玖斗壱升内

運上

壱斗柒合　　十一月十六日

玖升参合　　十一月廿八日

壱斗貳升陸合　　十一月卅日

捌升貳合　　十二月七日

肆升伍合　　十二月廿二日

柒升陸合　　正月十七日』

已上、寺庫納伍斗陸升五合〇以下三行朱筆、

当年未進四石三斗四升五合

都合未進四十三石三斗二升七合

一、未進参拾捌石九斗八升二合

未済〇以下五行朱筆、

応永十六年十二月晦日勘定

納所代快潤（花押）

寺家公文所賢清（花押）

寺家公文所尭詮（花押）

右、大概注進如件、

応永十六年二月卅日　　高成（花押）

〇本文書、継目裏毎に、尭詮・賢清・快潤の朱筆の花押三箇あり。なお、合点は全て朱筆である。

四四四　丹波国熊田村算用状　〇東京大学史料編纂所所蔵文書

（端裏ウハ書）
「□□村散用状　応永十五年分」
〔熊田〕

勘定　応永十六年二月晦日〇この行朱筆、

丹波熊田村

注進　熊田村応永十五年戊子御米散用事

合定田　参拾町壱段肆拾代内

肆斗伍升代　参町貳段肆拾代分米拾肆石柒斗柒升

参斗伍升代　柒町捌段肆拾伍代分米貳拾柒石陸斗壱升伍合

参斗代　陸町陸段肆拾伍代分米貳拾石柒升
参斗代　拾貳町参段拾代分米参拾陸石玖斗陸升
　幷御米　玖拾玖石肆斗伍合内
　除
肆斗御壇供米　貳斗貳升御忌日米
玖石伍斗伍合　例免段別伍升　新田分
　已上、拾石壱斗貳升伍合
定御米　捌拾玖石貳斗捌升内
　運上
壱石貳斗柒升貳合　九月六日
陸斗肆升　九月十四日
壱石貳斗柒升参合　九月十八日
陸斗肆升　九月廿九日
壱石　十月二日
貳斗　十月七日
壱石貳斗柒升参合　十月十一日
陸斗肆升　十月十一日
貳石五斗肆升貳合　十月十八日

貳石五斗肆升参合　十月廿二日」
壱石肆斗玖升玖合　十月廿七日
伍斗肆升伍合　十一月三日
壱石貳斗捌升壱合　十一月三日
貳石参斗貳升捌合　十一月九日
貳石伍斗肆升陸合　十一月十日
伍斗捌合　十一月十三日
貳石参斗貳升捌合　十一月十三日
肆斗陸升伍合　十一月十三日
伍斗八升　十一月十六日
壱石伍升伍合　十一月廿日
肆斗捌升伍合　十一月廿一日
陸斗参合　十一月廿三日
柒斗陸升捌合　十一月廿五日
伍斗　十一月廿六日」
壱石貳斗　十一月廿八日
玖斗　十一月廿八日
肆斗　十一月廿九日

貳〃斗壱升　十一月廿九日
貳〃斗陸升貳合　十一月廿九日
参〃斗　十二月三日
肆〃斗肆升陸合　十二月七日
貳〃斗陸合　十二月八日
肆〃斗八升伍合　十二月十一日
肆〃斗　十二月廿三日
参〃斗　十二月廿四日
壱〃斗貳升　十二月廿六日

以上、寺庫納参拾貳石七斗四升二合（○以下七行朱筆、）

□石　損米御免分寺家御分御公事在之、」
壱石参斗六升五合性観房・松賢房不作御免云々、
壱石参斗壱升六合随了・友光名不作御免云々、
幷参拾柒石肆斗貳升三合
　当年未進伍拾壱石捌斗五升七合
都合未進千伍拾参石玖斗三升五合
「（○附紙）
　当年未進　内
陸石壱斗玖升参合　元亭〔亨〕河成

肆石柒斗貳升　　不作分
伍升貳合　　溝代
玖石参斗四升捌合　　菊定・了観・来一」歎申不作分
永徳貳年注進在之、」』
一、未進玖百玖拾柒石壱升六合
『未済』〇朱筆
一、同村御地子散用事
合定畠　柒町捌段参拾代
分御地子　参石玖斗参升内
運上
伍升　十一月十三日
陸升　十一月十三日
壱斗　十一月十四日
貳升参合　十一月廿三日』
貳升　十一月廿九日
参升　十一月廿九日
肆升陸合　十二月八日

以上、寺庫納参斗三升九合〇以下三行朱筆、

当年未進参石五斗九升一合

都合未進玖拾参石五斗五升二合

同御地子未進捌拾玖石九斗六升一合

未済〇以下二行朱筆、

応永十六年二月晦日勘定畢、

納所代快潤（花押）〇以下三名の署名・花押は朱筆、

右、大概注進如件、

寺家公文所賢清（花押）

寺家公文所尭詮（花押）

応永十六年二月卅日

公文　高義（花押）

〇本文書、継目裏毎に、尭詮・賢清・快潤の朱筆の花押三箇あり。なお、合点は全て朱筆である。

四四五　足利義持下知状　〇巻十九

応永八年下知

於高雄神護寺山、甲乙人伐取」要（ママ）木幷薪等之由事、早任応永」八年御下知之旨、寺用之外、永所令」停止也、若有違犯之輩者、為処罪過、」可注申、寺僧等宜存知之状、下知如件、

応永十六年六月五日

右近大将源朝臣（足利義持）（花押）

四四六　丹波国志万郷寺家一色方年貢算用状　○碓井小三郎氏所蔵文書

（端裏書）「注進　志万郷寺家一色方散用状応永十六年」

注進　志万郷〇寺家一色方御年貢散用事応永十六年分

合

田数　貳町八段拾伍代内

参段卅五代荒河成無地申之、　分米壱石五斗壱升五合除之、

壱段十代　恒成雀部中殿方被返之、　分米壱石四升除之、

定田数貳町参段廿代　分米拾玖石捌斗柒升

又六段卅二代半公文方堪落分御年貢米四石五斗七升内

卅代　善順房被返之、　分米四斗貳升除之、

壱段四十代　河井方へ被返之、　分米壱石貳斗六升除之、

定田数四段十二代半　分米貳石捌斗玖升

幷定田数貳町七段卅貳代半

定御米貳拾貳石柒斗陸升　』

運上分

八斗　十月六日

四斗　十月八日
五斗　十月九日
壱石六斗　十月十日
四斗　十月十日
四斗　十月十日
五斗六升　十月十日
八斗　十月十三日
貳斗六升貳合八勺　十月十五日
参斗貳升　十月十五日
参斗捌升　十月十六日
八斗五升参合　十月十九日
四斗　十月廿日
一斗九升　十月廿四日
四斗　十月廿四日
壱斗九升　十月廿八日
六斗五升　十月廿五日
五斗　十月廿八日
四斗　十月廿八日

」

四斗六升九合　十一月二日
六斗　十一月二日
貳斗五升　十一月九日
五斗　十一月廿日
壱斗九升　十一月廿八日
四斗四升六合　十二月二日
五斗七升六合　十二月六日
七斗参升　十二月十一日
已上、拾参石七斗六升六合八勺
一、同佃卅石御米分
壱石四斗　十月十四日
壱石　十月八日
五斗　十一月十五日
参斗　十一月十七日
五斗　十一月十八日
五斗　十一月晦日
已上、四石貳斗
惣已上、拾柒石玖斗陸升六合八勺
』

五斗　同九月十一日荒井宮田楽入目分
壱石弐斗六升沽却分代銭壱貫九百六十六文内
百文ハ夏供用途送之、壱貫八百六十六文残ハ反銭ニ出之、和市六升四合充分
壱石五斗　能福給分
五斗　一ケ年下用
壱石　原波方へ被納之、
壱石参斗八升　井料神田里除之、
八斗参升八合　二俣ハ定御免損分
以上、六石九斗七升八合　地下立用分
都合弐拾肆斛玖斗四升四合八勺
当年過上分　弐石壱斗八升四合八勺
此外十五年未進分米
六斗弐升応永十六年十一月二日進上之、
右、大概注進如件、

四四七　丹波国吉富庄某郷算用状（前欠）

○東京大学史料編纂所所蔵文書

弐斗　上下宮御初物
壱斗　万石米

伍〻升　　　　　　一宮御酒料
陸〻石　　　　　　新給
陸斗　安久名内　　本所有御免状、
壱〻斗　　　　　　庫祭
壱〻斗貳升　　　　一井付井料
以上、貳拾七石七斗四升
定残御米貳拾捌石四斗捌升七合七勺

一、運上分
肆〻斗　　　　　　十月廿五日
貳石五斗　　　　　十月廿五日
壱〻斗七升　　　　十一月一日』
壱〻石　　　　　　十二月廿四日
已上、寺庫納参石玖斗四升八合除交分定、』〇この行朱筆、
已上、伍拾参石貳斗貳升参合

又加寺家与相承院殿御支配方所当米事
貳〻石肆升三合　　真弘〻肆石八升六合内半分

伍〃斗肆合四勺　坊前壱〃石五斗三合二勺三分一
肆〃斗六升　則安九〃斗貳升内三分一
已上、参石柒合肆勺
都合伍拾陸石貳斗貳升七合七勺
除
拾〃貳石　御忌日米
捌〃石五斗七升　御仏生米　」
貳石　損免分寺家御書下有之、（〇以下八行朱筆、）
并五石九斗四升八合
当年未進　貳十貳石五斗参升九合七勺
都合未進　柒十八石七斗六升一合一勺七才
応永十七年十一月四日　勘定畢、
納所代快潤
寺家勘定使祐詮（花押）
寺家勘定使祐芸（花押）
右、所大概注進如件、
応永十七年十一月四日　雑掌（花押）

○本文書、継目裏毎に、祐芸・祐詮の朱筆の花押二箇あり。なお、合点は全て朱筆である。

四四八　丹波国八代村年貢算用状　○碓井小三郎氏所蔵文書

勘定応永十八年三月廿七日（○この行朱筆、）

注進　八代村　応永十七年庚寅御米散用事

合定田弐拾肆町玖段参拾伍代内

肆斗伍升代　弐町分米　玖石

参斗伍升代　玖町壱段弐拾伍代分米参拾弐石弐升伍合

参斗代　肆町壱段弐拾代分米拾弐石肆斗弐升

参斗代　玖町陸段肆拾代分米弐拾玖石肆升

并御米　捌拾弐石肆斗捌升伍合内

除　』

肆斗　御壇供米　弐斗弐升御忌日

陸石玖斗壱升例免段別伍升　新田分

已上　柒石伍斗参升

定御米　柒拾肆石玖斗升升（ママ）伍合内

運上

壱石弐斗参合　九月四日

壱石弐斗参合　九月十三日
壱石伍斗肆合　九月十七日
壱石弐斗参合　九月廿三日
壱石伍斗肆合　九月廿七日
壱石弐斗参合　九月廿九日
肆斗　十月二日
壱石伍斗参合　十月五日
壱石伍斗参合　十月十二日
肆斗　十月十八日
壱石弐斗参合　十月廿一日
陸斗肆升捌合五勺　十月廿三日
壱石伍斗参合　十月廿六日
壱石柒斗肆升陸合　十月廿七日
壱石参斗八升柒合　十月廿八日
壱石壱斗陸升肆合　十月廿九日
参石弐斗玖升八合　十一月一日
弐石　十一月二日
弐石参升柒合　十一月三日

柒斗柒升陸合　十一月三日
柒斗柒升陸合　十一月三日
壱石柒斗柒合　十一月四日
捌斗玖升貳合　十一月四日
伍斗伍合　十一月四日
壱石柒斗肆升陸合　十一月五日
壱石伍斗伍升貳合　十一月五日
肆斗壱升柒合　十一月五日
壱石参斗玖合　十一月五日
参斗捌升捌合　十一月六日
捌斗壱升五合　十一月六日
壱石肆斗　十一月十日
貳石壱斗参升肆合　十一月十三日
已上、寺庫納肆拾石柒〔斗脱〕貳升玖合（○以下三行朱筆、）
当年未進参拾肆石貳斗二升六合
都合未進伍佰柒拾捌石六斗二升四合三勺三才
一、未進

運上
参斗貳升　　　　　　十月廿一日
『寺庫納分』〇朱筆
一、同村御地子　散用之事
合定畠　玖町捌段拾代
分御地子　肆石玖斗壱升内
運上
参斗捌升捌合　　　　十一月廿一日
壱斗玖升貳合　　　　十二月十一日
貳升陸合　　　　　　十二月十八日
貳斗　　　　　　　　十二月十九日
壱斗肆升陸合　　　　十二月廿日
肆升　　　　　　　　二月十二日
已上、寺庫納玖斗九升二合〇以下三行朱筆、
当年未進参石玖斗
都合合未進伍拾石捌斗貳升二合
一、同村御地子未進散用事　『未済』〇朱筆

応永十八年三月廿七日勘定畢〇以下四行朱筆、

納所代快潤（花押）

寺家公文所賢清（花押）

寺家公文所宗政（花押）』

右、大概注進如件、

応永十八年三月廿七日　　高井（花押）

〇本文書、継目裏毎に、祐芸・祐詮の朱筆の花押二箇あり。なお、合点は全て朱筆である。

四四九　足利義持下知状　〇巻十九

丹波吉富新庄内池上大日寺

高雄山神護寺雑掌与山門雑掌相論、」丹波国吉富新庄刑部郷内池上大日寺幷」池内免田畠等事

右、当寺者、去元暦元年御寄附以来、帯数通之証状、」神護寺知行敢無相違矣、而山門雑掌、捧摂津権守」景国之治安四年寄進状、経三百余歳之後、観応元年、」始而申給　勅裁之間、則経奏聞、被召返彼　綸旨之」処、其後猶連々企訴詔、雖掠申　綸旨・御教書等、重」有執　奏、被閣　聖断之条、康応元年七月十八日、預」御裁許訖、爰去々年応永十六申当知行之由、掠給安堵之」条、甚以奸謀也、仍於彼安堵者、所召返也、所詮且云観応・」貞治之執　奏、且云康応・々永之御判、旁以不及予儀、」然早任当知行之旨、神護寺領掌不可有相違之状、」下知如件、

応永十八年七月十二日

内大臣源朝臣（足利義持）（花押）

四五〇　丹波国鳥羽村預所方算用状（後欠）　○東京大学史料編纂所所蔵文書

（端裏書）
「鳥羽村預所方応永十八年分」

注進　応永十八年鳥羽村預所方御米散用事

合　田数六町一段四十五代内二反廿代不作

運上　寺庫納分

一石九斗	九月廿一日	三斗	十月十六日
八斗	十月廿五日	四斗	閏十月二日
六斗	閏十月三日	四斗	閏十月六日
四石	閏十月十三日	六斗	同　十三日
七斗	同　十三日	八斗	同　十三日
一石四斗	同　十三日	七斗五升	同　十三日』
一石一斗	閏十月十七日	八斗	閏十月九日
七斗六升	閏十月八日	一石五斗	閏十月九日
四斗	閏十月十七日	四斗	同　十七日
一石八斗	閏十月廿日	四斗	同　廿日
八斗	閏十月廿三日	四斗	同　廿三日
八斗	同　廿三日	八斗五升	同　廿三日

四斗　同　廿三日　四斗　閏十月廿日
四斗　閏十月十三日　七斗　閏十月廿日
一石五斗　閏十月廿一日　一石三斗　閏十月廿九日
八斗一升二合　十一月二日　三斗三升　十一月二日
二斗八升五合　十一月三日　四斗　十一月四日
三斗　十一月十日　一斗五升　同　十日
八斗　十一月三日　四斗二升三合　同　三日
四斗八升　同　三日　四斗　十一月九日
四斗　十一月廿四日
已上、三十二石一斗四升者、寺庫納分、交分加定
同厨米一石三斗四升五合寺庫納分交分

四五一　丹波国守護細川満元遵行状　○巻十九

丹波吉富庄炭運送通路

高雄神護寺雑掌申、丹波国吉富」庄炭運送通路事、訴状具書如此、」同国下細河庄民等致濫妨云々、太不可」然、所詮任証文等之旨、停止新儀之」違乱、如元可全寺家執務之旨、可」相触、若又有子細者、可注申之状如件、

応永十九年十二月十五日　(細川満元)(花押)

細河遠江(頼益)入道殿

丹波吉富庄炭運送通路

四五二　丹波国守護代細川頼益遵行状　○巻十九

高雄神護寺雑掌申、丹波」国吉富庄、就炭運送通路事、」同国下細河庄民等、致濫妨云々、太」不可然、所詮任今月十五日御教書」旨、如元可全寺家之執務之旨由、」可被相触、若又有子細者、可注申」由之状如件、

応永十九年十二月十九日　沙弥（細川頼益）（花押）

淵名次郎左衛門入道殿

丹波細川庄

四五三　丹波国守護代香西常建奉書（折紙）　○巻十九

細河庄与永野村、」就山相論、止通路、」進公方御炭以下、」不透之由、自寺家」被歎申之間、以」奉行斎藤加賀方（基善）、」被伺申之処、理」非之段、可追申、」上進御炭、同通路、」無相違可有勘過」之由、所被仰下也、

（応永十九年カ）十二月廿六日　常建（香西）（花押）

本庄次郎左衛門殿

四五四　神護寺灌頂布施料送状　○飛見文繁氏所蔵文書

送進　神護寺灌頂大阿闍梨御布施」用途事

合拾貫文者、

□〔右〕所送進如件、

応永廿年十二月十六日　公文律師（花押）

四五五　印成・良澄請文 ○水野忠幹旧蔵文書

丹波吉富新庄
内池上大日寺

高雄御領丹波国吉富新庄刑部郷内池上寺」寺僧等申、去建武元年当郷池内田畠御免知行之」処、
明徳年中当寺住僧快尊・祐澄、称為山門末寺、」奉向背寺家之間、彼等両人為公方御沙汰被処」
罪科、田畠如元被付申本所乎、雖然以寺家御扶持之」儀、仏供灯油六口・供僧田以下少々被貽
置之、去」応永廿五年畠如元被付之、今度又相残田地、悉如建武」御沙汰御免之条、重畳之御恩
也、一寺大慶」何事如之哉、此上者、弥仰寺家御扶持之厚恩、供僧以下」可令致興行之沙汰、仍
至自今以後交衆之輩者、請」寺家御意召加之、則可加此請文於署判、万一如」快尊・祐澄等、属
山門幷権貴、奉違背本寺者、先為』衆中加治罰、可註進事之子細仕、若又於被聞食及者、」不日
被処厳科、則可被召返御免田畠者也、条々」若令違犯者、
梵天・帝釈・四大天王・両部諸尊・八大祖師、惣者日本」国中大小神祇、別而本末両寺・護法
天等御罰」可罷蒙各身上者也、仍請文如件、

応永廿七年六月九日　良澄（花押）

印成（花押）

四五六　室町幕府管領奉書案 ○影写本十

（端裏書）
「丹波国篠村八幡宮造営反銭免除御教書 永享二二廿八日寺奉行松田丹波守入道常冑（満秀）申沙汰之、管領武衛」

丹波吉富本新庄
篠村八幡宮段銭

高雄神護寺領丹波国吉富本」新両庄篠村 八幡宮段銭事、」於今度者、 御起請符之地以下」雖被勘落、 当寺依異于他、」別而被免除畢、 早可被」存知之由、 所被仰下也、 仍執達」如件、

永享二年二月廿八日　左兵衛門佐（斯波義淳）　御判

寺僧中

四五七　室町幕府神宮方頭人加判奉書　○双柏文庫文書

丹波吉富本新庄
外宮役夫工米

高雄神護寺領丹波国吉富」本新両庄 外宮役夫工」米事、 御起請符之地、 雖被」勘落於当寺領者、 毎度」為免除之地上者、 可被止」国催促之由、 所被仰下也、 仍」執達如件、

永享三年九月三日　大和守（飯尾貞連）
加賀守（斎藤基貞）
掃部頭（摂津満親）

久世大和入道殿（清重）

○本文書、紙背に飯尾貞運の花押がある。

四五八　足利義教御判御教書　○巻十九

丹波吉富本新庄

高雄神護寺領丹波国吉富本新」両庄諸公事幷段銭以下臨時課役」等、 永所令免除也、 早為守護使不」入之地、 寺家可全領知之状如件、

永享三年十月十七日
右近衛大将源朝臣（足利義教）（花押）

四五九　良盛書状　○巻十九

（モト端裏書）「みかさかの山の事」
何事御入候哉、
抑みかさかの下の教園院山事、」身かくわんれいの子細候、就其ハ、」料足今月中ニ大切事候へハ、十貫文、」先御秘計候て給候ハヽ、可悦入候、但此山、」八貫文ニ当候由、承及候へハ、今二貫」をハ、二月中ニこなたより、必々」本利共ニ、返申候へく候、相構々々今月中ニ」御秘計候て給候へく候、山をハかいぬし、」やかてきり候とも、子細候ましく候、」委細事ハ、以面申承候へく候、恐々謹言、
正月廿三日　良盛

四六〇　某料足請取状案　○巻十九

（モト端裏書）「本光　送物之案」
とし〳〵御めてたく、上さまの御」か、み御あし一ゆい給候、返々畏入候、」御きたうハ、よく〳〵申入候へく候、」このよし申させ給へ、あなかしく、
侍者御中

赤松則貞
播磨福井庄
赤松政秀

四六一　是安兼俊書状　○巻十九

尤下野守（赤松則貞）、雖御返事可申候、取乱」子細候之間、非其儀候、仍御公用銭幷」檀（壇）供進納申候き、況従牛枕（契遇）庵御」借銭、無落居候之条、福井庄御公用可」押給之由、依被申候、去年之御公用、難有京」進之処、色々子細申聞、厳密御公用以下、」致進納候、然ニ先御代官善随、公私」三百疋之折紙候、御公用之内にて納候、」於国難有落居之由申候て、高枕軒（赤松政秀）書状」にて、牛枕庵江被申書状只今進之候、」其折節、善随不慮之儀候之間、于今」預置候、将又去年高枕軒、為香銭」百疋、則下野守ニ申聞候、何も心得候て」可申之旨候、然者相残千疋之分、嶋田・」我々為両人渡申候、次御壇供方、』近年拾合之定ニ、庄内より算用」仕候間、去年石貫ニ充、拾六貫文」にて候、粮之定と承候之間、其分、従」当年可申付候、此旨於寺家可有」御披露候、恐惶謹言、

三月廿三日　兼俊（花押）

是安宗左衛門尉

「（裏紙奥切封ウハ書）（墨引）

高雄山御代官まいる　御同宿御中　兼俊」

四六二　祐潤置文（前欠）　○東京大学文学部所蔵長福寺文書六・七

「□アサエ名」幷新庄刑部郷有之、但雖為一部十代」有沽却時者、自尾崎坊可被押之、沽」却更不可叶者也、自然有不慮之」事時者、就由緒尾崎坊可為所属」之由、興潤譲状書載畢、

一、金剛宝院之事、少々加地子文書相副而、」三位阿闍梨賢延所譲与也、是亦自往古」尾崎坊所属也、有不慮事時者、尾」崎坊不〇可離所属之様、譲状書載者也、

一、神吉三ケ村年貢、去年所納分之内、所用」之足随音定与結解可申、聊不可有相違、」任申可有結解者也、

一、寺家五分一之返弁之切符貳石余仁、民部卿』阿闍梨去年供料之内相副五石之分、講」堂之修理寄進可申、

一、神吉上下二ケ村之年貢者、尾崎坊付之、」和田村之年貢者、去年自永享拾年」悉長靖譲与之、彼進退可為計、不可有」異儀違乱者也、

一、普賢院本尊聖教、不散一紙付坊可有」管領、祐潤一期之間、聚置本尊聖教」等者、付地蔵院長靖可有管領、

一、明王院々家幷大田名之事、自　公方様」祐潤充身所下給也、仍二位阿闍梨祐弁」譲与之、自〇然有不慮之事時者、付由緒尾」崎坊可為所属者也、

一、永野道成作分算失田者、栄海僧正」之八月十六日十口之布施、永所寄進申」也、地下五斗之分、無懈怠寺家可取進、地」下五斗之外於炭雑事者、可為尾崎之坊」用者也、

一、平岡藤七仁預置加地子七斗者、祐潤仏事』料両堂寄進之、但自尾崎坊取奉行而、」毎年忌日以前、両堂三斗充可遣之、於」余分者、尾崎坊可為計者也、

一、尾崎坊・地蔵院・金剛院・寂静院・」明王院譲状者、各別書与者也、更遺」跡面々異儀煩不可成者也、

永享十一年正月十八日

右、此条々者、故法印御房之依」仰記之、為終焉之刻之間、無御判、」仍為後証両人後日加判、

弁意（花押）

長靖（花押）

播磨福井庄

四六三　浦上千夜叉丸代玄勝請文　〇広島大学文学部所蔵神護寺文書

高雄山御寺領播州福井庄御公用」未進永享拾年以前数百貫事、計会」間、難致沙汰之由、依歎申、以別儀預御」閣畢、但同拾壱年〇分百貫文、来五月六月」間五拾文充、都合百貫文分可令進納之、」然者至拾壱年之御公用者、米銭共令」究済者也、万一過約月、一銭モ致無沙汰」者、拾年以前未進数百貫、雖預御免許、」有御違変、可預厳重之御沙汰、其時不可」申菟角之異儀者也、就中自今以後」有限御公用、任員数旨、雖為一粒」一銭、不可有無沙汰、毎年厳密可致執沙汰候、」仍請文如件、

永享拾弐年卯月廿六日　浦上千夜叉丸代　玄勝（花押）

当山雑掌御坊

四六四　結城満藤奉書　〇思文閣古書資料目録一四〇

高尾山下僧等訴訟事、就」訴状教恩院事者、追可有其」沙汰、至下僧等者、為衆徒相宥、」可令守護寺家之由、被仰下候、以此」旨、可被相触衆徒候、恐々謹言、

十一月廿六日　満藤（結城）（花押）

牧新（秀忠）左衛門尉殿

四六五　足利義政御判御教書　○巻十九

丹波吉富本新庄

高雄神護寺領丹波国吉富本新」両庄諸公事幷段銭以下臨時課役」等事、任先例、永所免除也、早為守護」使不入之地、寺家弥可全領知之状如件、

長禄三年十二月二日

内大臣兼右近衛大将源朝臣（足利義政）（花押）

○本文書の端及び奥裏の下部に、継目花押各々半分がある。

四六六　丹波国吉富新庄預所方代官請文　○水野忠幹旧蔵文書

丹波吉富新庄

（端裏書）「□□富御代官請文寛正六乙酉八七日」

丹□□（波国）吉富新庄預所方御代官請文条々間事

一、於御年貢者、厳密致催促進納可申間事、

一、於御年貢、雖為絹塵不可有私事、

一、於地下不可行非法事、

一、百姓等之得語、対寺家一切不可不忠存事、

一、於于身無沙汰無正躰者、雖為何時御代官」職可被召放間事、

右条々、雖為一事令違犯者、日本国大小」神祇当寺本仏并鎮守八幡大菩薩」御罰可罷蒙者也、仍請文状如件、

寛正六年八月七日　　乗音（花押）

四六七　室町幕府奉行人連署奉書（折紙）　〇岡谷惣助氏所蔵文書

丹波吉富本庄

当寺領丹波国」吉富本庄内西宇野」事、守護被官人」横川五郎左衛門尉、号」兵粮料所押妨云々、」太無謂、早令停止」彼違乱、任当知行之」旨、寺家可被全所務」由、被仰出候也、仍執達如件、

応仁元
十二月廿五日　為衡（飯尾為信）（花押）
貞基（布施）（花押）

高雄神護寺雑掌

四六八　室町幕府奉行人連署奉書（折紙）　〇古文書集二

丹波吉富庄神吉村

高雄尾崎坊領」丹波国吉富庄」内神吉村事、縦」号御料所、雖有競」望之族、不可被許容」上者、任去年四月三日」院宣幷当知行之」旨、向後弥可被全」彼坊所務之由、」被可仰出候也、仍執達如件、

文明三
六月廿五日　之種（飯尾）（花押）
貞基（布施）（花押）

四六九　丹波国守護細川勝元奉行人奉書（折紙）○尊経閣古文書纂

丹波吉富庄神吉村

高雄尾崎坊領丹」波国吉富庄内神吉」村事、縦号御料所雖」有競望之族、不可有御」許容、然者任去年四月」三日　院宣幷公方様奉」書等之旨、当知行之上者、向」後弥可被全彼坊所務」由候也、仍執達如件、

文明三
七月二日　永隆（高安）（花押）

内藤弾正忠殿（元貞）

四七〇　丹波国守護代内藤元貞打渡状（折紙）○尊経閣古文書纂

丹波吉富庄神吉村

高雄尾崎坊領丹」波国吉富庄内神吉」村事、縦号御料所」雖有競望之族之族（ママ）、不」可有御許容之上者、任」去年四月三日　院宣・去」月廿五日公方御奉書」幷今月二日御奉書等」旨、向後弥可被全彼坊」所務者也、仍状如件、

文明参
七月廿六日　元貞（内藤）（花押）

産田但馬入道殿

四七一　丹波国守護細川政元奉行人奉書（折紙）○尊経閣古文書纂

丹波吉富庄神吉村

当坊領丹波国」吉富本庄内神吉」村事、為厳重坊領・」守護使不入之地、諸」公事・臨時課役・検」断等、従先規為免除」地之上者、罪科検断」以下被致成敗、向後弥」可被全知行之由候也、仍」執達如件、

文明十四
十二月五日　家兼（飯尾）（花押）

高雄尾崎坊

四七二　丹波国守護細川政元奉行人奉書（折紙）〇尊経閣古文書纂

丹波吉富庄神吉村

高雄尾崎坊領」丹波国吉富本庄」内神吉村事、為厳」重坊領・守護使不」入之地、諸公事・臨時課」役・検断等、従先規」為免除地之上者、任」先例可被存知之由候也、」仍執達如件、

文明十四
十二月五日　家兼（飯尾）（花押）

物部神六殿（上原元秀）

四七三　宇津常悦山林売券〇大東急記念文庫所蔵集古文書

丹波宇津郷

（端裏書）
「備中殿よりの売券」

永代売渡山林事

合壱所者、号宇津郷踏谷内松尾谷

右、件山林者、依有子細、萱之坊古（故）道珍入道」本所宛状相副、我々仁永代令契約之処」実也、雖

然彼道珍子左衛門四郎、於地下就」下地相論之儀、難去彼御宛状借用候間、」借候処ニ、置失候
由申候而、如此請文明競〔鏡〕」候上者、相副栃本村宗善入道ニ代貳貫」参百文ニ売渡処実也、四至堺
等事、」守請文旨、可有知行者也、仍為後証之」売券之状如件、

長享貳年戊申二月十二日　沙弥《宇津》常悦（花押）

後証のために自筆をくわへ候者也、

四七四　丹波国守護細川澄元奉行人奉書（折紙）○山科家古文書

丹波吉富庄神吉村

当坊領丹波国」吉富本庄内神吉」村事、為厳重坊領」守護使不入之地、諸」公事・臨時課役・検」
断等、従先規為免」除地之上者、罪科検断」以下被致成敗、向後」弥可被全知行之由候也、」仍執
達如件、

永正四
九月八日　元運（飯尾）（花押）

高雄尾崎坊

四七五　丹波国守護細川澄元奉行人奉書（折紙）○田中慶太郎氏所蔵文書

丹波吉富庄神吉村

高雄尾崎坊領」丹波国吉富本庄」内神吉村事、為」厳重坊領守護使不」入之地、諸公事・臨時」課
役・検断等、従先規」為免除地之上者、罪科」検断以下被致成敗、向」後可被全領知之旨、被」成
寺家奉書訖、如先々可致」其沙汰之由候也、仍執達如件、

永正四
九月八日　（飯尾）元運（花押）

当所
　名主百姓中

丹波神吉村

四七六　某政家奉書（折紙）　○青氈文庫所蔵文書

当坊領丹州桑田」郡之内神吉村事、従」先規為守護使不入」之地、諸公事・臨時課」役・人夫等事、任御」奉書之旨、不可申懸」候、雖可遵行申候、余」郷之引懸如何候間、以折紙」申候、此旨不可有相違」候、恐々謹言、

永正四
十月十七日　政家（花押）

　尾崎坊

四七七　慶真勧進状

勧進沙門慶真敬白

請特籍貴賤緇素之助縁、」八幡大菩薩御願之地、於高雄之」峰修治堂塔仏閣之破壊状、

夫神護寺者、其源遐矣、厥起」遼哉、　称徳天皇宝暦神護」景雲三年令　勅使和気清麿」参向　宇佐太神宮、于時霊」神種々　勅答訖、即託中伎曰、」朕有大願、汝奏　天皇建立」大伽藍、須保護帝祚云々、遂」則依神託、被草創当寺、彼」宝亀之紹書、此開闢之濫觴也、」斯地為躰、麓清瀧之波漲、来」聴洗五塵之垢、嶺愛宕之嵐」烈落看払三妄之霧、高巌』曲迮之嶮隘疑入耆闍崛之

勝」形、古松老杉之奇秀、省詣」鷲峰頂之聖迹、石階斜畳」昇達中門、当中掛一額神護之」字鮮矣、左右立二天護持之」勢見焉、従八代薬叉及万邦」所求之故、遠近運歩利生日」新遇之条、金堂本仏者、浄瑠」璃界之主、尊医王能治之善」逝也、日月大士照生死之闇、一二六」神将拒昼夜之災、星羅諸聖」翼、従囲繞楽音樹下大会云、」成惟此三尊者、弘法（空海）大師之製」作、所籠小仏者、本願大神御」護也、抑内陣鎮座之　八幡大」菩薩者、大師渡唐之時、有神」躰影現、法談密約之日、写形』像相送世号互為御影大師」筆迹是也、次大神聖業大師」影像者、安置納涼殿、今御」影堂是也、高祖在世之昔、即」棲息此所、而練行六ケ年、都」不出山中、或以漢朝請来之」秘法、奉為国家福祚得　」勅許而修之、或以唐室稟承之」密灌、為先伝教大師、将高徳而」授之所以密教初興、於此砌真」言流出於此寺、八千焼供之霊」迹、去南構之五壇所修之密場、」傍北儲之宝部五尊之塔婆者、」模南天之余勢、理智二界之花」壇者、建東土之最初、講堂・鐘楼・」輾磨・経蔵・回廊並甍矣、其余」略而不挙、聊取綱要而已、然而』大師御入定之後、漸欲末代之間、」人法共断絶、梵宇同圯廃、因茲」文覚上人歎仏法之陵遅、悲聖」迹之毀損、住無上之慈心、発興」隆之大願、乃達保元　太上皇叡」聞、憑鎌倉右幕下助力、仏」閣忽復旧、構尊像更加新綵、」自爾以還　朝儀三十箇世夏」暦二百余回、時已迄澆季、人亦」乱、善退悪進、徳隠夭萌、仏像」有燥湿之愁、殿舎有之危、」対此如何滅痕不見、爰沙弥」慶真開治承知識文孝、慕上人（文覚）」再興之徳、遇永正明時化、将」遂当寺修造之願、今已作一軸、」化疏普十方諸檀、縦雖寸鉄」尺木、不軽不看、払雲之樹』生於寸苗否、若雖一布半紙、」不恥不知浮天之波起於一」滴、奈以其資施之志、投我願」海之中満、各々所求保面々寿」福乃至沙界、皆遊金場勧」進旨趣、所唱如斯、

大永三年九月　日　勧進沙門慶真敬白

四七八　細川晴国書状 ○山科家古文書

丹波神吉村

坊領神吉村事、宇津（元朝）」令懇望条、為武略申付候、」雖然属本意、彼等遣替地」可返付候、弥祈念肝要候、猶」東漸寺可有演説候、恐々謹言、

三月十三日　晴国（細川）（花押）

尾崎坊

四七九　斎藤国富書下（折紙） ○尊経閣古文書纂

丹波吉富庄神吉村

高雄山尾崎坊領」丹波国吉富本庄内」神吉村事、雖被仰付、」宇津備後守（元朝）於彼在所者、」従往古当知行無紛者歟、」所詮至去年十二月御下知者」被棄破之、為守護不入之地、」如元被返付上者、如先々年貢・」諸公事物等可致其沙汰当坊」雑掌之由候也、仍状如件、

天文弐
五月廿八日　国富（斎藤）（花押）

当所名主百姓中

四八〇　松田守興書下（折紙） ○田中慶太郎氏所蔵文書

丹波吉富庄神吉村

高雄山尾崎坊雑掌」申、当坊領丹波国」吉富本庄内神吉村」事、為守護使不」入之地、臨時課役以

下」如先規可為免除之」旨、被成奉書之上者、年貢・諸公事物等、」厳密可沙汰渡彼」雑掌之由候
也、仍状」如件、
天文十八
八月廿三日　守興（松田）（花押）
当所名主百姓中

四八一　三好長慶書状（折紙）　○万葉荘文庫所蔵文書

棟別停止

高雄事、従先々」諸役被停止之処、」棟別被相懸之由、不」可然候、急度無別」儀之様、可被仰
付」事専一候、但御存」分候者、御返事ニ可」承候、恐々謹言、
（天文二十一年カ）
二月十六日　三筑
長慶（三好）（花押）
多左太
吉伊
御宿所

四八二　室町幕府奉行人連署禁制　○長野県立歴史館所蔵文書

禁制
高雄山神護寺同境内
一、軍勢甲乙人等乱入狼藉事、
一、剪採山林竹木事、

一、相懸非分課役事、

右条々、堅被停止訖、若有違犯之」輩者、速可被処厳科之由、所被」仰下也、仍下知如件、

弘治四年五月六日

前大和守三善朝臣（飯尾堯連）（花押）

左近大夫将監神宿禰（諏方晴長）（花押）

四八三　正親町天皇綸旨（宿紙）　○文覚寺文書

天文十七年回禄

高雄山神護寺事、去天文十七」年七月兵火競来、本堂幷」数ケ仏閣令回禄畢、然者衆僧」雖励再造之懇志、依寺産之」正税匱、未遂其願望、空歴星」霜云々、被歎思召者也、所詮早致」沙門勧縁、扣万邦問（門）戸、馳積」小材之微功、致大厦之成就、」如元抽朝野有道・貴賤無為之」丹精者、可為神妙之由、

天気所候也、仍執達如件、

永禄六年六月十四日　右大弁（柳原淳光）（花押）

栄弘法印御房

四八四　正親町天皇綸旨案　○晴豊公符案

天文丁未兵革

高雄山神護寺者、為日本ｏ（無）双」勝境・真言密教霊場、然天文」丁未兵革剋、軍士乱入、忽尽」棟玉掾、或令顚倒、或成灰燼」訖、尤所歎思食也、不可無補弊」弊（衍）文傾之営、早催国家順」施以末

寺助資、可致再興跡之」旨、依
天気執達如件、
元亀二年三月十日　左中弁（勧修寺晴豊）判
当寺□（々）僧等中

四八五　羽柴秀吉朱印状（折紙）

一乗寺内所領

一乗寺内貳」拾八石事、全」可領知候也、
天正十三
十一月廿一日　（朱印）
高雄寺

四八六　後陽成天皇綸旨（宿紙）　○文覚寺文書

天文年中回禄

高雄山神護寺者、霊神降詫之地、密」教最初之処也、然者天文年中為兵火」魔風令回禄、空送星霜訖、尤所被」歎思召也、早勧万邦結縁、宜専一寺」興隆矣、夫三宝興廃、依住持戒律、」是善法之根本也、然則先堅其内、次修其」外者、誠可為神妙之旨、
天気所候也、仍執達如件、
天正十六年九月廿三日　右大弁（烏丸光宣）（花押）
孝羨上人御房

四八七　神護寺衆徒起請文　○成簣堂古文書

（花押）（花押）

今度従　民部卿法印（前田玄以）様、当山零落ニ付、」可有御再興之旨、任寺法制札幷御折」紙、謹而各致拝見候、連々雖為大望之」義、衆徒之依御究困、方々沈倫之故、被」送年月処、如此被仰出事、併高祖大師（空海）・文覚上人可謂御再来歟、満山」一味同心所希本懐不過之者也、然者」各無親疎・偏頗、被定置寺法条々、

一、於寺法者、可守　後白川院御手印之」旨事、（後白河法皇御手印）

一、濫行・不法之者於有之者、大衆江致披露、」可令其身追罰、雖為師弟・親類、見隠」云隠輩者、可為同罪事、

一、欲落堕者、兼日雖取弟子、大衆無御同心」者、私ニ不可致相続候、若無其人者、彼坊跡・」茶園・山林等、為惣寺相計、可付伽藍造」営事、

一、伽藍旧跡幷其近所之山林、不依大小、造営之」外、一切不可伐之、若濫取者有之者、如有」来可令出過料、鎌・鉈・斧

一、惣寺造作・普請之時、各詰番次第、可相」勤也、若有致無沙汰者、為過料、銭百文」可出之事、

一、寺役・法事等、不可懈怠事、

一、奉対寺僧・公人等、不可乱礼節事、

右条々、令言上処、為大衆被成評定」上者、雖為一事、不可致違背者也、若令」違犯者、両部万荼羅・本尊・薬師・弘法大師・両上人、」殊鎮守八幡大菩薩、惣日本国中大小」神祇神罰・冥罰、各可罷蒙者也、仍」起請文如件、』

天正拾七年三月五日　　一臈 良俊（花押）

龍昌（花押）　実円（花押）　役者 元識（花押）

勝勤（花押）　良慶（花押）　役者 真覚（花押）

順能（花押）　乗観（花押）　役者 尭龍（花押）

了順（花押）　昌順（花押）　役者 良教（花押）

光勝（花押）　徳善（花押）　昌仙（花押）

善光（花押）　清存（花押）　保仙（花押）

慶善（花押）　祐栄（花押）　賢龍（花押）

乗仙（花押）　祐賢（花押）

所司御坊

四八八　豊臣秀吉朱印状（折紙）

当寺境内地」子等事、令免除」訖、永不可有相」違候也、

天正十七
十二月十日　（朱印）

高雄山
寺中

公儀上竹

四八九　前田玄以書状（折紙）

当寺境内公儀」毎年上竹事、」自今以後免之」上者、竹木等一切」不可掘採伐採、」縦誰々雖為所望」不可有同心、況令」沽却儀於有之者、」可為曲事、為」修理用所之時者、」遂案内、可被随其者也、

慶長三
九月十八日　玄以（前田）（花押）
徳善院

高雄寺

四九〇　晋海言上状写　○神護国祚真言寺記録拾遺所収

高雄山神護寺　法身院僧正晋海謹言上

右、当山者、八幡大菩薩草創之神窟、弘法大師（空海）練」行之旧蹤、文覚上人之再興、聖主勅願之霊」場也、自開基至于今八百年来勤行無懈怠者也、」迄近年国々所々寺領、雖最少分令相続処、」一先御代、或為国改、或為地検、本領咸被没収、剰」門前境内武家之者令知行、一山之僧侶致飢」寒之憂、将今四海帰　内相府（徳川家康）掌握、当于」此時衆望如渇者遇井、豈非大幸乎、仰冀」寺領境内如先規於被返付者、弥堂塔励修造之微力、可奉抽　天下安泰之懇祈者也、」仍粗言上如件、

慶長五年十月　日

本多佐土〔渡〕守殿（正信）

四九一　徳川家康寄附状

高雄山神護寺領城州」之内貳百六拾貳石余、永代」令寄附畢、仏事勤行・」修造等、無懈怠可勤仕之」状如件、

慶長六年七月廿七日

内大臣（徳川家康）（花押）

四九二　晋海他七名寄進状写

○神護国祚真言寺記録拾遺所収

奉寄進栂尾山境内領知事

合廿七石余者、

謹勘旧記、当寺中興本願上人文覚、割分境内以栂尾」山幷善妙寺・市瀬之両村被譲与高弟弟子高弁大徳」果（イ書畢）、爾来本末成師資親兄弟好加之、後鳥羽院御宇、別被補御願所、崇敬異他者也、」就中国家有妖災、寺社多荒廃、当寺亦（イ又）虚衣鉢」十余年、於是内相府（徳川家康）不労弓剣、降四夷、万民和睦、」社稷富饒、晋海侍槐于訴、無三衣貯、則蒙御裁許」如先規給境内安堵之御判、但末寺別院者、以」属本寺、別無御判、若及後代、栂尾領相漏有争」歟、仍為後証奉寄進之状如件、

神護寺

慶長六年八月一日　都維那源賀（イ源恕）

寺主玄朝

上座元俊

権律師宥照

直叙法眼興源

直叙法眼真昭

法印○（イ権）大僧都尭吾

権僧正晋海

栂尾山

高山寺惣中

四九三　秀教請文　○影写本十

一、当山伽藍再興之儀、油断存間」敷事、

一、諸事就被任置、寄事於左右、」対寺家非儀存間敷事、付当寺霊宝、雖為一紙半銭、不可有他散事、

一、山上山下公事沙汰之時、存贔屓」偏頗、不可有耽賄賂事、

右条々、并当山寺法、又被仰渡一紙之」旨、構私用、雖為一事相違之儀有」之者、可被成改易本願職候、仍」請文之状如件、

慶長十一丙午十月廿一日　覚音上人
　　　　　　　　　　　　　秀教（花押）

高雄山神護寺
　　三綱御中

四九四　晋海充文案　○影写本十

□伽藍再興等之事
□廃之後躰年久、雖有再興之志、未遂其旨□□国住僧覚範偶入此山、発大願求十□□
堂宇、併両上人被廻眸者歟、満□□造営之儀、一向所任置也、但霊宝証文□一紙半紙不可有他散事、
一、山下公人及人足等召遣事、
□為伽藍建立等相当之用事可被申付、若及」朝儀令無沙汰者、似合之可被充課役也、
一、檜山・松山等用木制止之事、
□之外、私有伐採族者、不論上下、所定置」過銭、堅可被申付也、但護摩木除之、
一、寺役・寺法之事、
右、於寺役懈怠輩者、可減支配之料、背寺法」輩者、任文覚上人置文可有其沙汰也、
一、□人下知・成敗、不可及寺家口入之事、
右、一山私用事不出評定之時、禁忌或急病或」遠行之外、以私用事不出其座、却而及異儀者、為」罪過年中得分不可充行也、若縦衆徒雖不」会合、以正理被申付事、重而為寺家不可及口入者也、

天正以来断絶

右、所申渡之条々、偏令法久住之課也、抑当寺者去」天正年中以来令断絶、山林竹木皆成他之有畢、」然余発大願遂愁訴、右大臣征夷大将軍源朝臣」（徳川）家康公寺領等御寄附也、仍於法身院奉修長日」護摩、是偏為大樹延久御祈禱也、聊以欲答恩者也、』護摩堂再興之後者、於件之道場、寺僧・三綱等為」寺役可勤行之旨、可被申渡者也、又年中行事」等如例法不勤之輩者、或令減配分料米、或」可被令擯出寺内也、今此衆徒・三綱等者、従少」童部養育之弟子也、然者無所憚於不法」不律之事者、可被加制止也、如右雖申渡、」寄事於左右、上人有非拠之儀者、可令改」易本願職者也、仍充文之状如件、

性院権僧正

晋海　判

高雄山神護寺本願

覚音上人御房

四九五　真覚等連署起請文幷養善等連署起請文　○影写本十

普賢院真昭・密厳院有照、連々対性院」（晋海）僧正様、不孝不義□上、動寺法共被相背」故、今度御追放被成之刻、公人等彼両院ニ」付被馳走、令敵対候故、被成御折檻之段、」無余義奉存候、棟梁仕候七人之者相催ニ」付而、一旦企慮外候、更以我等非所存候、彼棟梁」之者共御追放之上者、雖同意仕可被御赦免」成之旨、忝奉存候、然者向後毛頭逆心不可存候、」就其如先規今以可守寺法条々之事、

一、濫行不法之者有之時、堂中より大衆へ被」披露、於令追罰其身者、為堂中其跡取立可」申候、若隠置大衆被聞召付者、坊跡茶園山」林等、為惣寺相計可付伽藍造営事、

一、欲落堕者、兼日雖取弟子、大衆無御同心者、」私ニ不可被相続候、若無其人者、坊跡等如先条々」可付伽藍造営事、

一、被充行雖為山林、松・檜・杉其外用木・立木等、」一切不可伐取候、若盗取者有之者、如有来可」令出過料、猶背此法度申時者、被件充行」山林可被召放之事、

一、惣寺造作普請之時、各結番次第可相勤也、」若有致無沙汰者、為過料銭百文可出之事、

一、御法事・法会之時、役義一切以不可致不沙汰候、」若懈怠仕候者、堂中之出仕可被成停止候事、

一、奉対御寺僧衆、公人等不可乱礼節之事、

一、後白河院御手印・文覚上人置文之旨、其外」性院様被定置条々、一々相守可申候、此旨」於相背申者、何時モ可被成御追放候事、

後白河法皇御手印文覚置文

右条々、雖為一事不可致違背者也、若令」違背者、両部曼荼羅・本尊薬師・弘法大師（空海）・両上人、」殊鎮守八幡大菩薩、惣日本国中大小神祇」神罰・冥罰各可罷蒙者也、仍起請文如件、

慶長拾参年二月廿四日　真覚（花押）

善光（花押）　慶善（花押）　清存（黒印）

祐賢（花押）　尭仙（花押）　尭円　』

朝清（花押）　慶円　昌玄（花押）

龍存　　随源（花押）　乗観
宝厳　　乙丸（略押）

右、両院江雖同意不仕候、被定置条々一々」相守可申候、若於違背仕者、右之罰文可罷」蒙者也、仍請状如件、

慶長十三年二月廿四日　　徳善（花押）
元龍（花押）
永順（花押）
養善（花押）

高雄山神護寺
三綱御房
御中

四九六　徳川家康朱印状

一乗寺内所領

山城国一乗寺之内、貳」拾八石之事、全可有寺」納幷門前・境内・山林竹木」令免除訖者、守此旨仏事」勤行・修造等、無怠慢、弥可抽」天下安全之精祈之状如件、

元和元年七月廿七日（朱印）
高雄山
神護寺

記録篇

一　神護寺略記

神護寺
大師(空海)曰、夫以神護寺是和気氏建立、八幡大菩薩主託」庭也、而依真綱(和気)大夫達所言、余頃年修住、爰真綱大□(夫)」達於建立密教之言、朝夕宛如示護法之相、因茲師檀□(之)」期篤在肝岫、加之寺院付属永代敢無内外情、

一、依八幡大菩薩御願建立事、

日本記云、
神護寺
宝亀十一年依八幡大菩薩教、正三位行民部卿和気朝」臣清麿建立、奏聞　公家、天皇(光仁)被下詔書、々々未行之間」遇災、天応二年亦　奏聞、柏原皇帝(桓武天皇)以前詔書普告」天下、天長六年正五位下行河内守和気朝臣仲世、以神願」寺奉付空海僧都、々々新建灌頂堂・護摩堂、為定額、名」神護国祚寺、空海寄住之間、勤修種々御願、奏成真言寺云□(々)、

一、大政官符　類聚三(二カ)代格第四云、
応以高雄寺為定額幷定得度経業等事
右、正五位下行河内守和気朝臣真綱等上表偁、昔景」雲年中、僧道鏡辱借法王之号、遂懐覬覦之心、遍邪』幣於群神、行権譎於佞党、爰八幡大神痛天嗣之傾」弱、憂狼奴之将興、神兵交

鋒、鬼戦連年、彼衆我賔〔寡カ〕、邪」強正弱、大神歎自威之難当、仰仏力之奇護、乃因御夢」請使者、有　勅、喚臣等亡考従三位行民部卿清丸〔麿、下同〕、面宣」御夢之事、仍以　天位譲道鏡之事、令言大神、清丸奉」詔旨向宇佐神宮、于時大神託宣、夫神有大小好悪不同、」善神悪淫祀、貪神受邪幣、我為紹隆皇緒扶済国家、写」造一切経及仏、諷読最勝王経一万巻、建一伽藍、除凶逆」於一旦、固社稷於万代、汝承此言莫有遺失、清丸対大神」誓云、国家平定之後、必奏　後帝奉果神願、粉身殞」命不錯神言、還奏此言、遭時不遇、身降刑獄、遂配荒隅、幸」蒙神力再入帝都、宝亀十一年敷奏此事、天皇〔光仁〕感歎」親製　詔書、未行之間、遇譲位之事、天応二年亦奏之」柏原先帝〔桓武天皇〕、即以前詔書普告天下、至延暦年中、弘〔私〕建伽藍、」名曰神願寺、天皇追善先功、以神願寺為定額、今」此寺地勢沙泥不宜壇場、伏望、相替高雄寺以為定額、」名曰神護国祚真言寺、仏像一依大悲胎蔵及金剛界等、」簡解真言僧二七人、永為国家修行三密法門、其僧有闕者、」択有道行僧補之、又簡真〔貞〕操沙弥二七人、令転読守護国」界主経及調和風雨成熟五穀経等、昼夜更代不断其声、』七年之後預得度例、一則果大神之大願、二則除国家之災」難者、右大臣〔藤原冬嗣〕宣、奉　勅、得度一代之間、毎年聴度一人、自」余依請、

淳和天皇
天長元年九月廿七日

一、大師御経行事、

性霊集第四云、

奉為　国家請修法表一首、

沙門空海言、空海幸沐　先帝（桓武天皇）造雨、遠遊海西、儻得入」灌頂道場、授一百余部金剛乗法門、其経也、則仏之心肝国之」霊宝、是故大唐開元已来一人三公、親授灌頂、誦持観念、近」安四海遠求菩提、宮中則捨長生殿為内道揚（場）、○復毎七日令解」念誦僧等持念修行、城中城外亦建鎮国念誦道場、仏国」風範亦復如是、其所将来経法中有仁王経、守護国界主経、仏」母明王経等念誦法門、○仏為国王持（特カ）説此経、摧滅七難調和四」時、護国護家安己○安他、此道秘妙典也、空海雖得師授未能練」行、伏望奉為　国家率諸弟子等、於高雄山門従来月」一日起首、至于法力成就、且教且修、亦望於其中間不出住処、」不被余妨、雖蝗蜥心躰羊犬神識、此思此願常策心馬、況復」覆我載我仁王之○天地、開目開耳、聖帝之医王、欲報答罔極」無降（際カ）、伏乞旻天鑑察款誠之心、不任懇誠之至、謹詣闕奉」表陳請以聞、軽触威厳伏深戦越、沙門空海誠惶誠恐謹言、

弘仁元年十月廿七日　　沙門空海上表

一、同第九云、

高雄山寺択任三綱之書

夫護持仏法必資綱維、和合衆従（徒）誠待其人、是故妙徳為菩薩」之座首、遍覚則慈恩之上綱、是則護法利人之雅致也、今此高」雄伽藍、未補三綱無人護持、緇林欝近童駢羅、不因指車」誰知暁暮、所以近随衆簡、遠応洑（渤）駄之遺訓、抜禅師杲隣以」為上座、杲者除雲霧於大唐（虚）、満光明於法界、隣者養者徳（行カ）」法雲之震宮、紹位大日之覚殿、名含此徳、実当合契、人皆具」瞻上下同譲、擢苾芻実恵除任摩々帝、所謂実者棄虚」掃偽之義、恵者剪愚破暗之称、遊実相之三昧、

証金剛之妙」恵、斯徳斯在省名会理、衆心共許余亦印可、択僧智泉任羯」磨陀那、金剛之智・大悲之泉、既含自行化他二徳、必須調和緇素」二衆、同入真俗二諦、選此二《三》仁称彼三徳、々々即一切徳、々々」々即三諦、々々即三宝、々々則三平等、々々々之観何人不行、」誠須彼此上下同住三々昧耶功々〔徳〕、徳〔々〕々護持内外伽藍、早」証本有之五智、震法雷於五趣、于時弘仁之年季冬之月云々、』

同第十云、弘仁七年孟秋率諸名僧於高雄金剛道場授三」昧耶戒、沐両部灌頂云々、

或書大師作云、弘仁七年表請紀伊国南山殊為入定処作」一両草菴、去高雄旧居移入南山○太上皇帝有　勅、」請下安宿中務供養、余月還更居高雄云々、

性霊集第八云、謹以天長三年十月八日、先人所遺土左〔佐〕国久」満幷田村庄・美作国佐良庄・但馬国針谷田等、永奉入」神護寺伝法料、田数有別、兼延龍象演説大日経、並設百」味奉献三尊云々、

同巻云、謹以天長四年五月廿二日、為済煢霊奉図大日」一印曼荼羅一鋪五幅、幷写広眼法曼荼羅一部七」巻、兼就神護寺、聊肆法席講大日経、松澗虚而鐘」磬響、桂嶺高而日月明、朝雲舒縵夕霞張幄、竹風」吟以疑秋、瀧水灑以似両〔雨〕、飛錫之徒森羅、写瓶之泉〔衆カ〕輻湊云□〔々〕、

大師御行状小野僧正作云、天長年中大師於高雄山閉山」門限六筒〔箇〕年、而大納言良房右大臣厳大疫臥病、家内上下数」十有余人、或記八大〔十カ〕許大納言未煩、於是随身番長使被聞」大師於案内云、家中作法如此、奉馮年久、今度世欲蒙擁」護者、返答須参仕也、而宿願有限、不堪参仕、所持五鈷杵」念珠等、授真済大徳令参仕、以件大徳可令祈念者、而大』納言頗雖有無本意之気色、慭以令祈

誓之処、病人悉一度」挙音苦痛之後、則時平嚓云々、
又云、建立伽藍造額綵色、奉為書於大師、撰吉日持参高」雄山寺、而依大雨清瀧河洪水、敢不得渡河、而大師此之由」纔伝聞食、大師河西岸御座、勅使河東岸居額面向」西候、而大師大筆染墨、向額板令書御、而其墨如雨覆」飛朱額板上、字文顕新云々、

一、堂院事、

金堂

三間檜皮葺堂一宇、在四面庇、戸四具、

五間檜皮葺礼堂一宇、南面蔀五具、東西各真戸三具、

右承平実録帳云、三間檜皮葺根本堂一宇、四面庇、戸六具、

在五間檜皮葺礼堂一宇、戸五具之中南面三具蔀、東西脇戸具〔二具カ〕戸云々、今金堂、

奉安置

檀像薬師仏像一軀、長五尺五寸、

同脇士菩薩像二軀、各四尺七寸、

已上、三尊奉安置錦帳内、此錦者為 後白河院」御願被懸之、

右、弘仁資財帳云、薬師仏像一軀、脇士菩薩像二軀、

承平実録帳云、檀像薬師仏像一軀、長五尺五寸、』

同脇士菩薩像二軀、各長四尺五寸云々、

八幡大菩薩像一鋪、奉安置堂内艮角帳、大師御筆、但二重内奉懸之、上八新本、

右、承平実録帳云、八幡大菩薩像一鋪云々、

一、有職事、

建久元年六月廿六日被置阿闍梨五口、

同二年三月十六日又一口被置之、

一、建久元年二年（衍）二月十六日　後白河法皇有臨幸当寺、先有」入御金堂内陣、御手自打火被付常灯、御心中深有誓約、」欲令挑九枝之光、継三会之暁也、自此日以長日勤等為御」願被始行之畢、又喚鐘吹時[虫+黒]〔螺カ〕事、同日被始之、

一、朝夕勤事、承安年中文覚上人始行之、

一、講堂

三間二階檜皮葺堂一宇、在四面庇、戸六具、

右、承平実録帳云、三間檜皮葺五仏堂一宇、四面庇、戸六具、」今講堂是也、

奉安置

金色大日如来像一軀、丈六、光中化仏一尺六寸、卅一尊、

金色金剛薩埵菩薩像一軀、半丈六、

彩色不動明王像一軀、半丈六、

右、文覚上人以仏師運慶法印、奉写東寺講堂中』尊三軀、上人没後終其功畢、

一、五大堂

三間檜皮葺堂一宇、在四面庇、南面在又庇、為外陣、戸八具、

右、承平実録張〔帳、下同〕云、五間檜皮葺五大堂一宇、在戸七具、在額、右堂」天長〔淳和〕天皇御願、因之亭子親王命和気有翋、以去寛平」三年令修葺亦了者云々、

奉安置

彩色五大尊像各一軀、

右、承平実録張云、五大忿怒彩色木像五軀、在各木」光銅火炎石形座、各着鉄耳金四枚、不動尊居長三尺四寸、降」三世立長五尺三寸、但大后在捐四析頭也〔左指四折カ〕、軍荼利立長」五尺三寸、六足尊居長三尺五寸、金剛夜叉立長五尺三寸、天長皇帝御願云々、

一、宝塔院承平実録張云、

一重檜皮葺毗盧遮那宝塔一基、

五大虚空蔵菩薩彩色木像五軀中台三尺、四方各二尺五寸、

右、宝塔破損、以去延長五年十月十三日　勅使在少史内蔵朝臣」維範等勘録損色已畢、

然則更不勘同破損失物之由、

東西檜皮葺廊二宇、各外方七間、内方五間、

西五間檜皮葺護摩堂一宇、在庇二面、戸三具、』

東五間檜皮葺僧坊一宇、在庇二面、戸四具、

南三間檜皮葺中門一宇、在戸一具、在額、

東西高欄、東長八丈五尺、西長九丈四尺、

〔右〕右畳塔前九重、中門前十五重、高欄前各九重、

右、件塔院承和(仁明)天皇御願、年代久遠破壊方盛、仍故従四位下和」気朝臣彝範奏聞　仁和(光孝)天皇、
依奏状遣　勅使実検、賜物」修理、又朱雀院太上天皇行幸礼仏之次、以去昌泰二年充賜料」物、
更僧宝塔荘厳、改加五方菩薩彩色幷仏壇下連子雲間柱」絵等云々、　已上実録張、

塔院安置重宝等事

一、関白宣云、

高雄寺若食知処歟、破壊尤盛、其中塔婆可及顚倒云々、」修補者寺力不可及歟、如法経被置
何処畢(乎カ)、若被修理仲(件カ)塔者、」以幾許物可致其勤畢(乎カ)、是依　御気色所執啓也、

(治暦)四月八日　　権左中弁源経信

謹上　禅林寺律師(良尋カ)御房

一、請文云、

謹請　神護寺事高雄寺是也、

右、件寺○又如法経者、伝教大師(最澄)書鳫(写)給云々、元者雖封納」宝蔵、件倉顚倒以来、所移置
塔院也、加之八幡宮御大刀・』御鏡等無止宝物、悉移置件塔、是不令知人候事也、○可然
様」可令洩啓給、誠恐謹言云々、

今検、後冷泉院御宇大二条関白(藤原教通)宣也、禅林寺律師者当」寺別当良深僧都也、前大僧正者
深覚也、故大僧都者深観也、」於重宝安置子細者、輒難載記文、

一、年分度者事、

大政官符

応増加真言宗年分度者三人事

右、少僧都伝灯大法師位真済表偁、先帝（仁明天皇）以去承和二年正月」廿三日殊賜年分者、（度、脱）毎年九月廿四日於金剛峰寺誠《試》定課業令」得度、今如天台花厳宗亦被加益、伏望、准依六度加度三人、即」於神護寺宝塔所試業剃髪、奉護　聖躬増長宝寿、伏請、」天恩允許、宣（宜）付所司者、権中納言従三位兼行春宮大夫左近衛」大将陸奥出羽按察使藤原朝臣良相宣、奉勅、真言秘教至」理幽邃、尋其門者罕究闡奥、把其流者難測根源、法師志深」弘道、心在利生、嗟大法之未広、憂学徒之猶少、写出款誠以表」慇懃、宜依来請並令得度、羨也功徳攸覃、宇内殷富人物穏」快、福祚長久、宗社遠存、宜令所由詳知此趣、但金剛峰寺道程」稍遠、往複（復）艱険、試業阿闍梨多生疲倦、今須伝法阿闍梨与」付法証師三人、於東寺不論前後、同共二月以前試畢文義、』通五已上者以為及第、即具状申官依例下符、其分配宗業習」読経論、一同承和二年正月廿六日符、但前三人者改先定日、先」帝国忌御斎三月廿一日、於金剛峰寺度之、後三人也毎年」四月三日、於神護寺度之、受戒之後各（両）住当寺、六年之後」聴出山焉、

仁寿三年四月十七日

一、大政官符

応置真言宗年分度者四人事

右、大上（宇多）法皇勅命曰、伏検案内、真言宗年分物六人、其三人」者依大僧都空海上表、去承和二年正月廿三日置之、同年八月廿」日更亦上表於金剛峰寺試之、所謂高野年分是也、其三人

者、」依少僧都真済上表、仁寿三年四月十七日置之、即於神護寺」宝塔所試之、所謂高雄年分是也、受戒之後各栖二寺、出山之期全」終六年、爰二師没後衆論遆〔遞〕起、或謂初称宗分須於東寺試」之、或執既有本願何於他処行之、各有所由、時議難定、数遷且改」彼争此愁、遂依権大僧都益信申請、可於東寺試度之状、去寛平九」年六月廿六日下符已了、厥後至今十（行）月有余年、雖云衆議一定、更」無二論、然而不平之声新聴閙〔訟〕、難抑之詔故山猶満、伏以相尋」宗分永付一寺、則二師遺跡応含埋没之悲、更随本願、欲返両』山、則三密根源恐失興隆之望、徒顧岐路、漸思共遺、非申 公」家何得全済、伏望、恩議依件処分、旧来六人各返本山之分、」便於彼山試之、新加四口将為東寺之料、即於其寺試之、仍須二」人為胎蔵界業、令読六波羅密経十巻、一人為金剛界業、令」読守護国界主陀羅尼経十巻、各亦加新翻仁王経二巻、同為」両部界兼学業、二人為声明業、令読孔雀経三巻、大仏頂真言」一巻、大随求真言一巻乃〔及〕十八道真言、兼令書梵字、其試度之」法准例不没〔改〕、実得其人、然後則授戒、々々之後殊亦加試、不闕三」時作法之勤、奉為 一人令祈其福、増功徳於功徳、金輪之化」弥長、加善根於善根、宝暦之運無極者、左大臣（藤原時平）宣、奉 勅、依」御願持〔特〕置之、

延喜七年七月四日

一、有職事、宝塔院在之、

仁治二年正月十四日被置阿闍梨三口、依 主上（四条天皇）御元服御」所当寺勤仕賞、二品（道深）法親王所被申寄也、』

一、経蔵一切経等事、三本内、

一本者不具古経、当寺根本御経也、

光明皇后御筆等在之、

一本者金泥一切経、貞元録、

鳥羽院御願也、被相副目録二巻、（藤原）朝隆卿」筆跡、後白河院御代被安置当寺、

一本者唐本経、入蔵録、相副目六、大納言（藤原）朝方卿」筆跡、持明院中納言基家卿安置当寺畢、

此外紺紙金字法花経一部、八巻、幷普賢」無量、二経、法花会御経、当寺重宝也、

又十二天屏風甲乙、二帖、仏師勝賀法印筆、種字者」（覚性親王）紫金台寺御室御筆也、』

一、灌頂院供僧六口、

六間檜皮葺堂一宇、在二面庇、戸四具、南面在又庇、為三昧耶戒道場、正面蔀六具、東西脇真戸各一具、

右、承平実録帳云、六間檜皮葺根本真言堂一宇、在二面庇、戸七具、在額云々、

日本記云、空海僧都新建灌頂堂云々、

奉安置

胎蔵界曼荼羅金泥一鋪、云々、

金剛界曼荼羅同一鋪、

右、承平実録帳云、胎蔵界曼荼羅一鋪、八副、金銀泥」絵、赤紫綾、裏八葉形錦、縁同、紐幷

軸桶（ママ）尻等、金剛」界曼荼羅一鋪七副、装束同上、（淳和天皇）天長皇帝御願云々、

此曼荼羅、是也当寺中絶之時者、被奉宿納蓮花○王院宝」蔵、其後暫奉渡高野山、而

後白河院御時奉安置当堂畢、曼荼羅被奉返渡」院宣云、右大弁宰相親宗（平）奉、
○以下、文書篇二五号と同文につき略す。』
一、播磨国福井庄、此曼荼羅付之、元暦二年正月十九日院庁御下文在之、
一、以根本曼荼羅奉写之、仏師勝賀法印、金銀泥者、鎌倉」右大将（源頼朝）沙汰、御衣絹者、同室二品禅（北条政子）
尼沙汰也云々、
一、八大師影像各一鋪、東西壁各四鋪懸之、俊賀法橋令図之、
一、修造事、文治年中、為　公家御沙汰、以常陸国重任之功、国吏藤原季能卿云々、被造営之、嘉元三年旧檜皮朽損之間、依院宣為関東沙汰、以任官功」改葺之、
一、有職事、正和三年閏三月廿五日被寄置之、彼僧事聞書云、
神護寺灌頂院
宜寄置阿闍梨三口、前大僧正禅助朝観行幸御祈賞云々、于時別当、
一、御影供事、仁治三年三月廿一日始行之、別当着座、」請僧廿人、
一、灌頂会事、
纂要成尊僧都依後白河院勅撰進、云、弘仁三年十一月十五日、於高雄山寺修」金剛界灌頂、受者釈最澄・大
学大允和気仲世〔三条〕・美濃種人」等也、金剛界大法灌頂此時始矣、十二月十五日、為伝教大師（最澄）開灌頂道場、与」
百余弟子沐持明灌頂誓水、学十八道真言、胎蔵界大法灌頂此年始之、」同四年三月六日、修金剛界灌頂、受
者泰範・円澄・長栄・光定・康教・沙弥十二人也云々、
一、修復事、曼荼羅』
太上法皇御記云、後宇多院御代

○記録篇五号と同文につき略す。

嵯我〔峨〕天皇御代
一、灌頂記録大師真筆

弘仁三年十一月十五日於高雄山寺受金剛界灌頂人々暦名』

釈最澄因　播磨大掾和気真綱金宝

大学大允和気仲世喜　美濃種人宝

弘仁三年十二月十四日於高雄山寺受胎蔵灌頂人々暦

都合一百卌五人之中大僧廿二人、近事卌一人、沙弥卅七人、童子卌五人、自余名字等略之、

高雄山門

音声人名字等略之、

合壱佰玖拾人

弘仁四年

灌頂衆　金剛界三月六日　高雄山寺

合

僧五

泰範師護　円澄師愛

長栄師牙　光定師宝波

康教師薩埵

沙弥十二

已上大師御筆記録也、此正本者、天仁元年為御護」被召置　院（白河法皇）御所、仍修理大夫顕季（藤原）卿依仰写案文、」加判進仁和寺、其後被納勝光明院宝蔵、至」徳治三年令安置当寺御畢、』

一、天仁院宣云、

献送

書一巻事

右、依仰加判献上如件、

十二月廿七日　修理大夫（藤原顕季）在判

謹上　仁和寺大僧都（寛助）御房

於正文者、所令納　院御也、

天仁元年十二月廿七日　別当修理大夫藤原朝臣在判

○本文書の原本は高野山文書である。

一、太上天皇震（宸、下同）筆御記文云、号後宇多院、白川歟、

○以下、文書篇二四三号と同文につき略す。

同像（八幡大菩薩）一鋪、奉安置同帳、

右、文治年中、浄覚上人以平岡御形像大師御筆第二写本、奉写之、」絵師託麻先生為辰也、

一、徳治御記云、震筆、

○以下、文書篇二四八号と同文につき略す。

一、院宣云、　小灌頂阿闍梨事、

被　院宣偁、神護寺之仁祠者、仏法流伝精舎也、」高祖大師（空海）肇結縁灌頂於当寺、真済僧正積久」修練行於此地、是以促宸駕之仙蹕、幸高雄之霊」崛、粗見地宜之相応、可謂天然之名区矣、講堂・金」堂之並棟甍、疑出嚻寰塵俗之境界、絵像木」像之烈壇場、如礼密厳浄刹之聖衆、不堪感激之、」叡旨被行厳重之勅賞、早任東寺観音院等之」例、所被定置灌頂阿闍梨也、然者、不懈于三密四」曼之行業、可奉祝花洛柳営之安寧　宣下之間、」且可令存知給者、院宣如此、仍執達如件、

徳治三年六月八日　　権大納言有房（六条）奉

謹上　東寺座主前大僧正（禅助）御房

一、護摩堂　本尊大師御作不動明王、供僧三（×六）口在之、』

右日本記云、空海僧都新建護摩堂云々、

一、大師御行状　小野僧正仁海作云々、

和尚新造灌頂堂・護摩堂・納涼殿・阿闍梨房等」於住居所、勤修種々御願、遂成真言寺、申立改名」神護国祚真言寺云々、

一、性霊集第一云、　納涼房望雲雷

雲蒸蟄似浅　雷渡空如地

颯々風満房　祁々雨伴飀

天光暗無色　楼月待難至
魑魅媚殺人　夜深不能寐

一、奉安置納涼坊
大師影像一鋪、奉安厨子、供僧六口在之、
右、根本御影也、子細在別、不能載記録、
同像一鋪、奉安同厨子、
右、文治年中、以根本御影奉写之、絵師託麻先生為辰也、

一、長日陀羅尼安貞二年正月始行之、

一、有職事、延応元年五月九日被置阿闍梨一口、前大僧正覚教蝕御祈賞也、

一、仏舎利御奉納事、　』
太上法皇御記云、震筆、号後宇多院、
奉納　仏舎利一粒
右、為伝法灌頂、参住東寺西院之間、奉出之、所奉納」神護寺也、当寺紹隆已後、往日密蔵弘道、無限来際者乎、
徳治三年正月廿八日　両部伝法阿闍梨々々

一、法花堂

一、阿弥陀堂　文覚上人真影一鋪、右京権大夫隆信(藤原)筆、

浄覚上人真影一鋪、（道深法親王）金剛定院御室御筆、
阿弥陀供僧六口、文覚上人菩薩、大日供僧三口、浄覚上人菩薩、

一、巌窟堂奉安置不動明王、大師経行霊窟也、

一、鐘銘云、

受当之山神護之寺、三宝既備、六度無虧、唯所有」梵鐘、形小音窄、故禅林寺少僧都真紹和尚、始発弘」願、有心改鑄、鎔範未成、衣裓早化、檀越少納言従五」位上和気朝臣彝範、悼和尚之遺志、尋先祖之旧」蹤、以貞観十七年八月廿三日、雇治工志我部海継、以」銅一千五百斤令鋳成焉、恐年代久遠、後人不知、仍聊』記於鍾側、右少弁橘朝臣広相之詞也、

銘一首八韻、

伝音在器　証果惟因　爾祖初業　厥孫幸遵」　宿昔三尺　今日千斤　躰有寛窄　功無旧新
山声萬歳　谷響由旬　聞直覚夢　和即帰真」　慈周世界　感及非人　雕琢勝趣　蒙叟当仁

参議正四位下勘解由長官兼式部大輔播磨権守菅原」朝臣是善銘
図書頭従五位下藤原朝臣敏行書

一、食堂七間、承平実録帳十一間云々、文殊安置之、聖僧云々、

一、仙洞院奉安置　後白〔河脱〕院法皇御影一鋪、
又内大臣重盛卿、右大将頼朝卿、参議右兵衛督光能卿、」左衛門佐業房朝臣影等在之、
右京権大夫隆信朝臣一筆奉図之者也

一、閼伽井一宇　大師令堀給云々、

一、中門三間檜皮葺門一宇、在額、

奉安置

彩色二天像各一軀、彩色八大夜刄〔叉〕像各一軀、

右、建久七年性我阿闍梨、相具仏師運慶法印下向南都、「模写元興寺二天八薬刄〔叉〕安置之、」

一、別院高山寺

四至東限中河、南限瀧尾堺、西限槇尾谷、北限机谷、

一、善妙寺東限東峰、南限大覚寺堺、横路、西限砥取峰、北限大道、

大政官符在之、自余詞略之、

寛喜二年閏正月十日

一、平岡神宮

奉安置八幡大菩薩御形像一鋪、大師御筆第二伝云々、承平実録帳委細在之、

一、惣供養事、曼荼羅供儀也、

嘉禄二年歳次丙戌三月廿七日、壬午、為　勅願被供養之、以金堂」為道場、礼堂正面中間立供養法壇、

西端敷御導」師座、以東端為請僧座、下礼堂敷公卿座、

於堂荘厳具者、院庁沙汰、幔・莚道等、掃郡寮」渡之、

大阿闍梨法務大僧正道尊、于時東寺一長者、安井宮、高倉宮御子、(以仁王)

僧衆三十人、威儀師二人、従儀師二人、」御導師有勧賞、以阿闍梨親玄被補権律師了、

上卿権中納言(藤原)経通、

着座公卿以下委細在別、

一、当寺四至堺事、　　　　　　　　　　　　　』

寛喜官符云、

○以下、文書篇一六○号と同文につき略す。

一、承平実録帳者、庄薗四十ケ所云々、当寺中絶之刻、』悉以顚倒畢、文覚上人再興之時、公家・武」家所被寄置之寺領等、具如載御手印起請文、」但紀伊国河上庄者、文治二年鎌倉右大将家、以地頭・」預所両職永所被寄附也、為増伽藍之花飾充施」土木之新資云々、是則為元暦以後之間不入置文、」庄々官符・院宣并武家寄進状等、具在別矣、

一、翫玉院永仁五年被造営之、一品大王（性仁親王）竹薗也、而嘉元二年太王御遷化之後、改之被成御影堂畢、

奉安置

彩色大□□（師影）像木造半出一躯、奉安厨子、

右影像者、正安四年六月、為高雄御室（性仁親王）御願、遣仏師法眼定喜於」土州金剛頂寺、所奉模写也、

彩色者法眼円順、

仏舎利一粒東寺、被安置之、

両界曼荼羅各一鋪、金泥尊形、高雄御室御安置也、

高雄御室御影一鋪、聖教、目録在別、依為彼御所御聖教被納当院、

有職事徳治元年九月廿日被置阿闍梨三口畢、

一、後宇多院八千枚事、

延慶四年三月晦日ヨリ当寺御参籠、密々儀也、以曼荼院為御所、不及被仰別当、

同四月八日於護摩堂八千枚在之、以食堂相儲御居所、

大覚寺宮性円法親王令候給者也、礼盤ヨリ巽角御坐、

一、正和三年七月廿一日、後宇多院御幸当山、自今夜丑剋』納涼坊御通夜、閼伽水御手自令取之給云々、経然僧都」御先達云々、御行水在之、○三時相続而御行法在之、同御手自令」献花給云々、一七ケ日之間為此御儀云々、

一、於納涼房百ケ日御影供令行御事、

正和三年十二月六日ヨリ当寺御参籠、曼荼院為御所、」百日之間毎夜寅一点御幸御影堂、御閼伽井水御手自令」取之給、於納涼坊御行法在之、御表白祭文即　法皇」御製作云々、御共人石見判官入道重如、于時承仕随正、当堂預

同四年三月廿一日御結願日、寺家恒例御影供之次、自　法皇」御捧物二百十種被送之、仍満寺々僧参勤畢、

同御幸内陣御座、廿二日大覚寺殿へ還御也、

二　神護寺最略記

〇神護国祚真言寺記録拾遺所収

神護寺最略記

・金堂
称徳天皇神護景雲年中有神託、
光仁天皇宝亀十一年有詔書、
天応二年又　奏聞之、
桓武天皇延暦年中建立、
伽藍名曰神護寺、　和気清麿奉　勅造之、

△再興事
後鳥羽院文治三年如来造営之、

・錦帳者
後白河法皇御施入也、

・本仏
白檀薬師如来、五尺五寸、

・脇士
四尺七寸、
大師(空海)御作也、被奉納大菩薩御本尊云々、

・十二神将
仏師院尚作、

・四天王
文覚上人被安置之、

・内陣
桓武天皇延暦廿三年大師御渡唐時、於船中顕御形給時、」大師令写留御影也、

・又一本御影者、文治年中浄覚上人仰詫麻先生為辰令写給、

弘法大師御住坊云々、小野僧正(仁海)記意也、

●納涼坊　御影者、延暦御渡海之時、八幡大菩薩御手令写御本紙也、

又一本御影者、文治年中詫麻先生為辰筆也、

・五鈷念珠　延慶二年正月九日(イ三)金剛定院御室(道深法親王)御施入、

・仏舎利一粒　東寺、大覚寺法皇(後宇多)徳治三年正月廿八日御施入、

・僧正真済、影　建久九年寛範律師奉送之、

△修造事　文治年中修造之、建久年中造副庇等云々、

●五大堂　淳和天皇天長年中御建立、

亭子親王命和気有翊、寛平二年御修造、

・五大尊　五尺三寸、盛淳勘実録帳云、是降軍金ノ立長也、

天長皇帝(淳和天皇)御願、弘法大師御作、

四寸、六足尊ハ居長三尺五寸也、不動居長三尺云、△本紙如是不審

不動居長三尺四寸、六足尊ハ居長三尺五寸也、歟、是宜可決也、

△再興　文治年中、

●灌頂院　盛淳私云、実録帳云、根本真言堂当此院歟、余堂皆有其名、無灌頂」院名、又有根本称可尋之、

禅晟私云、根本真言堂当此院、根本堂者曰於金堂也、是見神護寺略記、

大師造立、奏成御願、日本紀意、

嵯峨天皇弘仁三年十一月十五日被始行灌頂、是則日本最初灌頂」也、伝教大師(最澄)以

下受之給、大師御筆記在別、

・両界曼荼羅　一説云、八祖相伝三国伝来云云、

或説云、大師於唐土令書給云云、

或説云、金界ハ八祖伝也、胎蔵界ハ御筆云云、

禅晟私云、旧記専大師御筆之(×云云)趣也、又或云、金剛智御筆之由見或書中云々、

天長皇帝御願、承平実録帳等ニ見タリ、

▲修覆事

大覚寺法皇延慶元年御幸時御手始之御ス、同二年召智見」令終功畢給、彼　法皇

震〔宸、下同〕筆御記在之、

・新本者　文治年中関東右大将(源頼朝)家被施入於金銀泥、於御衣絹者二品禅尼(北条政子)」施入也、仏師詫麻

勝賀法印写之、

・八祖御影者　以観音院本仰俊賀法橋勝賀之子令写之畢、

△再興修造事　文治年中為　公家御沙汰、以常陸国重任功被造営畢、

○結縁灌頂事　弘仁三年十一月十五日金剛界、同年十二月十四日胎蔵界、伝教・慈(円仁)」覚ノ両大師

以下道俗受者多之、弘法大師御自筆記録在之、」日本最初灌頂也、又弘仁四年三月

六日金剛界灌頂被行之、」同御記在之、

●宝塔院　仁明天皇承和三年八月有勅宣、同七年五月有事始、同」十二年造畢并断所散用了、

実恵少僧都・和気真綱参議右大弁」沙汰之、

・五大虚空蔵　中尊三尺、四方各二尺五寸、光孝天皇御修理、

朱雀天皇当寺行幸之次、更増宝塔院荘厳御ス、実録帳意、
後冷泉院治暦（ママ） 四月八日有関白宣、大二条殿（藤原教通）、為（源）経信之奉有御修理云云、
伝教大師御筆如法経、其比ハ被納此塔之由見タリ、
八幡大菩薩御太刀・御鏡等、悉被移置此塔院、不令知人云云、是則禅林」寺良尋
律師請文ニ見タリ、
承和二年正月廿三日、弘法大師被進表、被始置度者三人、
文徳天皇仁寿三年四月十七日、被増加度者三人、真済表、
醍醐 延喜七年七月四日、被置度者四人、

△再興修造事 建久年中造立之、

●講堂 承平実録帳五仏堂者是也、

△再興 寛喜元年也、

・本尊 以東寺講堂五仏五菩薩五大尊中尊令寫之、運慶法印作、
承平実録帳所作載是也、

●鍾楼 序 橘広相作、銘 菅原是善作、書 藤原敏行、

●法花堂 承平実録帳在之、

△再興 建久年中、

・普賢菩薩 為 後高倉法皇御菩提公家御造立之云云、

・塔 武家足利上総介義兼寄進、

・文殊　当寺寺僧承瑜法印造進之、
寛喜三年造立之、覚厳法眼沙汰也、
●阿弥陀堂
・文覚上人影　右京権大夫隆信筆、（藤原）
・浄覚上人影　金剛定院御室御筆、
●経蔵
景雲年中和気清丸（麿）依神託造営之、承平実録帳不動蔵動用倉ト云是也、
・一切経
天長年中一切経二本被安置之内、一本太宰府弥勒寺、一本ハ神護寺ニ安置云云、
又△再興之時被安置一切経二本、□（内カ）金泥経者、鳥羽院御願也、唐本経者、持明院中納言基家御願也、
●食堂
承平実録帳載之、
△再興造営
寛喜年中、
・聖僧文殊
弘法大師御作、実録帳所載也、
●護摩堂
日本記云、空海僧都　被建護摩堂云云、
・不動明王
・大師影像
此影像者、柿　御薗寛有闍梨、附浄覚上人令安置当堂、
△再興修造
承安年中云云、
又弘安十年、比丘尼聖覚為別願葺改之、
又貞和三年春、葺改之、円善別願云云、

大覚寺法皇以下古今貴人徳行人、多於此堂被行八千枚云々、

●仙洞院　後白河法皇御所也、文治四年造立之、

・後白河法皇御影・内大臣重盛(平)公影・右大将頼朝卿影・参議右兵衛督光能(藤原)卿影

・左衛門佐平業房朝臣影　已上、右京権大夫隆信筆、

建久元年　後白河太上法皇御幸、連々　皇居也云々、

●閼伽井　承平実録帳載之、大師令堀給云々、

●曼荼院　文覚上人本坊也、

●翫玉院　一品親王性仁御所也、

●中門　貞元実録帳載之、

額　正本弘法大師御筆、納経蔵、写本伊経(藤原)朝臣、現在所懸也、

・二天八薬叉　運慶法印作、建久七年安之、

△再興造営　文治四年、

御殿　武内社　拝殿　廊　中門　若宮　同拝殿」　鳥居三基、

皆是承平宝録帳所載也、

●平岡　建久元年尋古跡造立、御殿等貞応年中為浄覚上人沙汰、」奉移下壇畢、

・御形像者　大師御筆第二写本也、

当社癈絶之間、開明房阿闍梨奉渡長峰寺、而文治年中浄覚上人」相具絵師詫麻先生為辰、於長峰寺写之、被安置当社之処、旧本」之御影又令返当社畢、仍如旧安

置之、彼文治本者、今」奉安置金堂者也、

●神宮寺　廊　小社　僧房等　鐘楼鐘

為覚権法眼沙汰造営之、

○放生会始行事、

嘉禄三年丁亥八月十五日始行之、

応永元年甲戌十月二日、以迎接院大僧都宰相弁暁自筆本書写之畢、

法印権大僧都盛淳花歳六十八年、

神護寺実録帳事　已下盛淳私勘出取意也、

帳始云、
勘解由使謹奏

勘神護寺交替実録帳事

前司別当大僧都法眼和尚位観宿　延喜廿三年正月廿四日任、延長六年十二月十九日卒去、

上座伝灯法師位常然延喜廿二年六月廿日任、

寺主伝灯満位明祚　延長二年八月十九日任、

都維那伝灯住位壱(臺イ)情　延長二年八月十九日任、

新司別当宝塔七禅師伝灯法師位仁樹　六十代醍醐天皇」延長六年十二月」卅日任、

一、堂院、

三間檜皮葺根本堂一宇、四面庇、戸六具、

五間檜皮葺礼堂一宇、

堂内物

金色十一面観音像、長五尺三寸、

檀像薬師仏像一軀、長二尺六寸、

檀像阿弥陀仏一軀、長二尺七寸、

八幡大菩薩像一鋪、

御座床、二前、前机、二前、

白木礼盤二基、

六間檜皮葺根本真言堂一宇、在二面庇、戸二具、

三間檜皮葺五仏堂一宇、四面庇、戸六具、

金色金剛界等身五仏、

五間檜皮葺五大堂一宇、戸七具、在額、

不動尊、居長三尺四寸、降三世、立長五尺三寸、

軍荼利、立長五尺三寸、六足尊、居長三尺五寸、

金剛夜叉、立長五尺三寸

私此堂五十三代淳和天皇御願、

一、宝塔院、

一重檜皮葺毘盧遮那宝塔、一基、

五大虚空蔵菩薩彩色木像五軀、中台三尺、四方各二尺五寸、

私云、
東西檜皮葺廊二宇、西五間檜皮葺護摩」堂一宇、東五間僧坊、南三間中門一宇、
在額、」各檜皮葺、

一、檜皮葺法華堂一宇、在額、
　一重小塔一基、安胎蔵白檀九仏、
一、不動蔵、私云、此内者多分安経教、
一、動用倉、私云、此内者皆安宝幢幡二雑物、二ケ之経蔵歟、
一、三間檜皮葺鐘堂一宇、戸一具、
一、三間檜皮葺廟殿一宇、
一、十九間僧房一宇、在三間板葺庇、
　廿二間僧房一宇、
　十八間僧房一宇、
　五間古廟殿一宇、
　五間納涼殿一宇、
　　書壁六間弘法大師筆跡、但両〔雨〕満〔漏カ〕字不分明、皆檜皮葺、
　　已下板葺房屋略之、
　五間板葺湯屋一宇、
　二間板葺厠一宇、在板敷、
一、政所町雑舎、

五間檜皮葺庁殿一宇、
六間檜皮葺納屋一宇、
十一間檜皮葺食堂一宇、
六間檜皮葺大炊屋一宇、
甲双子倉一宇、戸三具、鏁子二具、
五間板葺客房一宇、
三間板葺番屋一宇、
大門鳥居、在額、
橋一道広、長九丈七尺、一丈四尺、渡清瀧河、
一、諸国庄々田地幷券契目録
登美庄、大和国、秋篠庄、同国、」吉田庄、河内国、高瀬庄、同国、
如是四十箇庄諸国有之、
一、縁起資財図券勅書宣命目録、
神願寺縁起帳二巻、
神願寺資財帳二巻、
神護寺図二枚、乃至中間略之、
実録帳六巻、
五十八代光孝天皇仁和三年帳一巻、別当峰綜記、前司禅念無暑〔署〕、

五十九代 宇多院 寛平五年一巻、別当禅念記、
六十代 醍醐天皇 延喜四年一巻、前司禅念、新司修証記、
同十九年一巻、前司修証、新司寛空記、
同二十二年一巻、前司寛空、新書《イ司》観印、白紙、無前後司暑〔署〕者、
同天皇 延長元年一巻、前司観印、新司大僧都観宿記、
一、平岡神宮、
御在殿二宇、各三間、並檜皮葺、
中門一宇板葺、
内陣鳥居釘貫一廻、
三間板葺礼殿一宇、
斎殿三間板葺一宇、在戸一具、
中垣鳥居一具、在額、
五間板葺政所屋一宇、
外陳〔陣〕鳥居一具、在額、
以前事条、所勘如件、謹以申聞、謹奏、
承平元年十一月廿七日
私云、四位一人、五位二人、検校中納言三位、中納言従」三位、乃至、藤原朝臣恒佐宣、奉 勅依奏、
六十一代 朱雀院 承平元年 廿七日

已上、応永七年庚辰十月八日於神護寺金剛宝院」学窓、拭七十五歳老眼、

成身院本実録帳内勘文了、可哀々々、

法印権大檜都盛淳

承応二年十月廿七日

以権律師宥清本写了、

高雄山神護寺密蔵院宥純

○本記録の「•」「△」「・」「。」は全て朱筆である。

三　神護寺交衆任日次第　○奈良国立博物館所蔵

○共紙原表紙、右下に二文字程度墨付あるも判読できず。（1オ）

○原表紙見返、墨付なし。（1ウ）

弘法大師（空海）　承和二年乙卯三月廿一日入定、六十二才、﨟四十一、

文覚聖人　建仁三年癸亥七月廿一日入滅、六十五才、

浄覚聖人　嘉禄二年丙戌十月十九日入滅、八十才、

明恵聖人（高弁）　貞永元年壬辰正月十九日入滅、六十才、』（2オ）

○墨付なし、朱長方印「方便智院」二顆あり。』（2ウ）

神護寺交衆任日次第

貞永元年　貞永元年壬辰　四月二日改元、

観明坊　貞性　四月　日初参、
嘉元三年乙巳四月十一日辰時入滅、年八十九、

同二年　二年癸巳　四月十五日改天福元、

天福二年　天福二年甲午　十一月五日改文暦元、

文暦二年　文暦二年乙未　九月十九日改嘉禎元、

嘉禎二年　嘉禎二年丙申』（3オ）

同三年　三年丁酉

教寂坊　真祐　四月廿四日　初参、
永仁三年六月十四日他界了、

心月坊　良澄　十二月　日仏名初参、
正応三年五月十四日他界、年満七十才、

同四年　四年戊戌　十一月廿三日改暦仁元、

暦仁二年　暦仁二年己亥　二月七日改延応元、

延応二年　延応二年庚子　七月十六日改仁治元、

仁治二年　仁治二年辛丑

覚応　正月八日修正初参、
正応五年三月十日他界了、年七十三、

理覚　七月三日例時初参、
正応三年二月二日他界了、年六十六、

』（3ウ）

同三年　三年壬寅

同四年　四年癸卯　二月廿六日改寛元々、

（行間補書）
「頼玄　十二月　仏名初参、
弘安十年六月十四日酉刻入滅、」

寛元二年　寛元二年甲辰

正安二年庚子十月廿七日丑刻他界、年満八十才、

円蔵坊　範乗　十二月十五日仏名初参、
改済遍、又改深遍、

同三年　三年乙巳

一心坊　了俊　十二月十五日仏名初参、
正安四年六月十九日他界了、

』（4オ）

同四年　四年丙午
（行間補書）
「〻教弁　八月　初参、」
同五年　五年丁未　二月廿八日改宝治元、
宝治二年　宝治二年戊申
（行間補書）
「〻玄瑜　十月十七日　初参、
弘安九年丙戌三月十日入滅、」
同三年　三年己酉　三月十八日改建長元、
建長二年　建長二年庚戌
月静坊〻猷然　六月卅日例時初参、
後改号成身院、正和二年癸丑正月七日丑刻死去了、年満八十才、
観智坊〻印基　九月十四日例時初参、
永仁四年八月十六日他界了、
同三年　三年辛亥
一長者　嘉元二年甲辰三月廿二日於南都大安寺入滅、年七十七、
北谷坊〻深快　正月十四日修正初参、
号花蔵院僧正、本名公意、
同四年　四年壬子
同五年　五年癸丑
慈尊院〻栄尊　二月六日理趣三昧初参、
三川権僧正　乾元二年癸卯二月廿三日入滅、
定恵坊〻光遍　五月十三日陀羅尼初参、
永仁四年十二月　日被上寺僧号畢、

』（4ウ）

』（5オ）

同六年　六年甲寅

同七年　七年乙卯

教勝　嘉元四年丙午二月廿一日入滅、年八十、
三月十日法花会初参、

「(行間補書)尊弁　四月廿五日理趣三昧初参、
正応三年庚寅十一月一日他界、五十一、」

朗遍　八月廿日理趣三昧初参、

同八年　八年丙辰　十月五日改康元々、

康元二年　康元二年丁巳　三月十九日改正嘉元、

地蔵院 隆覚　三月廿八日理趣三昧初参、
正安四年五月十日他界了、

正嘉二年　正嘉二年戊午　○朱長方印「方便智院」一顆あり。

浄蓮坊 覚淵　八月廿一日御影供初参、
延慶元年戊申十月廿七日他界了、

」(5ウ)

同三年　三年己未　三月廿六日改正元々、

正元二年　正元二年庚申　四月十三日改文応元、

「(行間補書)智深　七月五日理趣三昧初参、」

文応二年　文応二年辛酉　二月廿日改弘長元、

弘長二年　弘長二年壬戌

行然　或本三月十日法花会初参云々、
正月五日　初参、
正応六年二月廿六日他界了、年五十一、

」(6オ)

〃禎乗　三月十日法花会初参、
永仁四年十二月　寺停、

同三年　三年癸亥
(行間補書)
「源遍　六月六日タラニ初参、」

同四年　四年甲子
三月六日改文永元、

元応二年庚申二月五日於関東入滅、年七十三才、
慈尊院
二位権僧正〃聖済　六月十八日陀羅尼初参、
永仁四年寺停、又正安二年五月五日」如元可為交衆之由被下御教書了、

文永二年　文永二年乙丑
円達坊〃俊海　四月十八日陀羅尼初参、
元徳三年辛未二月十日他界、酉終、年八十五才、

同三年　三年丙寅
本性坊〃寛増　四月十九八イ日陀羅尼初参、
正安四年壬寅九月廿一日申刻他界、年五十七、

同四年　四年丁卯
(行間補書)
「宗恵　十月十四日理趣三昧初参、」

同五年　五年戊辰
元亨三年癸亥十二月十二日酉刻他界了、年七十三、
静忍坊〃遍増　正月九日修正初参、
円乗坊〃房成誉改　八月廿二一イ日理趣三昧初参、
元徳二年庚午閏六月十四日夜他界、八十二、
雖令新造、不及移住令借住慈尊院之間、於慈尊院死去了、無所労」儀頓死之間不知」時刻、後朝見付云々、
他界之後、移円乗坊、中陰等於」彼坊在之、面々不苦之由」沙汰之、

』
(6ウ)

同六年　六年己巳
常悟坊　隆尋　三月六日理趣三昧初参、』（7オ）

同七年　七年庚午

同八年　八年辛未
南坊　後号多聞院、　済尊　正月五日陀羅尼初参、
正中二年乙丑七月（十一イ）十六日亥終他界了、年七十八、

大智坊　承瑜　正月五日陀羅尼初参、
元応元年己未十一月廿六日辰刻死去了、年七十五、
（頭書）「今ト ノ巳歳百年、」

光顕　正月十四日修正初参、
元徳二年庚午六月廿七日未刻他界、年七十七、

同九年　九年壬申
□場坊　後号教園院、　印遍　四月廿三日例時初参
元徳二年庚午三月十一日酉終入滅了、年七十五、』（7ウ）

迎接院　尊暁　七月廿六日例時初参、
正和五年丙辰後十月廿一日亥刻他界、年六十三、

同十年　十年癸酉
西南坊　宴仲　七月九日理趣三昧初参、

花蔵坊　孝浄（厳改）　七月廿六日例時初参、
元弘元年辛未十一月十二日辰刻他界、年七十七、

同十一年　十一年甲戌
玄家　七月　初参、
正応三ー六ー六日他界、

同十二年

十二年乙亥　四月廿五日改建治元、

建治二年

建治二年丙子

建武二年乙亥十一月十四日他界了、年七十八、

東禅坊新造 貞舜

二月廿三日陀羅尼初参、

正応元年離寺、永仁元年還入、中間六ケ年中絶、

東北坊 宗済守改

三月一日陀羅尼初参、

応長元年辛亥十二月十八日夜頓死了、

栄俊

三月五日彼岸初参、

元徳二年庚午十一月廿四日　他界了、年七十三、

教学院新造 承信親改本名承全

三月十二日例時初参、

正和五年丙辰九月廿三日酉刻他界、年満六十才、

弁基

三月十二日例時初参、

永仁三年七月十一日他界、

」（8オ）

同三年

三年丁丑

本性坊 承舜

十月十五日理趣三昧初参、

正慶元年壬申元弘二年也八月四日午刻他界了、

同四年

四年戊寅

二月廿九日改弘安元、

水本坊 行忠

正月十二日修正初参、

延慶正歟三ー庚戌五ー三日他界、年四十六、

弘安二年

弘安二年己卯

常悟坊後改号法身院、 行耀

四月卅日陀羅尼初参、

康永三年甲申四月廿五日戌刻他界了、年八十一、

覚恵坊 宗玄賢改

六月五日陀羅尼初参、

建武三年丙子正月四日申刻死去了、満八十才、

」（8ウ）

同二年　観明坊　〻貞誉　八月四日例時初参、
文保二年戊午十二月廿八日申刻死去了、年五十六、

』（9オ）

三年庚辰

円蔵坊　〻深増　二月十日陀羅尼初参、
後改号金剛寿院、暦応四年辛巳十月廿九日午刻入滅了、年七十六才、

心月坊　〻定意　四月廿一日　初参、
正安二年　五月廿一日他界了、

密乗坊　〻長祐　十月七日理趣三昧初参、
嘉暦四年己巳六月一日酉刻他界了、年六十五才、

仁
大教院　〻隆証　十一月　初参、
本坊東北坊　永仁六年　他界了、

同四年　四年辛巳

西坊　〻定兼　二月十四日入寺僧、
暦応三年庚辰四月廿八日死去了、年八十六、

』（9ウ）

仁
尊勝院大僧正　〻定助　二月廿二日入寺僧、或本タラニ初参云々、
本坊勝月坊　一長者　元弘四年甲戌正月八日他界了、年六十八、

同五年　五年壬午

定恵坊　〻承宴　十月五日陀羅尼初参、
後号定恵院、貞和三年丁亥十一月二日申刻他界、年八十四才、

五智坊　〻良和　三月廿五日陀羅尼初参、
永仁四年寺停、

同六年　六年癸未

有賀改
円悟坊　〻忠舜　上表之後号定淵、
十二月五日陀羅尼初参、
〻〻　正安三年九月　日交衆辞之、

同七年

七年甲申

常悟坊　専乗
依所労□〔令カ〕離寺田舎下向了、
十二月廿六日　初参、』（10オ）

五智坊　成誉　後号仏地院、
四月廿五日陀羅尼初参、
暦応二年己卯正月三日辰刻他界了、七十七才、

迎接院　貞瑜　什改又改隆瑜、又改隆位、
八月九日陀羅尼初参、
文和二年癸巳正月二日午刻他界、年八十六、夏臈七十、

大智坊　賢増　後大智院、
九月三日陀羅尼初参、
康永元年壬午五月廿一日亥刻他界了、年七十五、

同八年

八年乙酉

良円　正月　修正初参、

地蔵院　盛忠
六月一日例時初参、
貞和三年丁亥十月十一日酉刻他界了、年七十九、』（10ウ）

同九年

九年丙戌

教寂坊　玄祐　隆有改又改隆祐、
十月三日陀羅尼初参、
暦応四年辛巳五月十九日卯半入滅了、年七十五、

同十年

十年丁亥

寂静坊　性然
二月六日陀羅尼初参、
嘉暦三年戊辰六月十日午刻他界了、年五十九、

成身院　猷尊　実然改又改経然、
十一月廿一日陀羅尼初参、
元徳元年己巳九月九日丑刻他界了、年五十七、

同十一年

十一年戊子　四月廿八日改正応元、

西林坊 奝親 □〔二ヵ〕月廿日陀羅尼初参、
徳治三年戊申壬八月十一日午刻他界了、年卅八、
(頭書)「応永廿四年 卅三年」』(11オ)

正応二年

正応二年己丑

顕能 五月十八日納涼坊臨時御祈初参、

元快 五月廿三日陀羅尼初参、

賜仁和寺院号、上安養院

尾崎坊 尊誉守元 六月十三日理趣三昧初参、
号鏡智坊、 正中二年乙丑二月十五日寅一点於平岡宿坊他界、五十二才、

光真 八月 初参、

同三年

三年庚寅

顕猷 十一月廿一日例時初参、

兼弁 十一月廿九日 初参、

長隆 十二月 交衆、

了深 十二月 入之、

深誉 十二月卅日 初参、』(11ウ)

同四年

四年辛卯

同五年

五年壬辰

経誉 三月十九日 初参、
上表了、』(12オ)

仁 大教院 本坊東北坊 禅隆
元弘三年八月十三日寺家一統　綸旨之後上表交衆了、
五月廿一日御影供初参、
暦応四年辛巳三月十九日他界了、年七十四才、

仁 宝持院大僧正 無本坊 顕誉 一長者
五月廿二日例時初参、
正中二年乙丑九月七日辰刻他界了、年五十一、

六年癸巳
四月廿五日改永仁元、

円達坊 深忠
貞和四年戊子三月十二日卯一点他界了、年七十六、
正月廿日理趣三昧初参、

性承　正月廿一日　初参、

実誉改 貞尊　九月五日　初参、

瑜改 奝弁　十二月廿四日　初参、

尊淵改 快尊　十二月廿七日　初参、

永仁二年甲午

了仲
二月廿七日陀羅尼初参、
正安元年十二月五日他界了、年十八、

観智坊 守改 秀弁
貞和五年己丑五月三日卯終他界了、七十一、
四月晦日理趣三昧初参、

隆清　七月七日陀羅尼初参、

西坊 守改 深玄
八月廿二日陀羅尼初参、
貞和五年己丑四月二日酉一点他界了、年七十四、

」
（12ウ）

同三年

三年乙未』（13オ）

禅重　壬二月十五日　初参、

房守　正月八日例時初参、
延慶三年　横死了、

宗承　二月十日理趣三昧初参、
正安二年　退出、

同四年

四年丙申

浄蓮坊
禅有　文保二年戊午十一月八日離寺了、年四十、于時法印権大僧都、
二月廿四日陀羅尼初参、
遁世之後号良慎房、観応二年辛卯正月廿一日他界云々、

尊厳　二月十八日例時初参、

一心坊
宗瑜　七月廿三日陀羅尼初参、
応長二年壬子三月八日他界、年廿五、』（13ウ）

心月坊
改号宝珠院
隆叡　七月廿三日理趣三昧初参、
康安二年壬寅七月廿八日酉刻入滅、年八十四、
文和四年乙未四月廿日評定被許院号了、

隆尊　八月二日理趣三昧初参、
正安三年九月　出、

長深　八月十四日陀羅尼初参、
正中二年乙丑四月二日上表交衆了、四十三才、」令上表多年之後、於京都死去了、

同五年

五年丁酉

尊雅　九月三日　初参、
正安四年、

良忠　正月八日　初参、

円悟坊 任然《宗猷改》 又改仁然、上表之後於紀州入滅云々、
二月九日理趣三昧初参、
正中二年十月二日交衆上表了、四十六才、』（14オ）

親尊 十二月廿四日陀羅尼初参、
正安元年 出、

同六年 六年戊戌

忠覚 七八月廿七日九イ例時初参、
正安四年六月四日他界、

禅遍 九月廿六日例時初参、
正安二年二月廿三日他界、十八才、

同七年 七年己亥

四月廿四日改正安元、

暦応二年己卯正月十六日辰一点死去了、年六十一、

東北坊 禅賀 四月廿九日陀羅尼初参、

観尊 八月晦日陀羅尼初参、
正安二年十一月五日横死了、』（14ウ）
応長元年潤六月廿七日他□〔界〕了、

相祐 十一月八日理趣三昧初参、
乾元二年四月十二日上表寺僧了、」嘉元二年十二月廿八日還入不住寺僧、」徳治三年正月上旬可為常住号之由申之、

正安二年 正安二年庚子

西南坊 仲遍 二月三日陀羅尼初参、
元亨元年辛酉十二月廿二日上表交衆了、年三十九、于時法印権大僧都、

貞済 七月十九日 初参、
徳治三年戊申四月廿日他界了、年廿四、
貞和三年丁亥八月十六日申終於勧修寺慈尊院端座結印口誦真」言数反之後」入滅云々、年七十、

慈尊院 民部卿僧正 栄海 潤七月二日陀羅尼初参、
元応二年庚申 月 日辞交衆、」元弘三年癸酉八月廿日被望還入、同廿一日満寺評定」被還入了、中絶十三ケ年歟、
同九月九日タラニ被参、
（付箋、江戸後期）「栄海僧正勧門先代真言伝ノ作者、」高名之人也、伝在高僧伝、」

専誉　八月二日　初参、
元弘三年癸酉六月廿一日入滅、
定雲　八月廿三日例時初参、」(15オ)
十月十二日陀羅尼初参、
経耀　元徳二年庚午三月卅日辰一点死去了、年四十九、

同三年

三年辛丑
延文二年丁酉七月廿七日酉刻死去了、七十七歳、
覚恵坊
俊尊　三月廿七日陀羅尼初参、
延慶二年二月廿四日被出寺僧了、
実守　八月十五日理趣三昧初参、
延慶三年庚戌六月廿日巳時他界了、廿五才、
猷厳　十二月五日理趣三昧初参、
延元々年丙子三月二日上表交衆了、年五十二、
一心坊
快承　十二月廿五日陀羅尼初参、
住坊一心坊先立付属俊勝法印了、
延文三年戊戌四月十九日於勢州死去了、年七十四才、
登倚子端座入滅云々、

同四年

四年壬寅　十一月廿二《一イ》日改乾元々、」(15ウ)
延慶三年庚戌四月廿八日子時死去了、廿五才、
長尊　三月三日陀羅尼初参、
盛祐改
宗忠　三月四日陀羅尼初参、
延慶三年正月廿四日横死、廿八才、
朝淳　四月　初参、

乾元二年

乾元二年癸卯　八月五《六イ》日改嘉元々、
兼以　五月十六日　初参、
交衆上表了、

覚信　六月六日陀羅尼初参、
正和五年丙辰四月五日上表交衆、年卅二、

隆然　六月六日　初参、
徳治二年丁未九月廿二日他界了、年廿二才、

覚胤　六月六日陀羅尼初参、元
弘元年辛未　月　日死去了、
此間寄宿勝月坊之間、元弘寺家動」乱之時令怖畏退出了、其後死去之」間、不知日月也、

』（16オ）

嘉元二年　嘉元二年甲辰

尊儀定深改　十月廿一日御影供初参、
｜｜　徳治三年戊申八月十八日丑時他界了、年廿三、

同三年　三年乙巳

尊什　正和三年　潤三月二日上表交衆了、
二月五日陀羅尼初参、

覚然　二月十四日陀羅尼初参、
徳治二年　他界了、

定忠　十月九日例時初参、
上表了、

』（16ウ）

改号宝乗院、観応元年十二月十二日評定被許畢、
観明坊　奝済　閏十二月廿三日陀羅尼初参、
延文四年己亥正月廿八日申刻逝去、年七十二、」自去廿三日夜俄所労、自廿六日夜増気了、

西林坊　教瑜　閏十二月廿三日陀羅尼初参、
延慶四年辛亥四月十七日亥時他界了、廿一才、

定俊

同四年　四年丙午　四月六日改徳治元、

徳治二年

北谷坊 宗教《実耀改》 正月二日陀羅尼初参、
〃〃 延慶二年二月十四日被止寺僧号畢、
応長元ー十二ー廿七日還入了、中絶三ケ年、

徳治二年丁未

本性坊 長宗 三月十四日陀羅尼初参、
貞和四年戊子二月廿三日丑刻他界了、年五十八、

同三年

三年戊申 十月九日改延慶元、

花恩院
花蔵坊 宗什《賀改》 六月五日陀羅尼初参、
貞治四年十二月十二日評定、改花蔵坊可号花恩院之由被申之間被許之了、

鏡智坊 尊仲 元弘三年八月十三日寺家一統 綸旨之後除帳了、
号安養院、 二月三日例時初参、
延文五年庚子十二月上旬之比於京都死去了、傷寒所労云々、

覚仲 親恵改文保元年丁巳四月八日他界、年廿七、
〃〃 二月四日理趣三昧初参、
正和五ー八ー五日被出寺僧、同十月廿二日還入、

宝幢坊 光守《新造》 二月六日例時初参、
退出之後貞和五年 月 日於仁和寺死去了、
元弘寺家騒乱之時離寺之後彼坊破壊了、

浄蓮坊 叡助 六月廿八日陀羅尼初参、
正和五年丙辰六月十九日死去了、年廿一才、

成身院 宣猷 閏八月十七日陀羅尼初参、
貞和四年戊子八月十六日午終他界了、年五十八、

学頭補任之時紀州桛田庄之内堂名云々、以之為坊名、□□坊公事等勤之、

西福寺 弁暁《桛田庄》《堂名》 十月十五日陀羅尼初参、
文和三年甲午五月八日酉半刻入滅了、年六十三、
隆位法印他界之後号迎接院、

延慶二年

延慶二年己酉

水本坊 雲誉 二月八日例時初参、
文保二年戊午八月九日亥刻他界、年廿九、

隆賢 二月十七日理趣三昧初参、
離寺之後康永元年壬午五月廿三日於開田院入滅、

法身院 宣耀 専改 三月十一日例時初参、
観応二年辛卯六月四日午一点死去了、年五十八、

西林坊 兼親 四月廿八日例時初参、
元弘三年 月 日交衆上表了、

仁猷 六月十五日理趣三昧初、、
正中二年十月九日被止寺僧号畢、年廿八、 』（18オ）

澄融 六月十九日陀羅尼初参、

隆深 七月廿六日御影供初参、

（頭書）「仁和寺ハ自十一月」廿七日閉門云々、」依大師号訴訟、東寺・」仁和寺・当寺等自」去年十一月廿八日令」閉門、仍諸仏事等」被止之、而訴訟成就、」七月十九日開門戸、諸」仏事等被行之之、仍」去年十二月分御影供」七月廿六日被行入之、」

（附箋、江戸後期）「仁和寺閉門ノ事甚珍事ナリ、国師禅助大」僧正ヨリ本覚大師号（益信）奏請ニ依テ、山門大衆ノ」嗷訴ナリ、山王ノ神輿ヲ遷シテ京都ニ登ル、」大衆五千人ト云々、禅助大僧正ヲ遠流ニ処セラレ」度トノ願也、又南都七大寺ヨリ七千人春日神輿」ヲ奉シテ禅助ノ歎願ヲナス、」

弘融 十一月三日陀羅尼初参、

亮照 元応元年十一月 日上表交衆了、
十二月晦日例時初参、
正和五年八月四日可止交衆之由被仰下了、同五日」評定被施行了、次年還入寺僧、

三年庚戌

了守 元亨元年十二月一日酉刻死去了、年廿八才、
四月廿日例時初参、

相瑜　十二月八日例時初参、
正和三年　上表交衆了、

四年辛亥　四月廿八日改応長元、

静忍坊
聖光院
信遍　貞和五年之秋移静忍坊於北谷造営之、康安元年辛丑五月十四日未刻他界了、年六十九、
正月廿四日陀羅尼初参、
聖光院々号事、延文元年十二月廿日評定」所望之間被許了、

円悟坊
良然　仁然離寺之時伝領之、
二月四日理趣三昧初参、暦応四年辛巳正月　上表交衆、年五十才、
離寺之後康永四年乙酉六月廿七日於大覚寺入滅、

承仲　正和元年七月五日他界、年十八才、
二月十一日理趣三昧初参、

良暁　建武三年丙子二月三日於京都死去了、年四十三、
二月十三日例時初参、

尊昭　清改正和四年乙卯二月十一日他界、年満廿才、
三月五日例時初参、

貞瑜　四月廿三日陀羅尼初参、
正和三年　上表了、

定澄　七月廿日理趣三昧初参、
正和三年十一月八日成不住之寺僧了、
同五年　上表了、

応長二年壬子　三月廿日改正和元、

禅憲　元徳元年己巳九月　日上表交衆了、
七月十九日陀羅尼初参、

雲禅　七月十九日陀羅尼初参、
嘉暦元年八月　日上表交衆了、

守盛　七月十九日　初参、
正和二年、

正和二年癸丑

教寂院
教寂坊　経祐　貞治四年十二月十一日評定、改教寂坊可号教寂院由」被申之間被」許之了、
二月廿三日陀羅尼初参、
八月　入滅、

尊厳　離寺之後於京都横死了、
二月廿八日理趣三昧初参、
正和四年十月十五日夜於平岡社頭令殺害社僧」俊増、同十六日被止寺僧号被出寺門畢、

寂静坊　貞然　三月廿九日理趣三昧初参、
改坊号可為院号由望申之間、貞治」六年丁未」四月十六日評」定可号」寂静院之由被許之了、
（頭書）
「貞然法印貞治六」年丁未八月廿日寅」刻他界了、」依赤痢」所労也、」

多聞坊　良済　延文二年丁酉正月七日戌一点死去了、年満六十、
七月十七日陀羅尼初参、

長運　七月十九日理趣三昧初参、
文保元年丁巳十月廿七日他界了、年十九才、

円乗坊　増誉　八月六日理趣三昧初参、
年　六月八日於田舎死去了、

同三年　三年甲寅

同四年　四年乙卯

地蔵院　隆盛　正月廿七日陀羅尼初参、
貞治五年丙午三月六日未刻死去了、年満七□〔十〕才、

源瑜　二月廿日陀羅尼初参、
正和五年丙辰十二月九日他界了、年十九才、

祐恵　十月二日陀羅尼初参、
去九月廿日可為寺僧之由被仰下御教書了、
上表交衆之後康永二年九月四日於仁和寺真」光院□蔵坊死去云々、

禅豪　十一月十六日陀羅尼初参、
去七日被下御教書了、
文保元年　上表了、

同五年　五年丙辰

」（19ウ）

」（20オ）

相誉　元弘二年九月九日於志万郷西光寺奥坊死去云々、
二月七日例時初参、

浄蓮坊
後改号明王院、
顕融　康安元年辛丑四月三日午一点死去了、六十二、」傷寒之労七ケ日死去云々、
七月十八日例時初参、
申半刻許□□、不思議之由、面々沙汰之」云々、

仏地院　承誉　七月廿六日陀羅尼初参、
延文四年己亥四月二日自円達坊之岸陰」入清瀧河入滅、時刻不知之、未終歟申」初歟云々、

密蔵坊　新造　教誉　改賀|　後十月廿三日陀羅尼初参、
永徳元年八月廿二日円寂、

水本坊　尊能　十二月十八日陀羅尼初参、
元応二年庚申四月十日午刻他界、年廿一才、

円悟坊　顕守　延文五年庚子十月十六日辰初見付之処、既以身疼云々、
十二月廿九日陀羅尼初参、
然者、寅卯之間事切歟、自十五日夕方増気、子時」許ヨリ無心云々、自去月下旬傷寒之労度々
再」発、仍云所労之」怖畏、云承淳僧」都事籠居之穢気、無寄付之仁、仍時分」分明不存知之、

同六年

六年丁巳　二月三日改文保元、

教学院　承秀　四月十九日陀羅尼初参、
康安三七廿四入|、

承叡　文保元|十一月上表交衆了、
八月　初参、

文保二年

文保二年戊午

教誉　正月八日修正初参、
元徳二年庚午六月晦日上表交衆了、

静忍坊　尊叡　七月十日陀羅尼初参、
元弘二年二月廿一日於仁和寺他界了、

』（20ウ）

』（21オ）

同三年

大智院 承喜 去四月上旬尾州下向云々、
七月廿二日陀羅尼初参、
貞治二年癸卯六月一日午刻於尾張国死去了、
自去五月六日雍瘡之労次第令増気死去云々、年六十一、

三年己未 四月廿八日改元応元、

延文四年己亥灌頂院御影供執事令闕怠、仍被寺停了、委細之旨」延文四年僧名記之、

定恵院 承淳 正月廿六日陀羅尼初参、

（頭書）「延文五年庚子九月」十九日亥時」於円悟坊死去了、」傷寒之所労云々、」

定恵院事、承宴法印他界之刻、彼遺跡与兼瑜律師令相論、及」両三年番三問三答訴陳、再目安・事書等」沙汰之処、依為重事満寺評定、両三度沙汰之、」被付承淳了、但彼坊供僧以借用之儀被補兼瑜、」以兼瑜律師初任之儀被補平岡了、

』（21ウ）

元応二年

元応二年庚申

教園院 本性坊 良瑜 禅改 二月十六日理趣三昧初参、
本性坊伝領之事、観応三年壬辰四月十九日申」寺家、則評定披露之、則被許坊号幷供僧了、

（頭書）「貞治二年癸卯三月」廿五日、依□（真）瑜僧都」譲附、院号幷」後坊供僧補任之、」

重瑜 三月廿一日御影供初参、
元弘元年辛未十二月九日於仁和寺死去了、卅九、

禅誉 七月十二日陀羅尼初参、
正中二年三月四日寅刻他界了、年廿三、

尊瑜 七月十七日陀羅尼初参、
正中三年六月十六日上表交衆了、年廿三、

密乗坊 俊誉 七月廿七日陀羅尼初参、

三年辛酉 二月廿三日改元亨元、

隆賀 七月十二日陀羅尼初参、
元亨二年壬戌七月八日於京都死去了、年□

』（22オ）

同三年

多聞院 定経 七月十四日陀羅尼初参、
教祐〔改隆〕 七月十四日例時初参、
正中元年十二月廿日上表交衆了、離寺之後」両三年之間」死去云々、
金剛寿院 良増 七月十九日理趣三昧初参、
応安二年二月十七日酉刻他界了、
覚恵坊 承然〔改海〕 八月十三日理趣三昧初参、
令付坊於俊尊交衆上表了、

元亨二年

元亨二年壬戌
寺家一統之後管領鏡智坊、此時普賢院、号水元坊令与達守我畢、〔奪〕
水本坊 尊我 二月十九日理趣三昧初参、
貞治四年乙巳正月十二日申一点死去了、六十一、」依虫腹乍座他界、弟子両三乍居不知其」期云々、
円乗坊 有誉 六月廿五日理趣三昧初参、
暦応四年辛巳潤四月十四日未刻□〔死〕去了、年卅五、」（22ウ）
深禅坊 成深 七月十六日理趣三昧初参、
良尋僧都追却、延文六、令対彼坊被点寺家」間、両三人所望之、然而以蓮蔵坊被付成深之処、坊号可号深禅坊之」由所望之間被許之了、

同三年

三年癸亥

同四年

四年甲子 十二月九日改正中元、
厳仲 二月八日理趣三昧初参、
元徳二年九月四日交衆上表了、
後改号慈光院、
東禅坊 定信 二月廿四日陀羅尼初参、
貞治六年丁未八月七日満寺評定、依乱」行之間、自評定之座被追却了、

正中二年

正中二年乙丑

依顕融法印他界、任彼譲之旨被補彼坊供僧了、

明王院 弁誉　七月十五日陀羅尼初参、

　　文和二年癸巳十一月十五日満寺評定、依不儀

俊意　被止寺僧号了、則所帯一口供僧被改□』（23オ）

同三年

三年丙寅　四月廿六日改嘉暦元、

　　延元々年丙子八月廿日上表交衆了、年□

宝持院 教雅　四月十一日陀羅尼初参、

無本坊　延文五年庚子九月三日於仁和寺餓死云々、

無本坊

仏土院 定暁　七月廿五日理趣三昧初参、

応安二五月二日他界了、

（頭書）
「仏土院者勧修寺院号云々、」貞治二年癸卯壬正月」六日評定、以俊然僧都」譲与之状、院号許所望之間、」為評定衆一分、以別
儀可被許沙汰了、」

隆宝　八月廿九日陀羅尼初参、

嘉暦四年己巳八月十四日他界了、酉刻　年十八

嘉暦二年

嘉暦二年丁卯

貞治二年癸卯三月十六日子刻他界了、年満五十、虚損所労、

教園院 真瑜　二月十二日理趣三昧初参、

全海　三月二日理趣三昧初参、

元徳三年夏比上表交衆了、遁世律僧、』（23ウ）

良親　三月五日陀羅尼初参、

嘉暦三年六月五日上表交衆了、

同三年

三年戊辰

仲恵　七月十二日陀羅尼初参、

元弘寺家騒乱之時、与尊仲共没落了、

良淳 暦応三年庚辰五月一日戌一点捨身入水了、年廿九、
八月四日陀羅尼初参、

実増 延元々年丙子八月廿五日死去了、年廿四、
八月四日陀羅尼初参、

良賀 建武三年丙子九月　日上表交衆了、年廿三、
十月十日陀羅尼初参、

定救 十月廿六日陀羅尼初参、
十月十一日交衆之由被成御教書、

（24オ）

同四年

四年己巳 八月廿八日改元徳元、文章博士行氏（藤原）□〔進カ〕之、

貞治六年丁未七月廿五日、依乱行之聞、自満寺」評定

東北坊 隆経 七月十一日理趣三昧初参、
座被追却了、住坊跡幷菴室等」被収公了、

蓮蔵坊 良深（尋改） 七月十一日陀羅尼初参、
延文六年辛丑二月二日満寺評定、追却」其身、住坊被点定了、委細事彼年僧名」記之、

房仲 七月十六日例時初参、
元弘三年癸酉五月廿六日於仁和寺死去了、

定然 十月十九日陀羅尼初参、
交衆上表了、
元徳二年庚午七月九日亥刻於東寺他界了、年五十二、

宝厳院無本坊 頼宝 十一月八日陀羅尼初参、
相当文和元年東寺御影供不遂其節、同十二」月遁世、

光明院本坊勝月坊 寛宝 十一月十六日陀羅尼初参、
但当年御影供依世上騒動令延引、十二月」廿一日可被行之□□□□之遁世也、」勝月坊幷下
□□□任先年之契約、」可令管領之由申附道基云々、為非」寺僧伝領不可然、仍道基交衆之
程、雖為」白地、以寛隆闍梨可号勝月坊之由治」定、

（24ウ）

元徳二年

元徳二年庚午

同二年

（頭書）「元徳二年二月十一日、」別当真光院前大僧」正禅助他界了、年八十四、
同年四月六日、尊勝」院前大僧正定助被補」別当了、御教書同」七日被触寺家了、」

定恵院
定尊 兼瑜改
五月四日陀羅尼初参、
定恵院管領事、承淳付承範、々々」付兼瑜之由望申之間、坊号延文五年」十二月十六日」被許之了、
（頭書、二十四丁裏）「定恵院
兼瑜僧都、貞治」六年八月七日満寺」評定、依乱行被」追却了、其跡収公」処、同法等兼日申」置之旨在之、故人等」連判之」状明鏡之間、被許彼坊於」相給畢、」

心蓮院 無本坊、
定我
五月廿一日御影供初参、
寺家一統之後交衆上表了、

三年辛未
八月九日改元弘元、両文章博士在淳（菅原）・在成（菅原）進之云々、
（頭書）「元徳三年八月廿四日、」帝（後醍醐天皇）忍行幸南都」御座笠置山、自九月」下旬之比自武家奉責、」十一月御没落、」十二月御入京、六波羅ニ御座、」

禅叡
元徳三年七月　日被寺停事等在之、其刻令」離寺了、
三月十九日理趣三昧初参、
無辞申之旨、又自公方不被止之、」自然離寺了、

西坊
実済
三月廿二日理趣三昧初参、
貞治六年丁未八月廿七日午一点死去了、年五十五、依赤痢労死去了、

西林坊
良意
六月二日陀羅尼初参、
貞和四年戊子六月廿四日子終於西林坊死去□、年三十二才、
承賢改文和四年乙未二月六日卯刻於丹州逝去了、自□〔去カ〕年虚□之労

賢意
八月十六日陀羅尼初参、
次第増気之間、今年正月廿八日令下向了、
（頭書）「元徳三年辛未八月、」寺家騒動、依寺務」等沙汰、交衆等事」閣之、」

』（25オ）

元弘二年

元弘二年壬申 元弘二年三月八日、帝（後醍醐天皇）隠岐国遷幸之後被改年号了、改正慶元年、

同三年

三年癸酉 正慶二年癸酉五月廿二日関東滅亡以後、自」隠岐還幸之時、自六月之比如元尚可為元弘云々、」正慶依為偽主年号可被除之云々、

（頭書）「元弘三年癸酉八月十三日、」被成下寺家一統」綸旨、同十六日、加評定」毎事寺中規式等」有沙汰之次、此三人交」衆事、同以評議被」入之畢、

元弘三年正慶二年、」七月十八日、自西国」還幸、今日御入京、」

水本坊 覚神守我改 八月十六日例時初参、観応三年壬辰七月廿九日子一点於水元坊」為盛賀アサリ被害、則取命了、年卅八、

宣俊 八月十六日例時初参、文和元年壬辰十一月九日申刻於密乗坊死去了、」水腫所労自去九月中旬之比現行、終取命了、年卅七、

深憲 八月十八日理趣三昧初参、離寺之後延文元年丙申六月一日於但馬国横死云々、文和四年乙未十二月十八日満寺評定被止寺僧号了、

同四年

四年甲戌 正月廿九日改建武元、

聖聡 延文五年庚子二月之初隠遁之由有其聞、然而終以」不被辞退、正月十三日修正初参、同二月四日評定之時風聞之分雖無子細陵遅」為憶、此間円乗坊借住之間、云近々云同法」定被存知歟、可被相尋定暁僧都之由評定了、仍被」相尋之処、」無子細之由返答之間、」被除帳了、

応安二正十四他界了、

理趣院新造 栄兼 正月廿三日陀羅尼初参、離寺之後文和四年乙未二月一日於賀州路次」為敵被打了、

栄宗 延元々年丙申九月 上表交衆了、年卅、

』（25ウ）

建武二年

建武二年乙亥 潤十月十五日在当寺行幸、被行結縁灌頂幷曼荼羅供畢、

同三年

三年丙子　改延元々年、而山門行幸之後尚如元可為建武云々、

（頭書）「建武三年正月」十日、将軍尊氏（足利）以」下自東国発向之間、」十日夜俄山門行幸、」彼尊氏・直義（足利）以下同」晦日九州没落之後、二」月還幸之後改元」延元々年云々、而同五月又尊氏以下自」九州発向、五月　日又」山門行幸、於坂本数」十度合戦、此間尊氏」以下軍勢悉籠東寺、」直義以下軍勢自七月」引分籠居三条坊門殿」御所、其後度々合戦、山門」方軍勢等多被討之間、九月」以御和談之儀、自山門可有」御出云々、新田義貞以下軍勢没落北国云々、」十月御所許還幸、」御坐花山院之間、」尚可為建武年号」云々、而建武四年」春　忍行幸吉野山、」

弁忠　三月十三日陀羅尼初参、
貞和二年丙戌八月十五日上表交衆之状遣出世年預、同十」六日評定披露云々、
遁世之後貞和三年丁亥正月十七日於紀州捨身入水云々、年卅六歟、

円悟坊　成什　四月十五日陀羅尼初参、
暦応三年庚辰八月廿三日上表交衆隠遁、年廿九、」（26オ）

西南坊　良叡　弘尊他界之後伝領之、　四月十七日陀羅尼初参、
観応二年九月廿三日辰刻死去了、此後西南」坊後坊供僧去出于寺家了、為□労分」補任之、

円悟坊　大智院　承雅　七月廿二日陀羅尼初参、
貞治二年癸卯六月十二日大智院後坊供僧補之、
永和三年十二月一日円寂了、

尋暁　十二月廿一日御影供初参、
暦応二年己卯十一月廿八日上表交衆了、
去二月廿二日ヨリ退出云々、湯ニ当テ、

同四年　四年丁丑

同五年　五年戊寅　九月十日改暦応元、

康安元ー辛丑五月六日未一点他界、四十一才、

成身院　経賢　正月十三日修正初参、
自去四月廿九日湯屋付所労傷寒」次第令増減之間祭之、然而死去了、

宣恵　七月十三日陀羅尼初参、
康暦二年十月一日申刻他界了、

（26ウ）

俊叡　七月廿日例時初参、
延文四年己亥六月十二日巳時於宝珠院」死去了、年卅九、

西坊　実済闕伝領之、
円悟坊　深政　七月十三日理趣三昧初参、
応永五年十二月廿五日他界、
貞治五年丙午三月十二日評定、円悟坊自淳耀闍之方伝領」由申之、仍今日被補後坊供僧、被許」坊号畢、

暦応二年

暦応二年己卯

宗誉　七月十一日陀羅尼初参、
観応二年辛卯四月十三日依盗犯之事露顕」逐電了、

寛隆改
隆順　七月十一日例時初参、
文和二年癸巳十月廿五日寅刻於勝月坊」死去了、年卅三、

同三年

三年庚辰

良守　貞和二年丙戌潤九月十八日子刻於仁和寺□所死去了、年廿四、
十一月四日理趣三昧初参、

同四年

四年辛巳

於勧修寺貞治七年戊申正月八日卯時死去畢、年四十六、

慈尊院　俊然　正月八日陀羅尼初参、
康永三年甲申十二月可為不住寺僧之由申之、」貞和五年己丑五月可為常住之号之由申之、

寂静院　深然　正月十八日理趣三昧初参、
永徳元七十日死去了、

地蔵院　詮忠　貞治五年丙午三月十五日評定、被補地蔵院之後坊供僧了、
正月十八日陀羅尼初参、

盛賀　観応三年壬辰八月一日満寺評定、依守我律師殺害事」被止交」衆了、
正月十八日陀羅尼初参、
離寺之後延文二年丁酉二月廿九日」於京都為親類被害云々、

』（27オ）

法身院伝領之、観応二年六月、

円乗坊 寛耀 正月十九日陀羅尼初参、
｜｜ 辞交主〔衆〕了、

円暁 正月廿八日（十二日、）陀羅尼初参、
延文四年四月西南坊後坊供僧補之、
延文四年正月ヨリ被許坊号了、尊我僧都与奪」由申之、、』（27ウ）

十輪坊
西南坊 栄潤 七月十八日陀羅尼初参
西南坊々号改事、延文四｜十二｜廿二日評定」披露了、
雖被許院号、坊公事等不沙汰之処、良意アサリ入滅之刻、俊瑜非寺僧之間、補後坊」供僧、幷」坊公事

相承院 俊瑜 七月廿九日陀羅尼初参、
院号許如元被許之、 致沙汰之処、俊瑜交衆之後、正平七年十二月与達」珍瑜之後、坊公事等不沙汰之、被免御月忌衆了、
（頭書）「快承僧都」延文三年」他界之刻、一心坊」管領、如元」坊公事等沙汰、」後坊供僧」延文四年己亥」四月十一日被」返付了、」俊瑜
法印」貞治四年乙巳十一月」七日巳刻於一心坊」他界了、年満八十才、」

同五年

五年壬午

円達坊 聡叡 十月廿八日陀羅尼初参、
四月廿七日改康永元、

顕範 貞和二年十二月三日可為不住寺僧之由申之、
正月八日陀羅尼初参、
貞和三年丁亥十一月 日上表交衆了、

教学院 承遍 七月十九日陀羅尼初参、
康永二四十六入｜、』（28オ）

康永二年

康永二年癸未

頼遍 貞和三年十二月十二日上表交衆了、
七月廿日理趣三昧初参、
貞和二年六月卅日可為不住寺僧之由申寺家了、」離寺之後文和二年正月七日於日吉」坂本依口論横死云々、

同三年

三年甲申

同四年
貞和二年

宝乗院 信祐 貞治六年丁未四月十二日令上表交衆、申付住」坊并
七月廿九日陀羅尼初参、
後坊供僧職於奝祐之由雖出状、」暫閣之処、付重申彼状四月廿七日」出寺家了、」仍貞治六年丁未四月廿八日
評定、被補彼供僧職於奝祐了、

四年乙酉 十月廿一日改貞和元、

貞和二年丙戌

応永四八十二他界、
本性坊 坊号并後坊供僧被与達禅瑜僧都之由申寺家、」観応三年壬辰四月十九日評定、被補坊号・供」僧於禅瑜了、
本性坊 長俊 二月三日理趣三昧初参、 応永四」八月十二日入滅了、
貞治二年三月廿五日坊号并後坊供僧補任之、
金剛宝院与申候、観応三年」守我律師死去之刻坊号并後坊供僧補之、
水元坊 盛淳 二月三日陀羅尼初参、
貞治五年丙午八月廿二日補後坊供僧了、
水元坊慶増」遁世之後如元被補了、
迎接院 専観アサリ他界之刻申付普賢院於守融之間、被与達」迎接院、補後坊」供僧了、
」（28ウ）
宗照 二月五日例時持参、
康安二年三月八日逐電云々、然而不及沙汰」送数月、寺家与本坊重々問答之後、同」年十月廿五日評定被
除帳了、
守然 二月六日理趣三昧初参、
貞和六年庚寅二月十七日上表交衆了、
円乗坊 貞耀 二月六日理趣三昧初参、
康安元年辛丑九月十二日評定、交衆上表之状披露了、
源耀 二月四日評定、宗照・貞耀・源耀・専暁四人」交衆之事治定之処、四日夜源耀之親父他」界、仍籠居之処、自彼忌中所労、同五月廿二日戌刻」於北野宿所死去之間、終不及初参也、
弁暁僧都他界之後
迎接院 専暁 二月九日陀羅尼初参、
貞治元年十二月廿三日上表交衆、但次年壬」正月五日披露之、
（頭書）「専暁闕」供僧等」貞治二年」壬正月被改」補了、」

観応元年庚寅十月七日上表交衆、遁世念仏云々、

親尊　二月廿八日陀羅尼初参、
自去夏之比参籠高野、夏竟退出、自其時」自身辞状雖出之、置本坊不出寺家、今度」自本坊」出之、

』（29オ）

澄賢　八月十三日陀羅尼初参、
貞治二年癸卯五月十六日午刻死去了、年卅六、

西南坊　弘尊　十二月六日陀羅尼初参、
観応三年辛卯五月廿二日酉刻他界、年廿三、

同三年　三年丁卯

同四年　四年戊子

依経賢僧都譲被補後坊供僧了、

成身院　宣済　二月三日例時初参、
康暦二年永徳元、二月十五日入滅、

盛耀　二月廿三日陀羅尼初参、
文和四年乙未夏比田舎下向之後遁」世、仍雖不辞申被止寺僧号了、

同五年　五年己丑

延文五年庚子九月十九日未時於定恵院死」去了、」傷寒之労云々、

承範　正月卅日例時初参、

』（29ウ）

観智坊　栄守　正月廿二日理趣三昧初参、
応永　三月三日他界、

定信僧都追却之刻、依望申被充行住坊、然而依闕所不被付」後坊供僧也、

慈光院　聖深　正月廿六日理趣三昧初参、
応永三四十五入ー、

延文二年丁酉二月十五日未刻死去了、年廿七、

隆兼　正月廿六日理趣三昧初参、

延文四年乙亥正月六日亥刻於嵯峨中院殿死去了、」年七十九、

大慈院
無本坊　親海　七月廿九日例時初参、

同六年

六年庚寅　二月廿七日改観応元、

観応二年七月四日相当大湯屋之湯令闕如、被」止寺僧号畢、本坊沙汰参差之由評」定在之云々、

隆杲　三月十八日陀羅尼初参、

延文元－七月六日（×九）交衆上表了、

長増　七月十三日陀羅尼初参、』（30オ）

応永九五六日入滅、」七十歳、

聖光院　信賢　十二月三日陀羅尼初参、

覚恵坊　朝尊　十二月三日陀羅尼初参、
興俊改名
｜｜

正平六年十二月十七日評定、任良意アサリ譲状之旨被許坊号、被補後坊供僧了、此間」非寺僧之跡、」俊瑜法印補」後坊供僧也、

西林坊　深瑜　十二月五日陀羅尼初参、

相承院　貞治四年乙巳十一月十四日評定、依俊瑜法印譲附、被補相承院」後坊供僧、仍号相承院、令与達西林坊」於経尊畢、

正平六年

観応二年辛卯

（頭書）「十一月三日武家進請文」御合体之後、京都用正」平年号、」

宗然　十二月廿六日陀羅尼初参、

延文四年己亥四月廿二日交衆上表了、

十二月廿二日、南方　勅使頭中将具忠（中院）令上洛京都、付洞院大臣殿公賢公」執　奏持明院殿条々事、廿五日帰参」時、内侍所御唐櫃以下神器等被渡」南方了、」

正平七年

正平七年壬辰

観応三年ニ当也、

真言院後七日、小野僧正弘真自南方令上」洛、正月八日ヨリ始行之、武家合体之儀也、』（30ウ）

潤二月廿日、自南方北畠宰相中将顕能伊勢国師（司）、・」千種（忠顕）宰相中将不知実名、丹波国師（司）、・楠木（正儀）以下軍勢責」入
京都、於五条大宮合戦之処、武家」方軍勢打負了、鎌倉宰相中将義詮（足利）・」佐渡判官入道々
誉（京極高氏）・細川奥州（顕氏）等以下軍」勢悉江州没落了、
同廿一日、自南方北畠入道（親房）以下召具数多」軍勢、参持明院殿之御迎、則日本院（光厳上皇）・新院（光明上皇）・当帝（崇光天皇）
京方、・春宮（直仁親王）四所御所悉被」召御舟八幡下向了、
此間宮方軍勢京都在之、　』（31オ）
三月十五日、宰相中将義詮（鎌倉）・佐渡判官入道等」自江州上洛、東山将軍塚之辺取陣、」宮方伊勢
国師（司）以下在京、軍勢未及」合戦、今日八幡帰参云々、
同廿一日、宰相中将・判官入道・土岐（頼康）・佐々木等軍」勢、自東山之陣移東寺居住云々、
五月十三日、宰相中将殿入京、佐渡判官入道」帰八坂之宿、自余軍勢等悉帰本宿云々、
自四月之比京都如元用観応年号、」観応三年也、
九月廿七日改元　文和元　』（31ウ）

文和二年癸巳　正平八年相当也、
東北坊 隆聖　二月三日理趣三昧初参、
依信祐僧都之譲被補之了、貞治六年丁未四月廿八日」被止寺僧号了、
宝乗院 裔祐　三月十六日陀羅尼初参、
祐照　三月廿日理趣三昧初参、
六月七日、山名伊豆守（時氏）以下西国軍勢着」西山谷峰畢、

同八日夜、鎌倉宰相中将義詮、以下京都」軍勢引退天東山神楽〔岡〕之辺取陣云々、』（32オ）
九日朝、西山軍勢山名等出河原、午刻始合」戦、神楽岡辺戦之処、武家方軍勢多」討死、宰相
中将以下被打漏、軍勢打負天」坂本没落了、宮方四〇〔人〕大将四条中納言」隆淳〔俊〕・吉良左馬頭義
満・石堂中務（頼房）等」京都在之、山名伊豆守白河判官」入道住宅点居云々、
十二日、荻野（朝忠）以下丹波軍勢楯籠西山大原」野、宮方軍勢寄懸天責落了、
十三日、坂本武家方軍勢宰相中将以下江州」没落云々、
此後京都用正平年号、正平八年也、』（32ウ）
七月廿三日、宮方四人大将西国没落了、
同廿五日、赤松（則祐）以下武家方軍勢京都」上洛了、
同廿六日、鎌倉宰相中将義詮、自江州上洛、」東山常在光院被坐云々、
是後七月末ヨリ京都如元文和」年号、

水元坊 良我 七月廿六日理趣三昧初参、延文五年庚子六月九日午刻於普賢院死去了、虚気労、

勝月坊 道基 八月廿八日陀羅尼初参、号成基、応永十未五月四日辰時他界、

（頭書）「九月廿二日、」将軍尊氏（足利）、自東国上洛、」

十二月廿四日、将軍尊氏卿・」主上（後光厳天皇）・卿上〔相〕・雲客江州下向、侍所（土岐頼康）賜錦御幡先陣、

文和三年

文和三年甲午』（33オ）

同四年

四年乙未

正月十六日、桃井兄弟（直経・直信）・」越前守護（斯波高経）」子息左近将監（斯波氏頼）入洛云々、

正月廿二日、兵衛佐(足利)直冬・山名伊豆守(時氏)・同子息等大勢」入京云々、
正月廿三日、将軍(足利)尊氏、召具仁木(頼章)・細川(清氏)等東国勢令」着東坂本給云々、同二月二日、自山門下天西坂本御坐云々、
二月六日、自西国宰相中将(足利)義詮、・」佐渡判官入道(京極高氏)・赤松(則祐)」等軍勢於山城河内山」合戦、
二月八日、主上以下江州東坂本へ入御云々、
三月十二日、京都」合戦、東寺軍勢」同十三日暁没落了、

普賢院　尊雄　二月十三日理趣三昧初参、
貞治五年丙午八月九日子刻他界了、年三十才、」自此春之比虚損之労終取命了、

承恵　三月八日陀羅尼初参、

同五年

五年丙申　四月廿八日改元　延文元(ママ)藤原時○

宝珠院　隆守　依隆叡法印譲被補後坊供僧了、康安二年壬寅八月六日、
三月十六日陀羅尼初参、
貞治六年丁未十一月十八日評定、交衆上表」状披露之、譲附住坊幷後坊供僧重然□」仍被補了、

隆俊　八月九日陀羅尼初参、
貞治四年乙巳壬九月六日卯刻於地蔵院」令死去了、年廿八才、』(33ウ)

延文二年

延文二年丁酉

成然　潤七月廿四日理趣三昧初参、
貞治元年壬寅十一月十八日申刻死去了、年廿二才、

大智院　俊遍　十二月七日理趣三昧初参、
貞耀交衆上表之後令譲付円乗坊、然而可改坊号之由申之、」自此時」号最乗坊、

最乗坊　承運　十二月七日陀羅尼初参、
十二月十七日入滅、

同三年

三年戊戌

浄厳院改　至徳三年依有放埒之聞被止交衆了、
花恩院　経秀　四月廿二日陀羅尼初参、

（頭書）「四月廿九日、」将軍尊氏（足利）卿」薨逝、依武家所望」被贈左大臣、」号長寿寺、」存日之号云々、」」（34オ）

詮忠譲与之、
地蔵院 ヽ承禅 七月廿五日陀羅尼初参、
四月廿四日入滅、応永六年歟、

同四年

四年己亥
良我アサリ他界之刻延文五庚子六月廿日以尊我法印挙坊号、」幷補後坊」供僧了、一向」与達云々、」然而無籠」居等之儀也、
水元坊 ヽ尊賢 正月十三日修正初参、
貞治五年丙午十二月晦日交衆」上表了、住坊幷供僧職申付慶増之由□状了、
宣証他界之刻
成身院 ヽ了経 七月十二日陀羅尼初参、
譲与了、 康応元四月廿九日被退出了、
ヽ栄済 貞治二年癸卯六月廿八日評定交衆上表了、
十二月十八日陀羅尼初参、

同五年

五年庚子
ヽ宗潤 康安元年辛丑七月十二日以宗賀法印状交衆上表之由」申之了、
二月廿七日陀羅尼初参、」（34ウ）
ヽ信尊 三月三日陀羅尼初参、
ヽ通経 貞治二年癸卯十二月廿六日評定交衆上表了、
三月十六日陀羅尼初参、

同六年

六年辛丑 三月廿九日改康安元、菅原長綱（東坊城）」進之、
ヽ尊兼 四月十六日理趣三昧初参、
逐電、
ヽ隆乗 七月廿五日陀羅尼初参、
辞交衆了、
（頭書）「康安元十二月七日夜、」禁裏（後光厳天皇）幷将軍」宰相中将義詮（足利）以下」江州没落了、」同八日宮方軍勢」二条関白（教基）帥大納言師基御息、」入京、仍京都

用正平年号、楠木(正儀)・石堂(頼房)以下軍勢等処々」取陣、京都検断石堂云々、相模守細川(顕氏)、元当所在之、」而十二月廿七日宮方軍勢
等出河原、則引退而南」方悉没落了、
廿八九日、自江州将軍方軍勢入京、」（35オ）

康安二年

康安二年壬寅　九月廿三日改貞治元、

号定恵院、坊号可被許之由、明王院挙申之、
五智坊　弘誉　三月十五日陀羅尼初参、

普賢院専暁アサリ遁世之刻譲付之了、
迎接院　尊融　四月廿二日理趣三昧初参、
四月五日入滅、
貞治二壬正月七日補之、貞治五丙午八月管領普賢院之刻、令与達」迎接院於」盛淳了、

法身院　寛耀替、貞治二癸卯六－十二日補之、
円悟坊　淳耀　八月九日陀羅尼初参、
至徳元年辞交衆了、
貞治五年丙午三月十二日評定、令与達円悟坊於深政之由申寺家、」仍被止坊号畢、同三月十六日評定」依闕以勤労被補経衆了、

貞治二年

貞治二年癸卯

守紹　二月十三日理趣三昧初参、
貞治二年六月廿日交衆上表了、寺役初度許也、」（35ウ）

応永十九年四月廿三日酉刻六十六才入滅、
大智院
定恵院　承経　閏正月五日陀羅尼初参、
大智院有雅譲与之、金剛寿院児譲与之云々、

同三年

三年甲辰

房俊改名　辞交衆了、
宝珠院　重然　正月十二日修正初参、
辞交衆了、
貞治四年乙巳十一月十四日評定、被補西林坊彼坊供僧了、
西林坊　経尊　四月十一日陀羅尼初参、

（頭書）
「多聞院末」処分之間、」為同法計、以経尊為」坊主、仍西林坊事」与奪恵瑜云々、」

経乗 貞治五年丙午六月三日於京都死去了、廿歳、虚損、
七月十九日陀羅尼初参、

密蔵坊後号福生院、
宝乗院 良盛 応永十三年壬六十五巳ゝ辰時、年六十一歳入滅、
七月廿九日理趣三昧初参、

同四年

四年乙巳

同五年

五年丙午
貞治五年丙午二月廿二日申半刻、自」東北坊出火、則本性坊并夏衆相円房」教秀住
坊二宇・性勝房行秀遺跡・浄観房」禅清住坊、都合六宇片時之間悉令」焼失了、

（36オ）

水元坊 慶増 応安二年二月十八日遁世了、
正月廿四日理趣三昧初参、
水元坊事、并供僧 以尊賢状申付之由雖出状、月迫之間次年貞治六、正月廿日」評定」被補之、

寂静院
教寂院
円悟坊 長叡 応永十六年二月廿四日入滅、坊舎等ハ深恵譲与之、
二月一日陀羅尼初参、
明徳四八八被止寺僧号畢、
了経僧都成身院」移住之刻譲与了、

経円 貞治六年丁未三月廿六日子刻他界了、年十九、
二月一日陀羅尼初参、

能俊 貞治五年丙午十月廿一日寅刻於京都死去了、十七才、虚損、
二月廿四日陀羅尼初参、

経尊移住多聞院之刻令与奪云々、
西林坊
教園院
相承院 恵瑜 三月廿九日陀羅尼初参、
於教園院応永九年壬午五月十九日戌刻、入滅、」春秋五十五才、仍教園院・相承院両所」坊舎名田以下、悉死去
之後清瑜譲与之、

同六年

六年丁未

（36ウ）

同七年

迎接院　尊喜（深改）　三月六日陀羅尼初参、
盛淳彼院号并供僧応安元二月日辞退之刻補之、
辞交衆了、
尊潤　七月廿六日陀羅尼初参、

七年戊申　二月十八日改元　応安元

慈尊院　房信　四月廿二日例時初参、
永徳二三廿二逐電了、

理趣院　栄深　十月十四日陀羅尼初参、

応安二年

応安二年』（37オ）

同三年

三年

宝珠院　房成　二月廿二日陀羅尼初、、
寺僧上表了、
応永十七年十月廿一日他界了、

不住
宝生坊　尊静　五月三日陀羅尼初、、
寺僧上表之後、於槙尾無動庵建立之、移住了、

十輪坊　栄助（賢）　七月晦日理趣三昧初、、
為栄源被殺害了、

（頭書）
「房信法印入滅之刻」慈尊院々主無其仁」間、暫可為慈尊院之由」申附栄潤法印之旨、」万里小路（仲房）一品出状之間、」被許之了、
仍以十輪坊」申付栄賢了、」

同四年

四年

貞守　七月晦日陀羅尼初、、

同五年

経深 改誉 三月十一日タラニ初、、
康暦元年五月五日円寂了、
長玄 三月十一日タラニ初、、

（37ウ）

五年

経賀 至徳三年十二月廿五日辞交衆了、
二月四日タラニ初、、
最乗坊 承深 二月廿二日タラニ初、、
深然法印円寂 至徳二年辞交衆了、
寂静坊 泰然 七月廿六日タラニ初、、
之時譲与云々、

同六年

六年

○融済 至徳二年辞交衆了、
三月三日タラニ初、、
教賀法印他界 改俊海
宝乗院 教俊 二月廿三日例時初、、
之刻譲与云々、

同七年

七年

法身院 本名寛俊 長紹又改
本性坊 明尊 正月晦日理趣三昧初、、
法身院 成祐改
教寂院 了誉 二月十一日例時初、、
○弁解改 応永八五廿一入滅、
普賢院 頼尊 二月十九日タラニ初、、

（38オ）

（頭書）「永和三年三月十四日、」尊融僧都辞」普賢院、」移住北谷坊了、」以頼尊可為尾崎」坊主之由申之間、」同廿日評定被許了、」

嘉慶二三十三辞交衆了、

了俊　三月三日理趣三昧初、、

深俊　二月十三日理趣三昧初、、

理趣院 成守　三月十六日理趣三昧初、、

』（38ウ）

永和元年　永和元年

承意　至徳三年死去了、三月八日タラニ初、、

同二年　二年

栄増　〻〻 二年三月九日理趣三昧初、、

宣恵法印譲与云々、

密乗院 尊恵　七月十一日タラニ初、、

観智坊応永十五年夏比寺家申観智院号云々、

同三年　三年

同四年　四年

康暦元年　康暦元年

（頭書）「今年四月十四日、」将軍（足利義満）花御所」俄軍勢馳集、申刻」細川武蔵守頼之朝臣、」没落了、于時管領、」其朝出家、法名」浄久（常）之由後日有其聞、希代珍事也、其後土岐伊与入道（直氏）・佐々木大膳大夫（京極高氏）」以下入京中云々、」

教深　二月九日理趣三昧初、、

康暦元年
〻〻〻〻

』（39オ）

同二年

成基法印他界之時、明王院譲与之、

勝月坊　道成　成潤改　永徳二三廿二逐電云々、

同年十二月無所犯之由出告文還住了、

迎接院弁海譲与之、

二年　七月十三日タラニ初、、

永徳元年

永徳元年

普賢院

西林坊

号鏡智坊尊秀　二月廿八日タラニ初、、

西林坊　弘深　二月廿八日例時初、、

栄喜　至徳三年七月○辞交衆了、

三月二日タラニ初、、

同二年

二年

応永十三正廿五入滅、年四十一、

尊経改

坊舎承潤譲与之、

宝珠院　永尊　閏正月十六日タラニ初、、

金勝院　実信　実順改　永徳二年七月一日例時初、、

号慈尊院、

同三年

三年

同四年

至徳元

四年

承宗　宗雄改　正月十三日タラニ初、、

〃〃

』

（39ウ）

至徳二年

理趣院 聡俊 七月十九日理趣三昧初、、
寺僧上表了、坊舎之事ハ法身院約束也、

二年

多聞院 明然 二月十三日タラニ初、、

宗深 二月十九日理趣三昧初、、

栄弁 三月五日タラニ初、、

盛淳死去之後譲与之、改号金剛宝院、
花恩院 祐潤 八月十五日タラニ初、、

同三年

三年

教園院
教寂院 慈経 康応元五月十六被止交衆号了、
七月十一日タラニ初、、
応永十八年秋比、同宿ノ小生トカナキ処ニ、不断」ウチハルニヨリテ、チクテン間、為物衆之沙汰、」四口
供僧内二口ト評定衆ヲ」出了、仍同十二月」始比国王ノ御口入」アル間、為評定閣了、仍次年」二月三日重
為惣衆沙汰、寺門」追放アルヘキ事治定、後慈経」住坊火カケテ被出処ヲ、」其時メシトリ了、

』（40オ）

成範 七月十四日例時初、、

同四年

西林坊 信増 七月廿日例時初、、

嘉慶元 八廿三改、
四年

嘉元二年

二年

号有雅、大智院、
弘運 二月十八日タラニ初、、
地蔵院、

十輪院 栄宝 十二月九日理趣三昧初、、

』（40ウ）

康応元年　二九改、

明徳元年　三廿六改、

元朝

栄清

同二年

二年

今年三月十二日、左衛門佐義将朝臣(斯波)」辞管領下向越前国了、同四月三日、武蔵(細川頼之)」入道浄久上洛了、右京大夫管領(同頼元)、武州可為」天下之権柄之由被仰出云々、

今年十二月廿六日、将軍(足利義満)移住一色殿屋形、山名対治門出云々、同日山名(満幸)」播磨守西山峰堂取陣、其勢三千余騎云々、同奥州(山名氏清)八幡山取陣、同晦日」打越桂河、卯刻押寄内野陣、京方勢佐々木四郎兵衛尉(京極高詮)北野前、一条之』(41オ)通《リ》ヨリ陽明・待賢・郁芳門等之跡武州陣云々、神祇館御所御陣(足利義満)」二条縄手畠山(基国)云々、播州勢分三手合戦、人馬死人不知其数、」播州打負而没落西山了、陸奥守氏清大宮責登、於二条」大(官)宮辺大内義弘朝臣懸合数刻合戦、氏清打死了、一色(詮範)」兵部小輔取頸云々、義弘二ヶ所被疵云々、山名方陸奥守氏清・」同舎弟上総守(義治)(介)・小林上野介義重等、都合六万余人打死云々、御方」勢内赤松大河内(将則)・富樫(昌家)以下打死了、同三年正月一日将軍御帰住」花御所了、

同三年

三年

同四年

四年

応永元年

応永元ヨリ甲戌交衆人々

今ハ寂静院　寂静院坊舎事、長叡大僧都之深慮譲与之、

慈光院　深恵　大輔

西坊　今密乗坊、珍慶放之後、尊兼僧都譲与之云々、廳移住了、

常政

』(41ウ)

弁雅　普賢院同宿、寺僧上表了、

宝生坊
弁恵　元密乗坊云々、彼坊舎如本承禅方へ被帰了、

密乗坊
英深　今珍慶
応永十九年二月五日追放了、今マテ両度」追放云々、慈経・珍慶両人召取縄付両日」承仕坊置了、同二月三日夜教園院・法身院炎上了、

信耀　今信乗
寺門追放了、依〔有〕乱行之聞、為惣衆沙汰」評定衆申追出了、

実誉　寺僧上表了、最初ヨリ勧修寺々僧ナリ、

聖光院
任清　元守弁、
応永十八年正月比弘賢追放刻、○〔彼坊〕自寺家被補之了、

長存　教俊弟子、上表交衆了、

』（42オ）

禎祐　今承清
応永十三年九月廿五日兼祐ヲ為了光両人コロシ了、
祐潤弟子、

教園院
清瑜　今相承院

良尊　今良継
交衆上表了、良盛弟子、
清瑜トハ同年同戒ナリ、清瑜ハ住山トキ間為上首、良尊師匠ハ上首」ナレトモ、其ニハヨラス、末タルヘシ、

理趣院
宗範　多宝院改
行祐改
〔理趣院〕坊舎者多聞院経誉譲与之云々、
応永十八十二月三日移住之刻、代々不吉之間、坊号」可改由寺家被申、多宝院号之、
応永廿二三二日評定衆為沙汰、行祐・有海・承潤両三人追放畢、」坊舎をハ多聞院給了、

金剛寿院
承珍

光経　大智院承経同宿、早世、
応永　年九月廿二日他界、

』（42ウ）

勝月坊
成朝　応永十九年四月十九日移住了、
坊舎者明王院成基法印譲与云々、
応永廿一年十二月四日入滅、年廿九才、住坊有海譲与了、

最乗坊
盛信　承弁改
坊舎ハ大智院承経譲与之云々、

地蔵院
実清

勝月坊
宗運　有海改
応永廿三三二日為評定衆沙汰寺門追放畢、」此時行祐・有海・承潤両三
人同時追放了、」仍勝月坊ハ明王院為寺家給了、北谷坊をハ普賢院給了、

宝珠院
重経　承潤改
応永廿三三二日評定衆為沙汰、行祐・有海・承潤
両三人追放了、坊舎をハ隆順ニ為寺家給了、

」（43オ）

聖光院
弘賢　応永十八年正月比追放了、

西坊
杲経　杲海改

密蔵坊
弘成

教寂院
遵経

福生院
良潤　応永十八年正月比弘賢・良潤両人追放了、
付落書定云々、

迎接院
恵潤　成恵改

全経　定潤改　乗仙改

」（43ウ）

兼祐　応永十三年九月廿五日横死云々、十七オ、
祐潤同宿、

（行間補書）
「悉地院
良紹　応永十八年九月比追放了、住坊者為寺家沙汰、如本清瑜被補了、
為舎利講米在所之間、後坊供僧廰被補了、」

成紹　応永廿年八月十五日夜平岡放生会之時、於社頭スマノ座ニテ」平岡百姓
ヲニンシヤウセラル、間、為満寺評定沙汰、九月十二日寺門」追放了、

慈光院
深運　定政改

弁盛

能済　寂静院長叡大僧都同宿、交衆上表了、

悉地院
朝瑜

』（44オ）

弁祐　応永十六年十一月七日他界了、十六オ、
弁兼同宿、

（行間補書）
「金剛寿院
承叡　承経他界之刻、金剛寿院児譲与之、承叡名代一日事ナリ、」

定我

性潤　応永廿一年□〔五カ〕月二日入滅、廿一オ、
明王院成潤弟子也、

成増　応永廿年九月廿二日他界了、十八オ、
明王院成潤弟子也、

宣経　応永十九年三月八日他界了、十六オ、
成身院了経同宿、

同十九年

十九年壬辰　当年灌頂院御影供頭役者」密乗院常政、
但籠居之間」無出仕、代官尊兼読師也、

』（44ウ）

同二十年

廿年　当年御影供清瑜懃仕之、

同二十一年

承智　応永廿七十一タラニ初参、

専祐　応永廿三三比寺僧上表畢、

応永廿八始初参歟、承智・専祐同年同戒ナリ、」承智ハ住山モ初
参モトケレトモ、師匠任臈次専祐」上首被成了、先例如此ナシ、

廿一年　当年御影供行然勲之、

光政　応永廿一七十七日初参、

同二十二年

廿二年　当年御影供承珍勲之、」（45オ）

仙増

宝珠院
隆祐　隆順改

弘秀　応永廿二年七月廿四日タラニ初参、

承俊　応永廿二年七月廿九タラニ初参、

永範　応永廿二年
元ハ梅尾池坊是也、年卅六戒廿六、」冬十月下旬比梅尾離山シテ当年交衆了、」（45ウ）

同二十三年

廿三年　当年御影供承弁勲之、
三月十七日巳刻宝珠院炎上畢、

定弁　応永廿三三四日交衆所望、元梅尾住、
則池坊弟子也、年廿戒四、山冬ノ（ママ）

弁秀　応永廿三三十七理趣三昧初参、

○約二行分空白あり。」（46オ）

○墨付なし。」（46ウ）

（附箋）
「禅守大僧正　中宮僧正、

『有栖川』（朱書、下同ジ）
華町入道式部卿邦省親王『後二条院皇子』息、成助大僧」正附法、東寺法務、真光第五世、

此神護寺交衆次第、先年骨董鋪〔舗〕ヨリ」感得候、当院（仁和寺真光院）ニハ禅守手蹟絶テ無之、」別テ珍蔵候、先年柳庵（栗原信充）ニ見セ候処、甚珍」重アリ、影写致シ帰候、此書中南北」御争ノ次第往々書載、甚面白物ニ御座候也、」』（47オ）

○墨付なし。』（47ウ）

四　文治二年伝法灌頂記　○影写本十一

(外題)「伝法灌頂記貞和二」　　　　　　　　　　　　　　　　』

文治二年歳次丙午十一月廿三日、於勧修寺勝福院」道場、大阿闍梨法印権大僧都兼東大寺別当」雅宝民部卿顕頼卿(藤原)三男、于時歳五十五、授与民部卿律師成宝惟方入道息(藤原)、于時歳廿八、」伝法灌頂職位日記、

○単郭朱長方印「高雄寂場坊」一顆あり。

請定

灌頂色衆

浄鏡房阿闍梨経雅、唄、歎徳、　理明房(興然)、、、教授、　」浄明房阿、、、聖宗、　理法房、、、隆栄、護摩、

上野、、、長宗、　大輔、、、覚杲、　」遠江、、、承厳、　加賀、、、任慶、

小納言(少)、、、覚禅、誦経導師、　範後(筑)、、、円真、散花、　」卿公勧円、　忍辱房寛叡、神供、

已上持金剛衆、

密聖房実杲、頭、　伯耆君行昌、頭、　」土左(佐)君隆実、　善性房宗実、

大夫君雅憲、　卿公憲実、　」弁公□(成)全、　大輔公寛典、

已上讃衆、

右、来月廿三日律師灌頂色衆廻請如件、

文治二年十月廿四日

役人々交名　　　　　　　　　　　　　　　　　　　　　　』

大行事厳雅　庭行事兼布施行事実済　」持幡児二人　螺吹二人行実、幸成、　」十弟子四人

琳慶、公厳、行円、延乗、」大壇承仕珍祐長承記云、先師被用一人、仍随其説、而其役繁多、可有二人、是又先例也云々、」護摩承仕行厳、大阿闍梨沙汰、」蓋役三昧戒、後朝列、〔藤〕□内左衛門尉重国、無綱役人、蓋役実済、綱役左宗慶、右元俊、

廿三日、丙寅、弓宿、日曜、天晴、仰承仕寅剋令酌閼」伽水二桶、寺中之閼伽井、任例用両壇等、今朝師資共令行」諷誦東寺、大阿闍梨仰云、長承元年御記云、以」永林・増仁師弟、等令行堂荘厳事云々、以此例興然・」寛典師弟、相共可令勤仕件役云々、仍予与寛典（興然）」共所令勤件役也、

先以件院寝殿南面用三摩耶戒場、自西第二間」引廻壁代、外有行道処、其内南西立高座一脚在登橋、并」前机、其前又立短机、々前居礼盤一脚、高座西立脇」机一脚、礼盤東置磬台、前机上東置灑水塗香」等器・散杖、中央置鈴五古、西脇机上居閼伽片方」并灯明一盃、居折敷置南端、次枝木二支・五色糸」一筋已上二種各裏紙、・誓水一坏置片花之折敷、東端高座」上鈎天蓋、前東縁上立散花机、南庭水際立誦」経案、西第一間母屋敷高麗端一帖為大阿闍梨座、」東面、同庇敷同畳一帖為受者座、北面、壁代東二間」三重南北、敷同畳為衆座、西面、北障子際立十二」天屏風、々々後障子内置棙・手洗・薦等、　』

次庭行事、中門左右扉押張文、庭敷筵道、三行、立」幡六本、委細如図、在左、

○この位置に（指図一）あるも、便宜次頁に掲げる。

次以勝福院北御堂為内道場所、其中間東庇立仏」台、対西曼荼羅、懸東曼荼羅、前立壇上敷」曼荼羅、打撅引線、四面居閼伽器、中央置輪、四角」居羊（羯磨）石等、皆如常、五瓶各以五色彩帛懸頸、

(指図一)

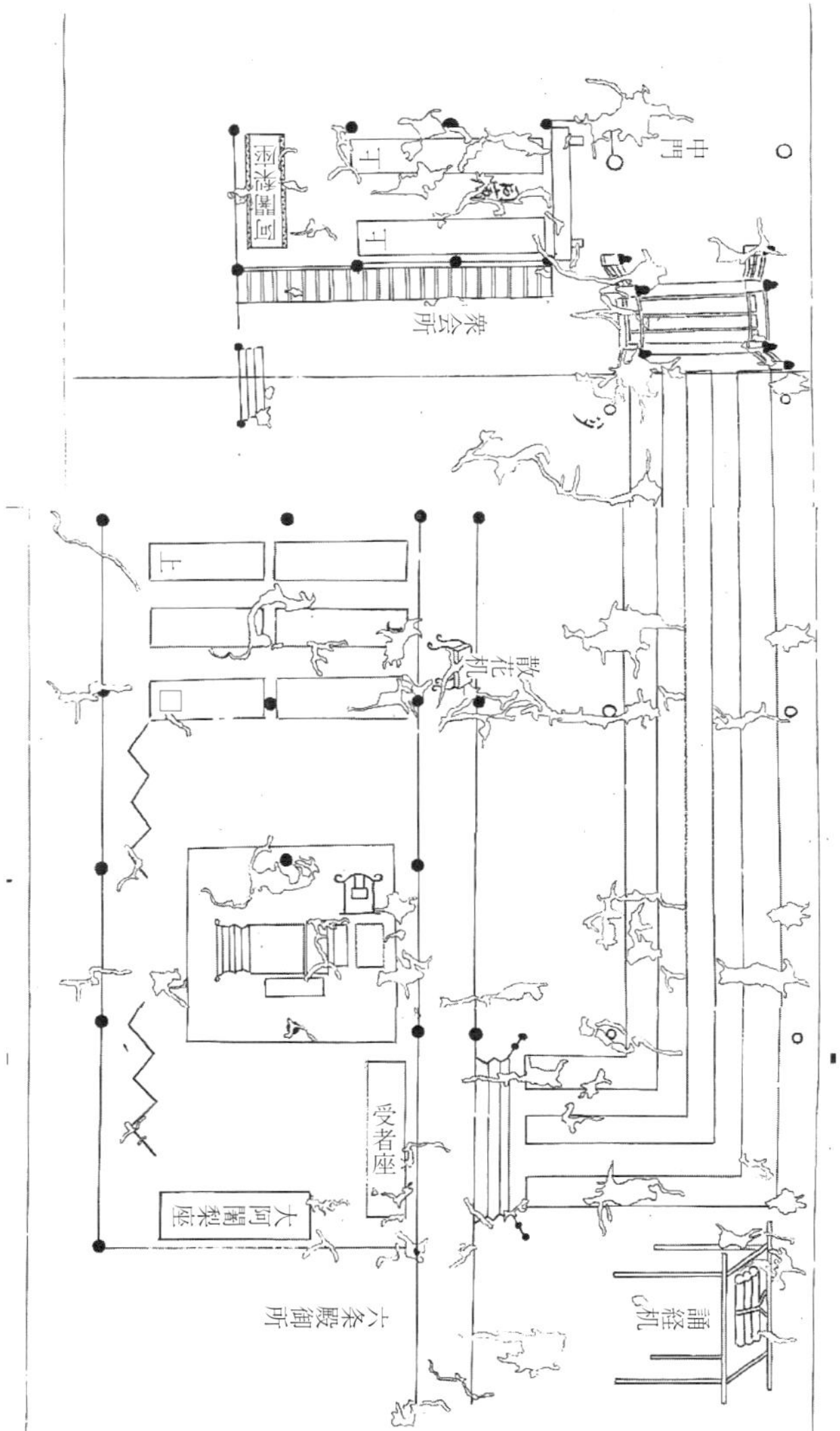

中央白、東南黄、」西南赤、西北青、東北黒、五宝等裹彼彩帛、各入瓶内、又以五色」花挿口、其色次第如上、又黄色仏供四坏居東南角、赤色仏」供四坏居西南角、青色仏供四坏居西北角、白色仏供四」坏居東□〔北〕角、長承記云、巽《タツミ》黄四、□〔坤〕赤四、乾青四、艮黒四云々、然者、今度尤東北角可用黒色、然謬被儲白色、望時難改、仍用」白也、随有用白色説也、其外居飯仏供八坏、一角各二坏、壇西前西方、居礼」盤、其左右立脇机一脚、右立磬台、其之外又立脇机、」長承記云、今度立脇机一脚而居筥・香呂筥等無置処、左右須立二前也、依之先師旧図、右脇机之外立磬台、左脇机上置」灑水塗香器幷散杖・仏布施等、四角立灯台、皆以」如常、仏後壁板寄立傘蓋、南白、胎、北赤、金、

次小壇所龍猛御前」迫障子立倚子、西面、其前敷半畳、上敷八葉座、倚子北」立机一脚、机上入筥置道具、宝冠一面・環二枚・白払・」金錍・鏡・法螺・輪等也、机上東置之、次置閼伽片方居折敷、・塗」香一器・散杖五支、次金剛界曼〔万〕茶羅如本懸仏』後板、前立壇、其儀如胎蔵儀、但西北隅宗叡御前立」倚子東面、其儀如胎蔵、・小壇、但白・赤傘蓋寄立東障」子、南赤、金、北白、胎、

次祖師十九体各立花机一脚、供閼伽一前・飯仏供二坏・」菓子四坏・灯二坏、仏布施一裹献之、但八大師外十一体」菓子各二坏也、其外同之、北脇尊師等御前供閼伽、仏」供等無之、尊師御前立花机一脚、居閼伽三前・洗米」三坏・御明二坏、献鎮守・護法等也、

南中障子為受者出入戸、北内方去三尺許立五尺」屏風一帖、屏風前立香像、図在別、

次以北庇為護摩所、初後二時共弁備供物、自余事」如常、件浄衣二領護摩師承師料、・壇供米一石・御明油二升、皆以」受者所課也、

次南御堂北障子際敷畳一帖東西、為受者座、□□〔初夜〕西面、後夜東面、」仏壇東二重敷畳南北、為色衆座、上堂荘厳事、皆以」予所作、依便宜随所也、

次及西剋被行三昧耶戒、中門廊南北二行敷畳為」色衆集会所、

行列次第、先法螺吹二人、
次讃衆八人、右方行昌・寛典・憲宝・宗印、左方実杲・成全・雅憲・隆宝、
持金剛衆十二人、右方寛叡・覚禅・仁慶・覚杲・隆栄・興然、左方勧円・円真・源厳・長宗・聖宴・経雅、
持幡児二人、
次大阿闍梨、法服、持水精念珠幷五古、
次十弟子四人、法服、平袈裟、各執道具、如意・香呂筥・戒体筥・居筥・草座等也、
次受者、法服、平袈裟、持三衣、具香呂、
次従僧、鈍色五帖、各持香呂筥・居箱・草座、
次讃衆・持金剛衆左右立対、讃頭実杲出讃音、作法如常、」讃畢為先下﨟行烈、此間予密々与頌文受者、々々」納壊〔懐〕中、即至日陰、先大阿闍梨昇於南階、逆廻高座」到乾角、十弟子褰幕入内、於件処有作法、口伝、此間」十弟子等執玉幡結立、前机左右安置道具等、受者着」座、次持金剛衆立南面縁西上、讃衆立於同東縁上打」鉢、次阿闍梨登高座、次持金剛衆三迊行道、其後各着」座、次讃衆止鉢音着座、次予入於幕西面召受者、提」三衣着礼盤、以十弟子置受者香呂箱、次阿闍梨塗香」乃至振鈴、次受者唱頌文、次受者打磬二度、次予云」法用、次経雅唱唄、次円真闍梨進出講座辰巳方唱」散花、敷座具如常、対揚畢受者打磬、次阿闍梨説戒、作法」如次第文、次廻向、畢受者打磬、次金剛線令繫臂、次」塗香等予一々取之令見受者、次受者下座、即召十」弟子、於幕外令撤礼盤、次十弟子持参浄薦・棙手」洗等、次授歯木、次与誓水、次受者出幕外着〔本〕座、次阿」闍梨下高座着本座、次以十弟子等令揚四面幕、令置」礼盤幷磬台、次誦経導師覚禅着礼盤、

作法如常、」経雅闍梨咒願、〈作居勤之、〉堂達寛典勤之、次置導師布施」宗慶取之、昏黒事畢、還列無之、
色衆退出、
亥剋始行胎蔵行法、次勝福院之南堂為色衆座、』讃衆各以参集、次受者参上、〈束帯、平袈裟、懸線於左臂、〉
次阿闍梨自後戸入堂、〈束帯、納〔納〕袈裟、〉次以承仕令敷座具於」東壇○盤礼、又令置香呂筥・居筥等於
脇机、〈十弟子持参戸外承仕取之、〉次阿闍梨着礼盤、表白等行法如常、散念誦之後残」後供養退下、予自後戸参入、
即以承仕令礼盤〔撤歟〕・磬台」等、正念誦之程護摩師起座修護摩、々々畢神供師」起座修○〔之、〕予大壇五瓶
各抜置造花移置小壇机、如大」壇中央○〔幷〕四隅立之、次受者入内之後含丁子、次覆面、次令結」三
摩耶契幷授真言、次取受者印引之、次左足超香」象、〈象在屏風東端、頭向北立之、〉次令立壇前、次以大壇脇机灑
水灑於」受者、次以花投曼荼羅、〈奉打金剛手菩薩、已上予所作也、〉其後作法如次」第文、後供養畢皆以退出、
廿四日、丁卯、房宿、月曜、天晴、未明修金剛界行」法、其儀如初夜、但前供養之時、不行表
白・神分等、散」念誦之後、残後供養退下、自後戸参入、即以承仕令○〔取〕」礼盤・磬台等、正念誦
之程、護摩師起座修護摩、々々」畢神供師起座修之、予大壇五瓶各抜置造花移」置少壇机、中央
四方居之、異胎蔵、次受者入内之後」含丁子、次覆面、次令結三摩耶契幷授真言、次取受」者印
引之、次右足令超香象、〈象在屏風西端、頭向南立之、〉次令立壇前」灑水投花、〈得大日、已上予、自余作法如次第文、〉
次阿闍梨着礼盤、申結願之由、行神分、次修後供養、」此次受者奉礼八大師、次諸事畢於金剛界
小壇」処召受者、大阿闍梨脱衲袈裟、受者右膝着地』着之、次給所持五古、次阿闍梨着平袈裟、
出自後」戸令渡歎徳処、

次新阿闍梨自南堂中間出于南庭、行列作法一如大」阿闍梨、次差東中門而行、即新阿闍梨登自東対」南階、向于歎徳所行、寝殿西第一間敷高麗端畳」一帖、後立屏風、即着座、南面、十弟子等置如意・香呂・戒」体箱受者右辺、三衣箱同置其前、次讃衆自中門」為先持幡、二行差日隠行烈、或人云、歎徳烈只一行云々、日隠之前二行、東西、敷莚、持幡立左右、色衆莚上烈立、讃頭実杲」出讃、頭二人同打鉢、或人云、歎徳讃一人、打鉢二人僻也云々、讃畢経雅闍梨」進出日隠階際、起歎徳詞、其詞云、金剛弟子等異口」同音言、

夫以

金剛一乗之教、舎那内証之秘述也、
受職灌頂之行、薩埵外用之大道也、
非上根上智不授、非貴《高》高徳不許、

因茲

金剛薩埵、固閉鉄塔之扉、
恵果和上、久撰伝灯之機、

遂使

印度歓喜地之龍猛、強《シヒテ》開塔戸而受灌頂、
日域発光地之弘法、遥凌滄波以傾《ケントス》瓶水、
是凡夫難入、聖果絶望故、

然今新阿闍梨耶

昔者楊《タシムテ》葉宗、親明八不正観之理、
今修蓮台教、兼登八葉覚台之床、
幸扉龍猛古風、鎮嘗惣持之妙薬、
忝入弘法門下、専翫秘密之摩尼、
然則
三密相応之床前、〔則脱〕覚樹春花鮮開、
四時練行之室内、忽円鏡秋月明照、
加之
五相成身之胸間、既一大法身真体顕、
六大瑜伽之体上、悉四曼聖衆法爾座、
蓋是見讃仰刺股之賢侶、
誠為彼法《ハシナサムカ》将継踵之師範、
依之現前大阿闍梨耶
昨日臨職位之壇、踏八葉蓮台、
今日伝付属之衣、授五智金剛、
欲示此功峨々頂高、
欲讃彼徳漫々底深、
可謂

是金剛薩埵和光、又妙雲如来同塵、
今大衆不堪感喜、猥万徳一隅陳申、
歎徳畢色衆共三拝、
次新阿闍梨返答、其詞云、
○この間、約四行分空白あり。
返答畢色衆一拝、即伊与法橋珍俊（大威儀師珍賀息、）給、次色」衆還中門、
次教誡、南堂中間敷高麗端畳一帖、後立屏風一」帖、（東西、）大阿闍梨入自後戸着座、次階下石畳際敷」同畳一帖、林慶上敷草座、新阿闍梨下自日隠階行、」即着座、（西面、）即首着地三拝、定座之後、大阿闍梨被発」教誡之詞、其詞曰、
○この間、約四行分空白あり。
次受者返答、其詞云、
○この間、約四行分空白あり。
次色衆等昇集中門廊、
次以東対之南端、為後朝饗饌処、北障子際居大」阿闍梨饗饌、（十二本、南面、）次阿闍梨左脇居新阿闍梨饗」饌、（八本、西面、）色衆皆以三本、委細如図、
三昧耶戒饗、大阿闍梨垸飯一具、色衆生料各米三斗、」今度大道具・大破子等無之、
○この位置に（指図二）あるも、便宜次頁に掲げる。

（指図二）

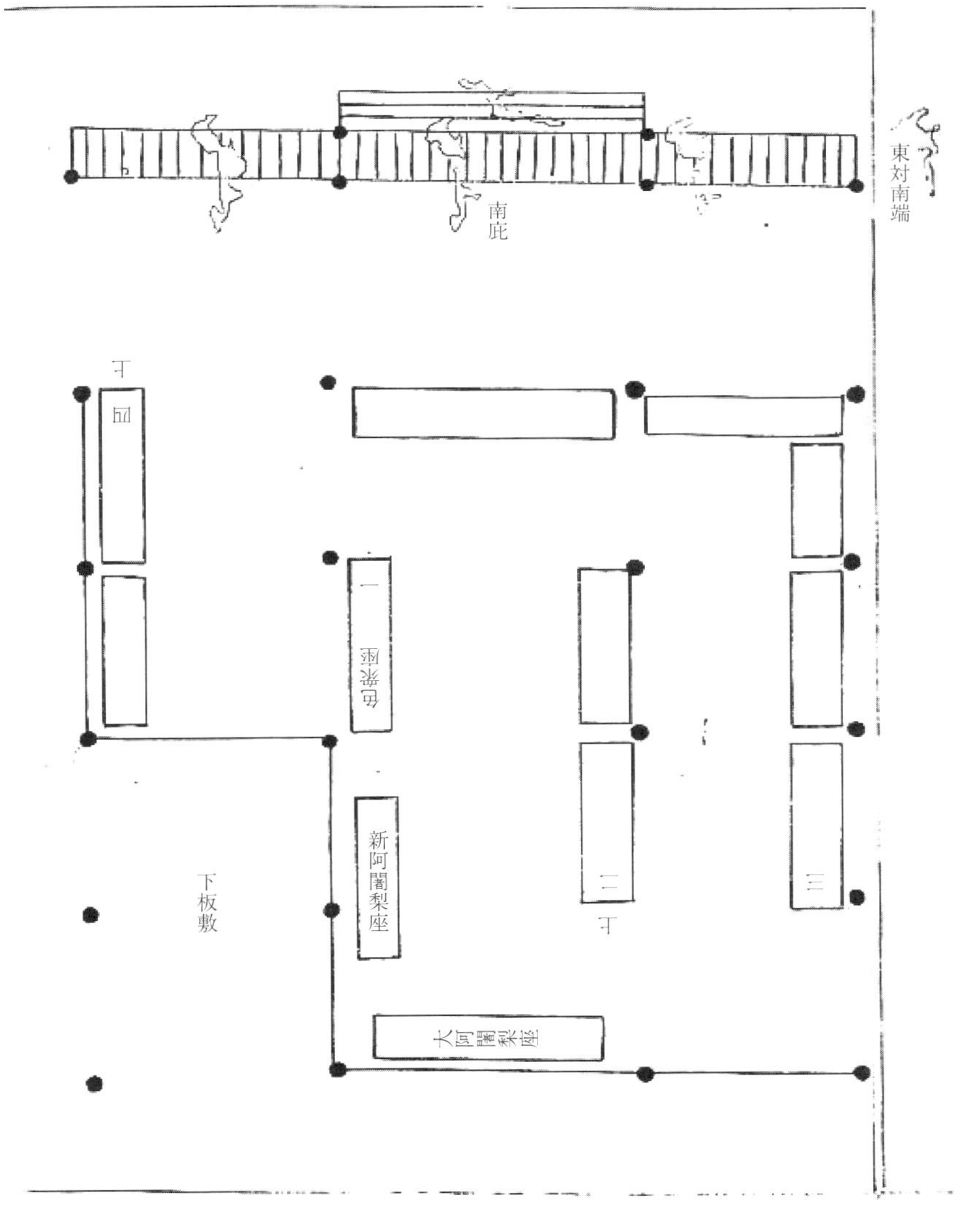

取上饗饌後、被引布施等、

大阿闍梨御布施

絹裹二　綾被物十重　法服装束一具　」椎鈍装束一具　童部装束二具　水干袴二具　」色々布二十段　貲布三十段

綿百両　紙一責（簀）」錦横皮一懸　檀紙筥二合　精馬一疋前日自院御給、

色衆布施

被物一重　紙裹任例皆有加布施、

午剋事畢各々分散、

（奥書）「勧修寺西山隠士老比久興然、令勤仕教授之役間、』且見且聞事等集記之、若有失錯、後見刊（ママ）」之莫咲之、

建久七年六月廿七日、書之畢、

除障金剛之本

嘉元三年十二月廿五日、於神護寺翫玉院西部屋」書写之了、写本文字少々堕落歟、交合」余本之後可定真偽者也、

写本十無尽院御本也、但非御自筆者也、

交合了、

性然卅六

五　高雄曼荼羅修覆記　○大覚寺所蔵

当寺灌頂院両界曼荼羅者、」高祖大師(空海)之真筆、一宗規模之本」尊也、而文覚上人再興之昔、写」新図而致尊崇、納旧本未及」修復、而延慶元年三月廿四日、参詣」于当寺拝見於霊像、多現破壊」之処々於図上、或拾脱落之片々、」唯納箱底、尊位闕而未満、難名」一切衆会、」図像破而不全、欠諸」尊真容、合掌雖貴筆跡、掩」面唯愍損壊、前大僧正及寺僧」等在此砌、相尋子細之処、雖有」修復之議、未決猶予慮云々、彼」是相談、忽以一決、各相談話、有』僧知見者、能修旧本、早課彼」僧可励修功者、仍同年戊申八月」一日丙子、重詣当寺、於灌頂院外陣、」始修復之、同二年己酉正月十九日癸卯、」終其功既訖、尊位如旧、復金容」於曩日、高僧再来、似筆跡於当」時、偏是大師冥鑑」之加持力、八」幡擁護之不思議也、料知、修練」学業之中興通雲管一見、又」喜伝法結縁之本尊及龍華」三庭矣、

延慶二年正月十九日

高祖十八葉末資両部伝法大阿闍梨耶  記之、

六　神護寺規模殊勝之条々　○巻二十一

高雄山神護寺規模殊勝之条々

一、当寺八幡大菩薩之御願事、

・大師曰、(遺記)○以下、神護寺略記と同文につき略す。

・日本記云、(或云、不審云云、)○以下、神護寺略記と同文につき略す。

・大政官符云、○以下、神護寺略記と同文につき略す。

・類聚国史百七十九云、○至延暦年中私建伽藍」名曰神願寺、○相替高雄寺以為定額、名曰神」護国祚真言寺等云々、

・大安寺行教和尚所伝金剛般若経伝記偁、○神」護景雲年中之比、帝位譲道鏡禅師、以和気」清麿為　勅使令発遣宇佐宮之刻、被下詔」云、縦雖無免許、帰来可奏許容之由、不然者処」違勅可行誅罰云々、既参宮、捧帛、啓一々宣」命之時、(三年七月廿八日)○大菩薩託宣曰偁、神多貪帛触其身」無力、我有護百王誓、道鏡何備帝位哉、但汝」定有恐畏、我当加冥助、汝立願念、我即救汝」難云々、清麿謹承託宣、雖恐　勅語遂　奏』不受之由、因茲如元御命違　勅之故、初切二足」畢、清丸〔麿〕訴於天地称我無罪、亦如神之教立大」願念八幡大菩薩、其願云、建立大伽藍可安」置数躰仏像、并可奉供養一千巻金剛般若」経云々、此時応願力、依神力四面為暗、雷電」霹靂、清麿還複〔復〕如故、聞者遠近莫不悲感」矣、其後為逐彼願、於高雄山建立一伽藍、号」神願寺、

依神願建立故、其後改号神護寺依神之助護故、云々、

•正暦二年三月廿日官符云、○依大菩薩教旨、」爰宏〔宕〕護山建立神護寺、便安置諸仏像・」経論等等云々、

•文覚上人当寺再興之置文云、夫神護寺者」八幡大菩薩之御願、弘法大師之旧跡也等云々、

已上、是規模、是殊勝、

∴一、弘法大師当寺経行事、

•性霊集第四云、○以下、神護寺略記と同文につき略す。』

•同第八云、○以下、神護寺略記と同文につき略す。

•大師御行状云、〔仁海〕小野僧正作、○以下、神護寺略記と同文につき略す。』

•又云、○以下、神護寺略記と同文につき略す。

•又云、○以下、神護寺略記と同文につき略す。

•性霊集第十云、○以下、神護寺略記と同文につき略す。

∴一、高野移住之後重住当山給事、

•或書遺記大師作云、○以下、神護寺略記と同文につき略す。』

当寺置文文覚上人云、夫神護寺八幡大菩薩之」御願、弘法〔空海〕大師之旧跡也等云々、　已上、是殊勝、

∴一、当寺法花会事、

扶桑略記云、延暦廿一年壬午正月十九日、○和気朝」臣弘世、於高雄山〔屈脱〕善議等十余名徳、始修法花」会、講天台法師〔門〕、最澄和上為其名匠、天〔皇〕日等下」勅随喜、勅使治部大輔正五位上和気朝

臣入鹿」口宣、昔者給孤須達、降能仁於祇陀之苑、求法」常啼、聞般若於尋香之城、是以和気朝臣延」二六之龍象、儲一乗之法莚、演暢天台法花玄義」等、所以恵日増光、禅河凝(激)流、一乗之玄猷始開」城内、三学之帆範(軌)遂被人天、像季伝灯古今」未聞、随喜法莚称歎功徳云々、

・或記云、延暦廿一年正月十九日始之、一日儀也、而」自貞観七年三月八日為五日八講、為憲(源)(三宝絵)記云、」第五巻日、付捧物於高雄山花枝、合讃嘆於』清瀧河浪音、男女来悦貴物自然多云々、十日」即第五巻日也、自中古以来点彼日為一日法」会、講讃経者伝教大師(最澄)真筆也、〇仍年々法」会更無退転、至于安貞二年殊有興行、任濫」觴之義延暦廿一年、被成勅願、自彼年僧衆三」十口也、綱所召具之、又自建長七年奏舞楽了、願文在之、貞観七年三月八日、」都良香作、

已上、是殊勝、是規模、

∴金堂、

・承平実録帳云、三間檜皮葺根本堂一宇、〇五」間檜皮葺礼堂一宇云々、

・檀像薬師仏像一軀、長五尺五寸、立像、同脇士菩薩像」二軀、各長四尺七寸、立像、

・又或記云、金色薬師坐像二菩薩立像等云々、

・或記云、本仏者浄瑠璃界能化之教主、十二上」願薬師医王之尊軀也、八幡大菩薩為御本」尊不放御身給、金銅小仏而被果当寺建立御願之』時、自宇佐宮奉送之、大師重造等身薬師」像、奉籠彼御本尊於御身給云々、

・寛喜官符云、〇文書篇一六〇号と同文につき略す。

・又云、或記云、建保六年戊寅六月八日、於　仙洞奉鋳金銅」薬師半出正躰、十二躰之内一躰当寺令送御」

之間、御帳之上奉懸之、奉行兵庫頭重房 錦帳是又」後白河院御施入也云々、　已上、是殊勝、是規模、

是不思議、

∴八幡大菩薩像一鋪事、奉安置金堂艮角帳、

●承平実録帳云、八幡大菩薩像一鋪云々、大師御筆、

大師渡唐之時船中有影向像、互令写之給、号互為御影是也、

●或記云、此御躰、当寺中絶之時、被安置勝光明」院宝蔵、而嘉元年中如旧被奉返入本寺云々、』

●太上天皇(後宇多上皇)震(宸、下同)筆御記云、○文書篇二四三号と同文につき略す。

●後醍醐院建武年中有　臨幸、被開彼御帳」被付　勅封訖、

∴常灯事

●或記云、建久元年二月十六日、　後白河法皇手」自打火被付常灯、御心中深有誓約、欲令挑九」枝光、継三会暁云々、金堂正面、八幡御宝前、」大師御影堂、三ケ所同前、爰応永二年十一」月之比、当寺錯乱之剋、彼常灯三箇所共消了、仍」同三年十月廿一日、准后(足利義満)有御登山、手自打火令燃続御了、

已上、是殊勝、是規模、

∴御影堂、弘法大師号納涼坊、

●承平実録帳云、五間檜皮葺納冷〔涼〕殿一宇等云々、

大師影像一鋪、八幡大菩薩御筆、大師渡唐之時、』大菩薩有船中影向、影像互令写之給、仍」号互為御影是也、

●性霊集第一云、○以下、神護寺略記と同文につき略す。

●(道深法親王)金剛定院御室三種什物御寄進、彼御記云、

敬奉施入　御筆理趣経一巻、五鈷鈴一枚、御数珠一連、
右、当寺者、八幡大菩薩鎮護国家之道場、高」祖大師最初経行之霊崛也、其内有大師棲息」之旧室、号云納涼坊、雖奉安置真筆之影」像、恨不留在世之什物、爰仏子（道深法親王）捧此三種之霊」物、永為一寺之重宝、是則為崇冥徳、為弘遺」化懇誠之至、只仰照鑑而已、仍奉施入如件、
延慶二年正月九日　金剛仏子道源〔深〕
・仏舎利一粒、東寺、太上法皇御記云、震筆、』
奉納　仏舎利一粒
右、為伝法灌頂、参住東寺西院之間、奉出之、」所奉納神護寺也、当寺紹隆已複〔復〕往日密蔵、」弘道無限来際者乎、
徳治三年正月廿八日　両部伝法阿闍梨
・当堂御影供祭文、後宇多法皇勅草也、　已上、是規模、是殊勝、
応永二年十一月之比当寺錯乱之時、当堂御舎利紛失云々、
∴五大堂、
・承平実録帳云、五間檜皮葺五大堂一宇、在額、」右堂天長天皇御願等云々、本尊五大明王、大師御作、
文治年中将軍家於関東鎌倉被立五大堂、是」被写当堂云々、　已上、是規模、是殊勝、
∴灌頂院、

・承平実録帳云、六間檜皮葺根本真言堂一宇在額、云々、

・日本記云、空海僧都新建灌頂堂云々、

・旧記云、以此堂号根本真言堂矣云々、』

∴当堂両界曼荼羅事、

・或記云、此堂奉安置大師御筆金泥九幅両」界曼荼羅也、彼根本曼荼羅既及破損、依之」以仏師勝賀法印于時法橋奉写之、御衣絹者、鎌倉」前右大将家室二位家(北条政子)之施入也、金銀泥等者、同」大将(源頼朝)被施入、古本曼荼羅者、奉納経蔵了、

・承平実録帳云、○以下、神護寺略記と同文につき略す。

此曼荼羅当寺中絶之時、被奉宿納蓮花王」院宝蔵、其後暫奉渡高野山、而　後白河院」御時如故被返納之畢、雖須奉安置当堂、」依為天下重宝、今現所令納宝蔵也、仍以写」本安置之、或記、

・曼荼羅被奉返渡　院宣、右大弁宰相親宗(平)奉之、

○以下、文書篇二五号と同文につき略す。

・院庁下　○爰去年八月廿八日、太上法皇(後白河)以大師」御自筆金泥両界曼荼羅、所令奉送神護」寺、任旧奉請渡当寺御也云々、

元暦二年正月十九日主典代織部正兼皇后宮大属大江朝臣(景宗)在判

別当大納言源朝臣(定房)在判

・当寺置文云、元暦元年八月廿八日、太上法皇以大師御」自筆金泥曼荼羅、所令奉送渡当寺之御也、

已上、是規模、是殊勝、

已上、是殊勝、是規模、

●太上法皇御記云、〇以下、神護寺略記と同文につき略す。』

∴同曼荼羅修複〔復〕事、

∴当堂結縁灌頂事、

●纂要成尊僧都、依後三条院勅撰進之、云、〇以下、神護寺略記と同文につき略す。

●灌頂記録、大師真筆、〇以下、神護寺略記と同文につき略す。』

已上、大師御筆記録也、此正本者天仁元年為御護被」召置院（白河法皇）御所、仍修理大夫顕季（藤原）卿依仰、写案文加判進」仁和寺、其後被納勝光明院宝蔵、至徳治三年令安置当寺御了、

●天仁院宣云、〇以下、神護寺略記と同文につき略す。

●徳治御記云、震筆、

〇以下、文書篇二四八号と同文につき略す。

●性霊集第十云、弘仁七年孟秋、率諸名僧、於」高雄金剛道場授三昧耶戒、沐両部灌頂云々、

●或記云、右旧記如此、而中絶之後、宝治元年二品」親王被奏聞公家、為　勅願被興行之、大阿闍梨」僧正行遍、于時二長者、色衆廿口、綱所等供奉如常　自爾」以降于今相続、爰永仁三年一品法親王令勤」修之御、是邂逅之儀也、昔弘仁三年十一月十五日」高祖大師始排此道場修金剛界大法、今永仁」三年十一月十五日禅定太王又刷此道場令修」金剛界大法、古今雖異月日惟同者歟、同四年」十二月十五日令修胎蔵界御委記在別、云々、

●建武元年甲戌閏十月十五日、後醍醐院有臨幸、」被行当寺之灌頂会、直令打尊位御矣、
●或記云、此灌頂会為永代不朽　勅願、毎年恒」例斎会、日本最初灌頂之道場、我朝無双奇異」之霊跡也、東寺・（仁和寺）観音院両寺之灌頂、被移当寺」之余風等云々、

∴同小灌頂阿闍梨事、

●院宣云、〇以下、神護寺略記と同文につき略す。』　　已上、是規模、

∴一、（最澄）伝教大師受法弘法大師事、円澄受法等、

●伝教大師状云、比叡山老僧最澄敬白応受法灌頂事、
右最澄、以去月廿七日頭陀之次、宿乙訓寺、頂謁空海」阿闍梨、教誨慇懃、具示其二部尊像、又令見曼」荼羅、倶期高雄、最澄先向高雄山寺、以同月廿」九日阿闍梨永辞乙訓寺、永住高雄山寺、即告曰、」空海生年四十、期命可尽、是以為命仏故住此」山寺、東西不欲、宜所持真言之法付属最澄闍』梨、惟早速今年之内受法付法云々、計其所許」諸仏所加、以来十二月十日定受法之日畢云々、」伏乞、大同法求法之故、早赴叡山今月備其」調度、以今月廿七日向高雄山寺、努努我同法」莫忍留、委曲之状令知光仁仏子、謹状、

弘仁三年十一月五日　小同法最澄状

高嶋旅同法範闍梨座前

●貢修行満位僧円澄　大安寺
右僧、久年最澄之同法也、深仰真言道故其」修行、伏乞、垂子地之哀、令侍受此庭不任志奉

名南貢、

弘仁四年正月十八日　受法弟子最澄状上

高雄大阿闍梨法前

数通有之、略之、　　已上、是殊勝、

∴護摩堂、

・日本記、空海僧都新建護摩堂云々、

・或記云、不動明王像一軀、大師御作云々、』

・或記云、太政法皇〔後宇多〕大学〔覚〕寺殿延慶四年三月晦日」御登山、於護摩堂三時護摩令行、御食堂南方」時々御坐、四月八日令焼八千枚御、次日御時」真光院禅助僧正沙汰、尊誉沙汰進了、

已上、是規模、是殊勝、

∴宝塔院、

・承平実録帳云、○檜皮葺毘盧遮那宝塔一基、」五大虚空蔵菩薩彩色木像五軀、中台三尺、四方各二尺五寸、

或記云、大師御作、
或記云、紀僧正作、　是殊勝、

∴講堂、

・承平実録帳云、三間檜皮葺五仏堂一宇云々、

・或記云、修造事、寛喜元年建立之当堂造営」遅々間、不入惣供養、仍同年十月六日為北白」河女院御願被供養之、御導師明恵〔高弁〕上人、請僧」廿口、奉行民部少輔親高〔藤原〕、御布施取公卿殿上人等云々、

已上、是規模、是殊勝、

∴法花堂、

●承平実録帳云、檜皮葺法花三昧堂一宇云々、』普賢菩薩像一軀、貞応二年五月〇十四日、高倉」法皇崩御、為彼御菩提於 公家造立、被奉安」置当堂、金銅一重小塔一基、中央安置胎蔵大日、上総介」源朝臣義兼号足利寄進之、

已上、是規模、是殊勝、

∴食堂、

●承平実録帳云、十一間檜皮葺食堂一宇云々、

●貞元実録帳云、根本堂、云(ママ)聖僧像一軀、長二尺七寸或記」云、此像大師御作云々、

是殊勝、

∴経蔵、

●承平実録帳云、一不動蔵、一動用倉云々、

●類聚三代格云、清丸(麿)(和気)奉詔旨向宇佐神宮、于」時大神託宣、〇写造一切経及仏云々、

●類聚国史百七十五云、戊申縁景雲之年、八幡」大菩薩所告、至天長年中、仰大宰府写得一』切経、至是便安置弥勒等寺々今更復令写一通」置之神護寺云々、不具之根本経是也、此内神功皇后御筆有之、光明御奥書有之、道行般若経四巻現在之、藤原夫人云々、

●或記云、紺紙金字一切経、目録中納言朝隆(藤原)卿筆跡、

右、此経者、鳥羽院御願也、後白河院文治元」年被安置当寺云々、外題同朝隆筆、

唐本一切経、目録権大納言（藤原）朝方筆跡、右、此経者、持明院中納言」基家卿安置当寺云々、

紺紙金字法花経一部八巻幷普賢無量二経、

右、法花会経是也云々、伝教大師御筆、

護法影像一枚、奉安置厨子、吾是此寺護法也、」名曰驥驎幢云々、

弘法大師影像一枚、仁安三年文覚上人参詣当寺之時、於納涼坊辺令影現給、

当寺額事、・貞元実録帳云、大門鳥居各」一基在額、件額弘法大師之筆跡也、為貴重以」延喜廿年取納宝蔵、模之懸也者云々、　是規模、

∴鍾楼、

・承平実録帳云、三間檜皮葺鐘堂一宇云々、』

貞元実録帳同之、

・鐘銘云、〇以下、神護寺略記と同文につき略す。

∴阿弥陀堂、

文覚上人影像（藤原）隆信朝臣図之、浄覚上人影像金剛」定院御室御筆、　是規模、是殊勝、

∴仙洞院、

建久元年二月十六日有　（後白河）太上法皇臨幸、依之文治」四年造立之云々、後白河法皇御影一鋪、

左京権」大夫隆信朝臣奉図之、内大臣（平）重盛卿・右大将」（源）頼朝卿以下影同筆跡也、』

被建仙洞院事、諸寺諸山無之歟、　已上、是規模、是殊勝、

∴翫玉院、

永仁五年被造営之、一品太王(性仁親王)之竹薗也、奉号高雄御室、

大師御影、半出、一品御室(性仁親王)被下仏師法眼定喜」於土州金剛頂寺、以御作之、御影堂之楠木被」写御作之御影云々、　已上、是規模、是殊勝、

∴閼伽井、

大師以独古手自令堀之給云々、　是殊勝、

∴巌窟堂、

大師練行之霊窟也云々、　是殊勝、

∴平岡八幡宮、

大同四年影向神護寺、影向之在所有之、勅使五位藤原」公明、仍平岡之山崎勧請之、男山石清水勧請者」貞観元年大同四年以来五十一年也、再興建久元年大同四年以来三百八十四ケ年、」奉移下壇事貞応元年建久元年以来三十三ケ年、尊恵書加之、応永十四丁亥年十一月十八日回録、然為北山准宮(后カ)(足利義満)御願、自同十一月十五日造営、事始以下毎度勅裁也、」委如別記、」自影向大同四年五百九十九年、」自被移下壇貞応元百八十六年、』　是規模、是殊勝、

∴一、当寺置文事、

文覚上人当寺再興之後、為末代寺僧被定四十五箇条起請文、其詞云、○以下、文書篇二七号と同文につき略す。』

已上、是規模、是殊勝、

∴一、当寺惣供養事、

•嘉禄二年丙戌三月七日、廿七日壬午イ壬午、為　勅願北白河女院曼荼羅供、被」供養之、御導師法務大僧正道尊、于時東寺一長者、僧衆」卅人、上卿権中納言経通、（藤原）綱所威従四人、御願文」大学頭孝範、（藤原）清書修理権大夫宗宣、（平）先為除御」忌方、仰木工寮幷陰陽頭（安倍泰忠）被定方角、不当御忌之」方間、被遂供養了、』

∴一、伝法会事、

明恵上人記云、神護寺被始行納涼坊伝法会事、」右、当寺荒廃以後、積多年星霜、文覚上人」興隆時、先堂塔僧坊造営未終其功、又中絶之」間、未及仏事法会之沙汰、爰　後高倉法皇」貞応年中、如本令寄進庄々給之処、寺家安」堵、始被修此会、但顕密学頭依無其仁、高弁」為法匠初可被行之由、有衆徒之議定、仍□列」座上与数輩学徒始之、于時嘉禄元年九月」四日高弁所談、金剛頂発菩提心論云々、

是殊勝、

∴一、当寺別院事、

槇尾号平等心王院、

•当院御影供祭文後宇多院勅草当寺祭文被入当院句、云、古昔高祖此」山結庵、近曾聖人（文覚）此地得道云々、

是規模、是殊勝、

梅尾〔栂〕号高山寺、

•或記云、一、別院高山寺、右明恵上人生年九歳、」始入文覚上人之室、十六歳随上覚上人出

家、」其後住山年久修練功積、然間深厭交衆、頻」好陰遁、依之為彼閑居所建立也、文覚上人草創也、

・寛喜官符云、〇以下、文書篇一六〇号と同文につき略す。

已上、是規模、是殊勝、

∴一、当寺長日勤行事、

於山上山下、一十四箇所一十六ヶ座之供養法毎日」有之、夏中加増有之、其外於宝塔院、金光明最勝王経、」守護国界主陀羅尼経、毎日転読之、恒例臨時諸」寺役、春秋二季伝法会以下、併奉勤修天長地久御願矣、

右、於彼霊地奉勤行天長地久之御願、在此道場」令専修令法久住之行業、爰 後宇多法皇参」当寺規模之二字 勅書宸筆被載之事、二通」有之、所謂徳治御記宸筆云、依為当寺規模奉納」神護寺云々、大師御筆灌頂記録、延慶御記宸筆云、高祖大師之」真筆、一宗規模之本尊也云々、両部曼荼羅修複〔復〕事、此等之」条々毎事殊勝也、依之段々之終、或規模、或殊勝」之言載之、又不思議之語加之、八幡大菩薩・弘法大師互為御影之段、是不可」思議之故也、不思議之三字宸筆有之、又叡慮御影堂祭文云、報恩之人非」此地拝何地、遺弟之族棄此山向何山云々、足為規」模、又非殊勝乎、而伝聞当住寺僧之中常称備、」当寺者所謂辺山、寺僧者山寺法師云々、恐是不』知案内之至極、不知恩者之所存也、為備彼輩之」披見、縁起以下之中取要記之、巨海之一滴、九牛之」一毛也、不可及外見、若有後覧之人者、以一察万、加」取捨、仍不及清書而已、

応永第九玄戩〔黙〕鶉火孟秋上旬之候拾集之、

権大僧都了経春秋六十二歳

応永十五甲子年卯月十九日於観智院」書写畢、

権少僧都尊恵行年卌八

○本記録の「●」「∴」および合点は全て朱筆である。

○以下紙背

元亨釈書第二十八云、

高雄神護寺者、光仁帝受八幡大神之託所建也、初沙門道鏡受幸於」称徳帝、天平宝字八年、太師慧美仲（藤原仲麻呂）伏誅、神護元年、鏡為太師、二」年、授法皇位鏡、誇寵遇有昇大宝之意、屢感激帝情、帝欲禅宝位」於鏡、先勅中使和清（丸）、白八幡大神、々現形告曰、天下善神少、而邪神多、」善神不受邪幣、邪神貪邪幣、道鏡祭邪神覬宝位、邪神多党、」令帝有是譲、然我国家日種相継膺運、自開闢以来、未厠他氏、道鏡」豈発迹哉、汝還闕奏我意、又奏建一伽藍、保護帝祚、亦絶如是濫」窺、汝帰宮、道鏡必加誣枉、汝莫恐也、我当助衛、清復神言、帝及道」鏡果怒処流刑、清赴配、過胆駒山、鏡使刺客伺山路、会雷電晦冥、不」能加害、四年八月、帝崩、清遭赦、重奏神旨、光仁帝乃勅清創寺、初」名神願寺、天長二年、改号神護国祚寺、

同二十三云、

景雲三年、正月初三、道鏡居西宮前殿、受百僚朝賀、七月初、大宰主神阿会(ママ)矯八幡大神」託曰、道鏡登極、天下太平、蓋阿曾諂媚於鏡也、鏡聞之偽喜、於是帝夢、八幡大神」告曰、我国家開闢以来、天日皇緒、無移継統、比来孽臣邪神、淫祀妖言、帝其」無撼、早掃除之、因茲、帝勅和清、詣宇佐宮祠、親聴神令、神託如夢、清」重白曰、是国家大事也、託夢相合、雖無可疑、

願見神霊、以決余惑、大」神乃現形、長可三尺、色若満月、清心身感動、不敢正見、大神曰、神有大小善」悪、不必一也、善神悪淫祀、悪神受邪幣、道鏡既邪幣於群邪、行権謫於」佞党、百計千祭、貪求天位、於此乎、善悪二神率師交戦、邪強正弱、」悪多善少、我已困羸、殆乎難当、仰憑仏力、扶護皇運、汝其廻闕、須」奏造仏像、写大蔵、又転最勝王経一万部、建一伽藍、邪神銷沮、社稷』鞏固、汝承我言、莫有遺失、清還都具奏之、鏡大怒、解清官爵竄」隅州、清路宇佐告訴、

同六年、八月癸巳、天皇崩、竄道鏡、冬云々、

延徳二年後八月廿六日書載之畢、　　権大僧都□祐

七　応永十六年神護寺結縁灌頂記

応永十六年乙丑二月十七日、庚寅、弖一日一、天晴、今日有」執行神護寺結縁灌頂金剛界事、此大会宝治」元年興行以後、至去嘉慶二年一百四十余歳勤」行、於其中間雖少々有懈怠、大略以相続、就中建」長七年、以当山両大会法花会灌頂被成　勅願以降綱」所随其役、威従整厳儀、又元応二年已来任東寺」灌頂之例、以小阿闍梨勤仕之人、被許已講宣下候了、」凡勘旧記、高祖大師（空海）入唐求法帰朝之後、弘仁三」年十二月十五日、於当山修金剛界灌頂、同十二月十」四日修胎蔵界灌頂、是本朝結縁灌頂濫觴也、」従爾来於当山勤行、雖年久非　勅願之儀、而建長」以後被成御願故、奉行・職事以　綸旨啒請、大」阿闍梨・行事弁・上卿等各応所役、一寺眉目」何事如之乎、雖然嘉慶以来此法会一向中絶、既」以及廿余年、為朝家為寺家、旁可謂無念矣、爰自」去年春比可有興行之由、於寺家連々有評定、」衆儀大略以一同、仍付奉行識（職）事欲令伺申之」刻、北山（足利義満）入道准后俄以令薨給、朝家大小事偏」為彼御計之間、万事沙汰一向被閣之、奏聞之」儀及遅引、去年十二月北山殿恒例御八講中、以綱』所内々付奉行人、令伺申之処、敢以不及予儀」□（同カ）八日大阿闍梨勅請綸旨幷小阿闍梨宣下」口宣案等到来、予（実順）折節住山之間、自当山（出世、、）年預」方綸旨到来之由告示之、□□以使者送遣年預方云々、綸旨幷口」宣案等如左載之、

当年神護寺灌頂大阿闍梨可令参勤」給者、依

天気上啓如件、

十二月十日　　権右中弁家俊（清閑寺）

謹上　慈尊院僧正（実順）御房

上卿藤中納言（土御門資家）
応永十五年十二月五日　宣旨

大法師弁恵

宜為神護寺灌頂小阿闍梨、

蔵人権右中弁藤原家俊奉

綸旨到来之上者、年内可執行歟由、重有評定」之処、数年断絶、法事興行之時節、於事可致」丁寧之処、既以及月迫、付惣別計会之間、厳」儀難整、明春可勤行之由、評定了、正月中又」諸人忩劇之上、御願結縁灌頂、於年始勤行之条、』尤可有斟酌之間、閣当山春季伝法会、可為二」月十七日之由、兼以治定了、予従去六日登山、」及期日近々度々有習礼、十六日昼程奉行祐潤」律師命承仕、令奉仕堂荘厳事、其儀以灌頂」院南面孫庇五箇間、為三昧耶戒場、閉東西妻戸四」方懸綵幡花鬘代、中央立高座上鈎天蓋、高座」立机一脚、覆前垂、中央置鈴金剛盤、不置五古、東」端置灑水塗香器、有散杖、西端備片供養具、閼伽塗香」花焼香、皆用小土器、備広折敷、□明入折横□置折敷、高座左右又立机、前机前」又立小机一脚、居礼盤置磬台、西第二之間中央」寄北奥敷高麗端畳一帖、東西行、後立十二天屏風、下帖」灌頂甲乙者、以胎蔵為甲、以金界為乙、故当金界歳用乙帖也、同第一間二行敷同畳四帖、」共以南北行也、為色衆上首座、七人着之、凡此畳敷様異宝治・建長等記、能々可有沙汰事也、今度粗雖有其沙汰」近例如斯云々、尚可決之、当中央間、東柱迫北敷同畳一帖、東西行、為」小阿闍梨座、第四・第五之間三行、南北行、敷畳六帖前一行」二帖僧綱座高麗端、後□〔二〕行四帖讃衆座紫端、寄大床西敷高麗端二帖、南北東西行、」為上卿・参議等座、近年雖無登山必敷之也、寄大床東敷紫端畳」二帖、為威従座、西一帖威儀師二人着之、東一帖従威師座也、但今

度不着座、先例東西大」床設堂童子座、又大床坤角敷奉行職事座南北行、」皆紫端也、而今度依畳数不足
略之也、大」□中央立散花机、在地敷覆、自灌頂院艮角至于南西』階下敷満莚道、三行敷之、南北一通折
西、又東西一通」又折北至階下敷之、莚道北端立机二脚、合妻、上」置法螺二・鐃鈸二具、寄立
玉幡二本、机北去三」許尺引幔門、此外堂正面一帖莚道外、・西南角一帖」南北行引之、龍頭幡十本、
莚道左右処々分配立之、」以講堂為集会所、閉南面中央扉、床一脚東西行、」上敷畳一帖、後立山水
屏風、為大阿闍梨座、」但不着座、東西床上畳各三帖敷之、為色衆座◦端上◦首着之、」以東為左方、集会所前、
去堂石階一丈余引幔門、委」細見指図内外陣等指図在別、也、

色衆校〔交〕名

法印権大僧都　了経乞戒

権少僧都　教俊　成祐唄　深俊

　尊恵片壇　成潤

権律師　尊秀　祐潤　慈経散花

　宥雅

擬灌頂　弁恵

大法師　常政

　已上、持金剛衆

大法師　承潤頭上堂　杲経頭還列　弘成◦』

　良潤　恵潤　定潤

良紹　遵経

已上、讃衆

威儀師　隆紹　祐算

従儀師　相淳　相蓮

執綱寺主　定紹　権寺主深経

執蓋都維那　宗政

持幡　虎若丸左　弥松丸右

上卿権中納言資家

参議四条宰相隆信

行事弁有光朝臣『日野』筆○朱

職事蔵人権右中弁家俊『吉田』筆○朱

当日酉初点鳴集会鐘、先例申一点鳴鐘、而近年」以合鐘以後鳴集会鐘、及亥半剋始三昧耶○戒云々、大」儀習遅引、雖力不及、以遅引為流例之条、甚以不可」然、仍今度有沙汰、酉剋例時以後、鳴集会鐘、早速可」有出仕之旨、従奉行方出世年預雖相触、猶以及遅参、黄昏」時分色衆集会、予従弊坊出立、用手輿、香染装束』衲袈裟□□地金襴横皮・水精念珠・五古・檜扇等」持之、扈従僧綱一人祐潤律師、但依為奉行於集会所辺、執沙汰事儀、予出仕之時分参向也、令十」弟子二人雖四人可召具、先例大略二人也、今度亦如斯、・従僧一人鈍色白裳指貫、五・帖袈裟、着鼻広、」

大童子二人一人如木、一人布単袴、・力者十余輩衣力者六人格勤四五人・乗」輿、先向休所、於大床下居輿、着草鞋昇
縁上、扈以下皆従」以蹲踞、扈従即昇北小縁、開西面妻戸明障子、予即」入内暫相待列時分之処、既及夜
陰之間、令取松」明、此時綱所以鎰取啓第二度案内、頃之色衆」起集会所、赴莚道、此時専当
撤幔門、又鎰取」栄啓引案内、予出休所、於西面大床落板上駕」腰輿、駕輿丁八人舁棒、腰輿
経灌頂院北、至莚」道之際、力者・大童子等取松明先行、十弟子二」人各持法具、随輿左右、
上首融覚右、下﨟能済左、次扈従、次従」僧、在輿前左右対、今度依一人召具、雖可取松明、略其義也、次法師原各取松明、相随」至莚道処、向
南立腰輿、列儀式整程暫不居輿也、列次第、先引頭」二人、次法螺吹二人寄机際取、貝先進行、次讃頭二人、直取鈸、」従
机左右進莚道上、左頭東、右頭西、専当二人取松明、随左右、次鐃持二人取鐃」相従于役人、次鐃役以下讃衆下﨟前進
行、次」持金剛衆十人、各経左右莚道、次乞戒師、経中莚道、次」持幡童、襲装束如常、寄机際取玉幡、
扈従裏頭取伝之、次』専当撤左右机、次大阿闍梨下立中莚道、扈」従以下蹲踞、従僧献草鞋、献草鞋事、十弟子役也、今
度二人間持物多々、仍今従」僧献之、是又一説也、執綱・執蓋等、指蓋張綱、予降立莚道」之後、従僧以下僮僕皆引退、十
弟子随左右、次小」阿闍梨立加中莚道、従僧持法具、相従其道、経莚道外東、貝吹・鐃持・十弟」子・執綱等皆経
莚道外、蓋役脱鼻荒、随大阿」闍梨経中莚道、或説蓋役経莚道外、自傍指蓋云々、能可決之、讃頭於堂巽角」発音、両頭相向自
余也、同之、衆讃二返了、突鈸・貝吹発吠声、漸」々引烈、至階下威儀師二人立留左右、先右頭」鈸
挾腋登大床、此間、左頭於階下突鈸、次左頭又挾鈸昇、此又右頭於大床向西、間」突鈸此時不合鈸音也、左頭登了、左右相向、合鈸声、
其」後次第歩行、次々讃衆各守次着、下﨟前進昇」於大床東端群立、但頭二人立面相向、次持金剛衆進昇
於大」床東腋造輪、次乞戒師昇立正面腋、次予昇大」床立中央、於散華机者、戒場狭故、臨烈剋限、取却之、置上卿座上、無言行道了、
如元直置之、次十弟」子昇、於莚道際脱鼻荒、力者取之、分左右、経中央腋置法具、其次」第如常、右机香呂箱左机居筥也、次帰下

取玉幡立前机左」右、（南角立之、有其用意、）兼次持幡童経本路退帰、次予経』高座東、至乾角有高座加持作法、（若為昼儀者、大阿闍梨立留階下」先十弟子進登、置法具、立玉幡了、大阿闍梨可登也、）作法了、於高座後、先向内」陣一拝、次立廻于右方、向高座又一拝、（共小揖也、）」即登高座、先指入檜扇於香呂箱、此間小阿闍」梨・従僧参上、置法具退出、次小阿闍梨着座、次乞」戒師寄立礼盤前、次衲衆無言行道、（下﨟前）三迊」了各着座、次讃衆止鈸音着座、（上首次第、）次貝吹」止貝音退帰、（此間専当巻置莚道、）次予置五古、取香呂、綱」所摧〔催〕惣礼、衆僧惣礼三度、（小阿闍梨・乞師等雖取香呂、不作礼也、）次」大阿闍梨置香呂、（入箱、）作法有序、振鈴畢乞戒」師金二打、唱礼併頌、三拝了金一打、唄師唱」片句、此間承仕二人参上（其路経威儀師着座前也、）賦花箱、」散華師起座、於東大床取座具香呂、（依略従僧承仕設之、）即」於正面東腋（高座東也、）展座具、三礼（此間唄師唱末片句、）以下作法」如常対揚了乞戒師打磬、表白以下如例、次大」阿闍梨表白・説戒等如次第、乞戒師随喜、乞誓了打」磬、下礼盤着平座、次大阿闍梨下高座着平座、十」弟子取法具渡置平座、（十弟子二人、同如意形躰箱等、如本納香呂箱、右筥置之、若有四人者、二人」取如意戒躰箱各持之、暫可復本座也、）次小阿闍梨・従僧参上、撤法具□』下、先例引大阿闍梨已下布施、（大阿闍梨外皆紙裏也、）而今」度有沙汰略之、（略之条、可然之由綱所申之云々、）又誦経導師略之、先例」存略不定也、（御願時有御誦経、使殿上人勤之、而職事弁官等近年無登山、乍居中沙汰之許也、仍無御誦経」使勤仕之人、然者略之条宜歟、）事了先引頭威儀師下階、次鐃」持（具鈸、）二人下、次讃頭、（還列頭先進、）次々色衆皆下﨟前」下、（乞戒師如前立中央、）次十弟子取玉幡授持幡童、更帰登」取持法具、下立階下左右、（力者献鼻荒、色衆已下左右上堂、打違而立列也、）次小」阿闍梨下、（先寄西莚道、大阿闍梨加列後、立中莚道也、）次予下立中莚道、持」幡・執蓋・執綱等皆如上堂、讃頭発音返讃略助音、」（是先例也、）即調鈸音、法螺吹吠声、毎事如進儀、至」于莚道北端、色衆皆立退于東方一処群立、」（但讃頭二人立□猶合鈸音、）駕輿丁指寄腰輿、（此時止鈸音也、）予聊歩」廻自左方駕輿、僮僕取松明如前、至休所前於」落縁上降腰輿、即移駕手輿、帰弊坊了、

是」亥終剋也、自上堂初至還列期、頸巻之僧徒見」聞之緇素数百人充満堂上堂下、塞路猥

雑、」専堂〔当〕雖払之、敢以不承引、其義頗狼藉也、

夜所作人請定案以承仕当日取奉、

初夜所作』

片壇

権少僧都　尊恵

尊号

権少僧都　成潤　　権律師　尊秀

祐潤　　慈経

含香

権律師　宥雅

灑水

大法師　常政

記録

大法師　弘成　　遵経

教授

大法師　良潤　　恵潤

定潤　　良紹

右、廻請如件、

応永十六年二月　日

大阿闍梨権僧正法印大和尚位実順

三昧耶戒了、奉行祐潤律師命当院預、令整理』内道場、両壇敷万荼羅・四面仏具・輪羯磨・鈴杵」置五古、・四色染仏供等如常、八祖前各仏供四坏、白飯」三坏、染仏供二坏、灯明二坏・閼伽一前備之、当于母屋北中」央南北立床一脚東西行、敷畳、高麗端、後立十二天屏風」上帖、為大阿闍梨座、当母屋南中央東柱傍南、立床一」脚東西行、敷同畳為小阿闍梨座、夜時小阿闍梨別座、観音院灌頂例云々、当」同西柱立床一脚東西行、敷紫端畳為記録二人座、」至所役期□着之、乾角構小壇、如常、以南床為僧綱座、西上□〔小カ〕文、」以北床為読衆座、東上紫端、南中央妻戸際立屏風」一帖為受者引入路、屏風際置香象、委細如指図矣、」□〔丑カ〕一点色衆等参会、旧記以初夜鐘為参集時分、今度即任旧記可参入之旨、雖定之、三」昧耶義、遅之間、夜時分以令遅引也、奉行以承仕啓色衆、皆参之由、」予即着裳束、令懐中表白、今度略衲着香染平袈裟、又不持五古持裏独、」是皆先例也、乗手輿、力者・大童子等如木大童子略之、取松明相」□□前後十弟子持香呂筥、草座々具略之、随左右、但路次間」令力者持之、至灌頂院北土庇降輿、扈従於此所令参向、」□為奉行、次共奉、路予自後戸参堂、経屏風東先着床、十」弟子至礼盤辺置法具、居筥左腋机、香呂筥磬台本、退出扈従即」□□承仕両壇四面火舎置火了、予起座至」礼盤下置檜扇、取香呂、先左立巡礼東曼荼』羅、一度小揖、以向当界三礼了、着礼盤先捻名香、」次置念珠・独古・塗香以下、作法如例、此間片壇師着」礼盤、次金二打表白新草・神分・五悔等如常、」前供養讃承潤唱之、三刁金後衆僧誦仏眼」咒、微音、振鈴以後各念誦大日真言、散念誦」時分、先片壇阿闍梨下礼盤、着本座、次予下礼」盤、取檜扇、当界聊小揖、着床十弟子参取法具、移置座」左右、次奉行命承仕、令調受者引入之儀、先」撤当界礼盤・磬台・腋机等、運置東壇南、次取」大壇五瓶抜花渡小壇机、壇上四角各置切灯台、」供灯明取却、本灯明置便宜所、但以一灯置記録役人前、大壇」四角各居切床一脚、次香象置火、事具後先含」香・灑水二人自後戸廻外陣着其座、次記録・尊」号等各起座、着自分床、次小阿闍梨起座、或小阿闍」梨最初立座、着倚子、両説宜任人意、経東壇後廻北着小壇倚子、懸腰、不安座、次一生不犯人引入之、教授四人内上首役之皆不着草鞋也、一々」神名記録上首唱之、小阿闍梨密結誦印明、得大日之時教」授催讃、四智讃一反右頭誦之、色衆皆可助音也、投花了取覆面礼」曼荼羅、三拝五躰投地、次巡廻大壇、経記録後、先礼西四祖、』次至小壇受印明、了礼小阿闍梨、三礼、次自後」戸廻東礼東四祖、了経本路出外陣、後々皆」如此、四輩引入之間、記録役一々注之、上首注神名幷比丘・比丘」尼、下臈注優婆塞・優婆夷、此間予暫出于休所休息、結縁」衆群集及数百人之間、密々帰弊坊、聊」以寝臥、次日十八日未半剋、受者尽了、予即」至休所、着装束参堂、先着床、此間役人等皆」帰着本座、礼盤以下如本直置之、予即着」礼盤、乍持檜扇、揖着之、小次片壇同着、先打一字金、諸僧」誦其咒、次置念珠・独古、行後供養、仏布施」之次、供閼伽了、金一打、読巻数、不取念珠、巻数」案文兼書之、置脇机、又付楉立当界左、凡」御願之儀、必於当座申大阿闍梨幷色衆、」僧綱位署、凡僧幷散位僧綱不載之、巻数役凡僧最末勤之、」案文兼用意之、於正文者、当座書之、結縁衆」了役人持之、承仕持硯随之、参大阿闍梨前申署、役人」取筆進之、阿闍梨即書実名、次々色衆・承仕上首次第取」署也、然当山之儀、近例不爾、兼令用意之云々、」是非本義、依為恒例法会、存略儀歟、然間色』衆内両三人中間令退出、後供養之時分重」不参入、是自由之至歟、更不足為例也、

神護寺

結縁灌頂所

奉修

両界供養法各一箇座

奉念

仏眼真言二千一百遍

大日真言二万一千遍

阿閦真言二十一遍

宝生真言二十一遍

無量寿真言二十一遍

不空成就真言二十一遍

金剛薩埵真言二十一遍

降三世真言百遍

一字金輪真言二千一百遍

自余尊数依法流不定、巻」数役人兼大阿闍梨方可」尋知之、又公方進上御」巻数、僧綱位署悉注之、」為令知其、具以朱大都」注之、〇本割書は朱筆である。

右、奉為

金輪聖王宝祚延長、為恒例不久御願、修結縁灌頂」大法、廿一口金剛仏一等、殊致精誠奉修

如件、仍勒遍数謹解、

応永十六年二月十七日　行事伝灯大法師位良弘

権律師法橋上人位、、『〇以下の五行朱筆、

権少僧都法眼和尚位、、
権大僧都、、、、、、、
法印大和尚位権大僧都、
大阿闍梨権僧正法印大和尚位、、

次後鈴讃以下作法如常、廻向方便間、片壇師□〔昇カ〕」本座、事了予下礼盤三礼、即置香呂、取檜扇、」向東万荼羅一礼、（小揖、）了即着本座、次色衆下」蔵前退出、（扈従一人残留、）十弟子来取法具蹲踞、予起」座召具扈従・十弟子、於土庇乗手輿、帰弊坊」了、是未終剋也、結縁四輩一千二百人也、於当山」先代未聞云々、頗御願繁昌也、珍重々々、

胎蔵時可存知条々、

一、小阿闍梨着正面西床、（金剛界時記録座也、）従正面直可着倚子」（不廻後戸也、）事、

一、小壇可構東南角事、

一、結縁衆投花了、従正面直到小壇、受印明後先」礼東四祖、従後戸廻西、次可礼西四祖事、

已上大抵如此、

今度之儀、廿余年中絶法会再興之時節、予」勤仕大阿闍梨、当時眉目也、（勤大阿闍梨事、惣四ケ度、於御願今度初度也、）』而無一事違越、両日共天気快然、法会之儀」式頗周備、見聞之族、随喜感嘆云々、可喜々々、

小野末塵実ー（順生年四十五）

『以下記録外也、向後書写之人、各別料紙可書之、』〇朱筆、下同

神護寺結〻縁灌頂誰記 応永十六年二月十七日

『綱牒案』

僧綱

祐潤権律師

右、依 宣旨、奉請来十七日可被行神護寺」灌頂持金剛衆如件、

応永十六年二月十三日　従儀師相淳

威儀師隆紹

『同請文』

謹領

綱牒一紙

右、来十七日可被行神護寺灌頂持金剛衆」謹領如件、

応永十六年二月十三日　権律師祐潤

『讃衆連請案』

『◌』僧綱〻『不審』

『凡歟』

承潤大法師頭　杲経大法師頭

弘成大法師　遵経大法師

良潤大法師　恵潤大法師』

定潤大法師　　良紹大法師

右、依　宣旨、請定来十七日可被行神護寺」灌頂讃衆如件、

応永十六年二月十三日　　従儀師相淳

威儀師隆紹

『御教書案』
来十五日、神護寺灌頂上卿藤（土御門）中納言『資家』・」参議四条宰相『隆信』・弁有光（日野）朝臣等候、」大阿闍梨慈尊院僧正候、諸司参向」事、定不可有子細候歟、可被存知候也、」謹言、

『応永十五』
十二月九日　　家俊（清閑寺）

惣在庁御房

『官家状案』
神護寺灌頂可為来十五日之由、御教書」伝給候了、可加下〇知候、　宣旨両通、則成』進之候歟、可得御意候、臨時　宣下」先日注申候外、未存知候也、毎事」期面談候、恐々謹言、

『応永十五』
十二月十一日　　中鑑（壬生兼治）

『官符案』
伝灯大法師弁恵

権右中弁藤原朝臣家俊伝宣、」権中納言藤原朝臣資家宣、奉　勅、」件人、宜為神護寺灌頂小阿闍梨者、

応永十五年十二月十一日　造興福寺次官左大史兼備前」権介小槻（壬生彦枝）宿禰判奉

『三綱請定』
灌頂院

寺　主　定紹

権寺主　深経

都維那　宗政

右、来月十七日結縁灌頂役所司、請定如件、

応永十六年正月　日

』

『結縁四輩注進』
神護寺　『挿巻数楉進上公方也、』

灌頂者

神分二十二前

比丘二百廿六人

比丘尼百五十七人

優婆塞四百卅五人

優婆夷二百六十一人

右、注進如件、

応永十六年三月十七日

『大阿闍梨副状』
神護寺結縁灌頂去年分、去十七日令勤行」候了、任先規(×例)御巻数進上候、内々得」御意、可令洩
奏聞給候、恐々謹言、

二月廿一日　　権僧正実順

(中御門宣輔)
右少弁殿　『去年奉行職事家俊昇進之間、任被指南付中御門右少弁進上之、』

『同返事案、用綸旨紙、然文章不相応、職事未練歟、』
神護寺結縁灌頂御巻数一枝、」執進候了、殊目出之由被仰下候也、』仍上啓如件、

三月六日　　右少弁宣輔(中御門)

当山結縁灌頂興行事

旧記云、宝治元年『後深草院』十二月十五日、為金剛定院御室『又号開田御室』道深」御計、任旧記被興行当山結縁灌頂、金界、
大阿闍梨行遍」僧正、于時二長者、・色衆二十人、此内僧綱九人、小阿闍梨権少僧都隆詮、」乞戒権律師行瑜、
誦経導師権律師玄暁、散華」已灌頂性誉、讃頭禅忠還列、俊弁、上堂、威儀師二人、」従儀師二人、
私云、非勅願綱所随役、若是初例歟、大阿闍梨行粧十弟子」六人・前駈四人・従僧一人・大童子二人・力者等云々、
御」室為御聴聞御登山云々、

同灌頂被成勅願事

『後深草院』
建長七年十一月十日、巡年、金剛界、初為勅願之儀被行之、」大阿闍梨道勝僧正、『勝宝院、于時当山寺務云々、』委細記録有之、大阿闍梨
自記也、雖為」御願、上卿・職事・弁官等無参仕之儀、布施取執」綱・執蓋等、天童勤之、

同灌頂竹園大阿闍梨御沙汰事

『伏見院』永仁三年十一月十五日、金界、大阿闍梨二品法親王『号高雄御室、』性仁、御歳廿九、」色衆廿人内一﨟大僧正禅助『真光院』于時当寺別当云々、片壇勤之、」小阿闍梨少僧都俊海、乞戒師猷然法師、誦経導師」法印権大僧都覚淵云々、扈従僧綱二人、法印『大納言』権大僧都良円・定助『内大臣尊勝院』、十弟子（ママ）、

同四年十二月十五日、胎蔵、大阿闍梨同宮、色衆一﨟」前権僧正深快片壇勤之、小阿闍梨権少僧都」房誉、乞戒師権少僧都宗守云々、扈従二人、

以上、両年相続御室大阿闍梨令勤仕給、仁和寺」観音院灌頂之外、法親王大阿闍梨御勤仕、是初例也、

同灌頂小阿闍梨宣下事

『後醍醐院』元応二年、為御宇多院法皇叡慮、任東寺灌頂例、被」宣下小〇〔灌頂〕阿闍梨、則当山寺僧良済、始任已講、勤小」阿闍梨畢、建長七年以後、雖為　勅願、於小阿闍」梨者、僧綱中撰器用仁令勤仕之、公方　宣下」之儀、是初也、其以後于今無退転云々、彼時大阿闍梨」前大僧正禅助、于時当寺寺務云々、

同灌頂夜時用手替事

貞和元年十一月十五日、金界、先師法務僧正栄海、一長者、于時」大阿闍梨勤仕之時、依老屈、夜時用手替、色衆」中奝済法印勤之、其外往古例連綿也、見寺」家記録也、

〔奥書〕「応永廿年十二月中旬於□□〔高雄〕金剛宝院令書写之、」

解題

「神護寺文書」を神護寺に現存する中世文書の謂でとらえるならば、その大半は、すでに田井啓吾（田井の人となりについては、ねずまさし「二人の歴史家の生涯――清水三男・田井啓吾二君の業績――」〈『歴史評論』一四号、一九四八年〉に詳しい）によって『史林』誌上で七回（二五巻一号〈一九四〇年一月〉～二六巻三号〈一九四一年七月〉）にわたって翻刻紹介がなされている。この史料紹介は、劈頭に解題として田井の論考「神護寺文書に就いて」を掲げ、二七四通を収め、全体では二段組で一〇一頁にわたる長大なものであった。解題は簡にして要を得、翻字もかなり正確であるうえに、連載をまとめた別刷も作成されて普及しており、活字として利用しにくい文書群ではないように思われる。ところが、これが掲載された一九四〇年代の雑誌は、その用紙が酸性紙であることに起因する劣化が著しく、閲覧・複写の制限される場合もあり、現在、必ずしも利用が容易とは言い切れない状況にあるやに思われる。

この時に田井が翻刻紹介したのは、旧国宝（現重要文化財）に指定された「神護寺文書」一二三軸一幅（一九四一年七月指定。巻次および各巻の構成は、本書巻末掲載の「神護寺所蔵文書・記録目録」を参照。現在、第一巻から第二三巻までは京都国立博物館に寄託され、第二四巻のみが神護寺に保管されている）のうちの第二〇巻までの一九軸一幅であり、掲載順は巻次および成巻の順に完全に対応している。というよりも、現状の「神護寺文書」の編成は、この時期におこなわれた京都帝国大学文学部国史研究室における影写本の作成に併行してなされたものであった。田井は、京都府学務課の業務として、この整理に関与していたようだ。第二巻に加えられた奥書は以下のとおりである。

神護寺文書、元十又七巻、序列無次、錯簡破損亦多矣、一昨夏来、於京都帝国大学文学部国史研究室、影写全巻、為冊子本之際、整序列、正錯簡、而改為廿巻、今茲昭和十五年皐月、得京都府助成資金、令表装師野原外弥修理

焉、

昭和庚辰臘月仲五　神護寺幻住清巌誌

一九四〇年一二月、神護寺貫首にして京都帝国大学教授もつとめた谷内清巌の記すところによれば、もと一七巻であった「神護寺文書」について、影写本の作成にあわせて、年代順に整序をほどこしながら錯簡を正して二〇巻にあらため、京都府からの助成金によって表装を加えたというのである。田井の翻刻紹介の対象になった一九軸一幅がここでいう二〇巻に相当することは明白である。

すると、第二一巻以降の四軸は、京都帝国大学文学部国史研究室における整理の対象とは区別されていたものということになる。この四軸は、それぞれ文書一通または記録一点で一軸をなしており、ここでの整理の対象とされなかったことに不思議はない。このうち第二四巻にはつぎのような奥書がある。

昭和十五年五月第一日、得京都府助成資金交付、令表具師野原外弥修理了、

神護寺住職清巌誌

この四軸は、影写本の作成の際に新たに編成された一九軸一幅と同時に改装がおこなわれたことで、一具の文書群のうちに明瞭に位置づけられたのであった。旧国宝への指定はこの二ヶ月後で、一連の事業であったとみることができよう。

なお、第二一巻以降の四巻のうち第二一巻および第二四巻は、田井の紹介より先、望月信成が『美術研究』四七号（一九三五年）において翻刻紹介をおこなっていた。さらに神護寺には、「神護寺文書」よりも早く指定をうけた旧国宝として、「灌頂歴名」一軸（指定名称。本書では空海の表記「灌頂暦名」を採用。「後宇多天皇宸翰施入状」一軸が附属）、「文覚四十五箇条起請文」一軸、「文覚上人書状案」一軸、「神護寺略記」一軸、「後宇多天皇宸翰御寄進状」一幅などの記録・文書類があり（前二者は現国宝、後三者は現重要文化財。また現在、前四者は京都国立博物館に寄託され、最後の

一点のみが神護寺に保管されている）、これらも田井の紹介以前にさまざまな媒体で翻刻紹介がなされていた（田井「神護寺文書に就いて」の末尾に注記がある）。その後も、第二一巻、第二四巻、および「神護寺略記」、「文覚四十五箇条起請文」、「文覚上人書状案」が、藤田経世『校刊美術史料 寺院篇』中巻（中央公論美術出版、一九七五年）にまとめて収録されており、種々の研究においてよく利用されている。なお、『校刊美術史料 寺院篇』中巻はほかにも、「神護寺最略記・承平実録帳」も収めているが、これは「神護国祚真言寺記録拾遺」と題され、文政七年（一八二四）神護寺甑玉院禅盛の識語を有する江戸後期の書写にかかる折本一帖のうちに書写されたものである。同書は、現存が確認できない慶長年間の文書二点（文書篇四九〇・四九二）をも載せており、散佚した中世史料の一端をうかがわせるものになっている。

さらに、神護寺に現存する中世文書はこれらにとどまらない。まずは、東京大学史料編纂所架蔵影写本「神護寺文書」一一冊のうち第一〇冊および第一一冊の両冊に所収されている文書のうち「神護寺文書」第二三巻および「文覚上人書状案」を除いた一六通の存在を指摘することができる。なお、影写本の第一一冊によってのみ知られる記録として、「文治二年伝法灌頂記」一軸もある。

この影写本のうち第一冊から第九冊までは、一八八六年（明治一九）に修史局が採訪し、一八八八年に影写をおこなったものだが、そこに収められる文書は、重要文化財「神護寺文書」第一巻から第二一巻とほぼ重なり（重ならないのは、第九巻に収められる文書目録断簡二通が未収になっていること、逆に「神護寺文書」以外に「文覚四十五箇条起請文」および「灌頂歴名」附属の「後宇多天皇宸翰施入状」が収められていることの二点）、京都帝国大学文学部国史研究室における整理がなされる以前の一七巻からなる「神護寺文書」と「高雄山神護寺規式殊勝条々事書」とを影写して整序したものだといえる。

一方、影写本の第一〇冊および第一一冊は、東京帝国大学文科大学史料編纂掛が一九〇二年に採訪し、一九〇四年に影写したもので、紀伊国桛田庄坪付注進状をはじめとする神護寺領荘園にかかわる帳簿類が多く含まれ、その多くは未成巻の形態をとる史料であったとみられる。紀伊国桛田庄坪付注進状一通が、『かつらぎ町史』古代・中世史料編（一九八三年）に、播磨国福井庄関係の文書二通が『兵庫県史』史料編・中世七（一九九三年）に、丹波国吉富庄関係の文書四通が『八木町史編さん事業歴史資料調査報告書第二集　神護寺領丹波国吉富荘故地調査報告書』（南丹市教育委員会、二〇〇九年）に収められており、すでに活用されているものも少なくない。実はこの一七通は、現在神護寺において所蔵を確認することができず、影写本によって本書に収めた。しかし、寺外への流出も確認されておらず、未整理の近世文書のなかに紛れている可能性が高いように思われる。

また、神護寺では二〇〇三年から二〇〇五年にかけて京都府教育委員会によって聖教調査が実施され、『京都府古文書調査報告書第十五集　神護寺聖教目録』（京都府教育委員会、二〇〇六年）が刊行されている。この調査の過程で、聖教箱三八合のうちに収納されていない「別置聖教文書類」と名付けられた史料群にも整理が加えられ、新たに中世史料が見出された（本書の掲載対象としたのは八点）。それ以外にも、江戸時代に寺外に流失したと思しき文書を近年購入して架蔵するに至った暦応四年（一三四一）九月十一日足利直義下知状案（文書篇三四一）も存在する。すなわち、神護寺に現存する中世文書はかなり複雑な様相を呈しており、その全貌が提示されたことはかつてなかった。それを果たしたことが本書刊行の意義のひとつである。

さらに、「神護寺文書」の称を本来神護寺に所蔵されていたはずの文書という意味でとらえるならば、その範囲は大きく広がることになる。すなわち、神護寺の中世文書は、高山寺の中世文書などと同じように、江戸時代のうちから少なからぬ分量が寺外に流出しており、各地に分散して収集文書のなかに伝存しているのである。したがって、「神護寺文書」の総体に近づくためには、かかる分散文書を集約して提示することがなされなければならない。このような営みは、復原されるべき全体像が最後まで不明であるため、集約および提示の無限ともいえる繰り返しを内容とせざるを得ないが、本書を刊行した目的は、この作業を開始することに他ならず、今後さらなる作業の進展のための基盤づくりにあると考えている。『高雄山神護寺文書集成』と題したが、単に神護寺文書といわず高雄山神護寺文書としたのは、二三軸一幅からなる重要文化財「神護寺文書」ないしは田井によって翻刻紹介された「神護寺文書」と区別するためで、本書は神護寺の中世文書を集成するための第一次稿であることを意図している。今後の増訂を企図しているので、ぜひとも情報を寄せられたい。以下、神護寺の旧蔵文書を見出すにあたって気をつけるべき点のいくつかを述べることにしたい。

今回、本書に収録した文書四九六通のうち、神護寺の所蔵にかかるものは三〇二通で、同寺に伝存していないものが一九四通であり、およそ四割が寺外に所蔵される文書ということになる。もっとも、今回収録した寺外の文書のなかには、京都大学総合博物館所蔵勧修寺家本「晴豊公符案」所載の元亀二年(一五七一)三月十日正親町天皇綸旨案(文書篇四八四)のように、発給担当者が残した控えに載せられているものもある。したがって、右に示した比率は、実際に寺外に流失している文書を確認した比率よりも若干高めの数字になる。寺外に流失した分は、今後も多数見出されるに違いないが、およそ半分は神護寺に現存していると考えてよいのではなかろうか。

寺外に流失した神護寺文書の残り方について、注目すべきことのひとつとして、神護寺の旧蔵文書と京都西郊梅津の禅宗寺院長福寺の旧蔵文書とが混淆して存在している場合の多いことがあげられる。「長福寺文書」については、石井進編『長福寺文書の研究』(山川出版社、一九九二年)によって、分散した文書を集成することで、かつて存在した中世文書群の復原が試みられ、同寺に現存する点数の四倍に垂んとする文書がまとめられている。この分散著しい長福寺の旧蔵文書を含んでいる文書群(収集文書)のなかには、あわせて神護寺の旧蔵文書が含まれている場合が少なくない。これは、両寺から流出した文書が、混淆したのちに分散を遂げたからにほかなるまい。

このことは、新田一郎が「長福寺文書に登場する固有名詞――文書析出の手がかりとして――」(石井進編前掲書)

において指摘して以来、よく知られるに至っている。末柄豊「ふたたび長福寺文書をさぐる――附、宮内庁書陵部所蔵『青蓮院旧蔵古文書』翻刻――」（東京大学史料編纂所研究成果報告二〇〇九―六『分散した禅院文書群をもちいた情報復元の研究』二〇一〇年）においてもこの点に注目し、神護寺の旧蔵文書に注目することで長福寺の旧蔵文書をさらに見つけ出すことができるのではないかという期待を述べておいた。逆に今回、神護寺の旧蔵文書を探索するに際しては、長福寺の旧蔵文書を含む文書群を点検することがきわめて有効であった。

また、高橋慎一朗「長福寺文書にまぎれこんだ大覚寺文書」（『遙かなる中世』一三号、一九九四年）は、長福寺の旧蔵文書と混淆して伝来している神護寺の旧蔵文書のなかには、さらに大覚寺の旧蔵文書を含む事例のあることを確認し、いったん神護寺から大覚寺に持ち込まれたのちに巷間に流出した可能性があることを指摘している。ほかにも宮田敬三は、大覚寺の所蔵にかかる『諸尊法』の紙背に残る神護寺関係文書について解説するなかで、大覚寺・神護寺の両寺間における聖教の移動について触れている。すなわち、大覚寺に伝わる聖教のうちに本来は神護寺に伝存したとみられる聖教が数多く現存するが、そこには江戸時代初期の神護寺迎接院の院主宥清という者の書写にかかるものが少なからず見出され、この移動が江戸時代の前期になされたという可能性を指摘しているのである（大覚寺聖教・文書研究会「大覚寺聖教函伝来文書」『古文書研究』四一・四二合併号、一九九五年）。文書だけに限らず、聖教をも含めて史料の伝来を探る営みは、さらに精査の度を上げて今後もなされるべきである。そして、聖教は近代以前において文書以上に移動する場合が多かっただけに、その移動を追うことで文書の移動を知る手がかりが得られるに違いない。

神護寺の寺史の概要については、辞典以下の諸書で触れられており、現在、それ以上の記述をする準備がないために割愛に従わざるを得ない。ただし、この点にかかわって、あえて注意を喚起しておきたいのは、神護寺の寺院組織や結縁灌頂などの行事について理解を深めるためには、神護寺に伝来した史料のみならず、高山寺、仁和寺、大覚寺、勧修寺あるいは東寺などの伝来にかかる史料を合わせ見ることが不可欠だという点である。その際、文書に限らず聖教までを参看することが重要である。ここでは神護寺の所蔵の聖教を例に掲げるが、同寺結縁灌頂の再興について記した「応永十六年神護寺結縁灌頂記」（記録篇七。本書に所収したのは、記録という観点にもとづく）は、末尾に掲げられた諸々の先例など、神護寺の寺院組織の検討に有用な素材を提供していることは明らかであろう。あわせて聖教奥書の活用例として、『京都府古文書調査報告書第十五集　神護寺聖教目録』の解題「神護寺聖教類の概観」（地主智彦執筆）も参照されたい。

また、奈良国立博物館所蔵田中穣氏旧蔵「神護寺交衆任日次第」一帖（記録篇三）は、高山寺から巷間に出て、江戸時代後期に骨董屋から仁和寺真光院に入ったものであるが、鎌倉時代から室町時代前期までの神護寺の惣寺（寺僧集団）について検討するための基本史料だといってよい。「日下氏所蔵文書」所収三月九日一心坊了俊書状（文書篇二三九）を神護寺旧蔵の文書だと判断する根拠になったのは、この書であった。この了俊の書状は、手鑑に「今川貞世」という極札とともに貼付されているが、表面から観察できる裏映りによって二次利用面の存在が知られ、本来は聖教の紙背文書であったことがわかる。聖教が解体されて紙背文書が流通し、手鑑のなかに落ち着いたという経緯を想定できるが、そこから、同一聖教に由来するこれ以外の紙背文書のなかに神護寺にかかるものが多数存在し、それが手鑑や収集文書のなかに現存している可能性に思い至る。すなわち、二次利用面に注目することで神護寺の旧蔵文書を発掘できるかも知れないということである。なお、同じく手鑑に貼付された文書について、二次利用面に注目して神護寺の旧蔵文書であることを確認したものとしては、大東急記念文庫所蔵「集古筆翰」第二帖所収十二月二十七日赤松義則書状（文書篇三六二）もこれに該当する。

文書の総体をみわたして、今回集成を試みたうえで改めて注意を喚起したい点は、室町時代以降の文書があまりに少ないことである。収録文書全四九六通のうち、南北朝時代までの文書が四二五通に及んでいるのに対し、応永年間以降元和元年までの文書は、わずか七一通に過ぎない。当該期において神護寺が被った災厄のうち最も大きかったものは、天文十六年（一五四七）閏七月、細川晴元が高雄にあった細川上野国慶を攻めた際、全焼ともいわれる火難に遭ったことであろう（『厳助往年記』天文十六年閏七月三日・五日条。文書篇四八三・四八四。ただし四八三は「去天文十六年閏七月」とすべきところを「去天文十七年七月」と誤っている）。あるいはこの時、相対的に新しい文書は持ち出されることなく焼失したといった事情があったのかも知れない。ただし、康永四年（一三四五）四月二十三日足利直義願文写（文書篇三四四）は正文が現存していないけれども、正親町天皇がこれを書写したのは元亀二年（一五七一）三月四日のことであり（藤原重雄「京都御所東山御文庫収蔵「神護寺文書」短報」〈『東京大学史料編纂所附属画像史料解析センター通信』六四号、二〇一四年〉を参照）、天文十六年以降にも伝存していたことが知られる。このような事例も参照すれば、必ずしも天文十六年の大火に原因を求めるべきではないようにも思われる。残存における偏りの問題は、今後とも注意すべき点であろう。

最後に、所在を確認できたが、種々の制約によって調査が叶わず、収録できなかった文書について触れておく。ひとつは、奈良国立文化財研究所編『唐招提寺総合調査目録　御影堂蔵古経古文書之部（森本長老寄進分）』（同所、一九六八年）古文書・記録之部のうちの「三　古文書（廿一通）一巻」である。目録の記載からうかがう限り、このうち少なくとも四通は神護寺の旧蔵にかかるものと判断される。また、『思文閣古書資料目録』二〇二号（二〇〇七年）掲載の「七四　鎌倉～室町期古文書集」一巻のうち図版が掲載されていない（九）文保元年（一三一七）十月廿九日刑部卿損亡内検目録も、丹波吉富庄にかかわるもので、神護寺の旧蔵になるものと判断される。いずれも今後の調査を期したい。ほかにも目録の記載から神護寺旧蔵の可能性をうかがえる文書はいくつか存在するが、なべて今後の課題としたい。

（末柄　豊）

花押集

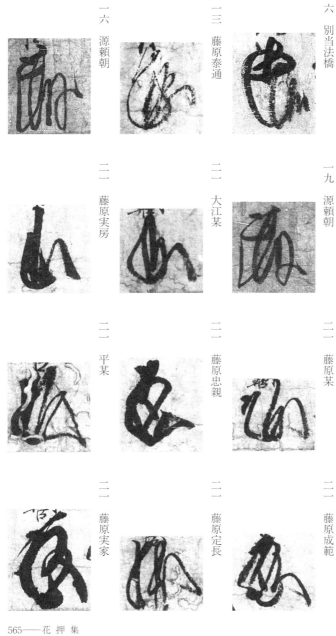

六　別当法橋

一三　藤原泰通

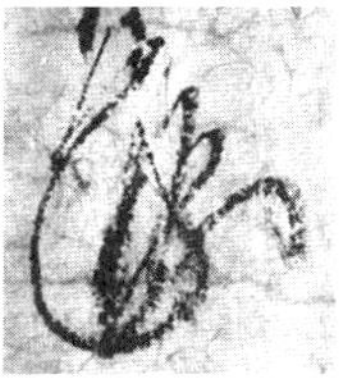

一六　源頼朝

一九　源頼朝

二一　大江某

二一　藤原実房

二一　藤原某

二一　藤原忠親

二一　平某

二一　藤原成範

二一　藤原定長

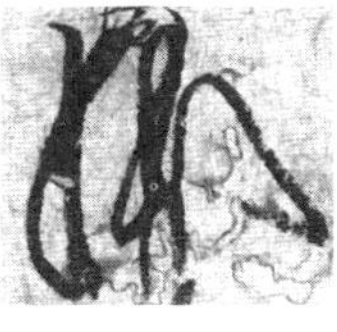

二一　藤原実家

二一 藤原親雅

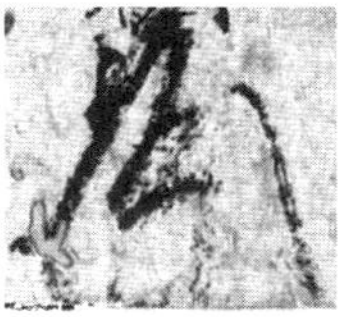

二一 藤原親長

二一 藤原兼光

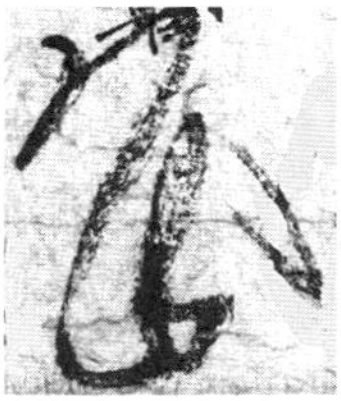

二一 高階泰経

二一 藤原季能

二一 平親宗

二一 藤原光雅

二一 藤原行隆

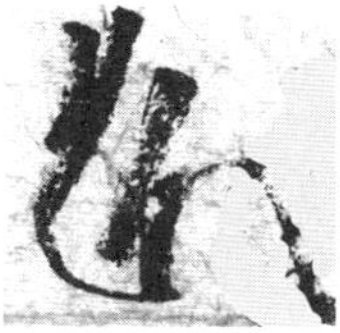

二一 藤原光長

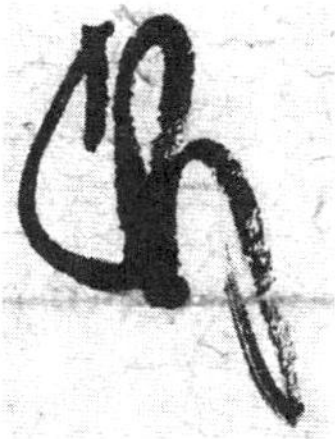

二二 平親宗

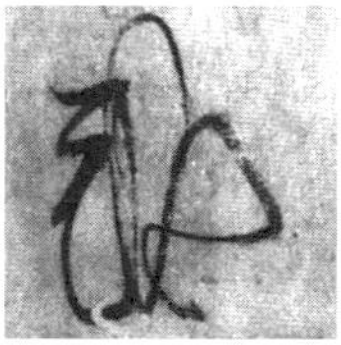

二三 源頼朝

二四 平親宗

二五 平親宗

二六 梶原景時

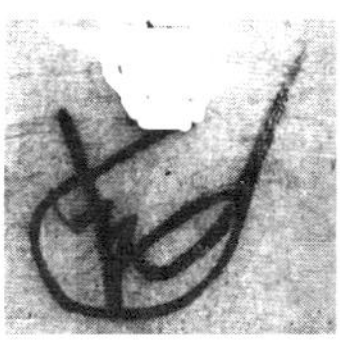

三二 藤原基親

三三 藤原家実

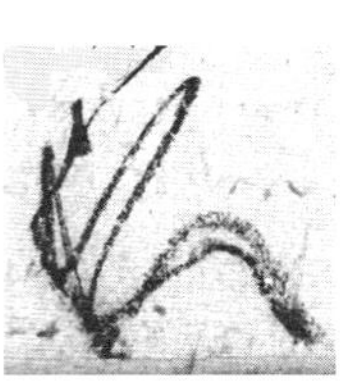

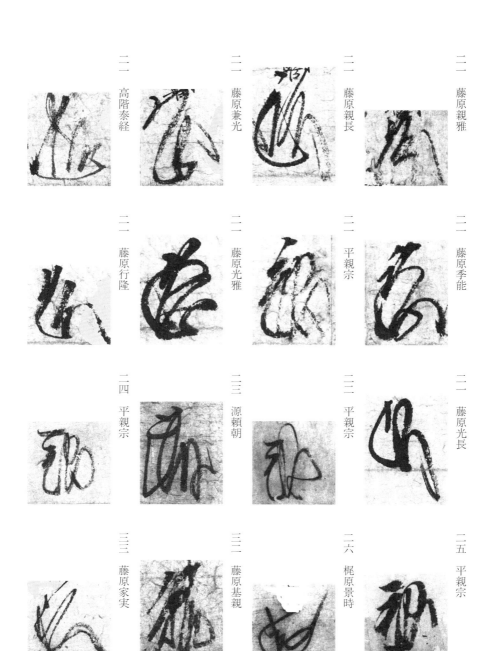

三六　小槻広房

三八　小槻広房

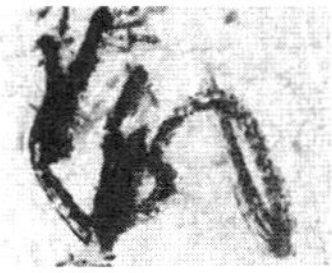

三八　藤原家実

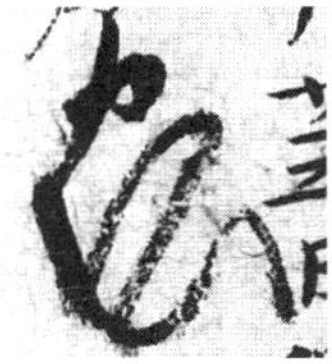

三九　小槻広房

四〇　中原俊兼

五〇　中原俊兼

六三　藤原範朝

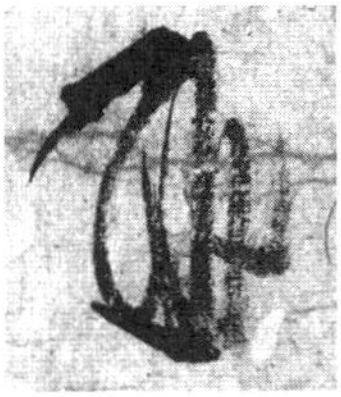

六四　紀某

六四　惟宗某

六四　大江某

六四　中原某

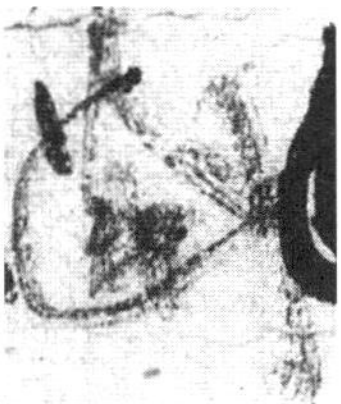

六四　中原某

六四　大江某

六六　法眼某

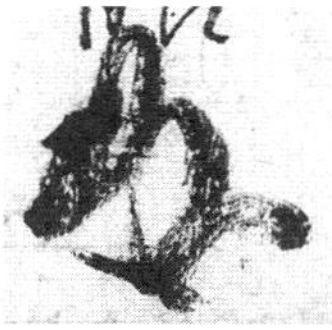

六七　長厳

七一　源雅清

七二　大法師某

八七　某家貞

八九　某家貞

一一三　深沢法印某

一五四　行慈

一五八　北条泰時

一五八　北条時房

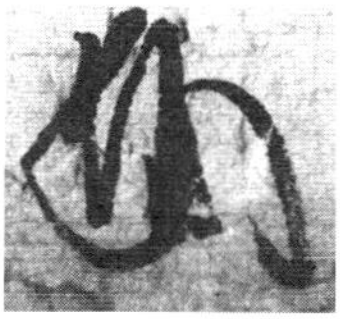

一六〇　小槻季継

一六六　北条泰時

一六六　北条時房

一六八　北条時盛

一六八　北条重時

一七〇　藤原兼高

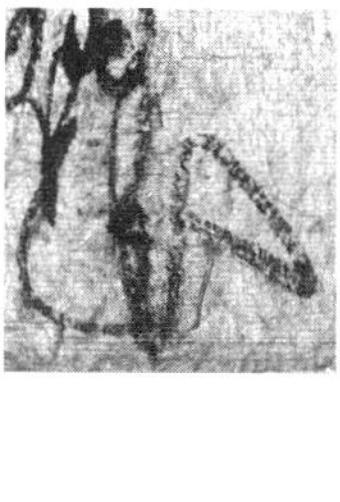

一七一　藤原兼高

一七三　小槻季継

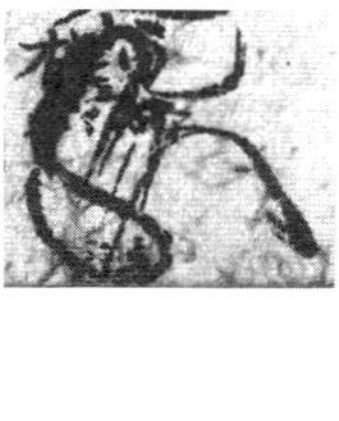

一七九　念浄

一八二　北条長時

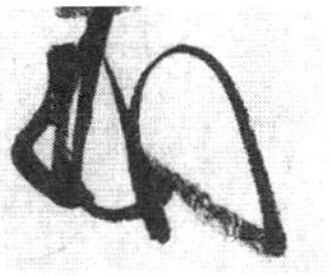

一八四　中原友景

一八五　中原友景

一八六　中原友景

一九二　念浄

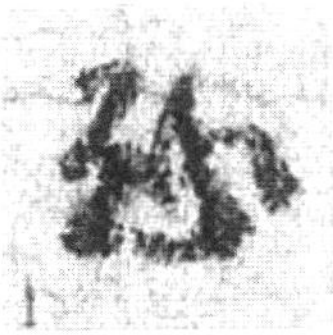

二一四　法印某

二二〇　藤原親盛

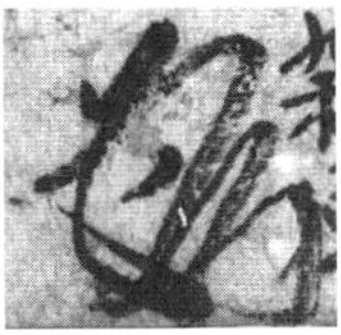

二二一　尊弁

二四五　大仏貞顕

二六七　小槻千宣

二七七　平行高

三〇一　某

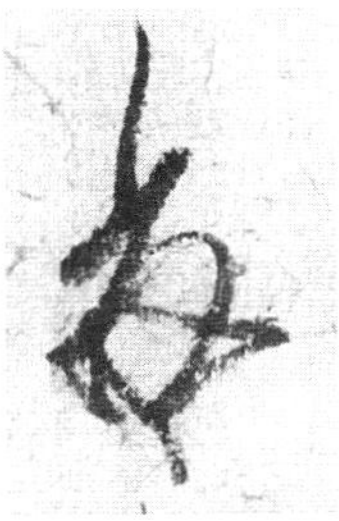

三一八　定仏

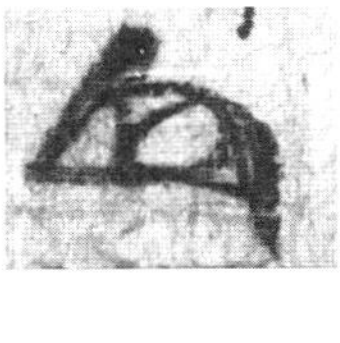

三二四　中御門宣明

三二五　岡崎範国

三二六　岡崎範国

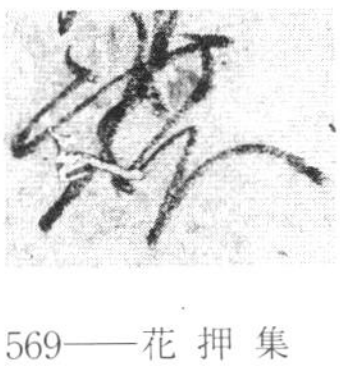

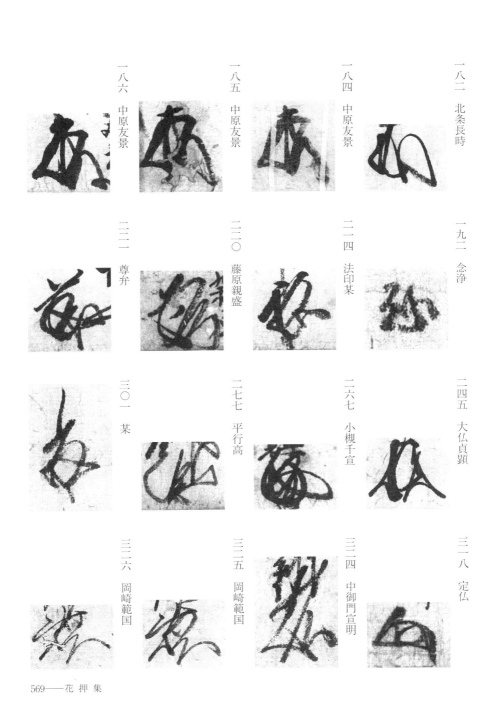

三一七　足利直義

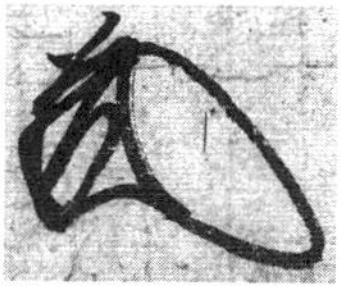

三二九　足利尊氏

三三〇　足利尊氏

三三一　足利尊氏

三三三　二階堂成藤

三三七　二階堂行朝

三四〇　足利直義

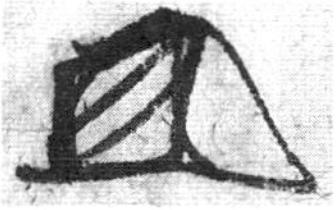

三四二　足利直義

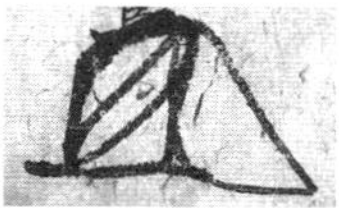

三四三　大高重成

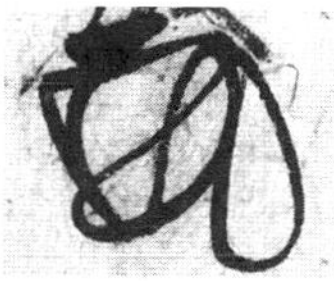

三四六　足利直義

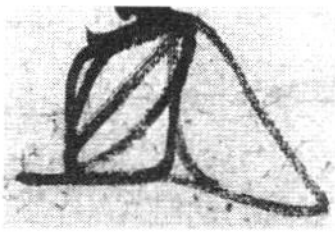

三四七　高師直

三五一　足利直義

三五二　足利直義

三五三　足利直義

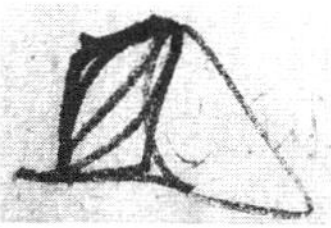

三五五　呵吽

三五五　正琳

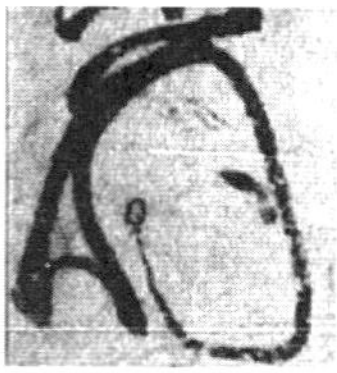

三五六　足利尊氏

三五八　足利義詮

三五九　足利直義

三六〇　大福寺正雄

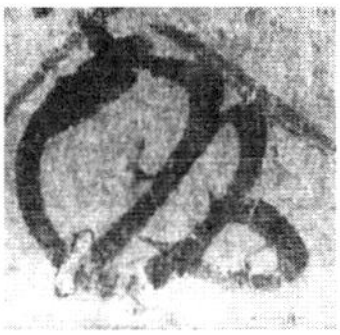

三六四　足利義詮

三六五　足利直義

三六七　徳大寺実乱カ

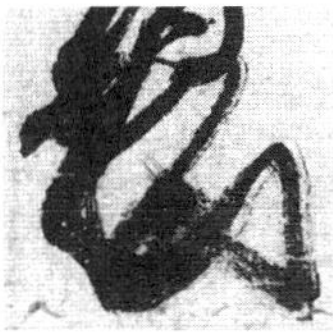

三六九　中院具忠

三七〇　足利義詮

三七一　足利義詮

三七四　葉室光資

三七五　柳原資明

三七八　足利義詮

三八一　足利義詮

三八二　鞍智時満

三八三　足利義詮

三八四　足利尊氏

三八五　前肥後守某

三八六　小田知春

三八九　足利義詮

三九〇　修理大夫某

三九二　修理大夫某

三九四　足利尊氏

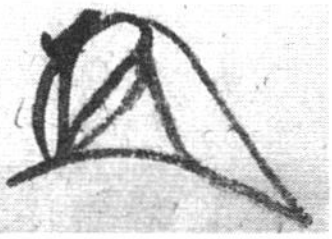

三九五　鞍智時満

三九六　与田大和守

三九七　葉室光資

三九八　山名時氏

四〇一　細川清氏

四〇二　小林重長

四〇三　細川頼之

四一一　仁木義尹

四一二　桃井直常

四二六　足利義満

四二八　足利義満

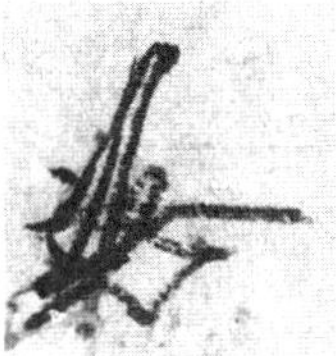

四三一　足利義満

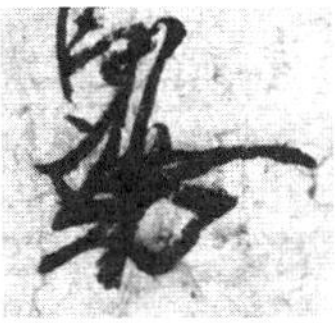

四四五　足利義持

四四九　足利義持

四五一　細川満元

四五二　細川頼益

四五三　香西常建

四五八　足利義教

四六一　是安兼俊

四六五　足利義政

四八九　前田玄以

四九一　徳川家康

■編者紹介

〔神護寺文書研究会〕
坂本亮太（さかもと・りょうた）　和歌山県立博物館 学芸員
末柄　豊（すえがら・ゆたか）　東京大学史料編纂所 准教授
村井祐樹（むらい・ゆうき）　東京大学史料編纂所 助教

高《たか》雄《お》山神《さんじん》護《ご》寺《じ》文書《もんじょ》集成《しゅうせい》

2017(平成29)年2月28日発行

編　者　坂本亮太・末柄豊・村井祐樹
発行者　田中　大
発行所　株式会社　思文閣出版
〒605-0089 京都市東山区元町355
電話 075-533-6860(代表)

印　刷
製　本　株式会社 図書印刷 同朋舎

ISBN978-4-7842-1883-7　C3021

神護寺所蔵文書・記録目録

巻子番号	年月日	文書名	写真帳	法量	本書番号	備考
1	寿永３．４．８	源頼朝寄進状	1-2	31.3×51.5	16	
1	元暦元．６．-	源頼朝下文	1-3	31.6×53.5	23	
1	――．４．４	源頼朝書状	1-4	30.3×51.5	19	
1	寿永３．４．８	源頼朝書状	1-5	29.0×47.8	17	
1	――．２．24	源頼朝書状	1-6	30.7×54.1	18	
1	（正治元）．７．25	平政子書状	1-7・8	①29.7×43.6 ②29.6×44.9	57	
2	――．６．18	文覚書状案	1-10・11	①30.7×49.4 ②30.2×35.0	42	
2	――．６．19	橘定康書状	1-12・13	①30.0×48.6 ②30.5×49.5	43	
2	――．５．１	文覚書状案	1-14	29.8×44.7	41	
2	（文治６．２．６）	後白河法皇神護寺御幸記	1-15	30.2×50.0	34	
2	元久２．９．19	成弁（高弁）書状	1-16～21	①28.7×47.6 ②20.0×49.3 ③28.8×49.4 ④28.9×49.3 ⑤28.9×49.7 ⑥28.8×48.6	62	
2	――．（２．９）	高弁書状	1-22・23	①31.3×48.2 ②31.4×49.1	58	
2	――．９．９	高弁書状	1-24	31.3×44.8	59	
3	（貞応２）．１．３	宗全書状（前半）	1-27	30.5×50.9	73	
3	（貞応２）．１．３	宗全書状（後半）	1-28	30.9×51.6	73	
3	（貞応２）．１．６	宗全書状	1-29	29.4×47.1	74	
3	（貞応２）．１．９	宗全書状	1-30	29.8×49.1	75	
3	（貞応２）．１．24	道忠書状	1-31	31.1×51.6	76	
3	（貞応２）．６．２	宗全書状	1-32・33	①30.1×50.6 ②30.1×50.8	77	
3	（貞応３）．２．２	宗全書状	1-34	28.9×50.5	80	
3	――．-．-	行慈書状	1-35	26.7×45.9	81	
3	――．-．-	高弁書状	1-36	30.9×42.9	82	
3	――．-．-	行慈書状	1-37	26.7×46.1	83	

3	——.-.25	行慈書状	1-38	26.7×41.7	84	
3	——.-.-	行慈書状	1-39	30.1×46.5	85	
3	——.-.-	行慈書状	1-40	26.8×43.3	86	
3	(貞応3).5.26	覚観書状	1-41～43	①32.4×53.7 ②32.2×53.6 ③32.4×53.6	90	
3	(貞応3).6.16	行慈書状	1-44・45	①32.7×54.6 ②32.5×56.0	95	
4	(貞応3).6.28	某書状	1-47	31.6×52.1	96	
4	——.6.2	真遍書状	1-48	①30.1×49.0 ②30.2×49.1	94	
4	——.-.-	行慈書状	1-50	30.3×40.7	137	
4	(貞応3).7.11	行慈書状	1-51・52	①30.3×48.6 ②30.3×49.2	97	
4	(貞応3).7.12	行慈書状	1-53・54	①30.6×49.3 ②30.5×49.3	98	
4	(貞応3).7.12	行慈書状追而書	1-55	30.1×47.2	98	
4	——.-.-	宗全書状	1-56	30.3×51.0	99	
4	——.-.-	宗全書状	1-57	31.1×51.3	101	
4	(貞応3).⑦.6	宗全書状	1-58	30.3×45.2	102	
4	(貞応3).⑦.17	宗全書状	1-59・60	①30.6×50.0 ②30.6×52.7	103	
4	(貞応3).⑦.22	行慈書状(前半)	1-61・62	31.1×52.1	104	
4	(貞応3).⑦.22	行慈書状(後半)	1-61・62	31.2×52.0	104	
4	——.-.-	行慈書状追而書	1-63	30.3×48.6	105	
4	——.-.-	宗全書状追而書	1-64	30.3×51.6	106	
5	(貞応3).8.3	行慈書状	1-67・68	①30.9×49.7 ②30.7×49.1	107	
5	(貞応3).8.3	行慈書状追而書	1-69	31.5×50.5	107	
5	(貞応3).8.5	行慈書状	1-70・71	①28.7×41.0 ②28.0×43.0	108	
5	(貞応3).8.5	行慈書状追而書	1-72	30.3×46.8	108	
5	——.-.-	性禅(宗全)書状	1-73	32.1×53.6	109	
5	(貞応3).9.8	宗全書状	1-74・75	①32.3×50.7 ②32.2×51.1	110	

5	——.-.-	宗全(性禅)書状	1-76	29.9×46.1	138	
5	(貞応３).９.29	行慈書状	1-77	①32.4×47.5 ②32.1×9.7	111	
5	(貞応３).９.晦	宗全書状	1-78	①30.6×51.1 ②30.8×52.6	112	
5	(貞応３).10.２	行慈書状	1-80・81	①30.6×50.5 ②30.7×52.1	114	
5	(貞応３).10.６	性円書状	1-82・83	①29.5×42.0 ②29.6×42.0	115	
5	(貞応３).10.６	性円書状追而書	1-84	31.5×53.9	115	
6	(貞応３).10.12	行慈書状	1-86・87	①31.5×52.1 ②31.8×52.4	116	
6	(貞応３).10.14	宗全書状	1-88	31.3×49.0	117	
6	(貞応３).10.20	行慈書状	1-89・90	①31.1×53.3 ②31.0×53.2	118	
6	——.-.-	行慈書状追而書	1-91	31.1×52.5	118	
6	(貞応３).11.９	行慈書状	1-92〜94	①29.6×43.7 ②29.6×44.4	119	
6	——.-.-	行慈書状追而書	1-95	29.5×43.2	120	
6	(貞応３).11.14	宗全書状	1-96〜100	①31.2×49.5 ②31.1×49.9 ③31.3×50.2 ④31.3×41.3 ⑤31.2×49.9	121	
6	(貞応３).11.15	行慈書状	1-101・102	①31.5×54.2 ②32.0×51.8	122	
6	——.-.-	行慈書状	1-103	30.6×52.8	123	
6	——.-.-	宗全書状	1-104・105	①31.7×51.5 ②31.9×52.4	124	
7	(元仁元).11.30	行慈書状	2-2・3	①29.0×43.5 ②28.8×43.8	125	
7	(元仁元).11.30	行慈書状	2-4〜10	①30.5×54.2 ②30.4×54.0 ③30.4×54.0 ④30.4×54.4 ⑤30.3×54.3 ⑥30.4×53.6	126	

7	(元仁元).11.30	行慈書状	2-11・12	①31.4×55.1 ②31.5×55.2	127	
7	——.-.-	行慈書状	2-13	30.1×43.7	128	
7	——.-.-	行慈書状追而書	2-14	30.0×44.5	129	
7	——.-.-	行慈書状	2-15	27.2×39.2	130	
7	——.-.-	行慈書状	2-16	27.3×39.5	131	
7	(元仁元).12.7	行慈(証円)書状	2-17・18	①28.6×41.2 ②28.8×41.6	134	
7	(元仁元).-.-	宗全書状	2-19	31.2×58.2	136	
7	(元仁元).12.10	性禅(宗全)書状	2-20		135	紙背
7	——.-.-	性禅(宗全)書状	2-21	29.9×46.5	139	
7	(元仁2).1.26	宗全書状	2-22	31.2×50.6	140	
8	(元仁2).2.14	定円書状	2-24～29	①31.0×50.8 ②31.2×50.5 ③31.4×50.3 ④31.4×50.6 ⑤31.4×50.7 ⑥31.2×50.3	142	
8	(嘉禄元).4.25	証円(行慈)書状	2-30	30.7×51.0	144	
8	——.6.7	舜西書状	2-31	32.6×55.0	145	
8	——.6.21	某書状	2-32	32.6×50.6	146	
8	——.9.14	仁和寺宮令旨	2-33	32.7×59.3	149	
8	(嘉禄元).8.3	行慈書状	2-34	32.4×51.8	147	
8	嘉禄元.9.4	神護寺納涼坊伝法会始行告文	2-35	31.4×49.0	148	
8	嘉禄2.3.23	神護寺供養日時勘文	2-36	32.6×52.3	150	
8	嘉禄2.5.5	行慈書状	2-37～40	①31.8×52.4 ②32.2×39.3 ③32.0×47.9 ④32.2×49.7	152	
8	貞応元.12.-	神護寺政所下文	2-42	31.3×51.1	72	包紙31.3×25.3
8	嘉禄2.9.28	行慈充行状	2-43	31.3×54.1	154	
9	久安4.2.5	熊野詣上道雑事注文	2-45	32.0×57.2	8	
9	久安4.2.5	熊野詣還向雑事注文	2-46	31.6×58.0	9	
9	久安3.5.28	紀伊国神野庄住人解	2-47	31.1×56.1	6	
9	(久安3).1.25	鳥羽上皇院宣	2-48	28.6×48.3	4	

9	久安３．１．-	熊野詣上道下向雑事注文	2-49	30.8×55.8	5	
9	（久安３）．6．10	鳥羽上皇院宣	2-50	31.4×57.5	7	
9	久寿２．１．21	鳥羽法皇院宣	2-51	30.1×43.3	11	
9	――．-．-	紀伊国神野真国庄関係文書包紙	2-52	30.7×9.3	14	
9	（治承２）．５．７	高階泰経書状	2-53	32.0×55.2	12	
9	寿永元．７．８	藤原泰通寄進状	2-54	31.6×48.7	13	
9	元暦元．５．19	後白河院庁下文	2-56・57	①32.0×54.4 ②32.0×24.7	21	
9	（元暦元）．６．15	平親宗書状	2-58	30.1×54.3	22	
9	（元暦元）．８．22	平親宗書状	2-59・60	①32.5×56.5 ②32.654.0	24	
9	元暦元．８．28	後白河法皇院宣	2-61	31.1×54.8	25	
9	（元暦元）．10．18	梶原景時書状	2-62	30.5×46.7	26	
9	（文治２）．２．14	隆憲奉書	2-63	32.9×54.3	29	
10	文治４．７．24	後白河法皇院宣	2-66	32.0×52.8	32	
10	（文治５）．７．17	後白河法皇院宣	2-67	33.0×56.7	33	
10	建久４．４．11	九条兼実御教書	2-68	32.9×54.6	45	
10	――．10．21	葉室宗頼書状	2-69	30.4×51.9	46	
10	――．-．-	某書状追而書	2-70	32.7×53.0	47	
10	――．11．26	仁和寺宮令旨	2-71	31.2×54.6	48	
10	建保２．３．-	藤原範朝袖判下文	2-72	32.6×54.6	63	
10	建保４．９．-	藤原範朝家政所下文	2-73	32.6×55.0	64	
10	貞応３．９．-	丹波国有頭新庄領家政所下文	2-74	32.6×55.0	113	
10	承久元．５．11	仁和寺宮令旨	2-75	33.7×54.6	66	
10	（承久元）．５．13	長厳書状	2-76	33.7×55.9	67	
10	（承久元）．８．23	北条義時書状案	2-77	33.4×51.9	68	
10	承久２．３．９	良勤書状	2-78	30.7×50.4	69	
10	承久３．10．28	阿倍氏女起請文案	2-79	33.0×52.0	70	
10	承久４．２．10	後高倉上皇院宣	2-80・81	①32.8×55.6 ②32.9×53.1	71	
10	――．５．27	北条時房書状	2-82	33.7×49.3	91	
10	――．-．-	高倉女御書状	2-83	29.5×42.8	92	

10	――.-.-	某消息	2-84・85	①31.3×52.5 ②31.3×52.4	93	
10	――.3.21	某家貞書状	2-86・87	①27.9×41.2 ②28.0×42.1	87	
10	――.5.14	某家貞書状	2-88・89	①28.2×39.6 ②28.1×40.7	89	
11	寛喜元.4.10	関東下知状	2-92	32.1×42.3	158	
11	(寛喜2).①.13	覚寛書状	2-93	31.0×50.5	161	
11	(寛喜2).2.3	覚真(藤原長房)書状	2-94	30.5×49.4	162	
11	(寛喜2).4.27	藤原信盛書状	2-95・96	①29.0×48.8 ②29.2×49.0	163	
11	(寛喜2).-.-	某書状	2-97	30.5×53.8	164	
11	――.12.13	中原章常書状	2-98	31.1×53.7	165	
11	貞永元.9.24	関東下知状	2-99・100	①34.8×58.7 ②34.8×54.9	166	
11	天福元.9.17	六波羅下知状	2-102～105	①30.4×48.8 ②30.5×50.8 ③30.5×50.9 ④30.5×50.5	168	
11	嘉禎元.10.16	九条道家御教書	2-106	33.0×54.5	170	
11	嘉禎元.10.26	九条道家御教書	2-107	33.0×53.5	171	
11	仁治2.4.21	仁和寺宮令旨	2-108	33.0×54.2	174	
11	寛元2.1.19	仁和寺宮令旨案	2-109	32.2×56.0	175	
11	寛元3.3.1	仁和寺宮令旨	2-110・111	①33.0×55.0 ②32.9×55.9	177	
11	宝治2.3.28	尼念浄譲状	2-112・113	①31.6×51.1 ②31.9×52.3	179	
12	建長2.2.20	西園寺実氏御教書	3-2	33.1×52.9	181	
12	建長2.2.20	六波羅御教書	3-3	32.3×51.3	182	
12	建長2.2.22	中原友景書状	3-4	30.3×48.0	183	
12	――.-.-	後嵯峨上皇院宣追而書	3-5	33.1×49.5	188	
12	建長2.2.27	中原友景書状	3-6	33.1×55.6	184	
12	建長2.2.29	後嵯峨上皇院宣	3-8	33.0×52.6	187	
12	建長2.2.29	西園寺実氏御教書	3-9	29.7×45.4	185	
12	建長2.2.29	中原友景書状	3-10	31.2×49.0	186	

12	建長２．２．29	安倍資俊書状	3-11	33.1×51.2	190	
12	建長２．２．29	後嵯峨上皇院宣	3-12	32.6×51.5	189	
12	弘長元．８．17	某書状	3-13・14	①30.1×47.8 ②30.2×47.5	196	
12	弘長３．８．26	神護寺住侶請文案	3-15	33.2×54.0	201	
12	文永５．12.-	丹波国小野・細川両庄作手重申状	3-16・17	①33.7×55.4 ②33.7×55.5	204	
12	――．12.27	仁和寺宮令旨	3-18	33.6×55.8	203	
12	弘安元．11.25	仁和寺宮令旨	3-19	33.7×50.9	214	
12	弘安８．７．４	亀山上皇院宣	3-20	32.9×51.9	217	
12	――．６．23	仁和寺宮令旨	3-21	30.8×45.1	215	
12	――．７．３	仁和寺宮令旨	3-22	31.5×43.6	216	
12	弘安９．２．22	仁和寺宮令旨	3-23	32.0×46.5	218	
13	建長６．５．27	尼念浄譲状	3-26～28	①32.7×51.1 ②32.7×52.7 ③32.8×51.9	192	
13	正応元．６．20	藤原親盛譲状	3-29	32.8×54.1	220	
13	正応２．８．８	尊弁書状	3-34	33.6×54.3	221	
13	（永仁２）．８．10	左衛門尉某奉書案	3-35	32.9×53.9	225	
13	（永仁２）．８．10	左衛門尉某奉書追而書案	3-36	32.9×52.9	225	
13	永仁２．８．18	後深草上皇院宣	3-37	33.1×53.9	226	
13	（永仁２）．８．23	西園寺実兼御教書	3-38	33.0×53.4	227	
13	嘉元３．⑫．６	後二条天皇綸旨	3-39	33.2×53.7	241	
13	徳治３．２．16	六波羅御教書	3-40	31.3×44.8	245	
13	徳治３．３．24	後宇多上皇諷誦文	3-41	32.6×53.9	246	
13	徳治３．３．24	後宇多上皇諷誦文	3-42	32.6×53.4	247	
13	（徳治３）．６．27	神護寺別当御教書追而書	3-43	32.3×52.7	249	
13	（徳治３）．６．27	神護寺別当御教書	3-44	52.8×32.6	249	
13	応長２．３．９	播磨国福井庄宿院村地頭代澄心重陳状	3-45～47	①33.1×52.0 ②33.2×52.6 ③33.3×51.8	252	
13	貞永元．９．24	関東下知状案	3-50	31.4×52.5	167	一紙に記す
13	永仁５．11．５	関東下知状案	3-50		233	
13	（延慶２）．10.-	播磨国宿院村公文代注進状案	3-50		250	

13	元応２.11.３	興禅書状	3-52	30.3×43.7	268	
13	元応２.11.３	興禅書状追而書	3-51	29.5×37.3	268	
13	元応２.12.18	興禅書状	3-53	28.5×41.8	269	
13	元応２.12.18	興禅書状追而書	3-54	28.7×41.7	269	
13	――.-.-	某書状追而書	3-55・56	30.8×49.5	270	
14	元亨２.⑤.26	後醍醐天皇綸旨	3-58・59	①33.0×53.7 ②33.1×53.0	271	
14	元亨２.７.19	後醍醐天皇綸旨	3-60	32.7×52.0	272	
14	元亨３.７.29	仁和寺宮令旨	3-62	32.6×51.4	274	
14	(元亨３.７.29)	仁和寺宮令旨追而書	3-61	33.1×50.5	274	
14	元亨３.８.-	神護寺三綱大法師等解	3-63	32.5×52.0	276	
14	元亨３.９.21	後醍醐天皇綸旨	3-64	32.4×52.5	277	
14	元徳元.12.26	快承書状幷某勘返状	3-65	28.1×41.6	288	
14	元徳２.７.29	禅隆書状	3-66・67	①32.6×49.7 ②32.6×50.8	291	
14	(元弘２ヵ).10.２	光厳天皇綸旨	3-68	32.7×52.6	295	
14	元弘３.６.19	後醍醐天皇綸旨	3-69	33.0×49.3	296	
14	(元弘３).６.21	仁和寺宮令旨	3-70	32.3×52.7	297	
14	――.８.５	性然書状幷禅隆勘返状	3-71	32.9×51.4	300	
14	――.11.４	某書状	3-72	①32.7×48.7 ②32.6×50.0	304	
14	――.８.16	仁和寺宮令旨	3-74	33.6×53.7	301	
14	――.-.-	某書状追而書	3-75	32.0×50.9	302	
14	――.-.-	某書状追而書	3-76	32.5×51.4	303	
15	元弘３.10.８	神護寺金堂長日供養法結番交名	3-78	39.9×57.2	299	
16	建武元.９.２	紀伊国河上庄預所方雑掌職請文	3-81	32.8×52.5	318	
16	(建武２).９.23	後醍醐天皇綸旨	3-83	32.8×50.3	319	
16	(建武２).９.23	後醍醐天皇綸旨追而書	3-82	32.7×50.9	319	
16	(建武２).９.28	後醍醐天皇綸旨	3-84	32.7×50.9	320	
16	(建武２).11.20	後醍醐天皇綸旨	3-85	32.0×52.5	321	
16	(建武２).11.27	後醍醐天皇綸旨	3-86	33.0×52.8	322	
16	延元元.５.24	後醍醐天皇綸旨	3-87	33.1×53.5	324	

16	(延元元).5.25	後醍醐天皇綸旨	3-88	33.3×52.4	325	
16	延元元.6.2	後醍醐天皇綸旨	3-89	32.8×51.7	326	
16	建武3.6.10	足利直義御判御教書	3-90・91	27.3×37.6	327	
16	――.-.-	新田義貞書下封紙	3-91	32.1×22.9	323	
16	(建武3).8.21	光厳上皇院宣	3-92	①15.5×25.0 ②15.7×25.3	328	
16	(建武3).8.21	光厳上皇院宣追而書	3-93	15.9×25.4	328	
16	建武3.8.25	足利尊氏御判御教書	3-93	16.4×17.5	329	
16	建武3.9.5	足利尊氏御判御教書	3-94	32.4×42.6	330	
16	建武3.9.12	足利尊氏御判御教書	3-95	32.2×50.6	331	
16	建武5.6.21	二階堂成藤巻数請取状	3-96	33.1×51.0	333	
16	暦応2.8.4	室町幕府引付頭人奉書	3-97	32.3×50.9	337	
16	暦応4.2.21	足利直義御判御教書	3-98	32.3×52.5	340	
16	康永2.10.22	足利直義下知状	3-99・100	①32.2×53.2 ②32.3×53.8	342	
17	貞和元.10.29	足利直義御判御教書	4-2	32.5×45.1	346	
17	貞和元.12.5	室町幕府引付頭人奉書	4-3	31.9×48.4	347	
17	――.8.21	大高重成書状	4-4・5	①32.5×49.8 ②32.5×50.4	343	
17	貞和3.12.26	足利直義御判御教書	4-6	32.0×50.1	351	
17	貞和3.12.27	足利直義御判御教書	4-7	32.2×50.3	352	
17	貞和4.6.1	足利直義御教書	4-8	32.3×51.5	353	
17	貞和5.12.-	大乗経印板奉納状	4-9	33.0×50.0	355	
17	観応元.7.28	足利尊氏御判御教書	4-10	31.7×49.9	356	
17	観応元.12.2	足利義詮御判御教書	4-11	31.6×51.0	358	
17	観応元.12.14	足利直義御判御教書	4-12	31.2×50.1	359	
17	正平5.12.17	後村上天皇綸旨	4-13	32.0×53.0	360	
17	観応2.8.13	足利義詮御判御教書	4-15	40.3×27.9	364	
17	観応2.8.13	足利義詮御判御教書封紙	4-14	32.0×49.1	364	
17	観応2.8.19	足利直義御判御教書	4-16	16.3×17.3	365	
17	正平6.11.11	宮将軍令旨	4-17	31.0×45.5	367	
17	正平6.12.15	後村上天皇綸旨	4-18	32.7×49.9	369	
17	正平7.②.18	足利義詮御判御教書	4-19	31.7×48.7	370	
17	観応3.②.29	足利義詮御判御教書	4-20	11.4×8.4	371	

17	観応３．７．９	高倉某書状	4-20	11.8×17.0	373	
17	(観応３)．７．９	後村上天皇綸旨	4-21	10.9×15.3	374	
17	――．２．27	光厳上皇院宣	4-22	32.3×50.6	375	
17	――．２．28	某書状	4-24	32.0×48.4	376	
17	――．２．28	某書状追而書	4-23	32.0×49.7	376	
17	――．２．29	某書状	4-25・26	①31.8×50.4 ②31.9×49.6	377	
18	文和２．３．２	足利義詮御判御教書	4-30	32.0×46.5	378	包紙48.2×30.5
18	文和２．６．７	足利義詮御判御教書	4-31	31.7×50.4	381	
18	文和２．７．６	室町幕府奉行人巻数請取状	4-32	16.3×15.0	382	
18	文和２．７．８	足利義詮御判御教書	4-32	16.2×14.8	383	
18	文和２．10．７	足利尊氏御判御教書	4-33	31.4×49.7	384	
18	文和２．12.28	室町幕府奉行人巻数請取状	4-34	32.8×51.8	385	
18	文和２．12.29	室町幕府奉行人巻数請取状	4-35	32.8×50.2	386	
18	文和３．９．26	足利義詮御判御教書	4-36	32.0×48.4	389	
18	正平９．11.11	後村上天皇綸旨	4-37	16.1×24.8	390	
18	文和４．１．14	後光厳天皇綸旨	4-38	32.8×50.9	391	
18	正平10．１．29	後村上天皇綸旨	4-39	①15.5×24.0 ②16.0×24.5	392	
18	正平10．２．５	後村上天皇綸旨	4-40	15.9×26.4	393	
18	文和４．２．12	足利尊氏御判御教書	4-41・42	32.3×50.1	394	
18	文和４．２．12	足利尊氏御判御教書包紙	4-41・42	37.6×28.5	394	
18	文和４．３．４	室町幕府奉行人巻数請取状	4-43	16.1×19.6	395	
18	正平10．４．８	与田大和守巻数請取状	4-44	16.0×23.1	396	
18	――．４．８	桃井直常書状	4-44	15.6×19.9	412	
18	正平10．４．９	後村上天皇綸旨	4-45	16.2×24.9	397	
18	正平10．４．15	山名時氏書下	4-46	32.2×50.1	398	
18	――．４．７	後光厳天皇綸旨	4-47	32.7×49.6	399	
19	康安２．９．10	丹波国守護仁木義尹請文	4-50・51	30.9×49.0	411	包紙49.0×28.9
19	――．４．12	某書状	4-52	31.9×52.0	400	
19	――．７．６	小林重長書状	4-53	31.3×51.0	402	

19	――．7．6	小林重長書状裏紙	4-54	31.7×51.0	402	
19	――．4．14	細川清氏書状	4-55	31.9×46.7	401	
19	――．12.27	細川頼之書状	4-56	30.4×47.4	403	
19	――．-．-	赤橋登子書状	4-57	15.9×21.5	405	
19	――．-．-	某奉書追而書	4-57	16.2×11.9	406	
19	応永4．9．3	足利義満寄進状	4-58	31.9×41.0	426	
19	応永6．11.19	足利義満御判御教書	4-59	31.0×48.5	428	
19	応永8．3．8	足利義満御判御教書	4-60	32.2×46.6	431	
19	応永16．6．5	足利義持下知状	4-61	32.0×52.4	445	
19	応永18．7．12	足利義持下知状	4-62	32.0×54.6	449	
19	応永19.12.15	丹波国守護細川満元遵行状	4-63	29.7×48.6	451	
19	応永19.12.19	丹波国守護代細川頼益遵行状	4-64	29.2×47.8	452	
19	(応永19).12.26	丹波国守護代香西常建奉書	4-65	29.0×48.0	453	
19	永享3．10.17	足利義教御判御教書	4-66	31.9×48.8	458	
19	長禄3．12．2	足利義政御判御教書	4-67	31.4×39.9	465	
19	――．1．23	良盛書状	4-68	29.8×39.3	459	
19	――．-．-	某料足請取状案	4-69	30.6×39.7	460	
19	――．3．23	是安兼俊書状	4-70・71	28.5×45.8	461	
20	建久元．6．26	太政官牒	4-74	28.5×48.0	36	
20	建久元．11.25	神護寺解	4-75	33.0×56.7	37	
20	建久元．12.25	太政官牒	4-76	33.3×56.0	38	
20	建久2．3．16	太政官牒	4-77	32.3×56.2	39	
20	建久2．4．30	太政官牒	4-78	32.7×55.5	40	
20	建久9．8．3	太政官牒	4-79	32.7×56.0	50	
20	寛喜2．①．10	太政官牒	4-80・81	①33.3×55.4 ②33.4×54.9	160	
20	延応元．5．9	太政官牒	4-82	33.4×54.9	173	
20	元応元．10.26	太政官牒	4-83～86	①32.7×52.0 ②32.6×53.0 ③32.6×53.4 ④32.8×52.3	267	

21	応永９．７．-	神護寺規模殊勝之条々	4-89～110	28.7×1183.5 (31紙)	＊6	
22	寛喜元．10．-	北白河院神護寺講堂供養願文	4-113～118	①33.2×43.5 ②33.0×52.4 ③33.1×52.7 ④33.1×52.6 ⑤33.2×52.5 ⑥33.2×43.1	159	
23	元亨４．６．23	大覚寺置文案	4-120～126	①33.0×53.0 ②33.0×53.1 ③33.0×53.4 ④33.1×53.3 ⑤33.0×53.6 ⑥33.0×53.1 ⑦33.0×53.0	282	
24	嘉禄２．２．26	北白河院神護寺供養願文		①33.1×51.6 ②33.1×54.7 ③33.1×54.7 ④33.1×54.7 ⑤33.1×54.8 ⑥33.1×54.7 ⑦33.1×54.7 ⑧33.1×54.6 ⑨33.1×54.7 ⑩33.1×50.9	151	別名：北白河啓白文
	弘仁３～４	灌頂暦名		28.9×266.8 (7紙)		
巻子外文書	元暦２．１．19	文覚四十五箇条起請文		①33.1×57.5 ②33.3×58.0 ③33.1×58.1 ④33.1×58.0 ⑤33.1×58.0 ⑥33.1×58.1 ⑦33.1×58.1 ⑧33.1×58.0 ⑨33.1×58.0 ⑩33.1×58.0 ⑪33.1×58.0 ⑫33.1×58.0 ⑬33.1×58.0 ⑭33.1×57.8 ⑮33.1×58.0 ⑯33.1×58.0 ⑰33.2×58.0 ⑱33.1×57.5 ⑲33.1×57.9	27	

	(建久８).６.11	文覚書状案		①31.6×51.5 ②31.9×53.6	49	
	嘉元４.12.10	後宇多上皇施入状		32.3×48.8	243	
	徳治３.６.20	後宇多法皇灌頂暦名施入状		33.2×50.7	248	
	暦応４.９.11	足利直義下知状案		①28.1×39.8 ②27.9×37.8	341	
	大永３.９.-	慶真勧進状		①27.0×60.9 ②26.9×62.1 ③26.8×62.0 ④27.0×61.8 ⑤26.9×40.5	477	
	天正13.11.21	羽柴秀吉朱印状		31.2×49.6	485	
	天正17.12.10	豊臣秀吉朱印状		46.0×65.5	488	
	慶長３.９.18	前田玄以書状		34.5×51.9	489	
	慶長５.10	晋海言上状写			490	神護国祚真言寺記録拾遺所収
	慶長６.７.27	徳川家康寄附状		46.8×66.5	491	
	慶長６.８.１	晋海他七名寄進状写			492	神護国祚真言寺記録拾遺所収
	元和元.７.27	徳川家康朱印状		45.7×62.8	496	
巻子外記録	――.-.-	神護寺略記			＊1	
	応永７.10.８	神護寺最略記			＊2	神護国祚真言寺記録拾遺所収
	応永16	応永十六年神護寺結縁灌頂記			＊7	
影写本十	――.-.-	金剛頂発菩提心論所談交名覚書			200	
	(嘉元３).⑫.13	某書状			242	
	――.-.-	丹波国焼森郷羅漢供料覚書			307	
	建武５.８.21	丹波国焼森嶋教園院領目録			335	
	建武５.８.21	丹波国焼森嶋彦三郎入道余流等領目録			336	
	永享２.２.28	室町幕府管領奉書案			456	

	慶長11.10.21	秀教請文			493	
	(慶長11.10.-)	晋海充文案			494	
	慶長13.2.24	真覚等連署起請文并養善等連署起請文			495	
	──.-.-	播磨国福井庄東保上村年貢注進状			419	
	──.-.-	某国上中嶋里等坪付注文			316	
	──.-.-	丹波国吉富庄文書目録			65	
影写本十一	文治元.9.-	紀伊国桛田庄坪付注進状			28	
	建久7.6.27	文治二年伝法灌頂記			＊4	
	弘安10.10.-	播磨国福井庄田地注進状			219	

注：「本書番号」の＊は記録篇の番号。

寺外流出文書・記録所蔵者別索引